联大学术文库

熊永翔◎著

中国普米族宗教研究

中国社会科学出版社

图书在版编目（CIP）数据

中国普米族宗教研究／熊永翔著．—北京：中国社会科学
出版社，2015.8
ISBN 978 - 7 - 5161 - 6777 - 9

Ⅰ．①中…　Ⅱ．①熊…　Ⅲ．①普米族—宗教—研究—中国
Ⅳ．①B928.2

中国版本图书馆 CIP 数据核字（2015）第 182355 号

出 版 人　赵剑英
责任编辑　张　湉
责任校对　周　昊
责任印制　李寡寡

出　　版　中国社会科学出版社
社　　址　北京鼓楼西大街甲 158 号
邮　　编　100720
网　　址　http://www.csspw.cn
发 行 部　010 - 84083685
门 市 部　010 - 84029450
经　　销　新华书店及其他书店

印刷装订　北京市大兴区新魏印刷厂
版　　次　2015 年 8 月第 1 版
印　　次　2015 年 8 月第 1 次印刷

开　　本　710×1000　1/16
印　　张　22.5
插　　页　2
字　　数　380 千字
定　　价　76.00 元

序一

卿希泰

普米族历史悠久，是我国具有古老文化传统的民族之一。和世界上各个民族一样，普米族也有和自己历史发展过程相应的宗教观念与活动。普米族宗教是原始宗教向制度宗教发展的过渡形态，体现了多民族多宗教聚合的文化特点。目前还没有人对普米族宗教进行全面系统的研究。熊永翔同志用数年时间，广搜博采，在掌握丰富资料的前提下，综合运用宗教学、人类学、语言学等多学科理论与方法，写成《中国普米族宗教研究》一书，填补了研究领域的空白，是一件很有意义的事。

熊永翔同志多年来在学术上锲而不舍。自20世纪90年代中期进修研究生开始，该同志就专注于普米族文化的研究，取得了一定的成就。2008年他考入四川大学道教与宗教文化研究所攻读博士学位以来，更加关注普米文化，尤其对普米族宗教文化进行了深入研究。他勤奋朴实、好学深思，能够写出这样的著作，正是他在学术研究上专心致志、锲而不舍的结果。

《中国普米族宗教研究》是迄今普米族宗教研究中内容最为丰富、运用资料最为完整、论述最为深刻的一部专著。该书在广泛调研和仔细求证的基础上，从普米族历史源流、宗教祭司与经籍、宗教仪式、哲学思想、多元文化背景、葬礼习俗等多个方面进行了详细、深入的论述，在剖析普米族宗教信仰的同时，也展示了普米族物质和精神文化的全貌。确切地说，该书是迄今为止我所见到的最为全面、系统介绍普米族的一部学术论著。该著作在学术上的贡献有以下几个方面：

第一，《中国普米族宗教研究》是国内第一部系统研究普米族宗教的著作。本书在汲取国内外普米族宗教研究最新成果的基础上，结合充分的田野调查，着重对滇西北普米族的社会历史环境、普米族宗教文化现象、普米族宗教祭司与经籍、普米族宗教价值取向的本土文化根基、多元文化的适应与变迁中普米族宗教文化等予以系统的阐述和研究。此外，本书还论及了包括"释毕戎肯"仪式场域内在的各种宗教实践活动，及受儒道和"藏彝走廊"民族文化影响的历史演变脉络。

第二，从语言学的角度对普米族宗教、历史进行探讨。民族宗教研究的最大障碍之一便是语言，因此，许多外族学者研究民族宗教很难触及民族文化内核。该书用国际音标对普米族宗教经籍、普米语中的宗教词条加以标注，并运用历史文献中借用汉字记音记录的"藏彝走廊"民族称谓与现行普米语言进行对照，结合考古发现、文献记载，对普米族宗教信仰、民俗传说等进行比较研究，论证普米族宗教的历史渊源与现实状况。

第三，填补了普米族哲学思想研究的空白。本书首次系统地介绍了普米族宗教的坛场科仪，阐述了普米族祭司的职能及地位，全面分析了普米族宗教经籍蕴含的文化内涵及价值，并以普米族宗教为蓝本，对普米族的哲学思想进行了总结与分析，开启了普米族宗教哲学思想的系统研究。

第四，首次从普米族宗教出发，开创性地提出普米族与"西夏"之间存在联系的观点。本书还通过对"藏彝走廊"不同少数民族宗教的相关内容进行对比研究，探讨了道教与儒家文化对普米族产生的影响，为更加全面和深入地认识普米族宗教文化开辟了新的视野。

作为国内第一部全面探讨普米族宗教的研究论著，本书的学术价值毋庸置疑。当然，普米族宗教的许多问题还处在探索过程当中，殷切希望广大读者批评指正，共同搞好普米族的宗教研究。

卿希泰

2012 年 7 月 7 日于四川大学

（卿希泰：国家"985"工程四川大学宗教，哲学与社会研究创新基地首席科学家、四川大学文科杰出教授、博士生导师、《宗教学研究》主编）

序言二

张泽洪

呈现在读者面前的这部《中国普米族宗教研究》，是由普米族人熊永翔（奔厦·泽米）所撰写的博士论文为基础修改而成的著作。我与熊永翔的师生之情始于 2007 年。2007 年暑期我到云南考察时，在云南师范大学工作的熊永翔经人介绍找到我，表达出想攻读四川大学道教与宗教文化研究所中国少数民族宗教方向博士生的强烈意愿。交谈中我了解到，这位在西部"藏彝走廊"特殊生活环境熏陶下成长起来的普米族人，懂得普米、彝、纳西、摩梭、藏、傈僳等多种少数民族语言。我感觉他是一位值得培养造就的少数民族人才。

鉴于普米族是中国人口较少民族之一，新中国成立至今还没有普米族博士，因此，我在《宗教所关于 2008 年少数民族高层次骨干人才计划指标破格录取熊永翔为博士生的报告》中说："中山大学招收第一个藏族博士格勒，中央民族大学招收第一个彝族博士巴莫阿依，都曾在国际国内产生良好影响。四川大学也应培养第一个普米族博士，为少数民族高级人才培养作出贡献。"博士招生成绩公布，熊永翔如愿以偿考取。当年，还有来自甘肃的藏族青年学者阿旺嘉措考取了我的博士生。因此，2008 年我负责的中国少数民族宗教研究方向，第一次招收到来自西部边疆少数民族的学生。

考虑到熊永翔从小生活在西南边疆普米族社会，有熟悉本民族宗教文化、从小耳濡目染普米族宗教仪式活动的优势，我建议他选择《普米族宗教研究》作为博士论题，并鼓励他以此题目积极申报国家社会科学基金课题。果然，在他进入四川大学攻读博士学位的第二年，该选题获得了2009 年度国家社会科学基金项目立项资助。

中国西南边疆的普米族宗教确是有学术价值的课题，由普米族人自己来研究本民族文化，有着他人不可替代的学术优势。普米族现有人口4.2861万，属中国人口较少民族，主要居住在云南省兰坪县、玉龙县、丽江古城区、永胜县、维西县、宁蒗县等地。另外，在四川省木里藏族自治县、盐源县、九龙县、冕宁县、盐边县等亦有大量的普米人分布，现划归为藏族或纳西族。普米族源于中国古代游牧民族氐羌，是历史上生息于藏彝走廊的古老族群。

普米族虽然是中国西南边疆人口较少的少数民族，但普米族传统宗教韩规教，融摄了藏传佛教、苯教、道教的文化元素，在多元共生的西南少数民族社会，普米族宗教信仰具有多样性的特点，体现出西部边疆多元宗教和谐共存的特质。信仰与仪式历来是少数民族宗教研究的重点所在，在西南边疆普米族的宗教系统里，有着长期传承的经典和祭祀仪式，也有祖先崇拜、图腾崇拜、自然崇拜的丰富内容。

《中国普米族宗教研究》以五章的篇幅讨论了普米族宗教文化的主要问题。作者的研究既有藏彝走廊视野的宏观阐释，也有对普米族民间社会长期传承仪式的微观考察。西南氐羌民族都有祖先由北向南迁徙的传说，这与藏彝走廊的自然环境有关。普米族先民为远古时代居住于青藏高原甘青巴颜喀拉山周围地区的古羌人。为寻找更适宜生活的乐土，普米族先民从西北沿着金沙江、雅砻江之间的谷地，逐渐向南迁徙到温暖低湿的川、滇边境地区，逐水草丰茂的地方而居。普米族老人去世后，要举行"释毕戎肯"（"给羊子"）仪式，祭司给死者念《开路经》，将灵魂送回祖先居住地。历史上沿藏彝走廊迁徙的普米人，还保存着皮囊渡江的历史记忆。普米族丧葬举行"释毕戎肯"仪式，祭司指引魂归故地的路线，"到了波浪卷着波浪的大江边，你就骑着皮囊渡过去，再往前进就是普米族祖先居住的地方"。① 普米族"释毕戎肯"仪式反映普米先民的游牧生活，从普米族传统指路送魂线路中，可以清晰地看出从北向南的迁徙历史。

作者微观考察的"释毕戎肯"仪式生动反映出普米族宗教祖先崇拜、自然崇拜、图腾崇拜等丰富的思想内容。普米人丧葬仪式中"释毕戎肯"旨在为死者指路，祭司为死者指点祖先的名字、交代归宗的路线，并用一

---

① 《思想战线》编辑部编：《西南少数民族风俗志》，中国民间文艺出版社1981年版，第326页。

只白羊为死者引路。祭司为死者念《开路经》说：

> 快收拾行装吧，由这只白羊为你领路，回到我们祖先居住的北
> 方。那里有厚厚的白雪，有祖先安息的崩崩木里瓦山。这只白羊是祖
> 先猎获的野羊的后代，它一定对你忠诚，听你的话，把你带回
> 老家。①

西南少数民族普遍存在三魂观念，普米族的三魂观念在为祖先指路中
有生动表现。普米族《指路经》中归祖的路线有三条，但在普米族先民
的宗教观念中，祖先谆谆告诫的正确路线，一定是要选择走中间的一条
路。普米族祭祀歌"给绵羊"之一《指路经》说：

> 你到大岔路口后，你前面有三条路，上条路不能走，上条路是一
> 条花色的路，是天、山、龙神走的路，下条路也不能走，下条路是一
> 条黑色的路，是长甲、爪、掌的动物走的路，要走中间那条路，中间
> 那条路是一条白色的路，是你祖宗走过的那条路，沿着它走就会回到
> 祖先的怀抱。②

另一文本的普米族《开路经》说：

> 再往前走有三条路，低处白色的是野兽的路，走不得；高处黑色
> 的是山神的路，走不得；中间绿色的是普米人的路，尽管走。③

《指路经》送灵归祖习俗的产生，其实与普米先民的三魂观念有关。
普米先民认为死者的灵魂将分为三个，并有不同的归宿。其中回归祖地的
那个魂，必须经祭司指路之后，亡魂才能顺利到达祖地。

----

① 《思想战线》编辑部编：《西南少数民族风俗志》，中国民间文艺出版社1981年版，第
325页。

② 云南省少数民族古籍整理出版规划办公室编，杨照辉译注：《普米族祭祀歌》，云南民族
出版社1990年版，第69—70页。

③ 《思想战线》编辑部编：《西南少数民族风俗志》，中国民间文艺出版社1981年版，第
326页。

普米族丧葬仪礼要念六部经，最后一部就是《指路经》。《指路经》产生于丧葬斋祭仪式，其宗教功能是表达对祖先的安抚，这是西南少数民族祖先崇拜的特殊表现。普米族《开路经》劝慰祖先亡灵说道：

> 每一个人都会死的。普米族英雄的祖先，在千军万马中杀出杀进，结果也会死去。曾经用铁链拴虎的大力神会死，走路如风吹电闪的快脚神会死，黄金成堆、牦牛遍山的财神会死，美如山茶、洁如白雪的女神也会死。不要再贪恋生前的快乐了，不要再想活转过来了，这里也并不是好地方。它皮甲上长满了虱子也不能脱，战刀上涂满了鲜血也不能解，只有北方才是安乐的故土。快快活活地去吧，跳跳蹦蹦地去吧，唱唱笑笑地去吧。①

现居住于云南宁蒗、永胜、丽江、维西、兰坪、中甸等地的普米族，源于古代西部青藏高原羌戎游牧部落集团，历史上曾经历过几次大的迁徙。从云南宁蒗新营盘、永宁两地普米族的送魂路线中，可以清晰地看出普米先民的迁徙历史。云南兰坪白族普米族自治县通甸乡罗古箐村，有一棵被当地普米族奉若神明的古核桃树，普米人称之为"亡灵的指路树"。这棵已有四百多年历史的核桃树生长在罗古箐河的西岸大路旁，核桃树与河两边十多座圆背巨石是普米人为死者指示北上归宗路径的一个站口路标。② 新营盘普米族的送魂线路从南到北，绕泸沽湖，过永宁，亦经过核桃树下，过川西木里而达青海境内。

熊永翔主持的国家社科基金项目"中国普米族宗教研究"，2012 年 7 月经过全国盲审专家评审，鉴定等级为"优秀"。这说明《普米族宗教研究》的成果，已得到国内同行专家的认可。

总之，普米族人熊永翔能站在他者的学术立场，在回顾、总结国内外学者已有成果基础上，运用宗教学、人类学的理论方法，从主位和客位的不同学术视角，对西南边疆普米族宗教作了有意义的研究。虽然研究成果还存在有待改进、深入的地方，但由普米族人完成的这部研究普米族宗教

---

① 《思想战线》编辑部编：《西南少数民族风俗志》，中国民间文艺出版社1981年版，第326页。

② 邓铭史：《罗古箐的普米族"亡灵指路树"》，《植物杂志》2000 年第 6 期。

文化的学术著作，能够入选云南师范大学学术精品文库，在中国社会科学出版社公开出版，我乐意为之写序以示祝贺！

张泽洪

2014 年 3 月于四川大学竹林村

（张泽洪：四川大学博士生导师、四川省最具创发力学者、《宗教学研究》执行主编）

目　　录

导论：中国普米族宗教研究的学术史与理论方法 ……………… （1）

　　一　选题缘由及意义 …………………………………………… （1）

　　二　"普米族宗教"内涵简释 ………………………………… （5）

　　三　文献与资料来源 …………………………………………… （7）

第一章　普米族历史源流考察 …………………………………… （19）

　　第一节　现实困境：普米族群的不同族称 ………………… （21）

　　第二节　语言学上的民族溯源研究 ………………………… （24）

　　　　一　黄帝的姻亲 ………………………………………… （28）

　　　　二　先蚕的传人 ………………………………………… （29）

　　　　三　夏人的邻友 ………………………………………… （32）

　　　　四　商周时期的戎人 …………………………………… （35）

　　　　五　秦汉的白狼王 ……………………………………… （42）

　　　　六　唐宋元明清的西番 ………………………………… （48）

　　　　七　新中国的普米族 …………………………………… （53）

第二章　普米族宗教的祭司与经籍 ……………………………… （57）

　　第一节　普米族宗教的祭司 ………………………………… （57）

　　　　一　祭司的称谓与类别 ………………………………… （57）

　　　　二　祭司的职能及地位 ………………………………… （63）

　　　　三　祭祀仪式传统的习得和传承 ……………………… （67）

　　　　四　祭司的服饰与法器 ………………………………… （73）

　　第二节　普米族宗教的经籍 ………………………………… （92）

一 普米族宗教的经籍写本 …………………………………………（92）
二 普米族宗教经籍的内容分类 …………………………………（97）
三 普米族宗教经籍蕴含的文化内涵及价值 ………………………（104）

第三章 普米族宗教仪式的微观考察 ………………………………（108）
第一节 普米族"释毕戎肯"仪式的来历 …………………………（109）
一 经籍记载 ………………………………………………………（110）
二 民间传说 ………………………………………………………（112）
第二节 普米族"释毕戎肯"仪式的程式结构 ……………………（115）
一 洁身持明 ………………………………………………………（116）
二 超度安魂 ………………………………………………………（131）
第三节 普米族"释毕戎肯"场域的社会关联 ……………………（163）
一 "释毕戎肯"场域保存了族群迁徙的历史记忆 ………………（165）
二 "释毕戎肯"场域体现了不同宗教文化的交融并存 …………（166）
三 "释毕戎肯"场域折射了死亡价值上的伦理精神 ……………（168）
四 "释毕戎肯"场域强化了氏族一致的集体意识 ………………（170）

第四章 普米族宗教的哲学思想 ……………………………………（173）
第一节 普米族宗教的宇宙观 ………………………………………（173）
一 原始宗教神话有关宇宙起源的认识 …………………………（174）
二 普米族"天地如屋"的宇宙结构观 …………………………（180）
第二节 普米族宗教的生命观 ………………………………………（190）
一 原始思维下的生命起源观 ……………………………………（190）
二 "人神遇合"的生命存在观 …………………………………（198）
三 "天地冥游"的生命去向观 …………………………………（210）
第三节 普米族韩规教的自然观 ……………………………………（217）
一 韩规教中的人与自然 …………………………………………（217）
二 韩规教自然审美的特点 ………………………………………（220）
三 韩规教自然观的意义 …………………………………………（223）

第五章 多元文化背景下的普米族宗教 ……………………………（230）
第一节 中原儒、道文化对普米族宗教的影响 ……………………（230）

一　儒家文化对普米族宗教的影响 …………………………………（230）

二　道教对普米族宗教的影响 …………………………………………（236）

第二节　从宗教行为看普米族与西夏文化的关联 …………………（245）

一　自然崇拜的相似性 …………………………………………………（246）

二　鬼灵崇拜的比较 ……………………………………………………（250）

三　巫术活动的相似性 …………………………………………………（252）

四　葬礼习俗的比较 ……………………………………………………（256）

第三节　普米族白石崇拜与藏彝走廊白石图腾的互渗 …………（261）

一　普米族民俗生活中的白石崇拜 ……………………………………（262）

二　韩规经白石生火神话的解读 ………………………………………（265）

三　藏彝走廊诸族群白石崇拜的互渗 …………………………………（270）

第四节　普米族宗教的人文效应 ……………………………………（274）

一　普米族宗教与民俗的关联 …………………………………………（274）

二　普米族宗教与民间文学的关系 ……………………………………（285）

结论：普米族宗教的文化自觉与和谐 ………………………………（293）

一　"各美其美"是宗教和谐的前提条件 ……………………………（294）

二　"美人之美"是宗教和谐的源泉动力 ……………………………（295）

三　"美美与共"是宗教和谐的运作逻辑 ……………………………（297）

四　"和而不同"是宗教和谐的终极目标 ……………………………（299）

参考文献 ………………………………………………………………（301）

附录　田野调查手记 …………………………………………………（324）

后记 ……………………………………………………………………（345）

导论：中国普米族宗教研究的
学术史与理论方法

一　选题缘由及意义

在宗教学研究领域中，中国西南少数民族宗教研究现已成为国内外研究中国传统宗教的热点。分布于中国西南滇、川、藏交界"三江并流"地区的普米族群（云南境内称普米族，四川境内划归藏族，亦有少部分划入纳西族），具有丰富的原始宗教文化内容。近代以来，美国学者洛克（Joseph F. Rock）、日本学者鸟居龙藏及一些外国传教士，深入西南少数民族地区，收集少数民族宗教文化典籍，揭开了国外对西南少数民族宗教研究的序幕。中国学者杨成志、江应樑、吴泽霖、岑家梧、梁钊韬、林耀华、马长寿、丁文江、马学良及凌纯声、芮逸夫、李霖灿等在 20 世纪三四十年代，深入西南边疆民族地区调查，在其论著中都探讨了西南少数民族宗教的特质，其考察研究成果至今为国内外学界所重视。20 世纪五六十年代，出于社会改革的需要，我国政府曾组织大批力量（其中不少是民族学者）对各民族的社会和历史进行过规模较大的社会调查，获得了不少有关民族传统文化和民俗活动的资料，这些资料是非常难得的。但是，由于种种历史原因，当时的调查侧重于社会经济形态和阶级构成，对于传统宗教（通常被视为迷信）的调查，不予重视，一般不过一鳞半爪，浅尝辄止。1986 年在北京召开的"七五"期间哲学社会科学规划会议把研究中国各民族原始宗教、收集整理有关资料列为国家重点科研项目。全国各地许多宗教学者、民族学者积极参与此项研究，经过数年的努力，1999 年，由吕大吉、何耀华任总主编编辑出版了《中国各民族原始宗教资料集成》（下文简称《集成》）。在《集成》一书中，由普米族学者杨照辉任主编组织了普米族卷的编写工作，其内容主要以普米族的宗教信仰和祭巫师履行的宗教仪式程序排列成章，收录了杨学政、杨照辉等学者长期对滇川交界地区的普米族及藏族（普米人）宗教的田野调查成果，基本真实地提供了这个地区普米族的宗教状况，但由于工作紧张，未来得及对普米族宗教进行深入探讨。

20世纪初，英人斯坦因（A. Stein）、法人伯希和（P. Pelliot）从我国敦煌石窟先后劫走大量珍贵历史文献资料，其中有一件长达398行的藏文写本，编号为 S. C. 736，卷首与卷尾各残缺4行，尚存390行。虽用古藏文拼写而实非藏语，因而作为一种"未知的语言"引起学者们的注意，开始对其研究。牛津大学陶玛士（F. W. Thomos）教授前后经过22年对 S. C. 736 卷的辛勤研究，至1948年由牛津大学出版了《南语：汉藏走廊的一种古代语言》（下文简称《南语》），将 S. C. 736 卷语言取名"南语"，以专章讨论《南语、西番语与羌语》，认为"南语"抄写的年代为7—8世纪，记录内容与宗教有关，其语言与诸羌语西番（普米）语相联系。《南语》一书的出版在学术界引起了很大的反响，国内外学者纷纷发表专文进行评论，部分学者对南语的定名与比照藏语研究方法提出质疑。然而，由于掌握羌语资料有限，均未能破译该写本。1980年，受金鹏先生的委托，玉文华、杨元芳、陈宗祥、邓文峰等学者对《南语》一书进行了翻译。陈宗祥教授更是深入民族地区实地考察进行对比研究，进一步肯定定名为南语的正确性，认为"白狼语—南语—西夏语—普米语等一脉相承"。陈先生将 S. C. 736 卷文归纳为五个章节，在试译卷首部分（自然段落61行）后，惊奇地发现其记述的内容和描绘的场景在现今普米族宗教活动中仍以活的形态存在，甚至成为世代传承的民俗文化，具有重要的研究价值。然而，陈先生年事已高，亦未能对普米族的宗教作深入的研究。

近年来，笔者对分布在云南境内的普米族以及川西南地区的藏族（普米人）的传统宗教韩规教进行了进一步的研究，深感中国西南普米族宗教有着悠久的历史和丰富的文化内涵，并与中国传统宗教的道教、佛教以及白族本主崇拜有着相互渗透、相互影响的关系。

有关西南少数民族区域宗教的研究，是近代以来国内外学者所共同关注的学术问题。当代美国学者施坚雅（G. William Skinner）、桑格瑞（P. Steven Sangren）提出民间信仰、仪式与区域形成和发展的历史息息相关的论题。本书是宗教学领域有关的区域宗教研究，涉及宗教、社会与地域文化等国际学术前沿问题，选题内容具有重要学术价值。

首先，普米族属中国特少人口民族之一，本研究成果将有助于保存优秀民族文化遗产，发展西南地区的旅游经济；本书对宗教祭祀仪式的研究，将进一步阐明宗教与迷信的区别，对于政府宗教管理部门规范宗教活动，有效地开展对当代宗教活动的管理，亦具有实际的应用价值；本书还为边疆民族地区多元宗教共存现实下建设和谐宗教关系提供服务。

其次，普米族宗教有着丰富的经典和祭祀仪式，其蕴涵的教义思想和祭祀的宗教活动，是宗教学的两大要素。普米族宗教有从原始宗教向神学宗教转化的特质，在宗教学领域有着重要的理论研究价值，此问题的研究将有助于丰富具有中国特色的宗教学基础理论。在比较宗教学、文化人类学领域，探讨普米族宗教与道教、佛教及其他民族宗教的关系，对认识不同民族间宗教文化的融摄传播，亦具有重要的理论意义。

再者，本书还开创了普米族哲学思想的系统研究。虽然国内开展中国少数民族宗教及其哲学思想的研究已近三十年，但对普米族宗教及其哲学思想的系统研究迄今为止仍是空白。近年来，国内外不断有学者从事普米族哲学思想的研究，并且发表了一系列有关普米族哲学思想研究的文章，如章虹宇的《普米族的"八卦图"》、胡文明和范咀华的《普米族史诗〈创世纪"直呆木喃"〉的哲学思想》、陈宗祥的《普米族二十八宿初探》、胡文明的《普米族〈创世纪〉的认识论》以及奔厦·泽米的《普米族原始宇宙观初探》等。可以说，有关普米社会历史和传统文化中哲学思想的研究，取得了一定的进展。但就总体而言，对普米族人传统文化的调查研究至今仍然处于自发分散状态。目前笔者所搜集的文献，多侧重于介绍性、描述性、资料性的研究，缺乏有深度的学术讨论，尤其是普米族宗教文化中的哲学思想尚未得到充分揭示。相反，在岁月的剥蚀、市场的冲击以及当代外来文化的撼动下，普米传统文化正逐步消失，文化技艺后继乏人。因此，对普米族宗教哲学思想的系统研究，不仅可以丰富中国少数民族宗教哲学思想研究，而且可以填补普米族哲学思想研究的空白，进而有助于从民族宗教哲学比较研究的角度探索哲学的起源问题。

尽管普米族人没有形成统一的文字，但川滇各地普米族人中所保存的借用汉字或古藏文拼音记写的普米语宗教典籍以及世代传承于普米族民间的《帕米查哩》、《戎吭》、《吉塞哩》等古歌、史诗中，就包含有普米族

3

先民关于天地、万物起源和演化的古老而丰富多彩的原始宇宙观、原始哲学思想。在普米族古老的宗教神话和史诗中，有关宇宙生成和演化的化生型、创造型、自生型解释以及普米先民对人类起源、社会认识的来源的理解，构成了普米族的原始哲学思想。正是基于这种原始宇宙观、人类起源观和社会认识论，普米族创造出一套与其生存环境相适应的物质和精神文化体系。

关于宇宙演化、人类起源的原始观念是原始哲学思想的重要组成部分。研究普米族宗教哲学思想的意义是多方面的，这里仅讨论其在少数民族原始哲学研究方面的意义。

一是可以丰富中国原始哲学思想的研究，填补普米族哲学思想研究的空白。中央民族大学佟德富教授曾指出，中国少数民族哲学研究的内在价值和意义在于，中国少数民族"往往通过神话和史诗等形式对宇宙的生成，万物的起源和演化以及人类的来源做出极为生动的猜测和描述，且内容之丰富、形式之多样、资料之丰富是中国汉族哲学所不及的。这是中国少数民族哲学的一大显著特色"；"任何国家早期哲学宇宙生成论和天地万物演化观都没有像中国少数民族哲学这样内容广泛而丰富，流派如此众多，描述生动且带有神秘色彩，形式如此多样，实乃对人类早期哲学的一大贡献"。[①] 简言之，反映宇宙生成、万物和人类起源的原始哲学思想是少数民族哲学的显著特色，研究少数民族的原始哲学思想具有丰富中国乃至世界早期哲学思想内容的重要意义。而现在对中国少数民族哲学研究仍然不尽如人意，尤其对普米族原始哲学思想的研究，目前尚属研究的空白。

二是有助于从少数民族原始哲学比较研究的角度探索哲学的起源问题。迄今为止，鲜见从理论上专门论述哲学起源问题的著作。这一现状，既跟学界对"哲学"概念的理解分歧有关，也跟少数民族原始哲学思想比较研究尚未充分展开有关。国内第一部综合性中国少数民族哲学史著作的主编之一萧万源曾说："哲学应该有自己的发生学"；"哲学并不是突然产生的，而是有一个萌芽、形成、发展的过程，其萌芽就孕育在原始意识之中。它通过原始崇拜意识、灵魂和鬼神观念，以及原始神话、史诗、传说中关于天地的形成、万物的产生、人类的来源等思想（感觉）表现出

① 佟德富：《中国少数民族哲学概论》，中央民族大学出版社 1997 年版，第 21 页。

来";较之汉族,少数民族关于哲学思想萌芽(包括原始宇宙演化观)方面的材料更为丰富和鲜明,因而为研究"中国哲学乃至一般哲学萌芽提供了宝贵的思想资料"。① 探索哲学起源的奥秘,需要研究者首先要尽可能充分地掌握各民族原始哲学思想的史料,而更为重要的是,必须对不同民族的原始哲学思想进行比较研究,从理论上弄清其间所包含的带普遍性的问题意识、思维方式、价值意向及其与成熟期哲学思想的逻辑关系。

普米族世居云南省西北部"三江并流"的广阔区域,长期与白族、纳西族、彝族、怒族、藏族、汉族等民族交错、毗邻而居,各民族思想文化之间相互渗透而又各有特色。在这个区域内,普米族的思想文化可称得上是滇、藏思想文化交汇的典型。就此而言,研究普米族的原始宇宙观、人类起源观等原始哲学思想,对于通过各民族原始哲学思想的比较研究来探索哲学的起源问题,也具有典型的意义。

总之,普米族有着丰富的原始宗教哲学思想文化内容,历史上又逐渐融摄道教、佛教以及其他民族的哲学思想,形成具有多元文化特色的普米族哲学,其根本原因在于中华民族多元一体格局的较早形成,亦反映历史上华夏文化辐射力的深远影响。普米族由于历史、社会、地域文化的因素,其原始哲学思想既保持其个性特点,又与其他民族哲学思想存在诸多相似的共性,系统研究普米族宗教哲学思想,有助于加深对中国少数民族哲学思想的认识。

二 "普米族宗教"内涵简释

本书在使用"普米族宗教"这个概念的时候,具有文化人类学的学术指向。在文化人类学,尤其是在早期(古典)文化人类学领域,"原始"一词经常与"民族"、"社会"、"艺术"、"宗教"等词并出现,构成"原始民族"、"原始社会"、"原始艺术"、"原始宗教"这样的合成词。这类文化人类学的合成词有一个共同指向,这就是经济、社会、文化发育程度较低的人群的生计方式、社会生活和文化生活。

---

① 肖万源、伍雄武、阿不都库秀尔:《中国少数民族哲学史》,安徽人民出版社 1992 年版,第 7—13 页。

在被文化人类学称为"原始民族"的人群中，传说、神话、史诗及作为其载体的原始宗教信仰，几乎就是他们唯一较为系统的精神产品了。这类新产品表现着"原始民族"的世界观和基本的生活态度，是这类人群比较完整的精神世界和思想成果。

普米族宗教的构成比较复杂，既有浓厚原始宗教成分的释毕（雅毕）教，也有高度人文化的藏传佛教（佛教与苯教结合），还有原始宗教与藏传佛教杂糅遇合的韩规教。在滇西北普米族民间社会，实际存在韩规教、藏传佛教、释比教并存的局面，但普米族社会中最具特色且影响深远的是韩规教。韩规教在长期的发展过程中，虽然受到苯教、佛教甚至道教的冲击和影响，但由于产生于普米族特定的社会经济、政治制度之下，因而具有自己地域宗教的鲜明特点。首先，韩规教有一个被称为"韩规"或者"释毕"的神职人员阶层。其次，韩规教有特定的信仰和观念体系。韩规教既信仰天神，认为世俗界之外还存在有天神世界，天神世界有壹冬、松玛、日赠、鲁移甲布等众多的神魂，因此在进行法事活动之前均念颂《公苏冬》（kuŋ^{55} su^{55} tuŋ^{31}）经，以礼祀诸天神；又信仰教祖"益西丁巴"。韩规教中以"益西丁巴"为祖师，这与古代藏族崇奉的原始苯教最高祖师"辛饶米沃齐"，即"丁巴辛饶"应属同一称谓。这说明早期韩规教与苯教关系密切，二者可能同出一源。韩规教还信仰山神和各种自然神灵与鬼怪。韩规教的山神和各种自然神灵与鬼怪很多，其经书中有大量的诸如祭献龙王神的《萨达夏崩》（sŋ ã^{21} ta^{55} çiç^{31} puŋ^{31}）经、祭献山神的《崃消匹》（ʒei^{31} çio^{53} pi^{53}）经以及镇压各种鬼怪的经书《狃若消》（nju^{31} ji^{21} çio^{31}），等等。再者，韩规教有一整套修持的宗教礼仪。韩规教规定韩规必须通过坐经、受戒并经四十九天面壁，不见天日方能出师，只有出师的韩规才能主持大的道场等。若礼仪不按照规矩进行，不仅法事不灵，韩规也会受损。此外，韩规教中还存在有关于世界的缘起和宇宙的结构、关于人类的由来、关于灵魂与肉体的离合、关于万物有灵向至高神的上升观念、关于雌雄、善恶、阴阳及关于自然和社会的和谐等内容。这些都体现了人类最初的自然观、宇宙观、人生观、认识论，即"原逻辑"状态下对万物的崇拜及其仪式的总和。

因此，从文化人类学的角度看，以韩规教为代表的普米族宗教相应也就是指经济、社会发育程度较低的人群（民族）以神话史诗和原始宗教信仰为载体的关于自然、社会、生活的带有整体性、根本性的认识成果。

神话、史诗和原始宗教信仰在普米族中至今普遍存留,新中国成立前,在相当一部分普米族中,它们还是唯一系统的精神产品和思想成果。它们集中体现了普米族关于世界、关于生活的主要智慧,相对于普米族思想文化近代以来的新变化而言,这种智慧无疑更具有原生性和初始性。因此,在比较宽泛的意义上,本书仍然将普米族宗教纳入"原始宗教"的范围内来予以研究。

三　文献与资料来源

作为中国西南诸少数民族中的一员,普米族群在形成之前,历经了千百年的迁徙更替,但没有本民族的成文史载,也未见形成有自己统一的文字。川滇各地的普米族人虽保存有一定数量的借用汉字、古藏文拼音等记写的普米语宗教经典,但释读困难,目前还没有完整的翻译成果。因此,对普米社会早期的政治、经济、宗教等发展情况,我们只能根据世代传承于普米族民间的歌谣、神话传说、宗教行为、宗教经典(包括文字经和口诵经)以及汉族典籍的零星记载进行研究。从这个意义上说,纳入研究视野中的普米族宗教研究资料,包括背景文献、相关文献与核心文献三种。[①]

(一) 背景文献

现代民族识别角度构建起来的普米族在 1961 年民族认定之前的相当一段时期都被称作"西番族",新中国民族识别后,居住在四川境内木里、盐源、冕宁、九龙等地的西番族普米人被划作藏族,而盐边县境内的西番族普米人则划入了纳西族。因此,就普米族宗教研究而言,历史上有关这些地区的"西番族"及现今"普米藏族"、"普米纳西族"历史与文化的研究都可以作为背景文献(参见本书参考文献)。而更为直接的背景文献则是近现代学者的相关研究成果,这些研究资料主要包括 20 世纪 80年代以来出版的学术专著或发表的学术论文。共二百余篇(部)。其中,代表性的成果有:

[①] 曹树基:《学位论文的性质、内容与形式》,《社会科学论坛》2005 年第 10 期。

1961 年 5 月由云南省民族事务委员会撰写的《关于将"西番族"改称"普米族"的报告》，1977 年马耀先生主编的《云南古代各族史略》，1979 年云南省民族研究所印行的《云南民族识别综合调查报告》，1980 年尤中先生著的《中国西南的古代民族》中有关普米族的内容，1983 年由陆少尊所著的《普米语简志》，1985 年由丽江地区文教局编的《云南纳西族、普米族民间音乐》，1986 年由严汝娴、王树五撰写的《普米族源流初探》，严汝娴、陈久金著的《普米族》，1987 年由杨庆文著的《普米族民间文学》，1988 年由严汝娴、王树武合著出版的《普米族简史》，1989 年怒江州文史委员会编的《兰坪普米族社会历史调查专辑》，1990 年熊胜祥主编的《普米族故事集成》、《普米族歌谣集成》，由杜玉亭、王树五撰写的《基诺族普米族社会历史综合调查》，1991 年陈宗祥、邓文峰合著出版的《〈白狼歌诗〉研究（一）》，1992 年和胜编著的《普米族单方治疗杂病手册》，1993 年由戴庆夏、陈卫东撰写的《论普米族的语言观念》、殷海涛编著的《普米族风俗志》，1994 年王震亚主编的《普米族民间故事》，李松发主编的《兰坪民间舞蹈》，江红的《普米族文化史》，1995 年李昆声编著的《云南艺术史》，1996 年杨照辉著的《普米族文学简史》，方素梅主编的《中国少数民族禁忌大观》，1997 年由张惠君、陈铁军、和润培编著的《怒江峡谷经济》，1998 年傅爱兰著的《普米语动词的语法范畴》，以及澳大利亚国立大学丁思志博士的毕业论文《普米语——中国云南西北部的一种藏缅语言》，殷海涛译辑的《普米族谚语》、《普米族风俗》，1999 年杨照辉主编的《普米族文化大观》，2000 年由兰坪县民族事务委员会、兰坪县政协民族研究室编、熊贵华任主编的《普米族志》，2002 年由胡文明主编的《普米族研究文集》，2003 年由胡文明主编的《南语——汉藏民族走廊的一种古代语言》，2004 年由杨子英等编撰出版的《中国少数民族旅游文化丛书——普米族》，2005 年以来由云南民族学会普米族研究委员会编的《普米研究》，2007 年杨照辉所著的《普米族》，2008 年杨照辉所著的《普米族文化探幽》以及 2008 年由胡忠文主编的《和谐的使者——云南省民族工作队化解"热点""难点"问题记实》等。应该说，这些有关普米族研究的学术成果，其内容涉及了普米族的社会历史、语言文字、文学艺术、风俗习惯、哲学宗教、伦理道德、科学技术等方方面面。此外，这一时期出版的《云南少数民族》、《西南民族史》、《云南民族史》、《云南少数民族概览》以及各级政府和各地方志编纂出版的地（州）县地方志中均设有普米族的篇章。《民族辞典》、《中国大百科全书》（民族卷）、《中国少数民族史大辞典》、《中国各民族宗教与神话大辞典》等工具书中均含有普米历史文化的专门辞条。

（二）相关文献

更直接意义上的"相关文献"，包括了普米族宗教信仰的相关研究。下面主要介绍一下同仁们在这个研究领域中的著述，笔者从前人相关学术成果中获益良多。宋兆麟、陈宗祥、严汝娴、王树五、杨学政、章虹宇、熊胜祥、杨照辉、胡文明、李玉生、熊贵华等有关普米族的研究资料，给予笔者巨大的帮助。

早在 1963 年，宋兆麟先生就对宁蒗县永宁区托甸乡普米族村寨进行了实地调查，之后在 1980 年和 1981 年又数次到云南宁蒗、四川盐源、木里等地的普米人中开展田野调查，收集了许多与普米族民俗宗教相关的一手资料，这些资料虽沉积了三十余年，所幸的是，在笔者刚确定研究框架之后不久，宋先生的调查手稿以《泸沽湖畔的普米人》为名列入了《田野中国丛书》，并在 2009 年 6 月由云南教育出版社出版。该书中宋先生虽未直言"宗教"，但在下篇《普米族的精神生活》之章节中，所收录或重点讨论的有关普米族的岁时娱乐、图画文字、原始信仰、送魂图说等，实际反映的内容都是普米族人的原始宗教文化。这些资料大多为1963 年的调查手稿，因此，基本真实地保留了"文化大革命"以前这一地区普米族宗教的原貌，而更为可贵的是，宋先生还将在冕宁地区收集到的西番纳木依人（现为藏族）的《错布露骨》送魂图一并编入其中，为后人开展普米族与其他西番人宗教信仰的对比研究提供了很好的借鉴。

1982 年，由中央民族学院科研处组织编写、覃光广等主编的《中国少数民族宗教概览》（下册），初步对普米族在过年、清明节、中秋节等节日中所保存的祖先崇拜遗迹及其他灵物崇拜现象作了介绍，同时，还提出普米族人中有一部分人信仰藏传佛教（红教）和西藏的"苯教"。

对普米族宗教、尤其韩规教进行微观考察的首推杨学政先生。1983年，他曾以《普米族的汗归教》为题撰文在《世界宗教研究》中发表。之后，在 1985 年《中国少数民族宗教初编》中又收录了杨氏关于普米族韩规教研究的相关论述。1994 年，杨学政先生所著的《藏族、纳西族、普米族的藏传佛教》一书由云南人民出版社出版。2003 年，他与萧霁虹合著的《心灵的火焰——苯教文化之旅》一书由四川文艺出版社出版。在这些著述中，杨学政先生依照普米语义，对普米族祭司"韩规"之称谓作了开创性的释读，他认为，普米语中"汗"指鹦鹉，"几"意为能说会道，普米族崇拜鹦鹉，在丧葬仪式中有鹦鹉引路送亡灵归返祖源地的习俗，鹦鹉既生活在人间，又可为阴间亡灵引路，因此，自然成为人类与神灵之间的媒介。而巫师的职能恰是沟通人类与神灵之间的媒介，故将鹦鹉指代巫师，进而得出"汗几"（韩规）其意思大约与巫师的巧于辞令和善于说唱有关的结论。这一近似"合理"的解释，是目前我们所能见到的对普米族祭司韩规最早的解释，因此，该解释基本成为后世学者所遵循的"定义"。此外，杨学政先生还就普米族的韩规教与苯教之间的关系作了阐释，其所撰的《苯教对韩规教的影响》一文，从韩规教的祖师、韩规教的泛神崇拜、韩规教的占卜法术、韩规主持的丧葬仪式及使用的经文等出发，将苯教与韩规教进行了多维度的对比研究，进而得出苯教、韩规教和藏传佛教在仪式、经典、教义、神鬼体系等方面都有密切联系的结论。在他看来，"韩规"经典可以分为两大类：第一类是对自然和动物诸神及对祖先的歌颂；第二类是对病魔、恶神、自然灾害、兽害、宿敌的巫术咒语及祈求氏族繁荣、事业发达、家庭幸福、健康长寿等的祷词。并将韩规分为"给木"、"跨巴"、"印曲"三支派系。极为珍贵的是，杨氏 1976 年采集了宁蒗县把尔桥乡腊夸村曹诺汝、曹二千所背诵的"崩韩规"（黑韩规）支系 42 代的谱系，由于该支系韩规现在宁蒗地区基本绝迹，因此，这一谱系的记录为进一步研究普米族韩规教的历史形成及"曲韩规"（白韩规）与"崩韩规"（黑韩规）的关系提供了较好的参考。而《藏族、纳西族、普米族的藏传佛教》一书，则对藏传佛教在普米族人中的传入年代及教派、传播路线、寺院分布、寺院制度和僧侣组织、典籍、法会以及藏传佛教对普米族社会生活和精神生活的影响等方面，进行了较为全面的论述。他认为，藏传佛教传入以后，普米族原始宗教系统发生了一系列的变化，不仅吸收了藏传佛教中诸如观音菩萨、大黑天神等神祇，借用了藏传佛教的五佛冠、摇铜铃、供镇邪塔等法器，同时，在其原始宗教口诵咒经中适当增加了藏传佛教"祈福经"、"求寿经"、"驱邪经"、"火塘经"的内容。此外，普米族的神话传说、民间故事、诗歌等则渗透有藏传佛教因果报应、天堂地狱以及米拉日巴与苯教师斗法的故事。

说到普米族宗教的研究,不得不提及杨照辉先生,他是新中国培养起来的第一代普米族研究员。他在近四十年的研究生涯中,先后搜集翻译并发表了数十篇(首)有关普米族民间神话传说和诗歌作品,出版有《普米族祭祀歌》(译著)、《普米族文学简史》、《川滇民族巫占与禁忌》、《普米族文化大观》、《普米族原始宗教资料集成》、《中国民族人口·普米族卷》、《生活于森林草甸的普米族》等论著,这些著述基本都涉及与普米族民俗宗教相关的内容。尤其是他 1997 年所著的《川滇民族巫占与禁忌》和 1999 年主编的《中国各民族原始宗教资料集成·普米族》,收录了由其本人调查或者杨学政收集、刘鼎寅整理的有关川滇普米族人的宗教仪式、泛灵崇拜、神祇体系、占卜法术等宗教行为的第一手资料,为我们全面了解不同地区普米族人的宗教活动提供了难得的资料。他所撰的《羌族普米族宗教巫术文化的比较》① 一文,通过对羌族与普米族的多神崇拜、祖先崇拜、动物崇拜、鬼灵崇拜以及普米族与羌族各种禁忌的比较,进一步论证了两族同为古羌族的嫡系遗裔,开阔了我们对“藏彝走廊”诸民族文化尤其是宗教文化关系研究的视角。

有关普米族宗教仪式的微观研究,熊胜祥先生的《宁蒗普米族葬俗》②、许鸿宝的《丽江普米族婚丧节庆调查》③、李玉成和李玉生的《兰坪普米族的丧俗》④、熊贵华先生的《普米族“冗肯”价值的多元性》⑤以及 1981 年由思想战线编辑部组织编撰的《西南少数民族风俗志》、1988 年由云南民族出版社出版的《云南少数民族生葬志》中杨庆文所写的普米族部分、2000 年赵伯乐等编写的《怒江风物志》等论文和著述,详细记录了金沙江南北地区普米族不同的葬礼仪式和婚嫁习俗,尤其是熊贵华先生的《普米族“冗肯”价值的多元性》一文,从民族学、伦理学、文学等不同角度对普米族以“戎肯”(“给羊子”)为核心的葬礼所蕴含

① 杨照辉:《羌族普米族宗教巫术文化的比较》,《云南社会科学》1992 年第 3 期。

② 熊胜祥:《宁蒗普米族葬俗》,载胡文明主编《普米族研究文集》,云南民族出版社 2002 年版,第 399—402 页。

③ 许鸿宝:《丽江普米族婚丧节庆调查》,《民族学调查研究》1985 年第 1—2 期合刊。

④ 李玉成、李玉生:《兰坪普米族的丧俗》,《怒江文史资料选辑》(第 6 辑)。

⑤ 熊贵华:《普米族“冗肯”价值的多元性》,《中央民族大学学报》1994 年第 2 期。

的文化价值进行了探讨。而章虹宇先生的《普米族的"括鲁"与"仲巴拉"》① 对普米族"宗巴拉"所包含的文化内涵作了极有价值的分析。这些资料为本书有关普米族"释毕戒肯"仪式场域的社会关联等研究提供了较有价值的参考。此外，日本西南学院大学王孝廉先生所撰的《从贺兰山到泸沽湖——论摩梭普米族的民族亲缘关系及其文化传承》②、美国斯坦福大学人类学博士施传刚的《永宁摩梭人》③、挪威科恩·威仑斯（Koen Wellens）博士的《中国西南地区的宗教、社区与人类学的真实性》④、云南大学朱凌飞博士的《玉狮场：一个被误解的普米族村庄——关于利益主体话语权的人类学研究》⑤、胡文明先生的《丽江市普米族韩规古籍》⑥ 等著述中有关普米族民俗宗教的描述，也为笔者的研究提供了较好的参考。

（三）核心文献

本书所说的核心文献，主要指田野资料和调查手稿。1993 年 8 月，笔者就读大学三年级时，曾跟随宁蒗县普米文化考察团胡文明先生一行赴兰坪普米族地区进行考察⑦，开始步入普米族文化研究的行列。在随后近二十年的时间里，笔者几乎参与了所有在丽江、兰坪、宁蒗、昆明等地举办的有关普米文化研究的年会（州际）及大型活动。并且，在每年回乡探亲之际，有意收集与普米族民俗宗教文化相关的资料。作为云南民族学

---

① 章虹宇：《普米族的"括鲁"与"仲巴拉"》，《民俗研究》2000 年第 3 期。

② ［日］王孝廉：《从贺兰山到泸沽湖——论摩梭普米族的民族亲缘关系及其文化传承》，《丝绸之路》2001 年第 S1 期。

③ 施传刚：《永宁摩梭人》，云南大学出版社 2008 年版。

④ 参见［挪威］科恩·威仑斯著，张宇译《中国西南地区的宗教、社区与人类学的真实性》，《西南民族大学学报》（人文社会科学版）2008 年第 8 期。

⑤ 朱凌飞：《玉狮场：一个被误解的普米族村庄——关于利益主体话语权的人类学研究》，《民族研究》2009 年第 3 期。

⑥ 李国文：《云南少数民族古籍文献调查与研究》，民族出版社 2010 年版，第 572—599 页。

⑦ 本次考察活动是有记录以来云南境内金沙江南北地区普米人之间进行的首次较大规模的文化考察和交流活动。代表团由原宁蒗县纪委副书记普米人胡润林任团长，随行人员有普米族学者胡文明、和建全等二十余人，考察团重点对通甸地区的普米族民俗进行了探访。该次考察中，宁蒗普米族人胡卫东还将北部普米族人的服饰大量（男女服饰共二百余套）移植（推销）至该地区，因而使兰坪地区普米族服饰逐渐"流变"，与北部趋同。

会普米族研究会副秘书长、副会长，笔者参与了《普米研究》、《普米研究文集》等编撰工作。

2002 年，笔者曾受组织指派到云南保山地区龙陵县指导村级"三个代表"教育活动；2003 年 12 月至 2005 年 12 月，又到怒江傈僳族自治州贡山独龙族怒族自治县任职县委副书记。其间，在 2004 年 12 月至 2005 年 8 月，笔者还受组织指派赴兰坪白族普米族自治县指导工作。工作之故，笔者基本走遍了怒江流域云南全境至西藏察隅县察瓦龙乡政府所在地沿线的傈僳族、彝族、怒族、藏族、独龙族等各民族村落并考察了这些地区的基督教、天主教、藏传佛教文化，考察了独龙江流域云南段独龙族村寨、澜沧江流域兰坪境内的普米族村寨以及迪庆藏族自治州维西县攀天阁、永春等地的普米族村落、金沙江流域丽江九河乡所属的"舍洛"（现河源行政村）、"洞至奄"（荞地坪）、"览甘晓"（小梨坪村）等村寨的民俗宗教文化，并与兰坪通甸乡德胜村著名释毕和发元（现已故）、河西乡大羊村释毕和耀成（2010 年病故）等普米族宗教祭司进行了交流，对当地普米文化进行了初步调查，亦对释毕教经典做了收集、翻拍等工作。

2008 年 9 月，笔者考入四川大学，攻读宗教学中国少数民族宗教方向博士学位。在导师张泽洪教授的指导及表兄胡忠文（云南民族学会普米族研究会会长）、胡文明（云南民族学会普米族研究会秘书长、著名普米族学者）的引导下，将研究视野转向普米族宗教文化，进而开始深入地接触韩规教、释毕教及其经典。

在攻读博士学位期间，笔者进行了多次相关的田野调查：2008 年 9 月以来，先后与导师张泽洪教授考察了四川省大邑县鹤鸣山道教发源地，与四川大学宗教所所长李刚教授考察了都江堰青城山道观，与同学热米娜（维吾尔族）博士等多次考察了成都近郊的各大清真寺，自行考察了四川乐山、峨眉山和云南鸡足山等佛教名寺，实地感受了道教、佛教、伊斯兰教等不同宗教的文化。

2008 年 10 月 6 日—12 日，笔者随云南普米文化考察团赴川西南盐源县、木里藏族自治县普米人居住地区进行实地考察调研。先后与两县普米（藏族）同胞就普米人的历史文化进行了广泛深入的探讨，并顺理塘河流域沿路考察了普米人居住地。在木里县桃巴（瓦厂镇）地区还与当地普米同胞进行了座谈，参观了普米人居住地最大的格鲁巴黄教寺庙噶丹喜珠曲勒朗巴吉瓦林寺（木里寺）。之后，途经云南宁蒗、四川盐源、木里三县交界地喇孜山①返回云南境内并继续在永宁坝普米族新村（原居住在永宁木底箐，因2006年修建电站而迁移至此）、泸沽湖普米族村寨、红桥乡黄腊老吉意普米族韩规文化传承基地进行实地调研。

2008年11月1—5日，笔者与导师张泽洪教授一同前往红河哈尼族彝族自治州绿春县参加"中国绿春哈尼—阿卡国际学术研讨会"，沿路考察了墨江（有普米族分布）等县的民俗宗教文化。此后，又数次跟随其考察了云南西双版纳州勐海县、景洪市及普洱市等地的南传佛教文化，云南昆明西山道教道观，昆明官渡古镇儒、道、释交融文化，楚雄武定狮山北传佛教文化。

2008年11月18—30日，笔者母亲慈仁拉姆（普米族）在居住地朵碧村（摩梭村寨）病故，并按当地摩梭人的葬俗举行了葬礼。就这一葬礼仪式笔者曾作了详尽的记录，并以《当代滇渠摩梭人丧葬仪式考察》为题撰文发表在《宗教学研究》2010年第2期上。时隔一年，即2010年6月，笔者姨妈娜吉卓玛亦病故，葬礼依普米族人的习俗举行，笔者又对该葬礼仪式进行了完整的记录，两个葬礼、两种仪式为本书的撰写提供了第一手资料。

2009年年初，在导师张泽洪教授的提议和指导下，由笔者主持申报的2009年度国家社会科学基金项目《中国普米族宗教研究》获得国家社会科学基金西部项目立项。为进一步完善课题研究工作，同年11月6日，我们邀请了著名学者、云南省社会科学院研究员、纳西族人杨福泉博士，著名学者、纳西族东巴哲学及彝族哲学研究专家李国文教授，云南民族大学杨光远教授、周德才教授、李振彪教授，云南师范大学何跃教授等对该课题研究进行了指导。

2009年7月27—31日，笔者参加了在昆明市举行的国际人类学与民族学联合会第十六届大会，全程参与了由来自韩国、法国以及四川大学、西南民族大学、广西民族大学、云南大学、云南师范大学、云南民族大学

---

① 喇孜山是当地普米族人的神山，山上有一称"乌角尼可"的山洞，洞里有一形似女性的钟乳石，被当地普米族人奉为"巴丁喇木"女神。当地普米族认为，"巴丁喇木"是繁衍本民族的女始祖，并且是一位美丽善良、聪明能干的女神。传说她只饮清泉水和牛奶、羊奶，因此普米族祭祀巴丁喇木的祭物也只用牛奶、羊奶、麻布、麻线以及丝绒、珠子、银元等，习惯上不献五谷。普米族认为，巴丁喇木女神能保佑普米族妇女繁育及谷物繁殖多产，因此，每年都有成群结队的普米人前往祭拜。

等国内外近三十名学者参与的"中国西南少数民族宗教研究"专题组的讨论，并以《普米族释毕戎肯场域的社会关联》为题，在大会上作了交流发言。

2009 年 8 月 1—15 日，笔者与课题组成员张泽洪教授、博士生同学阿旺嘉措、陈勇前往川甘藏交界地区（西番人居住区）调研，先后考察了岷江流域汶川、松潘等县，四川阿坝藏族羌族自治州若尔盖县、甘肃省甘南州迭部县达拉乡岗岭村、九区黄河第一弯、玛曲县、碌曲县、尕海湖、卓尼县刀告村、夏河县及白龙江源头藏族西番人居住地区，并参观了川北苯教名寺苟象寺、川北最大的萨迦派寺院曲杰寺院、朗木寺（格鲁派寺院，被称为"小瑞士"）、合作九层佛阁（被称为安多藏区最高的寺院）、拉卜楞寺（目前藏区最大的寺院）等藏传佛教或苯教名寺。对甘川交界地区历史上与普米族同称"西番"的羌族、藏族地区的民俗宗教进行了实地调研。并与苯教名寺苟象寺主持仁亲加参活佛、原若尔盖县副县长班玛塔先生、甘南民族师范学院艺术学院桑吉扎西教授等进行了交流。

结束甘南地区的考察后，笔者与博士生同学陈勇一起又经二郎山进入大渡河流域并至甘孜藏族自治州州府康定进行考察，在康定与普米藏族人杨洛桑（甘孜藏族自治州州委党校常务副校长）及在康工作的其他藏族西番人进行了交流。在康期间还向著名藏族学者得荣泽仁邓珠（《藏族通史·吉祥宝瓶》著者）、嘎玛降村（甘孜藏族自治州政协副主席、《藏族万年大事记》编著者）就四川西部普米藏族人的基本情况进行了了解。之后，考察了甘孜地区木雅藏族、九龙地区普米藏族、尔苏藏族的民俗生活。在九龙停留期间，通过座谈、走访等多种形式与当地普米藏族人进行了广泛的接触，还与普米藏族人李学峰大校（原甘孜藏族自治州军分区副政委）等考察了九龙境内普米人的民俗风情。之后，又顺沿雅砻江流域至凉山彝族自治州冕宁县、西昌等地区的拍木依（普米）藏族进行了实地调查。

2009 年 12 月至 2010 年 3 月，笔者邀请川滇交界的普米族韩规偏初里、兰坪地区的释毕和耀成、普米族语言及传统文化专家宁蒗托甸人国日·慈仁扎西（熊正勇）、兰坪人和庆珍以及普米族语言、文化研究专家、云南民族学会普米族研究会会长胡忠文、云南师范大学文学院谭超教授、语言学研究专家涂良军教授、李洁博士、云南师范大学地方文化研究所所长苏雄娟副教授、语言学硕士杨俊伟先生、云南师范大学2008级语言学硕士研究生毋荆、赵怡凤等共同在昆明进行了长达三个月之久的普米族韩规教藏文写本经籍、汉文写本《戎肯》经的对照释读，初步翻译了韩规经《修迪》、《查子查打》、《扎拉督诅卡尔沙》、《金丁雍丁》、《宗巴拉松董》、《弄克卡尔沙》、《扎拉松》、《韩规查》、《麻肯卡尔沙》、《修子西里》、《释毕查》、《夏朵泽夺》、《戎肯》、《鲁松》等十余部（卷）经籍共二十余万字，采录了普米族吾昔节、清明上坟、中元节、祭房头、祭中柱、成人礼仪式、超度亡灵等仪式中用于接祖、送祖的各种"伯布启的朴"（祭祖仪式）祭祀经文两万余字以及每年农历正月至二月期间举行的集体性的祭祀农神"尼"（又作"尼答子"）仪式所用的祭祀经文及与仪式程式、结构等相关内容三万余字。并与东宝·仲巴呼图克图活佛、藏传佛教高僧、云南佛学院兼职教授、普米族人资赤塔青等宗教界人士及在昆工作的普米族干部熊胜祥（云南省宗教局局长）、和润培（云南省供销社主任）、杨道群（原云南冶金集团总公司党委副书记）、鹿辉阳（云南冶金集团总公司副总经理）、曹新华（国家一级演员、著名歌唱家）、殷海涛（《民族音乐》杂志主编、研究员）、熊国才（云南省宗教事务局办公室主任）、曹新富（云南民族学会普米族研究会秘书长）等进行了多次座谈交流。

此外，为详尽收录各地普米族人现存的民俗宗教文化，扩大资料来源，对于未能亲自到达的普米族地区，笔者作出调研计划委托他人进行采集。2008年5月，受云南普米族研究会委派，云南思之维文化传播有限公司马有德先生、昆明电视台摄影师刘义先生赴云南宁蒗拉柏格瓦庄子村，采集国日·慈仁扎西为其家母举行的"释毕戎肯"仪式的音像资料。针对这次仪式，笔者拟订了《普米族宗教田野调查提纲》，委托马先生对仪式的全过程作了完整记录并采集到了数百张图片；2008年寒假，笔者与云南大学朱凌飞博士一起拟订了赴兰坪普米族地区开展文化考察的方案，后来，笔者因故未能前行。而朱凌飞先生一行分别在2008年寒暑假、2009年清明节、2010年春节、2010年暑假共计三个多月时间在兰坪地区调研，不仅完成了对普米族村寨文化及普米族非物质文化遗产的普查，而且就普米族春节期间的祭三脚、祭龙潭、祭山神、当地普米族人的婚礼、葬礼进行了实际的观察，获取了大量的资料；2008年9月至2011年3月期间，笔者委托云南师范大学2008级本科生、来自迪庆州香格里拉县虎跳峡镇松鹤村（原籍金江"巴氏"村）的普米族学生和兆平，来自丽江市玉龙纳西族自治县九河乡金普行政村的普米族学生和麟杰，利用假期回乡之际，开展社会调研。他们先后到迪庆州和丽江市普米族人较为集中居住的"么额晓"（现大麦地村）、"丹安"（通海路村）、"董夏"、"刺布"（拉普村）、"乃慈布"（凉水沟）、"丹子安"（原意为松林坡，现称大栗树村）、"弄贡"（原意为深沟，现称大马坪村）、"弄贡换朵"（原意为深沟里的坪子，现称小马坪村）以及金江"巴氏"（纳西语，意为普米人居住地）村等村寨进行实地调研，全面收集了这些地区普米族人现存的民俗宗教状况。

2010 年 2 月，笔者赴丽江参与了丽江普米族文化研究会成立大会，并就"国内外普米族研究动向"为题，在大会上作了主题发言。2011 年 1 月 1—5 日，笔者参加了在昆举办的云南民族学会普米族研究委员会第二届会员代表大会暨普米族文化研讨会的材料准备及会务组织工作，编撰出版了《新中国成长的普米人》一书。

2010 年 8 月 19—26 日，笔者与课题组成员张泽洪教授到青海西宁参加了由中国民俗学会、青海省社会科学院共同主办的"昆仑文化与西王母神话国际学术论坛"，借会议之便，先后考察了被学界认为普米族迁徙源头的青海湟水河源头湟源县（丹噶尔古城所在地）、贵德县、青海湖、塔尔寺（格鲁派创始人宗喀巴大师出生地）及互助土族自治县等地的民族风情。在这次调查中，通过与当地来自大石头（地名）的藏族人鲁专乌（男、63 岁）、来自青海海南的藏族人赤玛多吉（男、21 岁）及土族人瓦里玛西琚（汉名：董玉花、女、65 岁）等村民进行交流，得知这些地区的藏族人自称"勿祖"（目前凉山彝族人仍称普米等西番为"勿祖"，而文献中的东蛮三部落中亦有"勿邓"之称谓）、称蒙古族为"措（锁）博"、称古钱币为"董采"、"我不要"说成"阿玛古（库）"等，而这些简单的词源其音和意都与普米族语义如出一辙，由此看来，这一地区的藏族西番人与川滇普米等西番人渊源关系极其密切。会议期间，笔者还与来自四川平武地区的白马藏族人（有学者认为白马藏族人与普米族人同源）宋平女士进行了交流，初步了解了白马藏族人的基本情况。

2011 年 2 月 6—20 日，笔者与藏族学者、苯教研究专家阿旺加措博士、甘肃卓尼藏族人云草女士、张云梅博士一起考察了丽江、大理、楚雄牟定、玉溪江川古生物化石群等地的民族风俗。

　　此外，课题在研期间，笔者或借会议、或主动拜见，先后拜访了道教学泰斗、四川大学杰出科学家卿希泰教授，民族语言学家、中央民族大学戴庆厦教授，敦煌研究专家、四川大学杰出科学家项楚教授，著名哲学家、吉林大学孙正聿教授，著名语言学家孙宏开教授，著名哲学家、中央民族大学佟德富教授，纳西族著名学者白庚胜博士，著名学者、少数民族哲学研究专家伍雄武教授，语言学家骆小所教授，民俗学家、中国民俗学会会长刘魁立教授，著名学者、青海省社会科学院院长赵宗福博士以及著名学者、《历史人类学导论》著者、苏黎世大学坦纳（Jakob Tanner）教授，著名彝族学者巴莫曲布嫫博士，藏族民间宗教与文化研究专家、中央民族大学林继富教授，台湾师范大学钟宗宪教授，还有同门师兄、西藏民族学院孙林教授，羌族学者、四川大学邓宏烈博士等专家学者，并就与普米族历史、语言、宗教、哲学等相关问题进行了学习和探讨。

　　通过一系列的实地考察、会议交流、专家咨询，笔者获得了近三十万字的调研手稿和数千张图片，较为丰富的田野资料极大地开阔了笔者的研究视角。

第 一 章
普米族历史源流考察

笔者的家乡"朵碧"①

在中国西南众多的少数民族中，现被划定为云南特有人口较少民族的普米族是一个历史悠久、渊源甚古的民族。长期以来，普米族源流问题是研究普米族史的中外学者十分关注的问题之一。但是，由于对普米族的认

①　图片近端为云南境内最大的普米族村落新营盘牛窝子村，远处云端下为笔者的老家滇渠摩梭村寨"朵碧"。朵碧和牛窝子两个村寨仅隔一条小河，有着相同的服饰、房屋建筑、饮食、宗教（1990 年前后，两个村的人还同时信奉藏传佛教萨迦派和韩规教。近二十年来普米人加强了韩规教的复苏工作，而摩梭人则进一步强化了对喇嘛教的信仰），和截然不同的"民族语言"，一般很难看出他们之间的区别。朵碧和牛窝子还紧邻有两个村寨即新营盘汉族村、马金子彝族村。笔者出身普米家、生在彝族村、长在摩梭寨、学习工作在汉地，对普米、摩梭、彝、汉都有至亲的情感，亦即当下最时髦的"认同"。2008 年农历十月十五日，笔者的母亲以 85 岁高龄驾鹤西去，临近四个村不同民族的亲友齐聚为其送行，感动之情难以言表。安顿好母亲次日，笔者返途刚到公路上，一层云雾瞬时罩盖在整个村落，这一景象笔者从未见到过，于是迅速抓拍了这张照片，心里想"或许母亲辛苦一辈子，真的得道升天、腾云而行啦！"

识不够，其族源问题众说纷纭，各持己见。较为流行的观点有："吐蕃东进"说、①"蒙古民族"说、②"氐羌南下"说。③ 事实上，任何简单地将

---

① "吐蕃东进"说，又作"吐蕃"说或者"西来"说，即普米族群（西番）来自拉萨。主要依据有，冕宁县史称西番的"拍米"（普米）和"纳米"（编者按："纳米"又作"年米"，年米是普米对相邻异族人古称"摩挲"人群的称谓，其意为"黑族人"或"尚黑民族"。现今这一人群分属"纳西族"、"蒙古族"、"藏族"）都说他们的祖先来自西藏的拉萨，而且当地藏文经典中还记载有《开路经》，即他们人死之后，由现居地一站一站地往拉萨送亡灵的路线。云南普米也有来自西藏的传说，而且说藏族与普米族是舅甥关系，藏族是舅舅，称"阿达拾母"，普米则是外甥，叫"白补都母"，但具体的迁徙路线则不清楚。（参见严汝娴、王树武《普米族族源初探》，载胡文明主编《普米研究文集》，云南民族出版社2002年版，第47页。）此外，笔者亦听到"官方"有过类似的说法，2008年10月，时任中共木里藏族自治县县委常委、宣传部长的呷戎翁丁在云南普米文化考察团木里行座谈会欢迎词上，就木里境内普米藏族人作过这样的介绍："据流传于木里境内的普米藏人各大藏文族谱记载，县境内的普米藏人是在唐朝时期，由吐蕃派往藏汉交界地的戍边官兵及其家眷的后代繁衍而成的，在藏文族谱中载有祖先从象雄（今西藏阿里地区境内）经后藏萨迦到山南的乃东，最后到康区和安多，继而到木里和嘉绒地区。"该讲话稿，后来被收入《普米研究》2008年总第4期。

② "蒙古民族"说，普米族相当流行的一种说法（传说）是来自蒙古族。如宁蒗县郭姓来源的传说，声称该姓始祖原居蒙古马察多尔地方，又迁居到咱布草原，那时全靠狩猎和畜牧为生，后来又迁居到故察，最后由故察迁居到宁蒗县的布都鲁古。宁蒗县三区原库脚乡西番族韩规（巫师）宋官补还能说出离开蒙古后所传31代的世系。（笔者按：根据引者注，此传说转引自杨溶《滇西北高寒山区上的西番族》，载《云南日报》1975年3月25日。同年收入《民族工作资料月报》第7辑（总43辑），第67页。由于笔者所查到的1975年3月25日《云南日报》中未见载有该文，而文中所说的《民族工作资料月报》，笔者还未查阅，因此，至今未阅读到引文所出的原文，但可以肯定的是，引文中所述的"宋官补"一名有误，应为"熊官补"，因为，该韩规为笔者伯父。伯父熊官补在"文化大革命"期间曾坐牢，直至去世，笔者未与其见过面。而笔者之父熊扎西，2008年过世，是年78岁，所述的家谱中未听说有来自蒙古之说。）不仅口头传说如此，在丽江三仙姑西番土把总和目始祖的墓碑上，刻记说"随元世祖革襄渡江，留守关塞，而世守其地"，也是说来自蒙古。晚近的汉文献记载，如清余庆远《维西闻见录》说："巴苴，又名西番，亦无姓氏。元世祖取滇，渡自其宗（今维西县东北部金沙江西岸），随从中流之至此者，不知其为蒙古何部落也。"近代还有人说："（永宁、蒗蕖）两土司，皆为元世祖南征时留下的蒙族，现已自称么些族（今纳西）。"（参见严汝娴、王树武《普米族族源初探》，载胡文明主编《普米研究文集》，云南民族出版社2002年版，第45页。）此外，笔者也接触过"普米"与"蒙古"相关的信息，云南普米族普遍有不过"八月十五"的习俗，甚者，近年还有一些普米族"文化人"，在农历"八月十五"这一天，用现代传媒（手机信息）方式，告诉"族人"不过"节日"，这可能受蒙古族"杀哒子"之传说影响。

③ "氐羌民族"说，即普米族为古代氐羌遗裔。目前，我国学术界多数学者认为，普米人源于古代氐羌族群，他们由原居祖国西北青藏高原而后逐渐向南迁徙的氐羌支系发展而来的。（参见方国瑜、任乃强、马长寿、陈宗祥、格勒、何耀华、杨汝娴、王树武、宋兆麟、尤中等著名学者有关西部地区民族史的研究以及普米族学者杨照辉、熊贵华、胡文明等有关普米族文化研究的文集。）

普米族与历史上某一群体直线联系，忽视古代部族、民族间的分化、混杂、整合这一客观存在而得出的结论，都难免失之偏颇。因此，对于人口较少的普米族而言，在研究其现存璀璨的文化时，首先必须对其源流进行考察。

第一节　现实困境：普米族群的不同族称

"普米"是现分散在"六江流域"[①] 云南省兰坪、丽江、永胜、宁蒗和四川省盐源、木里、冕宁、九龙等地操着同一语言的"族群"自称的音译。这一自称因地域不同在语音上稍有差异，加之学者们在对该族群自称的汉字记音时，用字喜好不一，而且汉字又无法完整准确地记音缘故，故将这一族群的自称音作了槃木、繁弥、普米、普日米、帕木、帕米、拍木依、春米、昆明、普英米等不同的汉字注音。关于"普米"一词，用该"族群语言"解意，而普、磐、牝、帕是双音节词"$phrə^35$"词的变音，有白色、高尚之意。米、明、木意为人、人群或者人种，亦有女儿、子孙之意，如该族群对与之相邻的"非我之族"有年米、嘎米、须米、鬼年米等不同称谓，当作女儿、子孙解时，有戎米（绵羊女）等。合起来就是"尚白民族"或者"洁白之人"。藏族学者得荣·泽仁邓珠认为，现分散在木里、盐源和云南兰坪、宁蒗、丽江、永胜等地称为普米人或普米族的，是藏族的一个支系，原称博米（蕃米）的变音。在藏族受到其他民族的冲击同化和排挤时，为了保存自己的纯洁性，无论走到哪里，自称为博米，即卫地藏人之意。[②] 但就这一论断，藏族学者和普米族学者均没有正面讨论过，因此这是一个学术上值得研究的课题。1956 年、1958 年前后国家组织力量分别对云南、四川等地少数民族的社会历史展开调查，并于 20 世纪 50 年代将四川盐源、木里、九龙等地的普米划归为藏族。居住在云南境内的普米，根据本民族意愿，经国务院批准，1961 年

---

① 六江流域是一个地域概念，亦即地理学上的横断山脉地区。由于这一地区主要有岷江、大渡河、雅砻江、金沙江、澜沧江、怒江六条由北而南的大河纵贯其间，故习惯上又称这片地区为"六江流域"。

② 参见得荣·泽仁邓珠《藏族通史·吉祥宝瓶》，西藏人民出版社 2001 年版，第 13 页。

正式定族称为普米族，① 而居住在盐边县的普米被划归为纳西族。② 面对这不同的称谓，普米族、藏族、纳西族，人们试问：我们究竟是什么族？

①　关于云南境内西番普米人族称的确定，云南省民族事务委员会在综合专家的调查（永胜、丽江两县"西番"族识别由林耀华、杨毓才、安荣、黄叔婷、王辅仁、王良志、宛文涛调查；兰坪、宁蒗两县"西番"族识别由方国瑜、周汝诚、王思庆、刘璐、批力、刘传麟调查）后作出了《云南"西番"确是一个单一民族》的调查结论：1. 云南"西番"原是甘、青、川、康边境一带牧民，于13世纪中随蒙古军南征而来，忽必烈北归时留交宁蒗、丽江一带纳西土司管辖。"西番"现分布于宁蒗、丽江、兰坪三县这一块狭长地带，有自己的共同地域，虽与纳西、彝、白等族交错杂处，但自己聚村而居，通过家族、婚姻等关系，仍保持其民族内部的联系，有共同的民族自称"帕米"。2. 云南"西番"有自己独立的共同语言，属汉藏语系中的藏语支，与藏语羌语并列。宁蒗"西番"语与中甸藏语比较，在800个词条中，只有6个词条音义全同，占0.075%，有99个相近，占12%强，共有695个完全不同，约87%；更值得注意的是，在99个相近词中，没有显著的对应规律；语法也有独特现象（"西番"语形态变化比较多，特别是动词用变换词头来表示变化），与藏族不相同（藏语多用附加成分和助词来表示），这说明"西番"语和藏语不是方言差别，而是两种不同的语言，"西番"语与纳西、白、彝等族的语言更不相同。3. 云南"西番"有自己共同的经济生活，"西番"较古时期，以畜牧业为主，农业为副，近年来农业进步发展，畜牧业逐步退居次要地位。河谷平坝耕地固定种水稻、薯类以及豆类；高寒山区则轮歇耕作，多种苞谷、小麦、荞麦、青稞，技术粗放，产量较低。宁蒗、丽江、兰坪"西番"人民，元、明、清均受纳西族封建领主（土司）统治，"西番"头人多任伙头管若干村寨，是纳西土司的重要支柱。"西番"农民多向纳西土司领种"份地"，受领主劳役、物租和苛派等剥削；少数农民则以"西番"头人种转租纳西土司小块土地，受土司、地主双重剥削。明代中叶后，丽江、兰坪等地区向地主经济转化，"西番"头人多变成地主富农；近代宁蒗亦向地主经济转化，地主、富农已出现。地主、富农户数均约占6%。1951—1952年丽江、兰坪"西番"完成土地改革，1956年宁蒗"西番"完成和平协商土地改革，均已完成社会主义改造。4. 云南"西番"由于自己的历史和文化，反映出共同的心理素质。他们的家族婚姻形态都有特点。"西番"实行民族内婚，通过婚姻来巩固家族亲戚和民族联系。宁蒗县"西番"部分保持早期群婚残余及夫从妇居、子从母姓的制度，丽江、兰坪两县"西番"近代已发展为一夫一妻，婚姻由父母包办，但婚前有恋爱自由。"西番"原有自己的原始宗教，宗教师称"师西毕"，但近几百年受汉族、纳西族及藏族宗教影响，则信藏族之"钵教"，"西番"普遍祭山神树与龙潭，每3、4、5、7、12月分别举行祭各家的、全村的山神树，祭日素食。端午节绕岩洞，石坑主油点灯，烧香叩头，聚餐歌舞，瀑布沐浴，也仿汉族过春节，有赛马、打靶、跳高、摔跤、踢毽子等活动。所有这些，直到新中国成立后，才随着经济基础的变革而发生变化。以上是确定"西番"为单一民族的科学依据，至于民族愿望，则新中国成立以来早有表示。"西番"与邻近任何民族都有区别，他们不愿合并于任何民族，普遍要求自己是单一民族。（参见胡文明主编《普米研究文集》，云南民族出版社2002年版，第45页。）

②　居住在四川盐边"夸巴"地区（现盐边县格桑拉乡）的西番普米人"戎毕琪典"氏族（郭姓），现被划归纳西族。据西南民族大学普米藏族人宋明德先生介绍，该氏族（为宋明德之舅）原祖籍地在盐源县"麻登甸"（乌蒙乡）地区，1924年前后迁入盐边地区，笔者在2010年12月与该氏族后裔（在昆明工作）及宋明德共同交谈（使用普米语言），证实了其说。

的确，在普米民族识别问题上，费孝通先生曾有过这样一段讨论："从康定向南往西。在雅砻江和金沙江之间还有一种过去和'平武藏人'一样被称作'西番'的少数民族。新中国成立后，他们在四川境内的被称为藏族，而在云南境内的则被称为普米族。事实上，四川木里地区的'藏族'和云南宁蒗一带的普米族原本是一族，语言与藏语不同，近于羌语、嘉戎语。"①"同则同之，异则异之……名无固宜，约之以名，约定俗成谓之宜，异于约则谓之不宜。"② 虽然，吐蕃说、蒙古说和西羌说等普米族起源之说并没有孰是孰非的问题。③ 并且，在现阶段，无论是普米"藏族"、普米"普米族"、普米"纳西族"还是历史上与普米族并称"西番"的各族群，在新中国大家庭中，都安居乐业、繁荣发展。但作为一个族群而言，由于其历史被现代史学家建构成一部部的藏族史、普米族史、纳西族史，以至于在民族溯源研究上越走越远，相关普米（西番）文化的学术研究亦越来越模糊，这些尴尬令族人担忧。

考据一个没有文字民族的历史非常困难，作为中国西南少数民族中的一员，普米族群在其形成之前，历经了千百年的迁移更替。然而，以现代民族识别角度构建起来的普米族，在 1961 年民族认定之前的汉语文献里，鲜有记载。因此，理清历史上普米族群与同时期的其他少数民族之间的关系极为困难，但并非毫无头绪。近年来，笔者在对中国西南少数民族语言

---

① 费孝通：《关于我国的民族识别问题》，载黄光学、施联朱编《中国的民族识别：56 个民族的来历》，民族出版社 2005 年版，第 276 页。

② （清）王先谦：《荀子集解·正名》，中华书局 1988 年版，第 418—420 页。

③ 由于普米族人所居住的川滇交界地域历史上正好处于"虎口"地带，即吐蕃、唐朝、南诏时期相争夺的"金三角"区，而元代又受南征的蒙古军拦腰穿过，1253 年（宋宝祐元年、元宪宗三年）秋，蒙哥（元宪宗）命其弟忽必烈率领十万大军，以兀良合总督军事，分兵进攻大理国。忽必烈率领的一路（笔者称其为"东路"）由晏当山进军云南，而由兀良合台自己率领的军队由旦当岭（称"西路"）入维西。"东路"经过西番普米人集中居住的木里、盐源、宁蒗一带，木里王子和沿途居住的西番族头人首先投效，并率西番步骑兵充当前峰，深得忽必烈嘉奖。沿途取得的关塞多令西番兵留守。因而在永宁、丽江及金沙江的各处要隘，都有西番分布。而"西路"所经过的雅砻江上游一带亦有西番人分布，一部分西番人中途加入蒙古军队，越过旦当岭而入维西，所以被认作"不知其为蒙古何部落也"的人群。吐蕃、唐朝、南诏挤压的结果，使"户百万"的西番人"支离"，一部分不得不远走北上，以至发展成后来雄居一霸的"西夏国"。而元代蒙古军的南下，又使这一区域的"西番人"破碎，成了目前"百里不见亲"的大分散、小聚居状况。因此，笔者此言"吐蕃说、蒙古说和西羌说不存在孰是孰非的问题"，亦即说明在现今西番人尤其普米人的文化中的确存有不同的文化信号。

及原始宗教的调研中发现，在少数民族固有的语言及传统宗教行为中仍不时透露出许多与古代部族相关的信息。通过对这些信息的梳理，结合相关历史文献加以考索，从而达到对这一问题更深入具体的认识，进一步揭示普米族族源的本来面目。基于这样的认识，笔者将从语言学视角入手，尝试对普米族族源问题进行进一步的辨析。

第二节　语言学上的民族溯源研究

语言学被认为是有客观科学方法的学科，由于语言的分类常与民族分类吻合，因此，许多民族溯源学者常将"语族"当作民族的同义词，在他们看来，民族溯源几乎等于语言溯源。譬如，西方著名汉学家蒲立本（E. G. Pulleyblank）认为，中国古籍中的"戎"是藏缅语族（Tibeto-Burmans），[①] 夏德（Friedrich Hirth）认为，"戎"是说突厥语的人（Turkish），[②] 关于匈奴的族属，也一向有属于蒙古语族或突厥语族之争。[③] 而国内亦有学者称："语言是构成一个民族共同体诸特征中继承性很强，而且是较稳定的因素。因此，它可以作为确认一个新民族共同体的重要依据。"[④] 然而，在民族史的研究，尤其对无文字的少数民族史的研究中，学者们多用汉文记载进行研究，他们旁征博引，但对汉字记音的少数民族语言，只能照搬套用，而不深究，使得少数民族史的真相一如既往地蒙上神秘的面纱，不甚明了。事实上，如果我们从少数民族现存的语言中去分析，对许多历史记载可以作出合理的解释。

为了阐明通过语言可以理清民族的溯源，我们先对普米族群语言作初步的了解。由于现使用着同一语言的普米族群被划归为不同的民族，因此，有关普米语的研究，现代语言学研究者作出了不同的回答，比较集中的观点有"藏语支"、"羌语支"。其中，语言学家孙宏开先生曾于1964年在云南兰坪地区对普米语进行实地考察后，提出"普米语应属汉藏语

---

① E. G. Pulleyblank, "The Chinese and their Neighbors in Prehistoric and Early Historic Times," in *The Origins of Chinese Civilization*, pp. 419 – 421.

② Friedrich Hirth, *The Ancient History of China*, pp. 184 – 188; Wolfram Eberhard, "Kultur und Siedlung der Randvolker Chinas," pp. 173 – 174, supplement, Toung Pao 36, 1942.

③ 林幹：《匈奴通史》，人民出版社1986年版，第153—154页。

④ 杨建新：《中国西北少数民族史》，民族出版社2003年版，第613页。

系藏缅语族羌语支"的论断。① 蒙默先生也认为："史兴语（普米语）是藏缅语族羌语支的一种独立语言。"② 而官方资料大多记录为"藏语支"。譬如，云南省民族事务委员会 1961 年关于民族识别调查报告中说："云南'西番'有自己独立的共同语言，属汉藏语系中的藏语支，与藏语羌语并列。"③《木里藏族自治县志》中也将普米语归为"藏语支"。④ 陆少尊先生则在《普米语概况》一文中将普米语分为南北两个方言，并把云南省兰坪、维西、丽江、永胜以及宁蒗县新营盘区的普米语归为南部方言，而将四川省木里、盐源、九龙等县以及云南省宁蒗县的永宁区的普米语归为北部方言。他提出，南北方言之间差异较大，操不同方言和南部方言操不同土语的普米族，都不能使用普米语交流，互相往来通常使用汉语作为中介语言，进而得出"历史上普米族没有形成统一的本民族共同语"的论断。陆氏还描述道："居住在宁蒗县新营盘乡的约 1800 名普米族人中，50 岁以上的人还会讲普米语，但其中掺杂有许多彝语成分。50 岁以下的人都不会讲普米语，只会讲彝语了。不论在家庭或村寨中都使用彝语交际。"⑤ 陆氏认为云南宁蒗县新营盘乡的普米语与永宁乡的普米语分属两个方言区，彼此不能使用普米语交际。事实上，新营盘境内的普米族与永宁乡的普米语相互沟通无碍。并且，目前宁蒗最大的普米族村落就位于新营盘境内的牛窝子村，该村普米语也保持较好。

　　语言学家所做的语言分类自有其客观的标准，根据这些标准，语言学者告诉我们，普米语方言有相当的不同性，并且在语言分类上将普米语分为"藏语支"和"羌语支"两个支属。但对于普米语的使用者而言，他们不是语言学家，他们只知道与其他地方的普米族群沟通时最好使用普米语，因为"语言是人与人之间日常沟通的主要媒介，共同的语言与无碍

---

　　① 参见孙宏开《普米语的支属问题》，载胡文明主编《普米族研究文集》，云南民族出版社 2000 年版，第 72 页。

　　② 蒙默：《东蛮故地与元明清东蛮故地上的西番》，载胡文明主编《普米族研究文集》，云南民族出版社 2000 年版，第 33 页。

　　③ 云南省民族事务委员会：《云南"西番"确是一个单一民族》，载胡文明主编《普米族研究文集》，云南民族出版社 2000 年版，第 12 页。

　　④ 木里藏族自治县志编纂委员会编：《木里藏族自治县志》，四川人民出版社 1995 年版，第 834 页。

　　⑤ 陆少尊：《普米语概况》，载胡文明主编《普米族研究文集》，云南民族出版社 2000 年版，第 12 页。

的沟通是民族感情形成的基础"。① 因此，作为一个日常人际关系中的行
为者而言，他们以自己的感官与经验来分辨语言的亲疏，而非语言学家所
谓的一些语言结构原则。

　　近些年，随着交通通信的发展，川滇各地的普米族群文化交流、寻根
活动日益频繁，笔者早在 1993 年，就跟随宁蒗普米文化考察团赴兰坪普
米族地区考察，之后在近二十年的时间里，多次参与了川滇各地举办的普
米文化交流活动。笔者感受至深的是，尽管族群分隔千里，走散千年，但
普米人在相互交流时基本还使用普米语言。当然，作为走散千年的人群，
相互碰面就使用普米语，难免"彼此难以沟通"，但这只是普米语方言语
调上的问题，而非语言的不同性。这一点，普米族著名歌唱家曹新华
（被称作普米语北部方言地区的云南宁蒗红桥乡黄辣老人）、云南省委民
族工作队长、云南普米学会会长胡忠文先生（被称作普米语南部方言地
区的云南宁蒗金棉阿嘎甸人）以及西南民族大学普米藏族人宋明德教授
（被称作普米语北部方言地区的四川盐源长白人）、云南怒江兰坪县锣鼓
箐旅游有限责任公司总经理和国生先生（被称作普米语南部方言地区的
云南怒江兰坪县通甸泸沽箐村人）等普米人在与笔者交谈时感触亦颇深，
他们通过在云南兰坪、维西、丽江、永胜、宁蒗、四川盐源、木里、九龙
等地与当地的普米人交流，得出的结论是，"川滇各地普米语出奇的相
同"。2004 年 12 月至 2005 年 8 月，笔者（祖籍为被称作普米语北部方言
地区的宁蒗翠玉乡，12 岁时搬迁至被称作普米语南部方言地区的宁蒗新
营盘乡）受组织指派，到怒江州兰坪白族普米族自治县指导共产党员先
进性教育活动。工作之便，基本走遍了兰坪境内的普米族村寨，在与当地
的普米人交流中，用普米语与年轻一代（但凡接受过其他民族语言的人）
交流时确实有些困难，但与年长者（基本没有和异族人交流过）交流时，
给予我最大的感受是，兰坪境内的普米老人与我相隔千里之外的父母
（年均 80 岁高龄，少时亦未受到他族语言的影响）所讲的普米语言"完
全无异"。2009 年 8 月笔者又到川西南九龙县进行考察，用普米语与当地
普米藏族人进行交流亦无碍。实际上，近年来无论官方还是民间的文化交

---

① Pierr L. van den Berghe, *The Ethnic Phenomenon*, New York: ElsevIer, 1981, p. 34;
V. Kozlov, "On the concept of ethnic community," in: Yu. Bromley ed. *Soviet Ethnology and Anthropology Today*, Yu. Bromley, Mouton: The Hague, 1974, p. 79.

流，各地普米族群在交流时同样使用着普米语。譬如，2004 年云南兰坪白族普米族自治县"吾昔节"（新年节）上，应邀参会的云南省宗教局局长普米族人熊胜祥先生（被称作普米语南部方言地区的宁蒗新营盘乡老头村人），四川祝贺团团长、时任四川凉山彝族自治州人大常委会副主任的普米藏族人董云发先生（被称作普米语北部方言地区的四川盐源人）在贺词中均使用的是普米语。2008 年 10 月，云南普米文化考察团（主要由云南怒江州和丽江市以及在昆明工作的普米族官员、学者构成）到四川盐源县、木里县考察时，在与当地普米人交流时，亦基本使用普米语言。

事实上，普米语是我国西南部特有的一种藏缅语。[①] 云南普米族与川西南自称"普米"的藏族之间唯一的区别就是隔了一条省界，他们自认为是有共同的历史、文化的同一群体，至今他们还使用着共同的语言。当然，与其他历史悠久的语言一样，普米语在漫长的自然发展及与其他语言接触过程中不可避免地衍生出不少方言特点。然而，令人惊叹的是，它非凡的语言保留性有效地牵制了方言特点的发展，使得普米语方言未曾超越语言学所指的方言界限。也正因为如此，尽管普米人居住分散、相距较远，但各地的方言区别不大，可以互相通话。[②]

以上事实证明，"普米语是一种共同语言"这样的概念是完全成立的。而据史料记载以及近人的研究，金沙江以南的云南丽江、怒江兰坪、迪庆维西等地区的普米族群自川西迁来至少已有 800 年的历史。然而，所保留的语言与川西音米族语言还具有高度的相似性，那么，我们是否可以大胆设想，在 800 年前甚至更早一些的历史时期，用民族语记录的发生在普米族群之间以及普米族群与周围其他民族之间关系的历史，可以用普米语去解读。基于这样的设想，对普米族历史的溯源，即史籍中普米族群与

---

① 需要说明的是，尽管自 20 世纪以来，国内一些语言学者曾提出，普米族的语言属汉藏语系藏缅语族藏语支、羌语支，亦有将普米语分为南北两个方言，但由于对普米语的研究相当有限，目前还没有语支、方言划分、归类的确切准则。

② 据丁思志先生的分类，普米族民间一般将普米语分为 Xxiomuf（玉姆）和 Ddufbie（都别）两个方言。丁氏认为，各方言间在语言、词汇以至语法上虽然存在一定的差异，但核心语言部分比较接近，加之方言间语言变异有相当整齐的对应性，使得操流利母语的普米人，不论来自何方，都可以用普米语交谈。参见丁思志《普米语简介》，载云南民族学会普米族研究委员会编《普米研究》2005 年刊。

中国西南其他族群之间的关系用普米语言作如下解读。

一 黄帝的姻亲

在上古传说中的英雄时代，中国境内居住着许多不同的氏族和部落。其中居住在黄河流域的炎、黄实力较为强大，因此中国人常以"炎黄子孙"①而自豪。《史记·五帝本纪》记载：

> 黄帝居轩辕之丘，娶于西陵氏之女，是为嫘祖。嫘祖为黄帝正妃，生二子，其后皆有天下：其一曰玄嚣，是为青阳，青阳降居江水；其二曰昌意，降居若水。昌意娶蜀山氏女，曰昌僕，生高阳，高阳有圣德焉。②

关于嫘祖，邓少琴认为"西陵氏之嫘祖是为羌族"。③ 而令人惊异的是，"嫘祖"与普米人亦结下不解之缘，无论他们迁徙到哪里，这样的地名就出现在哪里。如距木里县政府所在地博凹村北三里许，有村名"嫘祖"（lo³¹ tsɯ³³）沟，原为西番人（普米）所居，后有摩梭人和汉族迁入并与普米杂居。盐源县卫城南（在雅砻江东侧）有村名"嫘祖"场，早先亦为西番（普米）居住，后为彝族所居，再后为汉族居住。甘洛县（大渡河之南侧）玉田区北境也有村名"嫘祖"，原为本区西番耳苏人所居，现则是彝族村落。④ 此外，"嫘祖"作为人名，也常被普米人使用。⑤那么，"嫘祖"在普米语里是否有具体的含义？在普米族群语里，"嫘"为牦牛，"祖"有儿女之意，"嫘祖"意即牦牛的儿女或牦牛后裔。普米

---

① 典出《汉书·魏豹、田儋、韩信传》，称赞魏、田、韩为"炎、黄之苗裔"。
② （汉）司马迁：《史记·五帝本纪》，中华书局1957年版，第10页。
③ 邓少琴：《巴蜀史迹探》，四川人民出版社1983年版，第136页。
④ 参见严汝娴、王树伍《普米族简史》，云南人民出版社1988年版，第52—54页。
⑤ 需要说明的是，西番普米人曾一度实行父子联名制，后期，在佛教辐射区，多用佛教用语取名，而汉文化影响区，多见有汉民族式的取名。因此，现今各地普米族人的姓氏已是五花八门，即使历史上为同一氏族的普米人，现今亦使用着不同的姓氏，如笔者所属氏族"奔厦"（汉字借音）支系，有的用"熊姓"（如现任云南省宗教局局长熊胜祥家族，现任木里藏族自治县县委书记熊正林家族等）、有的用宋姓（如盐源县人，现西南民族大学宋明德教授家族）、有的则用马姓（如原四川盐源县人大常委会主任马琼秀家族）。但以"嫘祖"（牦牛娃）、"戎祖"（牧羊人）命名的人名、地名在不同区域的普米族人中却随处可见。

族称自己为牦牛的儿子，这与何耀华先生关于"拍木依（普米）系牦牛
羌后裔之一"①及藏族学者格勒先生所提出的"普米的祖先是先秦时期南
迁的'牦牛种'羌之后裔"②相印证。除何耀华、格勒等学者外，国内多
数学者也认为普米族是甘青南下的古羌人的一支，其族群形成以前，先后
经过了岷江、雅砻江等流域。据任乃强先生考证，《史记·五帝本纪》中
所载的"若水"为今雅砻江、"江水"指今岷江，若水、江水流域的"西
陵"之地均是古羌人的住地。③

　　"地名的雷同是这样的惊人而惹人注意，如果说那是偶然的，那倒是
一种真正的奇迹了……"④"嫘祖"一直伴随普米族人迁徙的路线，出现
在今雅砻江、大渡河一线，有许多与"嫘祖"有关的地名出现在普米
（西番）地区，这绝不会是偶合的现象，并且"嫘祖"一词在普米语里明
确的含义为牦牛后裔，由此看来，西陵氏之女嫘祖为普米祖先牦牛羌应该
是成立的。

二　先蚕的传人

　　那么，作为普米族祖先牦牛羌的嫘祖又与先蚕有着什么样的关联呢？
北宋刘恕《通鉴外纪》有这样的记载："西陵氏之女嫘祖为（黄）帝元
妃，始教民育蚕，治丝蚕以供衣服，而无皴前之患，后世祀为先蚕。"⑤

　　南宋罗泌《路史·后纪五》也说："（黄帝）元妃西陵氏曰儽祖……
帝之南游，西陵氏殒于道……以其始蚕，故又祀先蚕。"⑥

　　普米族祖先嫘祖发明育蚕的历史，或者说牦牛羌为先蚕的传人，在现
今西南牦牛羌系民族的语言及汉文献中可以找到进一步的线索。

---

　　①　何耀华：《拍木依源流》，载胡文明主编《普米研究文集》，云南民族出版社2002年版，
第40页。

　　②　格勒：《氐羌南迁于普米族》，载胡文明主编《普米研究文集》，云南民族出版社2002年
版，第37页。

　　③　任乃强：《羌族流源探索》，重庆出版社1984年版，第43—102页。

　　④　［德］恩格斯著，刘潇然译：《德国古代的历史和语言》，人民出版社1957年版，第
97—126页。

　　⑤　（宋）刘恕：《资治通鉴外纪》，见（清）永瑢编纂《文渊阁四库全书》本，台湾商务
印书馆1986年版，第666页。

　　⑥　（宋）罗泌：《路史》，见（清）永瑢编纂《文渊阁四库全书》本，台湾商务印书馆
1986年版，第126—127页。

其一，普米族群一直被相邻的民族称作"巴"、"巴苴"或者"巴赟"。[①]然而为何将普米族群称为"巴"，现已无法作出明确的解答。但进一步分析"藏彝走廊"诸民族如彝族人、摩梭人语中的"巴儿"、"巴儿赟"等音，我们发现其音都有蛆虫或蚕虫（蛹）之意。巧合的是，在殷墟甲骨文卜辞中"巴"作"∫"，其形像虫。[②]《山海经》也将"巴"字释为与虫有关的事物。东汉许慎则沿袭《山海经》说："巴，虫也。或曰：食象虫。"[③] 民族语言及汉文史籍中的"巴"都与虫有关，这本身就意味深长。

其二，普米族语言中"巴儿"（$pə^{31}$）或"巴儿米"（$pə^{31}zi^{33}mi^{31}$）更加明确地指向为"采蚕蛹者"、"吃蚕蛹者"或是指采集和以各种方式利用蚕蛹的人。然而，现今居住在云南境内的普米族已没有了种桑养蚕的习惯，但为何在他们的语言记忆中"巴儿"或"巴儿米"却指向蚕蛹或采蚕者？据普米老人说：他们祖先居住的地方有柞树林，柞树上有野生的蚕茧。普米及其他西番人将柞树及寄生其上的蚕茧全称为"碧基"（$pi^{31}tçi^{33}$）。在依靠采集低碳生活的古代，妇女们采集柞蚕茧原是把它当作一种美食，而根本不懂得利用它的外壳。由于吃蚕蛹，就被叫做"布儿"（巴朗），有的也自称"布儿"（巴朗）或"布"（巴）。后来，普米等一些西番支系不再吃蚕蛹，就不愿称"布儿"（巴朗），但仍把这个称呼用来指继续采桑养蚕的西番中另一支自称"里如"、"耳苏"（$ə^{31}su^{33}$）的支系。[④] 2009 年 8 月，笔者与同学陈勇博士一同顺雅砻江流域进行实地考察发现，沿线冕宁县至九龙县的河谷地带，现仍然桑树成林，有的桑树树干几人难于合抱。而这些地区集中居住有自称"尔苏"（现为藏族）但被山后八窝龙等地的普米人（现为藏族）称作"巴儿米"的西番人。

在历代史籍中，"巴"既作为族名，又作为地名。史家对"巴"的解释也有不同。然而，就民族语言及汉文史籍中的"巴"都解释为与虫相关的事实来看，这不能简单地说是一种"巧合"。我们认为，"巴"、"巴

---

① 长期与普米族群紧邻的纳族群人（云南境内的纳西族，四川境内纳人蒙古族、纳木依藏族等）自古至今都称普米族群为"巴"、"巴苴"或者"巴赟"，在纳系民族语中"巴"泛指普米人群、"巴苴"指穿麻布裙子的普米人，而"巴赟"则更多地指向穿着麻布的普米男性，意即普米儿子。

② 《甲骨文合集》，6478 正。

③ （汉）许慎撰，（宋）徐铉校订：《说文解字》，中华书局 2006 年版，第 309 页。

④ 参见严汝娴、王树伍《普米族简史》，云南人民出版社 1988 年版，第 51 页。

儿"、"不朗"、"布弄"等都是民族语言的同音异写，其原意就是蚕虫（蛹）或者育蚕者。而文献中的"巴"字是后来根据民族语言记音并且按照其意造字而成。

　　说普米族群是先蚕的传人，还有出土文物可资佐证。1975年年初，四川西昌地区博物馆和冕宁县文化馆清理发掘了当地称为"三块石"的古墓葬一座，据墓葬发掘报告称，此墓葬的时代约当先秦战国时。在出土的器物中，有纺织品痕迹的标本一件。"纺织品已腐朽，仅有小块附着铜器上。根据观察：经线紧，纬线松，似是腰机丢梭织法。质地似是蚕丝，但线较粗，和当地'不朗'（巴儿）人的手纺丝线类似。"① 这种原始的丝纺方法，竟然历经两千余年仍然"原本"地保留在西番人的生活中。我们只能惊叹，一个古老而奋进的民族在中华文明中所作出的贡献。

普米族妇女头上以缠蚕丝线为贵

---

① 参见凉山彝族奴隶制研究编辑部编《凉山彝族奴隶制研究》（集刊），四川民族研究所出版，1978年第2期。

当然，说普米是先蚕的传人，并非把嫘祖奉为他们的始祖母。我们认为，在原始时代，无论是炎、黄，还是嫘祖，都是作为氏族部落的代表出现的。他们的一切发明创造，也是其所属集团的集体贡献。传人之说，是在族系和生产技能的继承意义上而言的，而且普米也并非嫘祖的唯一传人。据学者研究，"蜀山氏"的后裔，一部分留居原地，成为后来的冉駹；另一部分自茂县东九顶山脉最低处（土门）进入四川盆地，发展为古蜀国的"蚕丛氏"。① 这一支后来融合于汉族之中。其丝纺也早由采集野蚕而发展为培育家蚕，乃至缫丝精纺等高级工艺日新月异。闻名中外的蜀锦、苏杭丝绸均是在原始丝纺的基础上发展而来。因而，有学者说，丝绸之路的起点在古羌地区。② 中原地区，原始社会也有丝纺出土，可证原始时代有丝纺工艺的产生，但中原与古羌地区发展的先后顺序如何，有待进一步的专门研究。

三 夏人的邻友

"夏"是中国史书记载的第一个世袭王朝，约公元前 2070—公元前 1600 年，相传由大禹所建。关于历史上是否有夏朝存在，由于至今还没有切实的文物（按照考古学的标准，如证明商朝存在的甲骨文）证实，夏朝的真实性无法最终确认。正如一些西方历史学家所批评的那样，"中国历史、考古学界的疑古情绪过于严重导致对传说和神话的历史学价值发掘不够"。中国社会科学院考古研究所殷玮璋教授也谈道，由于流传至今有关夏朝的史料十分匮乏，所以历史上是否有夏朝存在，曾被许多人怀疑，但是《史记·夏本纪》中记载的夏代世系与该书《殷本纪》中记载的商代世系一样明确（尤其是其中商先公先王的世系，跟夏代是同一年代），而商代世系在安阳殷墟出土的甲骨卜辞中得到了证实，因此，《史记·夏本纪》中所记的夏代世系应该可信。如此看来，对于夏文化的探索研究，除了用考古手段去找到夏代的物质文化遗存外，还应该可以从其他线索，诸如历史上的族群关系以及保存在少数民族语言中的记录去寻找夏代的历史。

从普米语来看，在现今普米语中，不仅保留了"夏"（çɛ^{33}）这一专

---

① 参见任乃强《羌族源流探索》，重庆出版社 1984 年版，第 102 页。
② 参见陈茜《云南对外贸易的历史概述》，《思想战线》1980 年第 3 期。

有民族称谓，而且在普米族的传说中还反映有历史上"普米"与"夏"接触的信息。目前，无论是居住在澜沧江流域兰坪地区的普米族还是仍居住在雅砻江流域九龙等地的普米藏族，他们均称汉族为"夏"，其意为"种水稻之人"。兰坪与九龙相隔上千里，而且据史家研究，两地的普米族人至迟已在元世祖忽必烈南征时相分离，至今对汉族的称谓却保持着如此的一致，这说明"夏"这一称谓已使用了相当长的时间。而普米族创世古歌中则反映有"普米"与"夏米"之间的关系的内容，其中，《直呆木喃》（《洪水时代》）说：

> 茫茫的"直呆木喃"（t ϱ^{31} te^{31} mu^{53} n ã^{53}）洪水时代，天地没有万物，也没有生存和死亡，宇宙全是黑压压的洪水，没有白天黑夜的迹象……"直呆木喃"洪水时代，普米像动物般野蛮蒙昧。是舅舅青蛙指引普米找到神水，从此普米渐生智慧超脱成人……"直呆木喃"洪水时代，普米人还没有火。普米最初的火种是冬撒介匹雷神赐给……"直呆木喃"洪水时代，普米人不会蒸米饭吃。普米蒸饭是"夏米 çε^{31} mi^{55}"（汉人）教会的，以后普米和"夏米"世代相邻。①

普米族没有文字史书，其历史往往是蕴涵在用语言传递的古歌、神话中。世代传承于普米族民间的《直呆木喃》（《洪水时代》）是一部创世古歌，其反映的内容大多是普米族（笔者按：人类上古时代）先民的历史记忆。然而其内容却平行地反映有普米族群与周围民族"夏人"之间的关系，这种推至"创世时代"的记忆，正如茅盾先生所言："不论任何发展阶段上的民族，一定有代表他们宇宙观的开天辟地的神话"，而这些神话反映出"原始人的思想虽然简单，却喜欢去攻击那些巨大的问题，例如天地缘何开始，人类从何而来，天地之外有何物，等等。他们对这些问题的答案……便是他们的原始哲学"，是"他们的宇宙观"，是"他们的历史观""遗形"。② 联系到普米族群称汉族为"夏"以及其创世古歌中反映出的与"夏人"之间的关系，我们是否亦可以大胆地提出，现今

---

① 杨照辉：《普米族文学简史》，云南民族出版社1996年版，第39页。
② 茅盾：《神话研究》，百花文艺出版社1981年版，第13—76页。

普米语中的"夏"指的就是我国遥远的"夏"部族人。

当然，这只是一种猜想，我们还可以从汉文献有关"夏"的描述与普米语义中的"夏"的相通之处进一步论证。首先，在古文里，"夏"也被解释为汉民族。《辞源》认为："古代汉族自称为夏。也称'华夏'、'诸夏'。"① 普米族群对与其相邻的"异族人"都有自己专有的称谓，如称川滇交界的纳人（这里指云南境内的纳西族、四川境内的纳人蒙古族、藏族纳木依和纳木兹人）为"年米"、称卫藏人为"呷米"、称凉山彝族人为"鬼年米"、称尔苏人为"巴儿米"，此外，对与之相邻的其他人群还有"须米"、"粟米"等不同称谓。但"夏"或"夏米"专指向汉民族，这与历史文献将"夏"解释为汉民族相吻合。当然，"夏"是汉民族的自称，还是普米族群等他民族对汉民族的称谓已无从考证。就如现阶段居住在中国西南的纳西族、独龙族等诸多少数民族的称谓，既是自称又成为了他称。

古籍中"夏"的字形②

其次，"夏"，会意。据小篆字形，从页，从臼，从夊。页，人头，臼，两手；夊，两足；合起来像人形（如上图）。③ 然而，从夏的字形来看，笔者认为，其形更似一个戴着草帽，手握钉耙正在水田里干活的劳作者。而这种戴着草帽在田里干活的劳作者形象，正是普米语义中的"种

---

① 《辞源》，商务印书馆1979年版，第645页。

② 本书所使用的图片除特别署名之外，均由云南民族学会普米族研究会（由笔者及马有德、刘义等所摄）提供。

③ （汉）许慎撰，（宋）徐铉校订：《说文解字》，中华书局2006年版，第112页。

水稻之人"。

再者，从有关史家对汉人"夏米"与羌人"普米"的历史关系以及二者在历史上所处的地域分布的讨论来看，普米语言中的"夏"就是我国古代的"夏"部族人，这种"真实性"可以成立。据《史记·五帝本纪》记载，夏朝是黄帝娶"西陵氏"之女至其五世孙夏禹时创建的中国第一个王朝。对于大禹的发祥地，《史记·六国年表序》亦说："禹兴于西羌。"① 而唐人张守节《史记·正义》中有："禹生于茂州汶川县，本冉駹国，皆西羌。"② 此外，章太炎在《序种姓》一文中则认为"舜、禹皆兴于蜀汉，与颛顼同地。"③ 他在《么些文字序》中进一步说："汉族出自西羌，大禹一出，而奠九州之疆土；吾今所以为中夏者，实西羌之才俊使然。"④ 按章氏的观点，今甘、陕至川西北、西南达云南北部这一氐羌族群分布的广袤地区，不仅是颛顼、帝喾、夏禹等王朝的发祥之地，也是缔造华夏文明的一个摇篮。如此看来，在中国大西北至大西南，早在传说时代就有了羌系民族在从事缔造祖国历史的活动，之后，随着黄帝族、夏族、周族等部落文明的兴起，其中的一部分人逐渐向东部移动，并与中、东（中原地区）部地区的其他部族融合成大"夏"族，缔造了先进的"农耕文明"。而另一部分仍留居于甘青川滇高原地带，或过着射猎、游牧生活，或逐渐向西南、西北方向移动，发展成为山地农耕与游牧相结合的文化生态区。在这个历史进程中，作为嫘祖牦牛裔的普米先民正好处于"夏羌"结合地带，或者说普米人是最早与"夏"人接触的人群之一。因此，其语言中一直保留了与古代部族"夏"密切相关的词源。也正因为如此，有学者提出："中国第一个奴隶制国家（夏王朝）就是目前中国西南的普米族等诸多南迁的古羌人的共同族源羌为主体，与唐、虞两个联盟部族在黄河流域共同形成的统一大国。"⑤

四　商周时期的戎人

"戎"或"戎氏（狄）"是春秋战国时期华夏民族对位居其西的其他

① （汉）司马迁：《史记》，中华书局 1959 年版，第二册，第 686 页。
② 同上。
③ 章太炎：《序种姓》，世界书局 1971 年版，第 9 页。
④ 章太炎：《么些文字序》，《制言月刊》第六十二册，1940 年，第 1 页。
⑤ 林俊华：《古羌部落：中心与边缘的文化交融》，《西藏旅游》2003 年第 1 期。

民族的称号。在史籍中，"戎"字旨意有三。

一是作为一种族群名称，泛指我国先秦时期西北民族。史籍中把戎看作对西方民族的泛称最早出自《墨子》一书。《墨子·节葬下》说："尧北教乎八狄……舜西教乎七戎……禹东教乎九夷。"①《礼记·王制》说："东方曰夷，被发文身，有不火食者矣。南方曰蛮，雕题交趾，有不火食者矣。西方曰戎，被发衣皮，有不粒食者矣。北方曰狄，衣羽毛穴居。有不粒食者矣。"②《墨子》将狄、戎、夷与北、西、东相配，《礼记·王制》则更直接地将戎指向西方民族。以后，鱼豢所著的《魏略》、姚思廉的《梁书》、刘昫的《旧唐书》等，都将西方民族放在《西戎传》中。这时期的其他著作，如西晋江统的《徙戎论》，也都将戎称西方民族，甚至作为西北民族的通称。③ 虽然在我国已知最早的系统文字甲骨文中至今仍未发现有作为戎族名称的"戎"字出现，但在西周金文中已有"戎"被用来称某些人群的记载。如陕西扶风县西周墓葬中出土的"［冬戈］簋"铭文有："［冬戈］率有司、师氏奔追御戎于棫林。"

二是用作一种姓氏。"戎"作为一种姓氏，其源流问题受到不少学者的关注。据《姓氏考略》载，戎氏的祖先在帝喾时已聚居在有女戎国之墟蒲州。西周立国后，人口逐渐东移，定居到商丘以及山东省曹县东南的渤海附近。春秋时贞定年代，楚的火正官戎律移居湖北江陵，律的后人以戎为姓。又据《尚友录》记载，他们是春秋时期少数民族戎夷的后代。一些学者认为，春秋时期，鲁国的西南部有个戎国，所在地是今天的山东曹县西北部，是少数民族戎人建立的国家。戎族人后来与中原华夏族融合，受中原文化的影响，按照当时的俗例，就以国名为姓，称为戎氏。《古今姓纂》也记载，古西域有一獯鬻族，族中之女生了一子，神俊异秉，天赋宏才。此童随獯鬻族之人出兵时来到中原，暗中晋谒周太王，太王以诚相待，当时称西域为戎，称戎氏。

三是将"戎"与"兵器"或军事相联系。在金文中，由于"戎"的字形由甲、戈两部分构成，因此，汉代许慎所著的《说文》将戎字解释做"兵"（兵械）。近世学者亦有依照戎的构造及其用法如戎工、戎兵等

---

① 吴毓江撰，孙启治点校：《墨子校注》，中华书局1993年版，第261—262页。
② 《礼记正义》卷十二，《十三经注疏》，中华书局1980年版，上册，第1338页。
③ 参见杨建新《中国西北少数民族史》，民族出版社2003年版，第2页。

的推定，将"戎"字的本义释为"兵器"或与军事有关的事物。① 王国维先生在解释西周玁狁发展到春秋时又被称为戎这个问题时说，中原人对"凡操兵器以侵盗者，亦谓之戎"。②

那么，最早当周人称某些人群为"戎"时，其本意就是指野蛮的异族，还是有其他的含义？就这一点，许多学者曾做过讨论，庄学本先生在《羌戎考察记》一书中提出："'戎'显然是汉字，但很可能是这个民族的自称，因其音与汉字戎的音同，所以当地人用了'戎'这个字。至今四川阿坝藏族羌族自治州南部和甘孜藏族自治州东部某些农区的藏族人，自称'嘉戎'或'嘉戎哇'。"③ 西方学者也倾向于将"戎"视为具某种血统，或使用某种语言的人群，因此努力将戎与现代某种族或语族的人群联系起来。如夏德（Friedric Hirth）认为戎与突厥族（Turkish）有关；艾伯华（Wolfram Eberhard）则认为他们是藏族（proto-Tibetan）。④ 在这种学术传统下，蒲立本将戎以及华夏化之前的姬姓与姜姓之族，都当作是藏缅语族 Tibeto-Burmans 的一支，将戎、姜、羌联系在一起。⑤ 笔者比较认同上述将"戎"与民族语义相结合的研究视角。因为，从现存普米语来看，"戎"的民族语记音不仅在普米族群语中仍然被保留，而且，其意与古人之描述完全一致。

在现今普米族社会，"戎"与其民俗生活息息相关，小孩出生以"戎"命名、老人送终以"戎"相随、日常生活还靠"戎"维持。那么"戎"到底为何物，又有什么特别之处？实际上，"戎"（$z̦õ^{55}$）只是普米语对"绵羊"的专称（普米语称山羊为"次"），这一极其平常的动物，在普米族人的民俗生活中扮演着重要的角色。传统普米族人的家庭都要在门头上悬挂绵羊头，民间习俗是用以避邪；小孩多取名为"戎祖 $z̦õ^{55}tsɯ^{55}$"（男子名，意为绵羊之子）、"戎米 $z̦õ^{55}mi^{31}$"（女子名，意为绵

---

① 王明珂：《华夏边缘：历史记忆与族群认同》，中国社会科学出版社 2004 年版，第 138 页。

② 王国维：《鬼方昆夷玁狁考》，《观堂集林》卷十三，第 71 页。

③ 庄学本：《羌戎考察记》，上海良友图书馆印刷公司 1937 年版，第 80 页；四川省民族研究所编：《四川少数民族》，四川人民出版社 1982 年版，第 19 页。

④ Friedrich Hirth，*The Ancient History of China*，pp. 184 – 188；Wolfram Eberhard，"Kultur und Siedlung der Randvolker Chinas," supplement，Toung Pao 36，1942。

⑤ E. G. Pulleyblank，"The Chinese and their Neighbors in Prehistoric and Early Historic Times," *in The Origins of Chinese Civilization*，pp. 419 – 421。

羊女）；而老人去世，不管财力大小，都要举行"戎肯"（ʐ̩ õ⁵⁵ kʰ ɛ̃⁵⁵）敬献绵羊仪式，以引领逝者回归祖居地。[①] 此外，普米族人还多将自己居住或者牧羊地称"戎氏 ʐ̩ õ⁵⁵ ti⁵³"（意为绵羊方）；[②] 作为游牧民族的后裔，长期居住于半山区地带，特定的居住环境使得普米族人自古至今基本靠牧羊来维持生计，由于"绵羊"与普米人的生活关系密切，使得其几乎成为这个民族的代名词。

结合现今普米族群语言中"戎"的语义，笔者认为文献中的"戎"应当是少数民族语言记音，其本意为牧羊人或牧羊方。夏人后裔之所以将西方包括现今普米族群在内的我国西部广大的牧羊人群称为"戎"，实际上就是借用了与之紧连的普米人群的"戎"音及其意。尔后金文中将该字诠释为与兵器有关，基于两种可能：一是西部地区的少数民族（游牧民族）在放牧时常常带有刀具；其二由于民族之间的战乱，将"戎"人（牧羊方）人作为"野蛮的异族人"与兵器联系在了一起，当然这应是引申义。

戎与绵羊的关联，我们还可以从汉文献有关"戎"与"羌"的关系中得到进一步的佐证。"戎"作为民族语言记音，意为牧羊人或者牧羊方，这与"羌"又有什么关联呢？笔者认为，"羌"并非某人群的自称，而是华夏族对西疆自称"戎"（牧羊人）的异族概念与称号。

首先，在商代甲骨文中，羌字写作🅎。由字形看来，它由"羊"、"人"两个部分构成。甲骨学者大多将此字释为"羌"，[③]《说文·羊部》也释文："羌，西戎牧羊人也，从羊从人。"此外，《尚书·禹贡》有"西戎记叙"的记载，《礼记·王制》说："西方曰戎，被发衣皮，有不粒食者矣"。[④] 而《尔雅·释地》记载，西方的戎，有"五戎"、"七戎"之称。[⑤] 这些文献足以说明当时在商人之西的确有些人群自称"戎"（即牧羊人），因此，商人造以"羌"（即羊的儿子或牧羊人）字来称他们。这

---

① 参见本书第三章《普米族宗教仪式的微观考察》中的相关内容。

② 在甲骨文中，商人也称一个地区（或一个国家）为羌方，称那儿的人为羌。

③ 虽然罗振玉曾将此字释为"羊"，但孙诒让、董作宾、商承祚、陈梦家与白川静等都认为这个字应作"羌"。罗振玉：《增订殷墟书契考释》，艺文印书馆1969年版，第27—28页；李孝定：《甲骨文字集释》册十二，"中研院"历史语言研究所，1965年，第3737—3752页。

④ 《礼记正义》卷十二，《十三经注疏》，中华书局1980年版，上册，第1338页。

⑤ 徐朝华注：《尔雅今注》，南开大学出版社1994年版，第227页。

与《说文·羊部》释文"羌，西戎牧羊人也，从羊从人"，即东汉人对古羌人的解释相吻合。

笔者记忆中的牧羊人形象（欧阳泽南作）

其次，羌有时也写作𦍌，由于形如一个被绳子系颈的羌人，因此，许多史家将其看作成一个带有污蔑意味的称号。《风俗通义》记载："羌，本西戎卑贱者也，主牧羊。故'羌'字从羊、从人，因以为号。"[①] 近年来亦有学者根据甲骨卜辞所反映的内容将"羌"释为用绳索系着被俘奴隶，或驱赶奴隶为主子放牧的形象，认为商人眼里羌人不仅是敌人，也是可以被视为"非人"的异族。[②] 然而，笔者认为，仅从𦍌的字形，就将羌视作"西戎卑贱者"，这种理解实在牵强。笔者自幼随父亲在山间放羊，[③]

---

① 《太平御览》卷七九四，严可均辑入《全后汉文·风俗通义佚文》。

② Wang Ming-ke, *The Ch'iang of Ancient China through the Han Dynasty*, Ann Arbor, Mich.：UMI，1993，pp. 102 - 103.

③ 早在土地改革时期，由于笔者家庭成分被划作"地主"，因而，举家被迁至异族村寨专门从事牧羊（绵羊）以接受改造。因家庭条件较苦，笔者五岁时就跟随父亲在山上放羊。

当地牧羊者出行时必备的两件物品即刀具和"飚菠"①让笔者印象深刻。因此，当弃牧 20 年之后，在研究中第一次接触甲骨文中关于羌字的字形时，当即认出这是一幅牧羊者的形象。如果不是随后看到史家关于"西戎卑贱者"的解释，根本不可能与"绳子系颈的羌人"这种解释联系起来。笔者认为羌有时被写作 $\uparrow$，正是"形如其意"，也就是说造字更加贴近"牧羊者的形象"。

再者，"羌"这个字作为一种人群称号，虽然出现在商代甲骨文中，但此后先秦文献里关于"羌"或"氐羌"的记载很少，而且含意不明确。直到汉代，被当时中国人称为羌的河湟地区土著与汉帝国发生长期血腥的冲突。此时中国文献中才对"羌"这个人群有了丰富的记载。5 世纪史家范晔所著的《后汉书·西羌传》，主要记载后汉两次羌乱时期的汉羌战争经过，并追溯羌人的来源至春秋战国的戎、西周的姜姓族以及其他先秦文献中商周的羌、氐羌、獫狁等。周人克商之后，"羌"在历史文献上消失了数百年，这也证明"羌"只是商人的异族概念与称号。②

由此说来，西戎虽是东汉及其后期对西方氐羌族群的统称，但由于戎和羌都意指牧羊人（戎应为民族语，羌则是华夏族对西方牧羊人的称谓），因此，史籍中往往有将戎、羌互相替代使用的情况。这一点我们还可以从戎羌的风俗得到印证。《后汉书·西羌传》说羌人："所居无常，依随水草。地少五谷，以产牧为业。"又说："多禽兽，以射猎为事。"③而戎的特征也如此，《礼记·王制》说："西方曰戎，被发衣皮，有不粒食者矣。"④

"羌"是中华民族大家庭中一个历史非常悠久，分布广泛，而又影响深远的民族。起源于大西北的羌人，在中国历史的早期，或射猎为事，或依随水草，向西、南分散到各地。向东方的，进入中原地区，即所谓姜，弃牧就农，成为华夏族早期的大姓之一。羌人人数最多的是在西部。《后汉书·西羌传》说："河关之西南羌地是也。滨于赐支，至乎河首，绵地

---

① "飚菠"，普米语，一根用麻或草编织成形似辫子的绳子，其长约三米，将其在空中摔打时，会发出响亮的声音，用以警示羊群。

② 参见王明珂《华夏边缘：历史记忆与族群认同》，中国社会科学出版社 2004 年版，第146 页。

③ （南朝宋）范晔：《后汉书》，中华书局 1965 年版，第 10 册，第 2869、2875 页。

④ 《礼记正义》卷十二，《十三经注疏》，中华书局 1980 年版，上册，第 1338 页。

千里……南接蜀、汉徼外蛮夷。"[1] 河关，今甘肃临夏县，黄河的支流大夏河、洮河流经其地，往西为绵延千里的羌地。《汉书·地理志》金城郡有河关县，下注云："积石山在西南羌中"，[2] 是羌地在今青海河湟地区，羌地之南接蜀汉徼外蛮夷。所谓蜀汉徼外蛮夷，主要也是指散布在西南地区的氐羌族群，即《后汉书·西羌传》所说："其后子孙分别，各自为种，任随所之。或为牦牛种，越嶲羌是也；或为白马种，广汉羌是也，或为参狼种，武都羌是也。"[3] 这是以牛、马、狼等为图腾的氏族部落，分别居住在蜀汉徼外。这些部落，即《史记·西南夷列传》所说："西南夷君长以什数，夜郎最大。其西，靡莫之属以什数，滇最大；自滇以北君长以什数，邛都最大，此皆魋结，耕田，有邑聚。其外，西自同师以东，北至楪榆，名为嶲、昆明，皆编发，随畜迁徙，毋常处，毋君长，地方可数千里。自嶲以东北，君长以什数，徙、筰都最大；自筰以东北，君长以什数，冉駹最大。其俗或土箸，或移徙，在蜀之西。自冉駹以东北，君长以什数，白马最大，皆氐类也。此皆巴蜀西南外蛮夷也。"[4] 而在众多羌人的分支中，现今被划作普米族、普米藏族的人群，极其可能就是其中最为主要的一支，正因如此，在至今众多氐羌后裔的西南少数民族语言中，唯独普米语中所保留的"戎"的语义与文献记载一致。

总之，如台湾学者王明珂先生所言，羌原来不是一群人的自称，在汉代之后直到现代，只有接受汉人给予"羌人"之称的人群，才自称"羌"或"羌族"。[5] 羌字由羊、人构成，虽然可能因为在他们的宗教信仰上羊有特殊重要性，或因他们像羊一样地被用为祭祀中的牺牲品（甲骨文卜辞所示）。但最有可能的是，当时在商人之西已有称绵羊为"戎"的普米先民牧羊人群，由于牧羊者的形象给商人留下深刻的印象，因此以"羌"（羊的儿子）来称他们。实际上，普米人与"戎羌"人的关系，早在元代就有学者给予了关注，元代周致中在《异域志》中记载："西番，即鬼方，武丁征鬼方，三年克之。又曰鬼阴类，曰鬼戎，曰犬戎。无王子管

---

① （刘宋）范晔：《后汉书》，中华书局 1965 年版，第 10 册，第 2869 页。

② （汉）班固：《汉书》，中华书局 1962 年版，第 6 册，第 1611 页。

③ （南朝宋）范晔：《后汉书》，中华书局 1965 年版，第 10 册，第 2876 页。

④ （汉）司马迁：《史记》卷一百一一六《西南夷列传》，中华书局 1959 年版，第 2991 页。

⑤ 王明珂：《什么是民族——以羌族为例探讨一个民族志与民族史研究上的关键问题》，《历史语言研究所集刊》，1994 年版，第 65 本第 4 分，第 1008、1014、1022 页。

辖，无城池房舍，多在山林内住，食人肉。其国人奉佛者，皆称喇嘛。"①
周致中把"西番"（普米）当作殷商和西周、东周时代诸"戎"的一支。
而明景泰《云南图经志书》卷四溰蒙州则直接说："其有侨居于州之山谷
曰西番者，即所谓西戎也。"② 此西番即指普米人，说明古人对西番（普
米）的远古渊源早有正确的认识。

五　秦汉的白狼王

回溯首次统一中国的秦王朝，其父系母系也均出自西戎，③ 并在兼并
羌戎的过程中得到发展。据《史记》记载："秦穆公得由余，西戎八国服
于秦，故自陇以西有绵诸、绲戎、翟之戎，岐、梁山、泾、漆之北有义
渠、大荔、乌氏、朐衍之戎。而晋北有林胡、楼烦之戎，燕北有东胡、山
戎。各分散居溪谷，自有君长，往往而聚者百有余戎，然莫能相一。"④
秦穆公任用谋臣由余，一次就灭西戎八国。西羌与秦国的斗争失利，其中
一部分退居青藏高原，一部分逐渐南移进入雅砻江、金沙江流域。据
《后汉书·西羌传》记载，公元前5世纪，有羌人爰剑，为秦国所俘，后
逃返三河间，教民稼穑畜牧，为诸羌敬服，推为大酋。至爰剑孙叫"卬"
的任大酋时，畏秦威逼，带领"种人"大举南迁，出赐支河曲数千里，
远离了众羌。"其后子孙分别，各自为种，任随所之，或为牦牛种，越嶲
羌是也；或为白马种，广汉羌是也；或为参狼种，武都羌是也。"⑤

这些羌人南迁到西南地区，与早先就分布在西南的羌部结合，发展成
为众多的氏族部落集团。至公元前111年，司马迁"奉使西征巴蜀"时
了解到的情况是："西南夷君长以什数，夜郎最大；其西靡莫之属以什
数，滇最大；自滇以北君长以什数，邛都最大：此皆魋结、耕田、有邑
聚。其外，西自同师以东，北至楪榆，名为嶲、昆明，皆编发，随蓄迁
徙，毋常处，毋君长，地方可数千里。自嶲以东北，君长以什数，徙、筰

---

① （元）周致中著，陆峻岭校注：《异域志》，中华书局1981年版，第20页。

② （明）陈文修、李春龙、刘景毛校注：《景泰云南图经志书校注》，云南民族出版社2002
年版，第249页。

③ 参见蒙文通《周秦少数民族研究》，龙门联合书局1958年版，第42页。

④ （汉）司马迁：《史记》卷一百一十《匈奴列传》，中华书局1959年版，第9册，第
2883页。

⑤ （南朝宋）范晔：《后汉书》，中华书局1965年版，第10册，第2876页。

都最大；自筰以东北，君长以什数，冄駹最大。其俗或土著，或移徙，在蜀之西。自冄駹以东北，君长以什数，白马最大。皆氐类也。此皆巴蜀西南外蛮夷也。"①

在众多羌人部落集团中，流入今川西南至云南丽江地区的牦牛种越嶲羌人，至东汉时期已经发展到人口六百万的部落集团。东汉明帝永平在位期间（58—75年），益州刺史朱辅上疏谓：

> 今白狼王唐菆等慕化归义，作诗三章，路经邛来大山零高坂，峭危峻险，百倍岐道，襁负老幼，若归慈母。远夷之语，辞意难正，草木异种，鸟兽殊类。有犍为郡掾田恭，与之习狎，颇晓其言，臣辄令讯其风俗，译其辞语，今遣从事史李陵与恭护送诣阙，并上其乐诗。昔在圣帝，舞四夷之乐；今之所上，庶备其一。帝嘉之，事下史官，录其歌焉。
>
> 《远夷乐德歌》诗曰：大汉是治，与天合意。吏译平端，不从我来。闻风向化，所见奇异。多赐缯布，甘美酒食。昌乐肉飞，屈伸悉备。蛮夷贫薄，无所报嗣。愿主长寿，子孙昌炽。
>
> 《远夷慕德歌》诗曰：蛮夷所处，日入之部。慕义向化，归日出主。圣德深恩，与人富厚。冬多霜雪，夏多和雨。寒温时适，部人多有。涉危历险，不远万里。去俗归德，心归慈母。
>
> 《远夷怀德歌》诗曰：荒服之外，土地硗埆。食肉衣皮，不见盐谷。吏译传风，大汉安乐。携负归仁，触冒险陕。高山岐峻，缘崖磻石。木薄发家，百宿到洛。父子同赐，怀抱匹帛。传告种人，长愿臣仆。②

由于有高大的邛崃山脉阻挡，与中原联系多有不便。因此，直到东汉，时任益州刺史的朱辅对西南的"远夷"进行怀柔政策，才使汶山以西的"白狼槃木"等"百余国"六百万人口奉贡称臣，依附汉朝。后汉明帝永平（58—75年）年间，筰都夷白狼王唐菆一行，翻过邛崃山不远

---

① （汉）司马迁：《史记》卷一百一十六《西南夷列传》，中华书局1959年版，第9册，第2991页。

② 《后汉书》卷一百一十六《南蛮西南夷传》。

万里来到洛阳，参观访问。为表达他们倾慕中原文化和归附王朝的心情，在汉庭唱出颂歌三首《远夷乐德歌》、《远夷慕德歌》、《远夷怀德歌》，后人谓之《白狼歌》。①

由于《白狼歌》歌词不仅用汉文记下了夷语（音），而且其意亦用汉文作了翻译，因此，深受史家的重视。历代研究者围绕“白狼王”的地望及其族属进行了广泛的讨论，试图从汉文记“夷”音的资料出发，恢复出《白狼歌》的“夷语”原状，再与有关的少数民族语言进行对照，以判别“白狼人”与现今中国西南少数民族的族属关系。

在众多的讨论中，历史学家马长寿说：“由语言之见地，吾人已证明其为嘉戎古国。”② 王静如先生提出：“白狼语与彝语支相近，但也与藏语支接近，但或不及彝语支。”《白狼歌》“确系西南诸夷语中之藏缅语系之近于倮莫（lolo-moso）语及藏语”，“白狼与西夏西藏民族有密切关系，自语言上证明更为确切”。③ 丁文江、马学良二位先生则认为《白狼歌》所用语言是彝语。④ 方国瑜先生通过用音韵学和语音、词汇对比方法对《白狼歌》作了考释，得出结论：“《白狼歌》三首 44 句 176 言，除去借汉字和难解形容约 80 音外，余下的 90 余音，为基本词汇，与纳西语最接近。”⑤ 陈久金、刘尧汉先生所得出的观点是：“西番人是汉代白狼夷的嫡系遗裔。”⑥ 而陈宗祥、邓文峰先生则论证出白狼歌为普米语。⑦

从学者们的种种研究结论中，可以明显看出《白狼歌》与汉藏语系藏缅语族的集中语言密切相关，确切地说，它与当时活动在“白狼国”地区的牦牛羌普米先民密切相关。

首先，从“白狼国”的属民来看，史书中直接记载有“槃木”（“槃

---

① 此歌词的译文及汉字记音都被完整地保存下来，后被载入《东观汉记》和《后汉书·南蛮西南夷列传》。

② 马长寿：《四川古代民族历史考证》，《青年中国季刊》1940 年 1 月第 1 卷第 4 期。

③ 王静如：《东汉西南夷白狼慕汉德哥诗本语译证》，《西夏研究》第 1 集，1930 年，第 37 页。

④ 丁文江：《爨文丛刊》，商务印书馆 1936 年版；马学良：《彝文与彝文经书》，《民族语文》1981 年第 10 期。

⑤ 参见方国瑜《麽些民族考》，《民族学研究集刊》1944 年第 4 期。

⑥ 陈久金、刘尧汉：《汉代“白狼夷”族属新探》，《西南师范大学学报》1985 年第 4 期。

⑦ 陈宗祥、邓文峰：《白狼歌研究（一）》，四川人民出版社 1991 年版。

木"和"普米"应为同音异写，即民族语自称，意为"白人"）。据何耀华先生的研究，拍木依（普米）确系牦牛羌后裔之一。其中一部分南流徙进入了滇西北地区，发展为今天云南兰坪、丽江、维西、永胜、宁蒗等县之普米族。普米是其自称拍木依的同音异写字。流入云南的普米与今四川省冕宁、木里一带被定"藏族"的"拍木依"人实际上都是过去被称为"西番"者。①

其次，关于"白狼王"与普米的关系，我们还可以从二者所处的地望去考察。关于白狼国的地望，据任乃强先生考证，其"皆在四川西昌区的雅砻江流域，即盐源、木里等高地"，方国瑜、陈宗祥等学者亦持此观点。② 由于白狼王所属的百余国，位于金沙江、雅砻江的中游，大雪山从北到南贯穿其境。东面有高大的南北走向的邛崃山与成都平原相隔绝，交通十分困难，很少与中原往来。所以，朱辅在给汉明帝的奏疏中说，白狼王与内地交往时需"路经邛崃大山"，其山"崎危峻险，百倍歧道"。《诗经》和《禹贡》中曾提到歧山，描述其山陡峭如立柱，高可通天，百倍歧道的邛崃更可想见。白狼如非在邛崃山之西，不会自找苦吃去爬邛崃大山。因此，亦有著述将其锁定在今之巴塘。③ 笔者认为，如果史籍中"白狼所代表的百余国，六百余万人口"之记载属实，那么，在当时生产力水平极低的情况下，其地望不会只限于一个小范围，它可能包括了今天四川阿坝州西南部、甘孜州以至凉山州及云南丽江、大理所属的广大地域。而这一地段正好是普米族人南迁的线路。因此，"白狼王"所属的地望与历史和现今普米人居住地域相一致。

此外，从音乐学的角度审视，现今普米族民间音乐中亦透漏有与《白狼歌》相关联的信息。"白狼王"一行在汉庭所献的《白狼歌》，虽然保留了用汉字记下的夷语（音）歌词及用汉文所作的翻译，然而，受当时条件所限，其音却没有得到记录。那么，作为一曲"乐歌"，我们能不能从现有"白狼支系"民族民间歌曲中找到一些线索呢？

---

① 《川西南藏族史初探》，载何耀华《中国西南历史民族学论集》，云南人民出版社1988年版，第96页。

② 任乃强：《羌族源流探索》，重庆出版社1984年版，第106页。

③ 民国时期的《西康建省记》和《巴塘改流记》说："巴塘，古之白狼国，地方千里。"

令人惊叹的是，在现今普米族民间歌曲中，确有一曲目其音调完全与"狼嚎"相似。这个"狼调歌曲"还与笔者有着一段机缘。那已是近三十年前的事，在笔者13岁（虚岁）穿裤子（即行成人礼）那年，举家从彝族村寨搬迁至了现在的居住地摩梭村"朵碧"寨。搬来不久，同村的表姐乌金卓玛要出嫁（其母亲即笔者之姨妈，为普米族，其父为摩梭族）到摩梭人家，婚礼中赶来了不少普米族亲戚。按照当地习俗，婚礼期间男女家庭双方需派民间歌手进行对歌，作为娘家（后人）人的亲戚，来客中的普米人纷纷参与其中，并代表女方家挑战男方代表摩梭歌手（后来干脆演变成了"普米"与"摩梭"之间的对歌），歌唱者时而普米调（用普米语）、时而摩梭调（用普米语）、有时还参入些汉调（用汉语）。由于笔者之前没有见过此类对唱，因而兴奋得长夜难眠，时睡时醒，几乎参与了整夜对唱（同龄的小孩也如此）。经过彻夜"教练"，最终人少的普米亲戚似乎"占了上风"，于是被摩梭亲戚戴了顶"巴匝昔玛咋"（摩梭人谚语：再差的普米人，嘴是不差的）的帽子。对这一次婚礼对歌，笔者印象极为深刻，至今难以忘怀，因此，到了1987年前后（笔者念高中时），当听到普米族中的一些有识之士正发动普米族干部集资出版一本与"狼歌"相关的书时，我本以为说的就是我曾听到过的"普米狼调哩哩"（以下统称《普米狼调》），后来才知道那是一本取名为《白狼歌》的书。①

笔者真正接触《白狼歌》是近几年的事，史书记载的《白狼歌》引人注目，从语言学、历史学的角度去审视外，笔者又想起了30年前那印象至深的《普米狼调》。于是，再次来到当时参与婚礼的普米亲戚所在村寨调查，欣慰的是，这种"狼调"不仅在这一村寨仍有保留，而且还在其他普米族人中广泛流传，原来它是一首普米族人自古流传至今的民间歌调。2006年，笔者与普米族著名学者胡文明先生（曾协助陈宗祥、邓文峰先生翻译过"白狼语"）交谈《普米狼调》与古《白狼歌》是否会有关系时，胡文明先生作出了较为肯定的回答，只可惜至今还未见有胡氏对这一关系进行论述的文章。近年来，笔者在宁蒗新营盘、兰

---

① 此处所说的《白狼歌》，即由陈宗祥、邓文峰先生自1963—1984年在木里藏族自治县及宁蒗县普米人地区调查，通过"普米语"与"白狼语"的对照，并潜心研究20年而成的《白狼歌研究（一）》，该书于1991年由四川人民出版社出版。

坪等地普米族人中调查时，采录了一些"狼调"歌曲。从初步掌握的情况看，现今《普米狼调》的歌词在定语的位置、动词的变位、强语势助词、主语使动格等都与专家所言的《白狼歌》语法使用相一致。[①]笔者本想与中国音乐学院柳进军博士合作（先前做了些交流），拟撰写一篇题为《歌如狼嚎——"白狼歌"为普米古歌乐正》的文章，欲从音乐学的视角对《普米狼调》与古《白狼歌》关系作进一步的研究，只可惜因时间关系，这一设想暂时搁浅，将来时间允许的情况下，将另撰文加以探讨。

普米族民间有着丰富的民歌，据普米族学者殷海涛先生（音乐学研究员）的分类，普米族民歌的调式主要有羽调式和徵调式两类，羽调式民歌多系"哩"类，徵调式民歌多属"国"类，这跟两种调式的音调色彩有关。羽调式色彩比较深沉、阴柔，适合体现具有古朴、严肃气氛的民歌。[②]《普米狼调》属"哩"类，而在众多的"哩"类民歌中，"狼调哩"只有见到久别亲友、远方贵客来访、节庆时刻以表达思念之情或者诉说苦衷之时吟唱。这种独特的吟唱场景的选用与古白狼王一行不远万里前往汉庭以表达倾慕中原文化和归附王朝之情相似。而"普米"本义为白色，那么自称"白人"的民族所唱的"狼调"歌曲，不就是《白狼歌》嘛！

当然，白狼王所代表的部落不仅是"白狼槃木"（普米族群），而且还有"白狼楼博"等"百余国"六百万人口，正如杨福泉先生所言，众多学者之所以得出《白狼歌》与藏、西夏、彝、纳西、普米语等相近的结论，这是由于历史上这几个民族有同源异流关系使然。这一重要的学术争鸣和讨论，使我们领悟到……必须以语言文化变迁和族群分化、融合的历史发展眼光来分析、看待这种古代语言的族属问题，而不是以后来民族识别划分后的单一民族语言状况来论述某种语言是属于当代的这个或那个民族，过分、绝对地把一种语言只判归于一个后世界定的民族。[③]

白狼部落应当包括历史和现今居住在中国西部地域的所有人群，《白

---

① 参见陈宗祥、邓文峰《白狼歌研究（一）》，四川人民出版社1991年版，第32页。
② 殷海涛：《普米族音乐》，《云岭歌声》2004年第1期。
③ 杨福泉：《纳西族与藏族历史关系研究》，民族出版社2005年版，第40页。

《狼歌》也应当属于包括历史和现今居住在这一地域的所有人群,她更是汉族与少数民族共同的颂歌。[1]

六 唐宋元明清的西番

"西番"是新中国民族识别及认定以前,对居住在川滇甘一线的人群的泛称。"西番"一名作为族群称谓,出现较早,并且指代有多个人群。因此,在汉文典籍中,通常把"西番"视为一个整体,不加区别。[2] 然而,在云南境内,直至新中国成立,"西番"之称谓专指向普米族群。[3] 1962 年,云南境内自称"普米"的西番人群被划归为普米族后,"西番族"逐渐被"普米族"代替。因此,就云南境内的普米族人而言,将其与史籍中的"西番"相对应,应该是成立的。

在史籍中,"西番"一词始见于晋初张华的《博物志》。在《异兽》篇中,有这样的记载:"蜀中南高山上,有猴猴,长七尺,能人行健走,

---

[1] 目前学界关于《白狼歌》民族归属问题的讨论,似乎有一种倾向,大多数少数民族学者往往力主将其归为自己的民族所为,这种心理应当也可以理解,因为作为较少人群,如果历史上曾有过"王",不仅极其光彩,而且,也有些现实意义。笔者曾读过一篇有关《白狼歌》与现存某个民族的语言进行对照研究的文章,该作者(亦为少数民族)在选取一个小村庄的语言与"白狼语"进行对照后得出其相似性达 90% 的结论,此举,就是一例。本书中笔者有关《白狼歌》的讨论,同样选取了"自己的民族",为强调没有"私心",笔者将自己的身世作些简单的介绍:笔者本为普米族(1961 年前被称作西番族),新中国成立前,落户在一个称"库脚"的傈僳族大寨,土地改革时期家庭被划为"地主",随后因改造需要被迁往小凉山一个称"拖脚"的彝族村寨,在这里度过了美好但又"心酸"的童年,党的十一届三中全会后,又投靠摩梭(现划归纳西族)亲戚迁至一个称"朵碧"的摩梭村寨。因此,笔者虽为普米,但与傈僳、彝族、摩梭感情亦至深。

[2] 编者按:"番"字有众多词义,"番"通"蕃"、"藩",具有屏障之意。《诗·大雅·崧高》曰:"四国于蕃"。番字有时也被古代汉族人作为对外族的称谓,如《周礼·秋官·大行人》:"九州之外,谓蕃国"。由此,"西蕃(番)"应该是古代中原人对其西部少数民族的泛称。唐代,源于青藏高原的"吐蕃"政权东进"西番"地区,于是在史籍中"吐蕃"与"西番"被交替使用。

[3] 2011 年 10 月 19 日,笔者与著名学者、中央民族大学佟德富教授、云南省政府参事室和丽贵先生一起探讨西南少数民族及其宗教哲学相关的问题。据和丽贵先生介绍,其母为云南维西境内的"玛理玛萨"人,由于"玛理玛萨人"在新中国民族认定以前与普米人一同被称作"西番",因此,和丽贵本人早期也将自己的民族成分填为"普米族",之后"玛理玛萨"划归纳西族,和先生又将自己的民族成分改为了纳西族。

名曰猴玃，伺道行妇女，辄盗人穴，俗呼为夜叉穴，西番部落辄畏之。"①

从蜀中南部高山上有巨猴，曾引起当地西番部落的恐惧来看，早在公元3世纪，在现今川西南地区的一些人群已被称作西番部落。到了五代（907—959年），牛峤又有《定西番》的词牌名："紫塞月明千里，金甲冷，戍楼寒，梦长安；乡思望中天阔，漏残星亦残，画角数鸣咽，雪漫漫。"该词作者牛峤，在王建镇蜀时，辟为判官，后升给事中，该词是他在蜀中直接了解到西番情况后填写的，可知在蜀郡附近有西番族群活动。②

而《新唐书·刘晏附刘潼传》则说：六姓蛮持两端，为南诏间候，有卑笼部落者请讨之，潼因出兵袭击，俘五千人，南诏大惧，自是不敢犯边。③

有关"卑笼部落"，有学者根据《经世大典·招捕总录》云南条下的"木龙蛮"，提出唐之"卑笼部落"亦即元之"木龙蛮"的观点。认为"卑"、"木"均为唇音，或系译音异字，或系"拍米"（普米）分译。或说"木龙"系以地名即"木里"，其地望就是今天仍有许多自称"拍米"（今为普米藏族）人群居住的木里藏族自治县境内。④ 除文献记载外，现今丽江境内的纳西族、普米族人中还广泛流传有历史上南下的木里西番人（普米）与丽江人（纳西）之间的一场激烈的战争，即传说中的"黑白之战"。对于这一战争，虽没有直接的文献记载，但从两个族群极其一致的描述以及现仍保留有主战场之地名"巴市"即现在丽江城西北角的白沙（"白沙"原义为"巴人"，即普米伤亡之地）来看，战争之要地丽江正好位于南诏与木里（卑笼部落）之间。因此，《刘晏传》所言的卑笼部落应当就是现仍居住在木里、丽江一带的普米人。

公元8世纪，兴起于雅鲁藏布江谷地的"吐蕃"政权，不断向东扩

---

① （晋）张华：《博物志·异兽》。北宋乐史《太平寰宇记》卷七七"剑南西道黎州"条对前引《博物志》语作了具体补充说明："蜀南沈黎高山中，有物似猴……西番部落辄畏之。"这条记载，指出了西番部落地望在沈黎郡，即今大渡河南北两岸的甘洛县和汉源县等地。这正是历史上西番的主要聚居区之一。

② 参见姜方炎编《词人评传》，成都古籍书店复印本1984年版，第30页。

③ （宋）欧阳修、宋祁：《新唐书》，中华书局1975年版，第4800页。

④ 严汝娴、王树武：《普米族族源初探》，载胡文明主编《普米研究文集》，云南民族出版社2002年版，第46页。

张，在统一青藏高原上的羊同（苏毗）、唐牦、吐谷浑、东女等国（部落）后进占茂州及傻州北部。据文献记载，自至德二年至贞元三年，吐蕃政权曾统治大渡河至冕宁的地区达 30 年之久。这些地区正是《博物志·异兽》篇中"西番部落"居住之地。由于"吐蕃"政权进占"西番"地区，于是唐代以来，史籍中"吐蕃"与"西番"被交替使用，西番之名也用以称吐蕃，或说西番系吐蕃的别种。当然，"吐蕃"与"西番"这两者既有关系又有区别，不能尽将西番都视为吐蕃之别种。因而，宋代马端临《文献通考》将西番与吐蕃的事迹作了分别记载。而《宋史·蛮夷传四》"黎州诸蛮"也云："淳化元年，诺驱自部马二百五十匹至黎州求互市，诏增给其直。诺驱令译者言：更入西蕃求良马以中市。"①此所谓"西蕃"当指环列于黎州三方之牦牛夷后裔，即现川滇普米族群之先民。此后，元初周致中在《异域志》中也将西蕃写成西番。又说，西番的另一种叫法"阿丹"，"其国与罗罗同，乃西番种类，盤瓠之裔也，与云南四川之境相邻"②。据陆峻岭注："阿丹，或为元时四川西南部、云南西北部之少数民族部落名称。"③ 又据严汝娴、王树武等人的研究，阿丹之称来源于普米族的古谚"觉吾布知丹"，此"丹"，又称"阿丹"，意为总根或源头。阿丹的地望正是四川的盐源、木里与云南宁蒗三县毗连的地区。④

宋宝祐元年（1253）秋，元宪宗蒙哥命其弟忽必烈率领十万大军，以兀良合总督军事，分兵进攻大理国。忽必烈率领的一路由晏当山进军云南时，木里王子和沿途居住的西番族头人首先投效，并率西番步骑兵充当前峰，深得忽必烈嘉奖。沿途取得的关塞多令西番兵留守，在永宁、丽江及金沙江的各处要隘，都有西番分布。与忽必烈同时，兀良合台率领的一路由旦当岭（在今中甸）入维西，居住在雅砻江上游一带的西番又有一部分中途加入蒙古军队，越过旦当岭而入维西。⑤

---

① （元）脱脱等：《宋史》，中华书局 1985 年版，第 40 册，第 14233 页。

② （元）周致中著，陆峻岭校注：《异域志》，中华书局 1981 年版，第 58 页。

③ 同上。

④ 严汝娴、王树武：《普米族族源初探》，载胡文明主编《普米研究文集》，云南民族出版社 2002 年版，第 46 页。

⑤ 参见严汝娴、王树武《普米族族源初探》，载胡文明主编《普米研究文集》，云南民族出版社 2002 年版，第 45 页。

由于元世祖征大理路过西番地区时，其中一部分随元军流入云南。因此，就有了清人余庆远《维西闻见录》载："巴苴，又名西番，亦无姓氏。元世祖取滇，渡自其宗，随从中流亡至此者，不知其为蒙古何部落人也，浪沧江内有之。板屋栖山，与麽些杂居，亦麽些头目治之。男挽总髻，耳带铜环，自建设以来，亦多剃头辫发者，衣服同于麽些。妇人辫发为细缕，披于后，三年一栉。枣大玛瑙珠、掌大车磲各一串，绕于顶，垂于肩乳，行则钗铮之声不绝。顶覆青布，下飘两带，衣盘领及腹，裙如钟掩膝，不著裤，臁裹毡而跣足，颇能习辟卢、缝纫之工。婚丧、信佛与麽些无异，惟兄弟死，嫂及弟妇归于一人，俗颇劣于麽些。"[1] 此外，在其他文献中还见有对西番人的记载，如对于四川境内的西番，明人曹学佺《蜀中广记》卷三十四《宁番卫》（驻今冕宁县）说：

> 元时，于邛都之野立府曰蓕州，借蓕示之义以名之也。国初土官怕兀它从伊噜特穆尔为乱，于是废为卫，降官为指挥。环而居者皆西番种，故曰宁番。……在建昌北九十里，东连越嶲界，北至西天乌思藏（即西藏），西邻三渡月。[2]

而流入云南的西番，明景泰《云南图经志书》卷四永宁府（今宁蒗）有："所辖四长官司多西番，民性最暴悍，佩刀披毡，无室屋，夏则山巅，冬则平野以居，而畜多牛马，有草则住，无草则移，初无定所……又有所谓野西番者，则长往而不可制。"[3] 明天启《滇志》卷三十《羁縻志》第十二："西番，永宁、北胜、蒗蕖凡在金沙江北者皆是。编发、杂以玛瑙、铜珠为缀，三年一栉之。衣杂布革，腰束文花毛带，披琵琶毡，富者至二三岭，暑热不去。住山腰，以板覆屋。俗尚勇力，善射。和酥酪于茶。有缅字经，以叶书之，祀神逐鬼取而诵，为厌胜。性最暴悍，随畜迁徙。又有野西番者，倏去倏来，尤不可制。"[4] 清乾隆《云南通志》卷

---

① 余庆远：《维西见闻纪·夷人》，载方国瑜主编《云南史料丛刊》第十二卷，云南大学出版社 2001 年版，第 64 页。

② 《文渊阁四库全书》，台湾商务印书馆（影印本）1986 年版，第 591 册，第 432 页。

③ （明）陈文修、李春龙、刘景毛校注：《景泰云南图经志书校注》，云南民族出版社 2002 年版，第 245 页。

④ （明）刘文征撰，古永继校点：《滇志》，云南教育出版社 1991 年版，第 999—1000 页。

二十四《土司附种人》载："西番，永北一带凡在金沙江者皆是。辫发，杂以玛瑙铜珠为缀，三年一栉之。衣杂布革腰，束文花毳带，披琵琶毡，富者至三四领，暑热不去。住山腰，以板覆屋，俗尚勇力，善射。有缅字经，以叶书之祀神，逐取而诵焉。性暴悍，随畜迁徙。又有野西番者，倏去倏来，尤不可制。"① 《皇清职贡图》卷七载："西番，本滇西北徼外夷，又名巴苴。流入永北、丽江二府，居深山，聚族而处，男子辫发，戴黑皮帽，麻布短衣，外披毡单，以藤缠左肘，跣足佩刀，伐竹为业，不通汉语。妇女辫发，缀以玛瑙、砗磲，亦衣麻披毡，系过膝桶裙，跣足。地种菽稗，纳粮。"② 并且，清乾隆年间绘制的《皇清职贡图》，还有普米先民西番的图像（见下图）。清乾隆《丽江府志略》卷上《种人》亦说："西番，一名巴苴……"③ 由于元、明时期兰州（今兰坪）已并入丽江府，故以上记载中的西番亦包括了今兰坪县的西番普米族。

《皇清职贡图》中的普米先民西番的图像

① 鄂尔泰等监修：《云南通志》，见（清）永瑢编纂《文渊阁四库全书》第570册，台湾商务印书馆1986年版，第246页。

② 《文渊阁四库全书》，台湾商务印书馆（影印本）1986年版，第594册，第714页。

③ 高国祥主编：《中国西南文献丛书》第一辑，兰州大学出版社2003年版，第25册，第183页。

此外，德国莱比锡民族学博物馆（Museum für Volkerkunde zu Leipzig）收藏的《滇省迤西迤南夷人图说》系乾隆五十三年（1788年）贺长庚手稿，该图收录云南族群共44种，其中第38西番为普米族先民。①

总之，如何耀华先生所言，普米族源于秦汉时代之牦牛羌白狼王，唐宋至清为西番的一个主要支系，在长期的历史发展中，由于川西南的普米及其他西番人群接受藏传佛教及藏文藏经等西藏藏族的文化，使之具有了藏族的共同心理素质，从而形成为藏族的一支。迁入云南地区的拍木依（普米），虽然也信藏传佛教，但因迁出后受藏族的影响不像川西南的那样大，所以在云南发展成了单一民族——普米族。②

七 新中国的普米族③

1949年中华人民共和国的建立，是我国各族人民得以从落后的社会经济形态向社会主义社会转变的根本基础。1950年2月，西番普米人聚居地丽江专区全境解放，3月，中国人民解放军第二野战军四兵团第十四军四十二师进驻丽江区并参与地方建政工作。同年5月，丽江区所属十三个县（设治区）建立了县级人民政权，废除了国民党政府统治时的设治区建制。至1956年，根据各阶段形势和任务，普米人聚居所在的县、乡先后几次召开各族各界人民代表会议，发动各族各界人民参政议政、参与地方事务与决策，保障了普米族和各族人民当家作主的权利。由于历史上普米人长期被称为"西番"，因此，中华人民共和国成立之初，暂定名为"西番族"。

自20世纪50年代初开始，党和国家组织了一批民族研究方面的学者和民族工作者，多次深入少数民族地区进行民族识别的社会调查，在充分尊重该族体人民意愿的基础上，科学地甄别其民族成分和族称。关于云南境内的普米（西番）的识别工作，前后持续了八年，又可分为四个阶段。

---

① 祁庆富、李德龙、史晖：《国内外收藏滇夷图册概说》，《思想战线》2008年第4期。

② 何耀华：《中国西南历史民族学论集》，云南人民出版社1988年版，第76页。

③ 《普米族简史》修订本编写组编：《普米族简史》，民族出版社2009年版，第140—141页。

　　第一阶段，1954 年 5 月由在昆明的中国科学院语言研究所、中央民族学院研究部和云南大学、西南民族学院、昆华医院、云南民族事务委员会及语文组等 7 个单位共 46 人组成了云南民族识别研究组。该研究组在第一阶段工作期间，计识别了 29 个民族单位。其中，兰坪、宁蒗的"西番"族被列入这次的调查对象，调研成果集中反映在方国瑜等撰写的《兰坪、宁蒗"西番"族识别小结》之中。

　　第二阶段，1954 年 8 月，中央民族事务委员会派出云南民族识别调查小组，继续进行了第二阶段的民族识别研究工作。这一阶段计识别了 39 个民族单位，其中包括永胜、丽江两县"西番"族的识别，林耀华等撰写有《永胜、丽江两县"西番"族识别小结》。

　　以上两个阶段的识别工作中，调查小组的同志经过调查分析后均认为，云南境内的"西番"族在语言、区域、经济以及文化上所反映的独特心理状态等，自具有明显的特征。这些特征与藏族不同，也应与以前泛指康藏区域的"西番"有区别，可认为是单一民族，但需要与西康境内的"西番"情况作进一步的比较研究，名称亦应更改。

　　第三阶段，为了尽早全面解决云南境内"西番"的族称问题，1960 年 1 月，云南省民族事务委员会特致函丽江专署民委会，要求尽快在"西番族"中召开包括各方面代表人物的会议，认真讨论"西番族"的构成、特点及族称，提出根据，形成决议，上报审批。同时，附有一份补充调查材料供参考。

　　根据云南省民委的指示，丽江专署民委会于 1960 年 2 月 14 日至 17 日即时召集了全区少数民族代表座谈。也正是在此次座谈会上，根据"名从主人"的原则，经到会西番代表的同意，确定为"普米"（系自称，意译为白人）。至此，云南境内西番的识别工作取得了重要进展，普米族成为一个单一民族的条件已经成熟。

　　第四阶段，1961 年 5 月 26 日，云南省民族事务委员会进一步组织民族识别综合调查组进行复查，并报经云南省委和中央民委的审核同意之后，向云南省人民委员会写出了《关于将"西番族"改称为"普米族"的报告》。该报告称："经我会组织民族识别综合调查组进行复查的结果，确认我省西番族的语言、社会经济、民族来源、文化生活及心理状态等方面，都和邻近的藏族、纳西族和其他少数民族有显著不同，也和解放以前历代泛称青、川、康、藏等区域的一些少数民族的'西番'有所区别。

解放以来，普米族人民普遍要求承认自己是单一民族。解放前'普米'是自称，'西番'是他称。'番'字有侮辱、歧视的含义，本族人民不愿意接受，而普遍自称'普米'。根据上述情况，我们认为应确定'西番'为单一民族，族称应改为'普米族'。"同年6月24日，云南省人民委员会正式转发了云南省民族事务委员会的报告，并明确指示："今后我省'西番族'应一律改称'普米族'，并应列为单一民族。"云南境内普米族的族称问题，由此获得圆满解决。毋庸置疑，普米族被国家正式确认为单一民族，并赋予了政治、经济、文化上的平等权利，标志着普米族历史翻开了新的一页。

现代普米族服饰

1987年11月27日，经国务院批准，在普米族人较为集中居住的兰坪县成立了"兰坪白族普米族自治县"。在1988年，宁蒗县亦将境内普米族人较为集中的翠依设立为傈僳族普米族乡。

据 2000 年中国第五次人口普查，普米族总人口为 33600 人。① 主要分布在怒江州傈僳族自治州、迪庆藏族自治州和丽江市。其中，兰坪县普米族有 14124 人，主要分布在通甸、河西、金顶、拉井、石登营盘、春龙镇等地；宁蒗县有普米族 9725 人，主要分布在翠玉、永宁、拉伯、新营盘、红桥、西川、金棉、宁利、战河和大兴镇等地；丽江古城区及玉龙县有普米族 5020 人，主要分布在鲁甸、石鼓、鸣音、宝山、石头、九河、太安、奉科和大研镇等地；维西县有 1288 人，主要分布在攀天阁、永春等地；永胜有普米族 991 人，主要分布在团街和松坪等地；此外，云南南部云县等亦有少量普米族分布。

---

① 这里应该说明的是，由于历史和其他原因，普米人的族称归属不同，即云南境内的称为普米族，而四川境内的则被称为藏族或者纳西族，但在历史上他们是同一个民族，本着尊重历史的原则，也加以记述。从《木里藏族自治县志》、《盐源县志》、《九龙县志》、《冕宁县志》等记述来看，木里境内的普米藏族人主要分布在依吉、宁朗、桃巴、博科、麦地龙、沙湾、车子、四合、卡拉、阳山等公社，俄亚、西秋、博瓦、白调、河东、傈波、向阳、博高、项足、麦日、水洛、麦地、列瓦、后所、团结、大坝等村落；盐源境内的普米藏族人主要分布在盐井等三十余个乡镇；九龙县境内的普米藏族主要居住在雅砻江以东的三岩龙、魁多、八窝龙等地，此外冕宁境内也有普米（拍木依）藏族分布，而分布在延边县格桑拉乡等的普米人，现已划入纳西族。四川境内普米人总计约七万余人。

第 二 章
普米族宗教的祭司与经籍

普米族宗教祭司有多种称谓。祭司在普米族宗教活动中发挥着多种职能：在宗教实践中，他们作为神鬼之间的媒介，是宗教礼仪的主持者；在日常生活中，祭司韩规和释毕是族群的首领人物，也是诸多大事的最终决断者；从文化传承的角度审视，他们又是传统文化的继承和传播者。普米族宗教祭司还拥有丰富的宗教经籍，经籍写本有藏文写本和汉文写本两类，其内容包括神话谱牒、占卜、祈神降福、禳鬼消灾、超度安魂等五大类。这些宗教经籍很好地保存了普米族丰富的文学艺术内容，反映出普米族丰富的原始宗教文化，蕴涵着普米族鲜明的哲学思想。

第一节　普米族宗教的祭司

一　祭司的称谓与类别

（一）祭司的称谓

普米族传统宗教的祭司有"韩规"（han^{31}gui^{53}）、"释毕"（ʂ^{55}pi^{31}）、"毕乩"（pɛ^{31}dʐan^{21}）三种称谓。这三种称谓与其具体担任的宗教职能相联系。

"韩规"是金沙江以北云南宁蒗、永胜等地普米族以及四川盐源、木里、九龙、冕宁等地的普米藏族人对传统宗教"韩规教"祭司称谓的音译。在不同方言中，这一称谓亦汉译为"汗归"、"韩几"或"阿轨"（以下统称"韩规"）。

"韩规"一词的普米语义暂无定论,有说"像鹦鹉一样能说会道者",[1] 也有说"法术高超能震动人心的人",[2] 还有"持咒的苯教师"之说。[3] 这一称谓在经籍中出现的次数很少,只有在韩规经《卡尔莎》(khA^{55} ʑ^{31} ʂA^{31})之《韩规查》(《韩规起源史》)中有这样的记述:

在"拉钦朵米霖格尔"(lA^{31} tɕi^{55} to^{31} mi^{53} lin^{31} kʑ^{31})时代,山川、树木、动物均可以言语,人类可以长寿至上百岁。这个时期,大地虽有鬼怪,但不伤害人类,因此,亦没有韩规。拉钦朵米霖格尔时代过去后,大地上的一切鬼怪开始作恶,天界的神仙看到人间的恶魔横行,于是,众神仙聚商,共议镇鬼魔之策。首次商议,未达成共识,此时,地上的鬼怪开始食人肉,喝人血,人世间一片狼藉,不得安宁。获悉人间的求助,众仙再次商议,但无神仙主动请战,于是通过投票,推举"益西丁巴 ji^{31} ɕ^{55} t i^{55} pA^{55}"(又作"松吉丁巴辛饶")前往人间镇压鬼怪。丁巴神带领 360 名天兵天将赶赴人间,对作恶的鬼怪进行了打击镇压。之后,为使人间不再受妖魔之怪,益西丁巴开始在人间传授镇魔之术。人世间的年米、嘎米、鬼年米人纷纷拜师益西丁巴学习镇魔之术。住在"木抖湿乌"(mu^{31} tu^{53} ɕiA^{31} wɯ^{53})山上的普米"卡蹦"(kA^{53} pa^{31})、"印曲"(j i^{31} tɕhy^{53})两兄弟亦相约前往学习本领。丁巴神见普米兄弟能言善辩,于是取其名为"韩规"(能言善辩者)。[4]

---

[1]　藏族学者杨学政先生依据普米语意,将"韩规"一词解释为"像鹦鹉一样能说会道者"。杨学政先生之所以将"韩规"诠释为美丽的鹦鹉,主要基于当地巫师的解释,巫师在祭神驱鬼时披红戴绿,旖旎起舞,宛如羽色美丽的鹦鹉,而且巫师善于诵经说唱,颇似鹦鹉学舌。此外,在普米语中"汗"指鹦鹉,"几"意为能说会道,而普米族还崇拜鹦鹉,在丧葬仪式中送亡灵归返祖源地时,需要鹦鹉引路,由此可见,鹦鹉既生活在人间,又可为阴间亡灵引路,自然成为人类与神灵之间的媒介,而巫师的职能恰是沟通人类与神灵之间的媒介,故将鹦鹉指代巫师,其意思大约与巫师的巧于辞令和善于说唱有关。参见杨学政《普米族的汗归教》,《世界宗教研究》1983 年第 2 期。

[2]　笔者在田野调查中得知,从事韩规文化传承工作多年的普米族人胡镜明、马红升先生对"韩规"一词的解释读为:"韩"为法术,"规"指高深。"韩规"就是"法术高超能震动人心的人"。

[3]　毕业于西藏藏医学院(现为木里县藏医院院长)的普米藏族人汪扎多吉则认为,"韩吉"(韩规)应从藏文作解释,"韩"为咒,"吉"为诵,韩吉即诵咒。故,"韩吉"为"持咒的苯教师"。参见云南民族学会普米族研究委员会编《普米研究》2005 年总第 1 期。

[4]　引自笔者国家社科基金项目《普米族韩规古籍译注》之《韩规查》(《韩规的来历》)。

从这一记述来看，韩规之称谓最初是"益西丁巴"授予前去求法的普米族卡蹦、印曲兄弟的法名。而学界普遍认为"松吉丁巴辛饶"是藏族"苯教"的祖师。因此，韩规应为"外来词"。此外，从现今普米族韩规所使用的经典多为藏文写本，而反映的教义、教理深受藏传佛教、苯教的影响来看，韩规一词的本义也应从藏文语义中寻找。

在藏语中，"韩"为咒，"规"有保佑之意，而嘎米藏族人又通常称普米族（包括普米藏族人）的祭司韩规为"韩巴"，这里的"韩"仍作"咒"，而"巴"译作"人"。此外，藏族学者阿旺加措在与笔者探讨有关普米族人的"韩规教"时，亦提到"韩规"之称谓有可能源于藏文"密咒之王"或"持密咒者"一词（见下图）。综合藏文字面意思以及韩规教的源流，将韩规一词理解为"持咒术以保佑众生者"，则有可能更接近问题的本质。

除韩规之称谓外，金沙江以北川滇交界地云南宁蒗、木里等地的普米族韩规之下尚有一种祭司称"哈释毕"（xA^{31} ʂ^{55}pi^{31}）或者"毕乩"，[①]而居住在金沙江以南的兰坪、维西等地普米族称祭司为"释毕"。

藏文书写的"韩规——密咒之王"

（首届五省藏区藏文书法比赛一等奖获得者甘肃民族师范学院艺术系桑吉扎西教授特为本文题写）

---

① 杨学政先生在《普米族的韩规教》一文中将"哈师毕"和"毕扎"当作韩规之下的两种"小巫"。并且认为"哈师毕"和"毕扎"之名称均为纳西语（摩梭语），意为"鬼使神差"（参见胡文明主编《普米研究文集》，云南民族出版社2002年版，第209页）。据笔者调查（笔者在13岁之后，一直居住在摩梭人村寨），摩梭人通常将普米族的韩规称作"哈师毕"，有时亦作"阿哈师毕"。在摩梭语言中"哈"有"高深"、"强者"之意，"师毕"为外来词，即借用普米族人固有对祭司的称谓。摩梭语中的"哈师毕"意为"高深的祭司"。而"阿"为"阿吾"（舅舅）之简称，摩梭人有时称普米族韩规为"阿哈师毕"（师毕舅舅），是对长者的一种尊称。因此，"哈师毕"和"韩规"应是对同一种祭司的不同称谓。

据学界考证，金沙江南北地区的普米族人已离散近千年，然而对祭司的称谓却保持如此一致。无疑，释毕、毕乩是普米族人较早对宗教祭司的称谓。关于释毕、毕乩称谓之语义，目前用普米语很难作出直接的解答，但我们从韩规经中可以找到线索。韩规经《释毕查》（《释毕的来历》）中说：

> 没有古，就没有今；没有"毕"（这里有规矩、古理、依据之意）就没有（不会有）"释"。[①] 要想做祭祀（活动），就得懂普米族的来历，还要懂得普米人的"释毕席责"（$ȵ^{55} pi^{53} ɕi^{31} tsɛ^{31}$）的缘由。[②]

从这一记述来看，普米族宗教语义中的"释"原意为"祭祀"，"毕"指"依据"或者"缘由"。而"乩"在普米族语中有高、深之意。从字面上理解，"厮毕"（释毕）有"祭祀缘由"之意，而"毕乩"可译作"深知缘由"。因此，"厮毕"、"毕乩"之称谓应该都源于"厮毕乩"，即深知祭祀缘由者。而在普米族社会中，"深知祭祀缘由者"往往只能是祭司。于是，"深知祭祀缘由者"即"厮毕"或"毕乩"成了祭司的指代，逐渐演变成了祭司的称谓。

此外，这一称谓还可以从"释毕"和"毕乩"现有的职能中看出来源。在金沙江以北的宁蒗地区，毕扎一般不懂经文，[③] 但当韩规主持重大的祭祀活动时，必须由哈师毕和毕扎两种小巫配合。没有韩规和喇嘛的地区，则由毕扎直接主持丧葬及消灾祛殃的祭神撵鬼活动。[④] 在兰坪地区，尽管流传有一部借汉文记音抄写的《戎肯》经祭祀经，但其仍然属于《卡尔莎》经即口授经范畴。"厮毕"和"毕乩"所主持的祭祀活动，基

---

① "释"，又作"释毕戎肯"、"释布戎毕"或"释毕央羌"，原义指普米族葬礼习俗中独特的"献绵羊"祭祀仪式。这里可以理解为一切祭祀活动。

② 引自笔者国家社科基金项目《普米族韩规古籍译注》之《释毕查》（《释毕的来历》）。

③ 由于普米族历史上没有形成统一的文字，无论是金沙江以南兰坪等地区称"释毕"的祭司，还是金沙江以北宁蒗地区称"毕扎"的祭司，都没有经文（兰坪地区现流传的唯一一部汉文记音《戎肯》经亦是晚近时期所作），祭祀所用的《卡尔莎》经主要靠口诵。

④ 杨学政：《普米族的韩规教》，载胡文明主编《普米研究文集》，云南民族出版社2002年版，第209页。

本靠口诵。因此，他们自然就成了深知祭祀缘由的人。

（二）祭司的类别

普米族"释毕"和"毕乩"没有类别区分，而韩规则分"崩韩规 bɯ⁵³han³¹gui⁵³"（黑韩规）和"曲韩规 tçy³¹han³¹gui⁵³"（白韩规）两种。由于二者在服饰佩带、经籍使用及祭祀程式等方面都较为相近。因此，仅从表面上很难看出他们之间的区别。事实上，两者的区别较为明显，主要表现在：一是崩韩规（苯教化）崇尚咒术，杀牲献祭，而曲韩规（佛教化）则放弃杀牲，用象征性的模型实物代替活的生命。二是崩韩规转经时从右至左逆时针方向转动，曲韩规则从左至右顺时针方向转动。三是崩韩规用"嗡嘛孜牟耶萨来哆"（ɣõ⁵⁵ma⁵⁵me⁵⁵mɔ⁵⁵jɛ³¹sA³¹lɛ³¹to⁵³）八字真言，曲韩规则用"埯嘛呢叭咪弘"（ɣan⁵⁵ma⁵⁵ni⁵⁵ma³¹mi³¹xõ⁵³）的六字真言。四是在"雍仲"符号的使用上，崩韩规用"卐"符号、曲韩规用"卍"符号，两者所用的"雍仲"（jõ⁵⁵tʂõ⁵³）正好相反。

有关"崩韩规"和"曲韩规"即黑、白韩规支系的来历，在韩规经《卡尔莎》之《韩规查》（《韩规起源史》）还有这样的记述：

> 益西丁巴向普米俩兄弟的弟弟"印曲"传授的是专行善事的法事，即劝人为善，不杀生灵，不使用巫术加害于人。而向长兄"卡崩"传授了善恶法事兼施的法术。卡崩所学的法事既有为善的，也有为凶的，既可行祭神、祭祖及节庆、风俗等方面的祭仪法事，也可施行驱鬼咒邪、杀牲诅咒疫鬼、丧葬开路、施行巫术加害仇人宿敌等。之后，韩规支派沿用兄弟俩的原名，发展成为了"崩韩规"（卡崩韩规）和"曲韩规"（印曲韩规）两种。[①]

曲韩规支派传下的韩规专行为善的宗教活动，一般只做祭祀天神、山神、龙潭神、地神以及为人祭祖、年节、婚娶、生育、收割新粮、迁居新屋等喜庆吉事祭祀活动，很少做人畜患病、自然灾害、瘟疫、丧葬、凶死及斗殴等凶事的祭祀法事。而崩韩规支派多行杀牲祭神驱鬼，无所畏惧，亦不必进藏传佛教寺院修习经典、教义，因而在宗教界和世俗观念中，其社会地位相对较低，常受藏传佛教僧侣和印曲韩规的鄙视。然而，在日常

---

① 引自笔者国家社科基金项目《普米族韩规古籍译注》之《韩规查》（《韩规起源史》）

生活中，发生摔死、吊死、烧死、溺死、被杀和孕妇难产致死及患瘟疫等病时，只能由"卡崩"支派韩规主持法事，以求消灾祛殃。并且"卡崩"支派韩规较多掌握生产、生活中的实践知识，很少空洞说教，在施行巫术中又兼行一些民间草药及按摩、接骨等传统治疗方法，有一定的科学性和实用价值，而且又愿替群众通过占卜说梦等排忧解难。因此，此派系的韩规深受群众欢迎，宗教活动亦频繁。

本书主要田野报告人，普米著名韩规麦色·偏初里（前）和弟子奔厦·瓜祖

以上崩韩规和曲韩规两个派系都有各自的谱系，各支派系的韩规一般都能背诵自己所属的支派师徒谱系。1976 年 3 月，杨学政先生在宁蒗县永宁温泉村、红桥乡等地调研，记录了八尔桥喇夸村普米族韩规曹诺汝和曹二千记忆背出的跨巴（即"卡崩"崩韩规）派系的韩规谱系 42 代：角鲁哈刺沽→咕瓦达戞→抓瓦达戞→戞达抓丫→达丫达汝→达汝给赤→达汝给木→给木给冬→给木恰巴→给木跨巴→跨巴木给→给巴丁巴→丁巴给龙→给龙儿迁→儿迁波底→波底印曲→印曲茨汝→波底戞波→喳咀→喳咀斯给塔→斯给塔诺尔波→塔诺尔→尔诺→崩戞→茨汝→撞汝→底戞→色

尼→木抖→湿乌→给木汝→跨巴汝→印曲汝→巴拉雅→色祖→波咪→泽
阶→安苴→结米→喃结答→热措匹→诺汝赤哩。①

2008年12月，笔者在川滇交界普米族地区调研，所见当地韩规麦
色·偏初里藏有的用藏文拼音记录了该家族曲韩规派系29代的谱系（以
下称"曲谱系"）：钦钦匹→辇尼宗→齐提芘→希奔披→雍忠披→缙参
披→楚乌雍忠→弄喀崩→格崩→噶图披→雍忠缙参→谷玛披→吉格披→甲
阿宗→多吉扎西→次宗扎→西→雍忠益西→噶宗里→雍忠次仁→伯吉谷玛
吉→仁钦次里→木辇次仁→扎拉次仁噶宗品措（森弄仁帝两兄弟）→萨
打多吉（扁玛次仁、扎西帝督、迥初次仁四兄弟）→仁钦多吉（丹督品
措、多吉次让、雍忠次里、次仁噶宗五兄弟）→偏初里（雍忠仁钦、扎
西多吉、次殿、吉噶、弄卡多吉、雍忠扎西七兄弟）→扁玛扎西（雍忠
益西俩兄弟）→森弄温珠（2005年出生，暂还未学习韩规）。

据麦色·偏初里介绍，以上谱系既是韩规谱系也是家族谱系。现所保
留的29代谱系只是原"曲谱系"的第二页，记录的仅是从泽氏（地名）
迁徙至机素（地名）这一阶段的谱系。他们家族原来居住在宁蒗境内现
属拉伯乡的古鲁甸茶布笼地区，后来搬迁至加泽泽氏，再后来才迁徙至现
在的居住地木里县依吉乡机素村。该氏族在古鲁甸茶布笼地区居住以前，
还有从"卧布 $\gamma o^{212} bo^{31}$"（现四川盐原县境内）迁来的传说。以上迁徙过
程的族谱原来有记录，即保存在"曲谱系"的第一页，但因年代久远，
第一页已脱落遗失。依照现存的篇幅估算，遗失的族谱应当不下20代。
若每代以通常的25年估算，上述"崩韩规"和"曲韩规"支派均有千余
年的传承历史。

二　祭司的职能及地位

普米族宗教祭司的职能具有多重性，在不同的宗教祭仪中表现出不同
的职能。英国人类学家马林诺夫斯基（Bronislaw Malinowski）在《巫术、
科学、宗教与神话》一书中记载："举行巫术的时候，永远有字眼说出来

---

① 杨学政：《本教对普米族韩规教的影响》，载胡文明主编《普米研究文集》，云南民族出
版社2002年版，第215—216页。

或唱出来，永远要有某种仪式行为，而且永远有一个主礼的人。"① 韩规就是普米族宗教仪式中主礼的人。在普米族社会的宗教法事活动中，祭司往往承担着多种角色。

（一）人神之间的媒介

英国人类学家爱德华·泰勒（Edward Burnett Tylor）认为，宗教发端于万物有灵观念。这种原始宗教的"万物有灵"观念，同样是普米族宗教的基本观念之一。万物有灵观念下的各种神灵，遍布在普米族的宗教神话及传说中。韩规教有一个较庞杂的神鬼体系，据称有 800 种神，3000种鬼。其中多数神鬼记载在韩规教经典中，而少数则流传在民间，这些神鬼的名称和职能比较稳定。普米人认为，韩规教经典所记载的神鬼多与人们的生产生活密切关联，如果对这些司物神鬼不敬畏，它们将灾难降祸于人。而韩规教中的神鬼绝大多数又未形成具体的形象，普通人是无法与之对话的，只有接受过特别训练的祭司，即受戒出师的韩规通过特别的诵经及祭献，方可与之沟通，取悦于神鬼，从而变灾难为护佑。于是，祭司韩规自然扮演了神与人之间的媒介。

（二）疑难怪症的巫医

韩规教认为，生有生魂，死有死魂。生魂是一种依附在人、畜、物等活物上的灵物，这种灵物受惊吓或引诱都可能离开依附体，轻者致病，重者丧命。在西南少数民族普遍存在的三魂观念中，普米族的三魂观念有自己的特色。普米族认为人死之后灵魂将分成三个部分并居三处，其一是通过丧葬仪式，经韩规念诵经文、作法事后被送到了普米族的祖源地；其二是在"入枢德贡"（ʐu³¹tçu⁵³tiɛ²¹²kõ²¹）即氏族的公共墓地罐罐山上；其三是在自己家中火塘及铁三脚架附近。如果择日不吉、相命不合、祭祀不力都可能遭到神鬼的侵扰，使生魂走失、死魂缠身、家运不顺、邻里不和、六畜不兴、五谷不丰。因此，在普米族社会中，凡是人有疾病，物有灾害，家禽患瘟疫都归罪于鬼魔作怪，通常"病者不用医药"，② 而是要

---

① ［英］马林诺夫斯基著，李安宅编译：《巫术、科学、宗教与神话》，上海文艺出版社1987 年版，第 39 页。

② 普米人（西番）病者不用医药之俗早有记载，如明曹学佺《蜀中广记》卷三十四注引《上南志》说西番人："男子结发成条……妇女亦结编，悬带珊瑚石为饰。身着短衣，盖以羊皮。食以青稞磨面作饼，酥油茶为饭（饮），风俗……病不服药，请番僧诵经，杀牛祈禳"。见《文渊阁四库全书》，台湾商务印书馆（影印本）1986 年版，第 591 册，第 432 页。

邀请韩规以占卜择吉凶，以祈福求保佑，以驱邪除妖缠，以禳解除灾殃，以诅咒抗魔力，以招魂而安命。同时，由于普米族韩规还需要知晓一定的中药偏方，在祭祀使法的同时能结合医药治疗，于是，祭司韩规承担起了医师的职能。

无论年龄大小普米族都将韩规尊为上座

（三）民事纠纷的裁判

过去，在普米族社会，因财产、奸情、偷盗、口角等引起的纠纷通常都由韩规、释毕进行调解和仲裁。韩规、释毕的仲裁准绳是神明裁判。神明裁判的具体方式通常采用"抓石子"（或称"捞油锅"）决定，即在一口铁锅里倒进香油，用杨花树枝或玛桑柴烧沸香油（传说这两种树均有毒，用其烧香油判案表示以毒攻毒）。祭司用一根红线一端系一块白石头，另一端系一块黑石头，放入烧沸的油锅内。接受仲裁的双方各自请几名证人排列于油锅两边，祭司先叫被告人伸手入油锅内摸石头，后叫原告摸；有的地方则叫原告与被告双方同时摸。摸起白石头者判为清白无辜；摸起黑石头者为罪人。例如，1957 年 6 月，木里县左所区桃子村普米族杨德才（男）与该村寡妇波底咪来往密切，波底咪的亡夫亲属怀疑杨德才与波底咪通奸，请求本村波底汗归（韩规）主持裁决。波底汗归（韩规）便叫杨德才和波底咪亡夫的哥哥当着村里人的面"摸石头"，结果杨德才摸到黑石头，杨德才痛呼冤枉，请求让他再摸一次，但汗归（韩规）和村人不允，判定杨德才与波底咪之间有奸情，罚杨德才赔偿波底咪亡夫的哥哥家一条黄牛。杨德才无奈，只好当夜逃往宁蒗红桥区喇跨村避债，直至1964年才返回本村。①

由于纠纷无法调解时往往靠韩规、释毕来裁定，因此，韩规和释毕不仅得到普米族人的普遍尊敬，在普米族社会中亦扮演了民事纠纷裁判者的角色。

（四）生命归宿的导师

韩规教认为，"死"是与"生"相对立而存在着的特殊现象。人死，虽意味着生命不存在了，但不意味着灵魂不存在了，只不过它换了一种方式在"天地间冥游"。人死后的灵魂先在"尼瓦"（$ni^{55}wA^{55}$）界报到，并根据生前在人间所行的善恶之事受到"审讯"。接受审讯后的灵魂有三种走向：一是上天成神（回归祖先故里）；二是入地成鬼；三是转胎投生到其他的人或物上。对于生前作恶多端者，其灵魂在尼瓦界接受酷刑仍没有悔改，则被打入"尼瓦"界下层"地狱"界，禁锢在"地狱"中，万剑穿心，相互残杀，永世不得翻身。而生前多行善事的，虽灵魂受审时免于下锅煮熬，但也只有在祭司韩规、释毕的引导，才可以重新从"尼瓦"界脱身回到"甸巴"（$die^{21}pa^{55}$）地上。而回到"甸巴"的灵魂还需经祭司的进一步引导，才可能回归到祖居地成神。普米族认为，灵魂回归到祖居地成神是最好的归宿，但从"尼瓦"界将逝者的灵魂救出"甸巴"并且引导到祖居地的过程非常艰难，因此，还需邀请韩规、释毕举行特别的"释毕戎肯"（$\eta^{55}pi^{31}r\tilde{o}^{55}k\tilde{\varepsilon}^{55}$）仪式，方可实现。由此看来，在普米族社会中，韩规和释毕祭司成了生命归宿的导师。

（五）传统文化的继承者

韩规文化是普米族传统文化的主流与重要组成部分。普米族纷繁复杂的原始世界观内容，几乎都在韩规教教义思想中有保留，尤其以川滇各地

---

① 吕大吉、何耀华主编，杨照辉编：《中国各民族原始宗教资料集成·普米族卷》，中国社会科学出版社1999年版，第594页。

普米族人中所保存的借用汉字书写的《戎肯》经以及古藏文拼音记写的普米语韩规宗教典籍为代表，都包含有普米族先民关于世界的缘起和宇宙的结构，关于人类的由来，关于灵魂与肉体的离合，关于万物有灵向至高神上升观念，关于雌雄、善恶、阴阳，关于自然社会和谐等原始宇宙观。然而，普米族人并没有形成统一的文字，于是，韩规教中所体现的有关普米族原始宗教的教义教理以及各种礼俗、规仪、制度乃至各种成文或口传的经书都是通过韩规、释毕得以世代传播。因此，韩规、释毕是普米族传统文化的继承者。

此外，在普米族实际生活中，一个人从生到死的生命礼仪，都离不开韩规或释毕的帮助：小孩出生要请韩规、释毕命名；子女长大结婚须请韩规择算；平时患病请韩规占卜医治；出门办事也要请韩规、释毕占卜预测；人死后更需韩规、释毕指路超度。因此，韩规、释毕在普米族民众中享有崇高的地位。

普米族祭司韩规和释毕都没有明确的等级区分，只有相对的水平高低之别。在普米族民间，根据韩规和释毕的年龄或学识，通常把学识水平较高者尊称为"毕玛 $piɛ^{55}ma^{53}$"（意为"导师"），称学徒为"毕祖"（$piɛ^{55}tsɯ^{53}$）。而要成为一个有名望的韩规或释毕，则必须具备几个基本要素：一是能够流利地背诵经文；二是能够娴熟地掌握祭祀程式；三是所承担的占卜术非常"灵验"；四是有较高的木牌绘画及书写经文的水平。此外，要成为一名有名望的祭司，还需具有"扶危济困"之心，若遇有穷苦人家举行法事，则不计报酬。

总之，无论是韩规还是释毕，作为普米族的宗教职业者，在宗教实践中，他们是神鬼之间的媒介与宗教礼仪的主持者，人们相信韩规和释毕是人与神之间的中间人，是引导他们修行的唯一导师，人们无论活着还是死后都需要韩规和释毕作他们的向导，对于普米百姓来说都是皈依和依靠的对象。而在日常生活中，韩规和释毕还是族群的首领人物，也是诸多大事的最终决断者。普米族谚语说："普米没有官爷，韩规和释毕就是长官。"人们在生活中遇到疑难问题总是请教韩规和释毕。此外，从文化传承的角度审视，他们还是传统文化的继承和传播者。

三　祭祀仪式传统的习得和传承

普米族宗教仪式传统的传承遵循"传男不传女"。传承方式有父子相

67

传和师徒相传两种，其中的父子相传较为多见，主要原因是：

第一，韩规（包括释毕）教还未形成像人为宗教那样具有完备的教学形态（方式）。韩规（包括释毕）教虽有一定数量的经典，有专门的神职人员，但就其发育程度来看，处于原始宗教向神学宗教过渡的形态，即"原始人为混合形态"，仍属于原始宗教的范畴。因而，没有严密的宗教组织，没有固定的宗教活动场所（专门的寺院庙宇），没有形成严格的戒律，其宗教活动往往是"遇事而行"，因此，很难达到以固定的教学组织方式传授知识，只能采用家庭式教学的方式。

第二，普米族特殊的居住环境限制了集中学习，即师徒学习这种方式的可能性。滇西北普米族人基本呈大分散、小聚居分布，人口只有几万的族群却分散居住在近千平方公里的范围，且居住点大多山高路陡。由于成为一名合格的韩规不仅要掌握本民族有关天文、历法、伦理、史诗、传说和神话等传统文化，而且还须熟悉韩规教的经典及各种祭祀仪式所需的绘画、雕塑、舞蹈等方面的知识。此外，为使韩规学习者通过祭祀仪式进一步感悟和体验宗教，当老韩规替人念经祈福消灾、超度亡灵、占卜祸福或求雨防雹等法事时，往往都带弟子跟随充当助手，以便在实践中获取更多的知识和本领。因此，学期无具体年限规定，有的三至五年，有的长达十余年。经过较长时间的学习，待熟悉经典并掌屋祭祀仪式活动的规程后，还需通过举行特定的"层赠 tshən^{31} ts ɛ^{53}"（坐床出师）仪式，面壁打坐49 天，方可从事韩规职业。由此，韩规仪式传统只能通过家庭内半工半读的形式习得和传承。

第三，韩规教每一仪式都要使用大量的经籍及法器，经籍的抄写和法器的制作有严格的戒律。经籍及法器通常被视为神圣之物，一般禁止在市场上买卖，而普通人亦不能随便抄写经籍，随意制作法器。于是，许多经籍及法器只能靠韩规世家代代相传，历经数代积累而成，这也限制了韩规教的师徒传承规模。

一般地，为保障韩规教的传承，要求世袭韩规家的长子必须学习韩规教，其他儿子则根据兴趣参与学习；儿子较多的家庭，如果都有学习的意愿，亦可全部吸纳之；如果都没有学习的意思，则至少指定一名学习韩规教；没有儿子的韩规世家，则找女婿传承或传授给外甥。

父子或舅甥传承，主要是在自己家庭里教习，无固定的礼仪，父或舅有空便向儿或甥教授经典、传授祭仪及巫术，待掌握一定的经籍及占卜术后，父或舅便带领儿或甥外出进行宗教活动并具体讲授、指导。直到他们能独立主持法事之后，父或舅便改作助祭，让儿或甥充当主祭韩规。

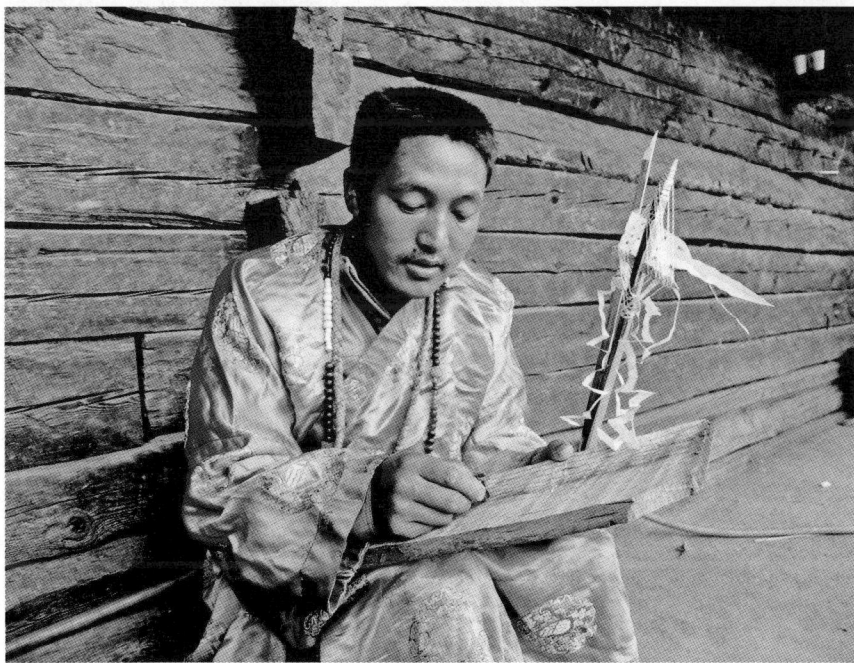

普米族韩规复苏以来新培养的第一位韩规熊次里

除父或舅甥传承之外，韩规教还在本民族内部，甚至与普米族相邻的异族人中亦有传播。这一传播途径主要以师徒传承方式进行。据杨学政先生调查，韩规招徒传教主要是在农闲季节，师傅招徒少则几名，多则十几名，学徒来自本村附近的几个村落内。教徒拜师时，必须先向教师敬献一定的礼物，如羊、鸡、酒、茶、糖等物，不需要缴纳定额学费，而敬献礼物的多少，是根据教徒的经济水平高低而定。教师收受礼物后，率众教徒在家内举行一次祭祀韩规祖师的拜师仪式。所拜祖师为益史丁巴和给木、跨巴、印曲三兄弟共四位。届时，在神龛上供韩规的法帽五幅冠，烧一炉香，再供三支派系的韩规所用的主要法器，即给木派的柏香棍、跨巴派的刺麻、即曲派的杨花木棒以及共用的巫棒、法铃、鼓、刀、弓箭等法器。此外，再置一碗牛奶、一碗清水和几个水果作祭物，祭祀教祖神灵。韩规师傅念诵几遍祈祝经，祈请教祖保佑徒弟学习进步，并保佑徒弟延年益

69

寿、不致过早夭折。祝毕，招徒仪式便告结束。

韩规师傅教授的内容主要是传诵各种口授经、讲解各种祭典的内容、要求以及需要的供物法器。至于某些特殊的巫术，如表现神鬼附身时的装疯作邪、抓耳挠腮、忽哭忽笑以及口吐鲜血、舌舔烧红的镰刀等诀窍，徒弟只能在观摩中心领神会，师傅通常不会言传。徒弟学习时间都在晚间，白天各自返家参加生产劳动。学业期限也没有明确的规定，一般要求在两至三年内掌握基本的经典、祭祀仪式和一些治病巫术及草药常识。上述内容基本掌握即算毕业，便可以独立进行宗教活动，日后进一步熟悉。若有

普米族新一代韩规

不懂的经典及祭祀活动可再向当地老韩规或自己的师傅请教。

正如前述，在普米族社会，韩规、释毕是主持普米族宗教法事的神职人员，也是经史学者，在普米族社会生活中有很高的地位。人们在生活中遇到疑难问题总是请教韩规（释毕），无论属于哪一个教派的韩规，对于普米百姓来说都是皈依和依靠的对象，受到大家的尊敬和崇拜。因此，不

仅韩规世家的后代在传承，一些普通人家即便倾家荡产亦送子女学习韩规教知识。过去在宁蒗普米族地区，韩规教的传播范围广泛，流传时间较长，而且信仰人数也最多。至新中国成立前夕，韩规教在该区域的普米族民间有着深厚的社会基础和较大的影响。据 20 世纪 50 年代初的统计，宁蒗县知名韩规就有 63 人，约占全县普米族人口的 1.5%。而四川木里和盐源等县普米族聚居地，平均每个村落都有 10 余名韩规，如左所区桃子村仅有 42 户人家，而韩规却有 28 名之多，因此曾被称为"韩规村"。每个村寨上方都建有集体活动用场地"塔瓦 tha31wa33"（煨桑塔），村寨下方有嘛呢堆，家家房前有"松塔"（s õ⁵⁵tha³¹），每天早晨香烟浓浓升空，到处听到念经声。尤其每年正月（春节）期间，户户屋顶上各色各样的"甲才此木 dʐha³¹tsha⁵³tsʅ³³mo³¹"（经幡），焕然一新，迎风飘扬。这是全民信仰韩规教的象征，也是普米族村寨的显著标志。人人尊敬韩规，保护经堂、经书和法器，即使是发生冤家复仇械斗，也不会破坏神物和法器等。①

新中国成立初期由于受极左思想影响，民主改革和社会主义改造过程中片面否定传统文化，韩规教开始受到冲击。加之，"文化大革命"期间受"破除迷信，停止传承，移风易俗"的影响，韩规教受到了批判，韩规被管制劳动，经堂无人管理，大量的经书和宗教文物被缴毁。随后开展的"破四旧、立四新"，更把韩规当作"牛鬼蛇神"，成为"横扫"的对象，全民间则停止韩规教信仰活动，除极少数的韩规世家冒着风险，将部分经书要籍或藏于洞穴之中或深埋地下而得以保存外，大量私人收藏的经书、神具、法器等宝贵文物被毁尽，经堂全部毁坏，韩规教遭到灭顶之灾。

令人欣慰的是，党的十一届三中全会以来，普米族地区的各级党委、政府认真贯彻落实党的"民族宗教信仰自由"及"尊重少数民族风俗习惯"等政策，激发了普米人民振兴自己传统文化的热情，各乡村的父老乡亲迫切希望恢复韩规文化活动。有鉴于此，2000 年年初，在普米族干部胡文明、胡镜明、马红升、胡忠文等人的倡导下，宁蒗县籍的普米族干部与村民捐资捐物，在新营盘乡牛窝子村创办了普米族韩规文化传习班，并从滇、川交界的木里县依吉乡请来知名的韩规麦色·偏初里

---

① 吕大吉、何耀华主编，杨照辉编：《中国各民族原始宗教资料集成·普米族卷》，中国社会科学出版社 1999 年版，第 593 页。

（2006 年，被列为丽江市首批民族民间传统文化传承人代表人物）传授韩规文化。

麦色·偏初里给每期学员制订了三年学习计划：第一年为教藏文的识字阶段，学会拼读字母并朗诵经文；第二年学做一般的道场仪式、捏面偶、习诵经书；第三年为跳神、坐经、受戒、出师（通过七七四十九天面壁，不见天日方能出师），主持大的道场，方可毕业。

传习班开班至今已招收三期，学员合计 29 人。其中，2000 年第一期学员 5 人，分别为：奔厦·谷瓦（属虎，熊氏，是年 26 岁，新营盘牛窝子人）、奔厦·巴金（属鼠，熊氏，是年 28 岁，新营盘牛窝子人）、奔厦·慈里（马氏，属马，是年 22 岁，新营盘衙门村人）、奔厦·阿达（熊氏，属羊，入学时 21 岁，新营盘牛窝子人，因患病未出师便去世）、阿嘎·德雍（属马，22 岁，新营盘牛窝子人，学习 4 年有余，已经学完全部课程，学识较好，但因身患小儿麻痹，自感不便，未坐床出师）；2003 年第二批学员开办，共招学员 8 人，其中奔厦·瓜祖（熊氏，属兔，入学时 16 岁，新营盘牛窝子人）、奔厦·七十一（马氏，属虎，入学时 17 岁，新营盘牛窝子人）、奔厦·瓜祖代（属鼠，入学时 19 岁，新营盘牛窝子人）、奔厦·顺保（属虎，入学时 17 岁，新营盘牛窝子人）、杨金才（属牛，入学时 18 岁，金棉乡拖脚人）等 5 人顺利毕业，其他 3 人中途退学；2005 年开办第三期，共招学员 11 人，其中奔厦·扎西（熊氏，属猪，入学时 34 岁，翠玉库脚人）、搓匹·雍忠督基（和氏，属牛，入学时 20 岁，拉伯乡古鲁甸人）、搓匹·次里（和氏，属虎，入学时 31 岁，拉伯乡含罘村人）、搓匹·多基仁钦（和氏，属牛，入学时 20 岁，拉伯乡含罘村人）、搓匹·森诺仁钦（郭氏，属牛，入学时 20 岁，拉伯乡侯耳甸人）、搓匹·雍忠督基（熊氏，属兔，入学时 18 岁，拉伯乡各瓦人）、帝基扎西（入学时 19 岁，拉伯乡帝螺村人）、农布次仁（熊氏，属鼠，入学时 21 岁，拉伯乡各瓦人）、顺欠（属鼠，入学时 21 岁，金棉乡阁亨人）、次里（属龙，入学时 17 岁，金棉乡阁亨人）、春桦（属鼠，入学时 21 岁，西川乡人）顺利毕业。以上韩规学习班，学员入学时年纪最小的 15 岁，最大的 34 岁，均为普米族，且祖上多为韩规世家。

宁蒗地区的普米族同时信仰着韩规教和藏传佛教，图为主持笔者母亲
葬礼仪式的萨迦派喇嘛

四　祭司的服饰与法器[①]

（一）服饰

普米族祭司"释毕"和"毕扎"均没有专门的服饰，而韩规则有专有的服饰。韩规服饰是指韩规做法事时佩带的法衣法帽，韩规在一般性的法祭如占卜、简单的敬神驱鬼时，不常穿戴法衣法帽，只有比较隆重的祭祀场合，才穿戴法衣法帽。韩规的法衣为麻布或绸缎质料的长衫。过去，服饰多为麻布质料的长衫，颜色为纯白色，而现代服饰上衣以红、黄二色的绸缎质料长衫较普遍，裤无专门要求，足登长筒靴。

韩规重视的是法帽。法帽有三种：一种称"惹鞍"（$z_{\iota}\varepsilon^{31} \gamma an^{53}$），一般在重大的祭祀仪式中戴用；一种称"弄克热吉"（$n\tilde{o}^{55} kh\varepsilon^{31} z_{\iota}\varepsilon^{31} t\varepsilon i^{31}$），只有在举行"释毕戎肯"葬礼仪式时才能使用；还有一种称"韩规读都

---

① 该部分内容已作为笔者的前期研究成果发表在国内学术期刊上，此处有所增减，特此说明。参见笔者与殷海涛合作的《普米族宗教祭司的法器与服饰艺术》，《民族艺术研究》2012 年第 2 期。

han^{31}gui^{53}to^{44}dɯ^{31}",为韩规日常所戴的服帽。

普米族韩规作法时戴的惹鞍法帽

1. 惹鞍（zɛ^{31}ɣan^{53}），汉语作法冠，俗称头札。普米族韩规的惹鞍法冠分"丁巴惹鞍"（dĩ^{55}pa^{55}zɛ^{31}ɣan^{53}）、"图勿惹鞍"（thu^{31}ɣu^{53}zɛ^{31}ɣan^{53}）、"甲瓦惹鞍"（tɕa^{31}wa^{53}zɛ^{31}ɣan^{53}）、"席瓦惹鞍"（ɕi^{31}wa^{53}zɛ^{31}ɣan^{53}）四种。每一法冠由五片上尖、中宽、尾细，形状类似"矛"的纸板或皮质头札制成。每片板纸上都绘有神像或文字，而各板片上所画的图像和文字又不一，因此，又被称作五幅冠、五佛冠或五智冠。以上四种惹鞍法冠均呈五岳之状。关于"五岳法冠"之称的由来，《全唐诗》卷八百五十七载唐代道士吕岩七言诗，有"杖头春色一壶酒，顶上云攒五岳冠"之句。[①] 从这一记述来看，普米族惹鞍法冠可能受道教的影响，或是道教高功法冠的变异。

（1）丁巴惹鞍。由两种神的"变化身"构成（见惹鞍法帽图前排）。其中，从左至右分别为歪般惹皆（wai^{55}pan^{55}zɛ^{53}tɕɛ^{31}）、打拉米北（ta^{53}la^{55}m ĩ^{31}pə^{31}）、益西丁巴（ji^{31}ɕi^{31}dĩ^{55}pa^{55}）、包吾瓦玛（po^{31}ɣu^{53}wa^{31}ma^{53}）、琼青格布（tɕõ^{31}tɕh ĩ^{53}kə^{31}po^{31}）。除居中的教祖益西丁巴像外，其他四个神现愤怒状，以此显示诸神之威猛。此冠一般在举行重大的"吓修"（ɕɛ^{31}ɕo^{53}）祭祀仪式时佩戴。

（2）甲瓦惹鞍。绘有代表东、南、西、北及居中的五方位神（见惹

---

① （清）季振宜编纂：《全唐诗》，中华书局1960年版，第24册，第9683页。

鞍法帽图上排）。其中从左至右分别是谢吾·松蛙融君（ɕɛ³¹ ɣo⁵³ s õ⁵⁵ wa⁵⁵ ʐ õ³¹ tɕy³¹）东方神、厚吾·格为颠督（hiə²¹ ɣu⁵³ kɛ³¹ uəi⁵³ diɛ³¹ to³¹）南方神、古冉吾·衮弄恰巴（ko⁵⁵ ʐɛ⁵⁵ ɣu³¹ gu ɛ⁵⁵ n õ⁵⁵ tɕha³¹ pa⁵⁵）居中神、纽吾·积扎委米（niu⁵³ ɣo²¹ tɕi³¹ tʂ ə³¹ uɛi³¹ mi³¹）西方神、琼吾·阁拉阁秋（tɕhio⁵ɣo³¹ kə³¹ la⁵⁵ kə³¹ tɕio⁵⁵）北方神。这五个方位神都现"真实身"，以此表示五智圆满之德。此法帽主要在丧葬仪式的各种祭祀中佩戴，寓意让五方之神保佑逝者"席肯席隔得沛噶果，戎肯戎给得沛噶果，曲肯曲得沛噶果"（ɕɛ⁵⁵ kh ɛ̃⁵³ ɕɛ⁵⁵ gɛ³¹ tɛ³¹ pɛ³¹ ga³¹ ko³¹，r õ⁵⁵ kh ɛ̃⁵⁵ r õ⁵⁵ kiɛ³¹ tɛ³¹ pɛ³¹ ga⁵³ ko³¹，tɕhy⁵⁵ kh ɛ̃⁵³ tɕhy⁵⁵ tɛ³¹ pɛ³¹ ga⁵³ ko³¹），即给予逝者的祭祀品及韩规的祈祷都能够有所收获。

（3）图勿惹鞍。为五种神（镇魔之神）的化身，从左至右分别为歪森呵巴（uɛi⁵⁵ s ɛ̃⁵⁵ ha³¹ pa⁵⁵）、刺归托巴（la³¹ gu？ɛ̃⁵³ tha³¹ pa⁵⁵）、宗邛卡窘（dz õ⁵⁵ tɕh õ³¹ kha²¹ tɕh õ⁵⁵）、拜塞邛巴（pɛ³¹ sɛ⁵³ tɕho³¹ pa⁵⁵）、歪顷各筷（u ɛ̃⁵⁵ tɕ ĩ⁵⁵ kə³¹ ku ɛ̃²¹）。韩规作法时将此帽戴在头上，并呼唤以上诸神灵，以镇压"祖色"（tshɯ⁵⁵ sɛ³¹）妖魔、"容色"（ʐ õ⁵⁵ sɛ³¹）病魔、"织色"（dzʅ⁵⁵ sɛ³¹）凶死鬼及"祖歪、汝歪、巴歪"（tshɯ³¹ u ɛ̃⁵⁵/ʐu³¹ u ɛ̃⁵⁵/pa³¹ u ɛ̃⁵⁵）是非鬼。

（4）席瓦惹鞍。此冠目前在川滇普米人的韩规中很少见有使用。据我的报告人韩规麦色·偏初里介绍，席瓦惹鞍法帽呈五岳之状，帽上未见绘有图像，而在每一片板纸上写有一些藏文拼音，但具体内容不详。他所见过的唯一一顶席瓦惹鞍法帽，原保存在四川木里县俄亚乡俄比村普米老韩规松喃才仁手中。松氏去世后，曾被该村普米人尹爪收存（此画被收购后不久，尹爪投师麦色·偏初里学习韩规教知识数年，现为韩规）。在1978年前后，这项惹鞍法帽被"丽江客人"收购，现保存处不详（疑在丽江东巴博物馆）。席瓦惹鞍主要在"呢达子"（ni³¹ ta³¹ tsʅ⁵³）仪式时使用。过去，普米族人在每年农历二月间，即春暖花开季节，全村齐聚举行"呢达子"祭祀农神仪式，以祈祷风调雨顺。此时，韩规往往戴着席瓦惹鞍，举行跳神仪式。

2. 弄克热吉。除上述惹鞍法帽外，普米族人"释毕戎肯"葬礼仪式的点火焚烧尸体阶段，韩规还要加戴弄克热吉法帽。"弄克热吉"（n õ³¹ k²¹ ʐə⁵³ tɕi³¹）法帽用青铜或铁铸造而成，长一尺一寸，高六寸左右。中间部分为云托日月状，左右两边焊接刀、矛、箭等器物，并留有二孔，作法

普米族韩规在"释毕戎肯"仪式中戴用的"弄克热吉"法帽

时，在两端的孔里插上鹰翅，而在内侧两个孔上则各插一只刺猬毛。铁帽上的鹰翅代表老鹰，意为让高空中盘旋的雄鹰镇住一切想腾飞的鬼怪，同时，将在空中飞行的妖魔赶下地；而刺猬毛代表将躲藏在洞穴里的一切妖魔鬼怪赶出。整个法帽寓意"布年阿著隔，里年克君隔"（buɯ³¹ niɛ³¹ a⁵⁵ tʂu⁵³ kə³¹/ɬi³³ niɛ³¹ khə²¹ tɕ ỹ⁵⁵ kə³¹），即让太阳光带给温暖，让月亮带来光明，不让逝者的灵魂在半路被妖魔劫走。

3. 韩规读都。是韩规在平日里所戴的服帽，韩规读都为布制尖顶帽，多用麻布制作，帽顶有须，尖上缀一颗珠子，帽檐嵌有日月像，两边各插一根鹦鹉毛，以示与俗人的区别。

（二）法器

普米族祭祀坛场的法器是祭司韩规或释毕修法、法会中经常可见并使用的器具。普米族韩规、释毕使用的法器种类繁多，不同的场合及不同性质的法事活动中的法器不同，这些法器所表达的含义亦不同。即使是相同名称的法器，也因为时代、地区的不同而在形制、材料及制作方法上有极大的差异。总体上讲，普米族祭祀坛场的法器深受佛教、道教的影响，有的法器移植于喇嘛教，有的法器则移植于道教。从我们调查的情况看，普米族韩规及释毕法器大致可以分成供养时所用的香炉、花、灯明、法螺等；持验时所用的念珠、金刚杵、金刚铃等；礼敬时所用挂珠法器；唱诵、驱鬼或者叹赞等各种仪式中领众之用的敲鸣类器具"缯"鼓、"责布

普米族韩规祭祀时所戴的法帽与日常戴用的"韩规读都"帽
（右）有所不同

窿"手鼓、"易"法螺、"宫咚"人骨号筒等；调伏恶性从生、代表威猛降伏之意的"尔子"刀、剑、棒、"欣冉"钩等兵器类法器；象征动植物的鹰翅、刺猬毛、蛇、鹿、禽等自然类的面塑、各种门牌画以及用于除秽的柏香树枝、杜鹃枝等。通常，普米族祭祀坛场的法器被视为神圣之物，人们相信法器具有某种灵性，上可招神遣将，下可驱邪除魔，因此，对法器特别敬畏，日常生活中，一般不轻易触及法器。

　　以下择要介绍几种常见而重要的法器。

　　1. 德帝（$t\varepsilon^{31} ti^{55}$），又作"德帝尔若波（$t\varepsilon^{31} ti^{55} \vartheta^{53} ro^{33} po^{31}$）"，由上下两部分组成，上部分称"德帝尔"，为白、赤、黑、绿、黄五色布条悬挂而成的箭旗。箭杆由核桃木或栗木制作，并缀以海螺、玛瑙、珍珠、翡翠、黄金等物；下部分称"若波"，通常用香柏树或檀木制作（亦见有用金、银铸造）成形如"花瓶"的器物。瓶体顶部开口（用以插旗杆），底座为四方形，中部四面绘有与"宗巴拉"图案一致的图像，内部盛有青稞、大麦、小麦、苞谷、稻谷等五谷。在普米语中，"德"有大或者锋利之意，"帝"为旗，"德帝"可以翻译作箭旗；而"若波"旨意为盛装、饱满。现代人将其译作"五彩福旗"。[1]

但凡普米人家，无论祭祀天地、祈福纳神还是充满俗世之乐的人生喜宴盛典、婚礼、葬礼等各种祈福仪式时，"德帝"都是必不可少的法器。平日里则将它置于圣洁的神龛上，发挥护身、护家、镇财、驱邪、除灾、增福、招财等威力。

"德帝尔若波"宛如一层神秘的面纱，覆盖着普米远古的文明因子，就这一宗教持物所蕴含的文化意义，目前，普米族人自己还未进行专题的论述，我们对此也知之甚少。然而，从普米族婚庆、葬礼等民俗礼仪中使用此物，以及与之相配的《卡尔莎经文》（口诵经）祭词和流传在普米族人中的神话叙述中，可以找出其蕴涵的文化影子。

普米族"德帝尔若波"五彩福旗

在普米族民俗生活中，"德帝"法器的使用较为广泛，但不同的祭祀仪式中所表达的寓意似乎并不一致。首先，在普米人"吾昔"（新年）节祭祀祖先神或乔迁新居敬火祭房（仓）神时，祭司往往手持"德帝"，念

① 参见云南民族学会普米族研究委员会编《普米研究》2008 年总第四期。

普米族祭司法器

诵卡尔莎口诵经。其中，《宗巴拉松董》（ts õ²¹ pa³³ la³³ s õ⁵⁵ t õ³¹）经说道：

　　今年一年，属牛年；今月一月，是正月；今天一天，是初九。天
上星宿好，地上时辰亦好，东方"佳布由克尔宋"神、南方"佳布
帕西布"神、西方"佳布西米宗"神、北方"佳布弄替色"神及居
中的"玛拉木尼季玛"（女神）都聚在了"德帝"上，向"宗巴拉"
敬献供品，让五方之神保佑（生者）!

　　而乔迁新居敬火时，主人家先将正屋门打开，并拿着扫帚象征性地往
屋外方向扫去。此时，祭司念诵的《金丁雍丁》（tɕ ĩ⁵⁵ tin⁵⁵ j õ⁵⁵ t ĩ⁵⁵）经说：

　　今天是"金丁雍丁"（祭房神求财）天。主人家已将欲让此屋有
吵闹之声、哭哭啼啼、不吉利之事发生的妖魔赶出了屋门（不走进
这屋）。现在，东方"易拉木"（ʒi³¹ la⁵³ mu³¹）海螺女神，用"易"
钥匙将海螺门打开；南方"仁拉木"（ri³¹ la⁵³ mu³¹）绿玉石女神，用
"仁"钥匙将玉石门打开；西方"欠拉木（tɕha³¹ la⁵³ mu³¹）"玛瑙女
神，用"欠"钥匙将玛瑙门打开；北方"齐汝拉木"（tɕi³¹ ʐo⁵³ la⁵³
mu³¹）珍珠女神，用"齐汝"钥匙将珍珠门打开；中间"安拉木"
金子女神，用"安"钥匙将金门打开。所有的仓门都已经大开了

79

（神来的时候）。让夏天三月，酥油成堆；秋天三月，粮食满仓；冬天三月，肉满梁柱；春天三月，钱物装满口袋的神，敬献！

由上可知，"德帝"既寓意为东南西北中五方，同时又象征海螺、玛瑙、珍珠、翡翠、黄金等与普米族生活相关、被普米族人视作五宝的器物。

其次，在普米族人特殊的"释毕戎肯"仪式中，[①] 祭司手持"德帝"念诵的《弄克汝》（$n\tilde{o}^{33}kh\mathrm{e}^{31}r\tilde{o}^{33}$）经中有这样的描述：

火化之时，您的骨变成了石头，您的肉变成了黑土，您的血液变成了水，您的气变成了风，您的热（温度）变成了火，您的头发变成了森林，您的思想飘到了天上……今天，我们专为你竖起了"弄克"灵牌，"弄克"上的白线是您的骨头、黑色的线是您的肉体、红色的线是您的血液、绿色的线是您的气流、黄色的线是您的温度，交叉着的树枝是您的头发。现在，"五行"都有了，它是一切物的原态。韩规正为您诵经，请您回到经书里来，您要依附在"弄克"上。[②]

关于"释毕戎肯"祭祀的来历，《释毕查》中还叙述说，[③] 普米人的祖先"拜米吾冬主赤得尔"（$p\mathrm{e}^{31}mi^{53}\gamma u^{31}ton^{55}tsu^{31}t\mathrm{s}\mathrm{l}^{53}t\mathrm{e}^{31}\mathrm{a}^{53}$）久病不愈，请山神"日打玛尼蹦拉"（$\mathrm{z}i^{31}ta^{53}ma^{31}ni^{55}p\tilde{o}^{55}la^{31}$）帮助，但受"巴丁"（$pa^{31}ti\ \tilde{i}^{55}$）青蛙的百般阻挠，于是，山神日打玛尼蹦拉用箭射死了青蛙，其嘴里喷出的气变成了火，屁股下淌出的血变成了水，穿过腰间的箭头变成了金，箭尾变成了木，青蛙的身体化作了土。由此看来，"德帝"又象征了金木水火土等"五行"。

而在普米族人的婚庆中，"德帝"似乎又象征了性力。在普米族婚嫁民俗中，当出嫁女儿动身，或儿媳（女婿）进屋之时，祭司左手持"若波"，右手握"德帝尔"在主神房前举行招福仪式，招福经《卡尔莎》除了简单地描述世界的最初世系外，仪式的这部分还要讲述"德帝尔"和"若波"材料的最早来源，"德帝尔"（箭）是男子的象征，盛有五谷的

---

① 见本书第三章《普米族宗教仪式的微观考察》。
② 引自笔者国家社科基金项目《普米族韩规古籍译注》之《弄克汝》。
③ 见本书第三章《普米族宗教仪式的微观考察》。

"若波"（母体）是女子的标志。有意思的是，仪式对于出嫁和招媳（婿）有不同的表达。如果是女儿出嫁，祭司诵完经时，会从"若波"里抓一把谷物赠给出行的女儿；对于取来的儿媳，在诵经之时，祭司先将"若波"交给新娘持着，待诵完经，由祭司将"德帝尔"插入"若波"里，并由新娘将"德帝尔若波"置于神龛上。平日里，妇女则不能轻易触动"德帝尔若波"。而对于上门女婿，祭司先手持"德帝尔"诵经，诵完经后，将"德帝尔"转交女婿，由女婿将"德帝尔"插入祭司手中的"若波"里，随后，由祭司将其带入主屋放置在神龛上。无论是娶妻还是嫁女，整个仪式都是以下面的这段话为结束的："新郎崩弄木祖（天婿），新娘洒衣丁巴玛（地祖），他们在降生之初，是各自出生的，今天他们聚在了一起；男子的生命依赖于'德帝尔'（这里有箭神之意），女子的生命依赖于'若波'里的谷物；男人和女人，愿他们像'德帝尔若波'一样不分开，像'金吾先丹'（中柱与大梁）一样不分离，像太阳和月亮永驻天上……让出嫁的女、进屋的媳头上扎满'齐汝若'（指珍珠、玉石、玛瑙等组成的五色环珠，这里指普米族女子头饰物），耳上能有'安'（金）耳环，身上披有'次若'（原意为白羊皮褂上嵌满海螺花，这里指高贵的普米族女子服饰），手里戴着'安雍若阁'（金银手镯）。愿男人生命之金柱永不坍塌，女人生命之大梁永不折断。"

目前，研究普米文化的学者似乎还没有注意到"德帝尔若波"象征物以及仪式所含的深刻寓意。我们在调查中还发现，在普米族众多的宗教仪式中，都使用"德帝尔若波"法器，但有趣的是，在其他仪式中，祭司一般只持"德帝"作法，而举行婚庆仪式时，"德帝尔"和"若波"却一同被使用。由此，在普米族婚嫁仪式中，"德帝尔若波"似乎更加暗示的是与人类性力（生育）相关的命题。

此外，普米族人在小孩出生、给人命名或外出远行时都要举行专门的祭战神仪式（一般用时三小时左右）。祭司手持"德帝尔"要念诵《扎拉松》（$tz_{\underline{z}}a^{21}la^{55}s\tilde{o}^{55}$）经：

今年一年，属牛年；今月一月，是正月；今天一天，是初五（的一天）。天上星宿好，地上时辰好，（我们）特向"扎拉米答"（最有名的360个战神）"恰巴德菩，丘帝"（敬献）！

81

普米族祭司释毕（毕扎）作法时使用的"德帝"法器（左图）
2008 年笔者在甘川交界地区迭部调研时发现当地藏族（西番人）
家家有类似普米人"德帝"的器物（右图）

　　"拉齐帕拉扎拉 la³¹tɕhi⁵⁵bɯ⁵⁵la⁵⁵tʐa²¹la⁵⁵"（男性先祖战神）带着头戴海螺头盔、身披海螺铠甲、脚穿海螺靴子、手持海螺兵器、腰间佩带雷神大刀、扛着用海螺制造的"德帝"战旗，骑着海螺马的东方海神；带着"日若林布"（ʒi³¹ro⁵³ɬĩ⁷⁵³pu³¹）①间"贡嘎仁松 gõ²¹ka⁵³zɛ̃³¹sõ⁵⁵"（贡嘎山的三坐山峰）上骑狮子的神，骑着悬崖上黑白相间的大雕（鹰）的神；骑着穿梭于原始森林中"舔勿尼"（thiɛ³¹yo⁵³ni³¹）色彩斑斓的老虎的神；骑着草原湿地上的"甬喷"白色犏牛；骑着"袞责日责"长有独角兽的黑熊；骑着"随责勿责"黄色猎豹的神；骑着"瓜喷"白黄牛的神；骑着"哉责汝责"马鹿和野牛的战神，为你助阵，保佑你一路平安。在这里，"德帝"则被明确说明为战旗。

　　总之，普米族的"德帝"法器，不仅蕴含"得福德，避苦难"之意，还承载着中国普米族的文化因子，展示着普米族充满梦幻的思维特点，同时寄托了普米族人所向往的祈愿福意。

---

　　① 日若林布，普米族对地球的称谓。普米族人的观念中，地球如一坐高耸的山，太阳围着山顶转，山上居住着神，山脚下有一坐"九旧"（犹如玉石的悬崖），"容自巴巴"（蝙蝠）在其间飞来飞去。山前是一望无际的海洋，海边飞着金色的"啊年巴巴"（一种能飞行的鸟），海里"安夏"（象红象黄的一种颜色）的鱼儿在游来荡去。

2. 易（ẓi³¹）。易是普米族对海螺的称谓。海螺又称蠡、梵贝、海螺号、法螺等，作为一种传递信息的工具，海螺常被普米族韩规和释毕在各种宗教仪式中使用。

普米族宗教活动所使用的海螺有易普（ẓi³¹ phu⁵³，白海螺）、卡扎（kha⁵³ tẓa⁵⁵，花纹法螺）、茨络（tsɿ⁵ lo³¹，雄性海螺）、洞拆（tõ²¹ tʂə⁵³，雌性海螺）四种。一般选用颜色纯白或有花条纹的天然海螺制作，长度在三十厘米左右为宜。将螺尾尖端磨平漏出吹孔后使用。精致者则在其表面镶嵌金或者银质材料，在吹口另一端穿孔系以红布，谓之"参层"。吹奏时，左手执螺尾，嘴含吹口，吹气发音，无固定音高。吹奏海螺有严格的禁忌，一般仅限于祭祀仪式、诵经祈福或者突降冰雹时使用。韩规教还认为，吹牛角号意味着唤鬼，因此，无海螺时一般不能用牛角号顶替。

关于这种法器，普米族民间有一些神秘的传说。流传于丽江市普米族地区的创世神话《帕米查哩》（《普米创世纪》）以及流传于怒江州兰坪普米族地区的《布咳木昏》（《日月兄妹》）中有相关的描述。其中，《帕米查哩》中的《安哉木泽》（《采金光》）是这样说的：

> 遥远的古代，天上没有日月星辰，地上没有鸟语花香和五谷食粮，到处一片漆黑茫茫。不知过了多少年，突然有一天，隆隆声响，一道金光在天地间一闪即逝。原来是东方大海上有一棵一万年才开一次花的海螺神树。每当海螺树开花时，天地间金光万丈，万物复苏。瞬间，花谢光灭。离海边很远的地方居住着四个哥哥和一个妹妹。五兄妹看见了这道神奇的光，妹妹决心要采来金光照亮天地，于是四个哥哥中的四哥和妹妹一起向东方艰难地爬去。不知爬了多少年，兄妹俩爬上了一座到处都是悬崖绝壁的山尖，再也无法继续前行。绝望之际，一位白发奶奶出现了，她正在寻找给人类照明的人。得知兄妹俩誓死也要采到金光的决心，奶奶便让哥哥夜晚出来照明，妹妹白天出来照明，因为妹妹光着身子不好意思，奶奶又给了她一包绣花针，说谁要是看她，就用针刺他的眼睛。这样大地就有了日月光明。

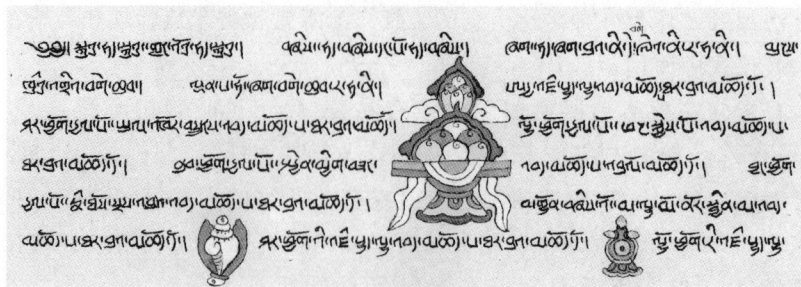

赞颂海螺用的普米族韩规经

无论是云南境内的西番普米人，还是远在甘川交界地的西番藏族人，对海螺都存有一种敬畏之心，海螺也常常被赋予一些神秘的面纱。2009年8月笔者在甘川交界地调研时，据田野报告人苯教名寺苟象寺第28代活佛（藏族西番人）仁亲加参（左图右）介绍说，前些年村民发现在原始森林里的石头上自然嵌有一金色海螺，后被取出移至寺庙供奉。石头上清晰可见的海螺印记（右图），令人称奇。

由于传闻光明来自"海螺花开"。普米族坚信掌管光明的神灵住在海螺里，因此人们对它极为尊崇。

另一种传说则认为海螺与龙王有关。普米族人相信有一种称"布佬尼"（pu²¹lo⁴⁴ni³¹）的蓝色龙的存在。布佬尼是一种半神半人的水妖，具有神奇的能力，在"普米热贡祖"（phrə^{55}mi^{55}rɛ^{31}g õ^{55}tsu^{31}）（传说中普米族发源的四岳之地）大小水潭都有龙居住。它不仅主宰天气变化和旱涝灾情，而且人们患疮化脓、皮肤溃疡或者患各种眼疾都被认为是触犯了龙神。因此，各地的普米族都有"吉迈"（祭龙潭）的习俗。然而龙又不能被人所见，于是把海螺比作龙王。

普米族韩规教中有专门用于祈求风调雨顺、人畜平安、消灾免病的祭龙经《吉迈修季吉》（tɕi^{31}z̩ ɛ̃^{53}ço^{55}tɕi^{31}tɕi^{31}）之《空季》（kh õ^{55}tɕi^{31}）、《空角》（kh õ^{55}tɕo^{31}）、《鲁泵》（ɬu^{33}b õ^{31}）、《萨达厦泵》（sa^{33}ta^{31}ɕɛ^{31}b õ^{31}）等，韩规在念诵这些经时往往吹奏海螺。在普米族"吾昔 ɣo^{31}çi^{55}"（新年节）、"日增谷 z̩ʅ^{31}ts ɛ̃^{55}ko^{31}"（转山节）时有吹法螺以礼诸神的习俗。此外，在普米族民俗生活中，螺壳还被视为镇宝之物，将其供放在"宗巴拉"祭祖神坛上。金沙江以北地区的普米族人还将神坛上摆放的海螺作为财富的象征，有的家庭珍藏有数十对海螺。

3. 宫咚（k õ^{55}t õ^{55}）。又作"弓聆"（ko õ^{55}lĩ^{31}），是用人的胫骨制作而成的吹奏乐器。韩规使用的宫咚法器，长约三十厘米，口径约八厘米。宫咚号筒必须取材于凶死之人的胫骨。为了使这种乐器获得神奇魔力，须用一种特殊的方式进行准备。首先，韩规以支付酬劳的形式，请孤、残人去探寻死于暴力之人的骨头。胫骨获取后，先将其埋藏于牛或羊圈下的土坑里长达两三个月之久。然后，取至堂屋中，边念诵《甲秃》（tɕa^{31}to^{55}）、《赤虽》（tz̩h̩ʅ^{55}sui^{31}）经边进行清洗。待清洗干净后，由韩规亲自制作。如果需要请匠人制作，还得由韩规向制作者念诵"授权"经，并在韩规的指导下进行。最后，将制成可吹出声响的法器，在其两头包饰铜或银的箍形镂花装饰。并用"夸"（杜鹃树枝）燃烟洁净、除秽后方可使用。

韩规教认为，在举行各种宗教法事时，神鬼齐聚，而凶死之人的胫骨制成的号所发出的嘶鸣声，可以压制（镇压）一切作恶的鬼怪，驱散一切邪魔。因此，宫咚法器的使用较为广泛，除丧葬仪式、占卜驱魔等法事外，在举行退口舌是非仪式中念诵《修布》（ço^{55}po^{31}）又作《木卡布》（mo^{31}kha^{55}po^{31}）经、祭祀战神仪式中念诵《扎拉松》（tz̩a^{21}la^{55}s õ^{55}）经及在本命年祈祷安详的《冥喃休》（mi$^{·53}$nã^{53}ço^{55}）经等时，都要吹奏该法器。

宫咚以全部取材于人骨头制成的最佳。如果胫骨材料不足，可以用红铜与胫骨拼接而成，或直接用红铜顶替。但用红铜材料制成的宫咚，被认为法力不足，因而，在宗教活动中很少使用（使用者较少）。新中国成立以后，由于人体的胫骨难寻，这种以人骨制成的"胫骨号"保存在民间的越来越少。

宁蒗县新营盘衙门村普米族人边玛家收藏的"宫咚"胫骨号筒

兰坪县河西乡德盛村普米族释毕和发元家收藏的"缯"法器

4. 缯（tsɛ⁵⁵）。汉语作大鼓、太鼓，古代多将其用于仪式、舞乐与军阵中。佛教《有部目得迦》卷八中说："六大城诸葱宣等，成悉来集，人众既多，遂失时候。佛言：应打犍稚。虽打犍稚，众闹不闻。佛言：应击大鼓。"佛教中此器物常被作为敲打集众之用。我们所见的近世普米族韩规和释毕使用的大鼓"缯"只有一种类型，其状多为圆形，大小无统一规格，只是在材料的选用上有些禁忌，只限于用柏香木和牛、羊皮制造，而马皮等不得用做制作"缯"的材料。

普米族韩规教中的缯鼓主要用于祖忌献茶汤时，长击一通，由侍司主之。

此外，在其他诸如驱散邪魔等宗教仪式中则作为警示神鬼之用。在调查中，我们还听到"缯"还能用做"交通工具"的传说。2005 年 4 月 27 日，笔者在兰坪通甸普米族村调研时，曾听普米族释毕和发元谈及释毕骑"缯"出行的故事。近年来，在与川滇交界的普米族人韩规品初接触时，亦听到上几代韩规能驾鼓腾云驾雾，法术高深的韩规还可以让"缯"周围出现火轮等传说。东巴教有祖师丁巴什罗与"米拉佛"争当坐镇居那世罗神山智者的传说，丁巴什罗坐在法器手鼓上扶摇直上，而"米拉佛"乘太阳光直向神山顶飞升。藏传佛教有米拉日巴与苯教巫师斗法的传说，相传苯教巫师能骑法鼓游行虚空。普米族韩规能驾鼓腾云驾雾的传说与丁巴什罗骑鼓飞行、苯教巫师骑法鼓游行虚空有异曲同工之妙，反映出藏彝走廊各族群宗教文化的互渗。

5. 责布窿（$ts\varepsilon^{31} p\mu^{55} l \tilde{o}^{31}$）。汉语作手鼓，是普米族宗教仪礼中经常使用的一种手鼓乐器，其形状像一个沙漏，直径一般为 13 厘米。

责布窿手鼓用柏香木和牛、羊皮制成。有别于纳西族东巴使用的"手鼓"，普米族韩规使用的手鼓不装有短木柄，而是在乐器的正中缠绕一圈嵌有称作"易苏"（$z\mathrm{i}^{55} so^{31}$）白色海螺壳的布条，并留出一小段布条用作手柄，布柄末梢处则用五种不同颜色的布条缝制成称为"德册拿阿"（$t\varepsilon^{31} tsh\varepsilon^{53} na^{31} \gamma a^{55}$）的饰物。手鼓两端各悬挂一条条细绳，每根绳上挂着一个称"君刃"的圆球击打物。

宁蒗县新营盘衙门村普米族人边玛家
收藏的"责布窿"法器

韩规教认为，责布窿是一件极具神奇魔力的法器，当击鼓人转动它时，圆头球依次敲击鼓的两面，发出的声音就像拨浪鼓发出的声音一般，这种声音起着伏妖镇魔的作用。因此，韩规出行时常常将其带在身边。

6. 欣冉（$\varphi \tilde{\mathrm{i}}^{55} z \tilde{\varepsilon}^{55}$）。用铁器打制而成，形如鹰爪，长约三十厘米，表层用金或银粉粉饰。

该法器只有在普米族葬礼"释毕戎肯"（作羊会）中被使用。韩规教认为，人死后，其灵魂得接受"尼瓦"（相当于汉族所说的阎王界）的审查。到达尼瓦的死者灵魂先被覆盖在一口大锅内，要其交代出生前所做的一切善恶之事。对于生前在人间多做善事的，其灵魂受审时免于下锅煮熬，并且可以在祭司韩规、释毕的帮助下，重新从"尼瓦"上界脱身回到"甸巴"地上。进而在祭司的引导下回归到祖居地。对于生前作恶多端者，并且在尼瓦界接受酷刑后仍没有悔改表现的，则被打入尼瓦下界，万剑穿心，相互残杀，或禁锢在"地狱"中，永世不得翻身。因此，当韩规主持"塔隆哩"（tha^{31} r õ^{53} li^{53}）救灵仪式时，若逝者为女性时念诵《扑登尔南尔》（pɯ^{31} tɚ^{53} nɚ^{31}）经、逝者为男性时念诵《末登尔南尔》（mo^{31} tɚ^{53} nɚ^{31}）经，以告之"尼瓦"界，逝者生前没有做过杀生、放火、偷盗、奸淫、作孽等不该做的事，让"尼瓦"界放行逝者的灵魂。据说，尼瓦界非常蛮横，韩规在救灵时受到尼瓦的百般刁难，有时甚至会伤及韩规，因此，韩规与尼瓦对峙时，需要用此法器把持。

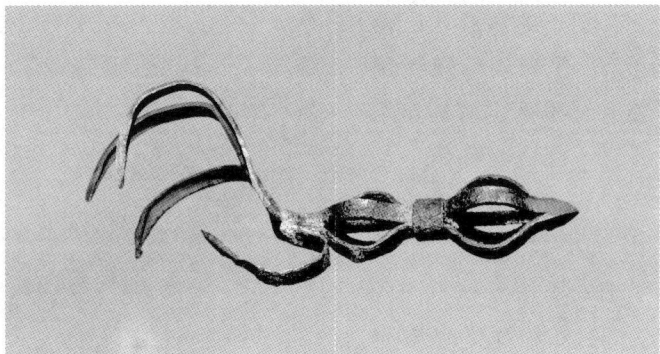

宁蒗县新营盘牛窝子村普米族韩规奔厦·瓜祖收藏的
"欣冉"法器

7. 丘组拉（tɕho^{55} tso^{31} la^{55}）。又作掐补尔（tɕa^{31} pɯ^{53} ɚ^{31}），是韩规在举行传戒、说法等法会时，用以警戒或安定法会秩序的法具。

笔者所见的丘组拉法器为四边形，由核桃木制成，长七寸六分，厚六分，宽一寸一分余。四个面上雕刻有不同的图案，其中，第一面为日、月、山、川、风、雨、雷、电、岩、树、花、草等自然物、植物模型图案，以示自然物神；第二面为虎、豹、熊、猴、野猪、鹿、麂、獐、岩羊、狗、狼、鹦鹉、簧鸡、大雁等动物图案，以示动物诸神；第三面图案呈各种伤残病态形状的人体图案，以示人类诸鬼；第四面为祭祀鬼神用的供物，如牛、羊、猪、鸡及杂粮、水果等。

据杨学政先生的调查，普米族韩规所用的掐补尔（丘组拉）还有六边形的：普米族掐补尔最初是四边形巫棒，后来由于新的神鬼逐渐产生，四边形巫棒不够刻画，便发展为六边形了。六边形的巫棒增加了神鬼图案，增加的图案为 24 具男女人头模型（象征头人神，即氏族或部落首领，寓意头人神能保佑人们兴盛发达）和 24 具呈各种生产劳动姿势的怪异人体模型（象征在头人神的管制之下的各种小鬼）。[①]

丘组拉是韩规进行一切宗教祭祀活动的准绳。韩规教认为，一切自然灾害包括瘟疫、人畜患病、庄稼歉收都是鬼神作祟。因此，要想消灾祛难，就必须祭祀神鬼。至于祭祀何种神鬼，则由韩规占卜而定。韩规通过占卜后，先从丘组拉上刻画的各种图案中确定出相应的神鬼模型，然后用酥油拌糌粑面揉成湿面团，并用丘组拉上所刻有的相应的祭祀图案压制面团，使之形成神鬼面偶，供在法坛上祭祀。在某些驱鬼仪式上，还须祭供丘组拉，以借助其神力来驱逐鬼邪。

类似丘组拉的法器不仅被普米族韩规所使用，而且在纳西族的东巴、摩梭人的达巴及西南其他少数民族的宗教活动中也使用类似的法器。法器上所刻画的神鬼名称虽然不同，但所刻画的符号及其寓意却大体一致。

宁蒗县新营盘衙门村普米族人边玛家收藏的"掐补尔"法器

8. 阁雍与赣翰阁雍（$k\varepsilon^{31} j\tilde{o}^{53} jy^{31} k\tilde{a}^{53} x\tilde{a}^{21} k\varepsilon^{31} j\tilde{o}^{53}$）。为小型佛龛，龛中供设有"益西丁巴"神像。阁雍形状不一，用金、银或铜制造，宁蒗地区普米族韩规所使用的阁雍以银制的居多，盒上镶嵌有玛瑙、松石，并且雕刻有各种花纹图案。阁雍是韩规随身之密坛，通常制成小盒形，韩规

---

① 吕大吉、何耀华主编，杨照辉编：《中国各民族原始宗教资料集成·普米族卷》，中国社会科学出版社 1999 年版，第 595 页。

出行时往往将其佩戴于颈上。其用意一是祈求本尊加持，二是于修法时可取出供奉。

四川木里县依吉乡吉素村普米韩规迪吉品初收藏的"阁雍"法器

9. 赣翰（kã⁵³xã²¹）。又叫念珠，取木槵子、水晶、金、银、赤铜或者贝壳等材质制成一定大小的珠子，并用线贯串其中而成，是韩规、释毕用以计算名称持咒数的法具。普米族韩规所使用的数珠的颗数为113颗。

10. 普巴（phu³¹pa⁵⁵）。汉语作金刚降魔杵，其一端为金刚杵，另一端为铁制三棱杵，中段有三佛像、一作笑状、一作怒状、一作骂状。金刚降魔杵原是古印度的兵器之一，后来成为藏传佛教密宗的法器。由于藏密宁玛派（红教）的"普马金刚"法使用此杵，故又称为"普巴杵"。从普米族韩规使用的普巴的形状及称谓来看，此器物的使用受到藏传佛教影响较大。

普米族韩规使用的普巴金刚身黑蓝色，具有三头，每头各有三目，六臂四足。其六臂，第一手执天铁制九股金刚杵（铁表愤怒，九股表三界九乘一切众生）。右第二手执金制五股金刚杵表喜乐，五股表转五毒成智。左第一手持般若智焰，表燃烧一切苦恼；第二手持三叉戟，表尽摄三界空行母。原本二手合掌普巴杵，表净除一切烦恼、魔障。背后有如利剑般锐利的翅膀。右二脚踩二男魔之背，左二脚踩二女魔之胸，安立于般若

兰坪县河西乡大羊村普米族释毕和继殿家收藏的"赣翰"法器

智焰中。所抱佛母名柯洛洁蝶，身浅蓝色，右手持乌巴拉花（另有传承持天杖者），左手托着颅器，腰围豹皮裙。

在普米族宗教中，此法器常代表坚固、锋利之智。因此，其材质多取金、银、铜、铁、石、水晶、檀木、人骨等来制作。而普米族人还认为，来自天上的铁器其能量更加强大，因此，该器物材质取于被称作天铁的陨矿体、镍铁制造而成的被视为上品。

由于该法器具足无比大悲威力，而外现愤怒相，除了可以断除所有鬼神、非人、天魔、恶咒之迫害，并可降魔息灾及消除危难。因此，该器物常被普米族人挂在房门口、窗台边、病床前、书桌旁、车上等以作避邪之物，也成为现代人居家镇宅之极佳的宝物。

除上述法器外，在不同的宗教仪式中，普米族祭司还根据法事的需要，临时制作诸如面偶神像、木牌画等一系列法器。

第二节　普米族宗教的经籍[①]

一　普米族宗教的经籍写本

普米族宗教祭司拥有自己的宗教经籍，尤其韩规教有着丰富系统的宗教经籍，祭祀的神灵有八百多种，鬼有三千多种。传说普米族古时有自己的文字，吐蕃王朝统治时期，灭苯教兴佛教，销毁了文字，后世韩规经师借用藏文草书，同时夹杂着象形文字及图号抄写古代象雄地区的经文，并与普米民间释毕口头经文"卡尔沙"（khɚ⁵⁵ ʂ a³¹）共同形成了完整的普米族韩规经卷。

从目前我们掌握的情况看，普米族宗教祭司所用的经书有藏文写本和汉文写本两种。

（一）藏文写本

藏文写本有两种类型：一种是藏文藏义写本，一种是藏文普米语义写本。

藏文藏义写本，即普米人用藏文书写而成的典籍。这一类经典或为藏传佛教或为苯教内容，其中亦有部分内容为普米族人对苯教、藏传佛教经典的阐释。从初步掌握的情况看，藏文藏义写本反映苯教内容的居多，并且很可能是原始型的苯教典经。

藏文普米义写本，为借用藏文拼音书写而成的普米族语早期口传经，即普米韩规口头咏诵的祭词及咒语。这一类写本是普米古老原始宗教的典籍，从我们进行的初步翻译看，其内容包罗万象，有反映普米人关于人类起源的神话，普米族信奉神祇的来历，也有韩规生平神迹的故事。内容重情节记述，以情感化世人，轻理论、教条，这一点与印度佛经、藏传佛教经典风格相似。

以上两种藏文写本韩规教经典全为手抄本，其特点为古藏文草体书写中夹杂着图号，通常分为"社依"（行书）和"杂依"（草书）两种书法。多用竹笔从左至右写就，除用墨汁外，也有用朱砂写成的。每册书的封面由长方形边框和经名两部分组成，正文为双面书写（每页为六行左

[①]　资料主要来源于笔者署名奔厦·泽米与胡文明、谭超等合作的《普米族韩规古籍的内涵及价值》，《云南师范大学学报》2010 年第 4 期。

宁蒗县胡镜明先生收藏的韩规经

右）。所用纸张一般为本色构皮纸，它质硬而坚韧，具有经久耐用的特性。外形长条状（一般古籍长约三十厘米、宽约十厘米）。据普米族韩规说，经书版本的大小是因所抄经书内容多少而定，并没有统一的标准。装帧形式则多为长条形活页装帧，即把抄有文字的活页依次重叠起来，不进行装订，在上下加上两张木板作为前后封面。据称此种横长条散页的装帧形式是从印度梵文贝叶经形式演化而来的，故称梵夹本形式。梵夹本是藏文古籍的主要特征。据专家考证，其时间可追溯到1300年前的吐蕃王朝时代，迄今在敦煌莫高窟，还保存着用墨写在厚夹纸上的藏文佛经。或许早在吐蕃时代普米人就已经运用韩规经书，唐代吐蕃的势力确乎已东扩至普米人生活的滇川地区。因为普米人生活的川西南及滇西北地区在地理位置上与藏区毗邻，在一千多年历史发展的长河中，普米人与藏族文化有着十分密切的接触。

从我们调查的情况看，这些韩规教典籍有两种收藏方式，一是民间收藏。历史上，地处金沙江以北的云南省永胜、宁蒗等县及四川省木里、盐源县的普米人韩规世家私藏有大量的韩规古籍。新中国成立后由于遭受历次劫难而损失惨重，当地民间的韩规经典已所存不多。现今，云南境内的韩规经主要收藏在宁蒗县新营盘乡东风村白玛家，牛窝子村的胡镜明、马红升等也收集有一部分，其他则散落在民间。难能可贵的是，永胜、宁蒗等地的普米族家庭尤其普米韩规家族不仅有世传的韩规书面经典文献保存，而且口授经典也一代一代传承下来，使得我们可以通过对这批古籍文献的释读，了解普米韩规文化的大致面貌。此外，川滇交界地区云南宁蒗县翠玉、拉柏以及与之毗邻的四川木里、盐源地区的普米"prə^{55}mi^{53}"藏族，他们既保留了完整的普米母语，又保留了传统的普米文化，尤其是韩规教完整地保留在这些偏僻的村寨里。[①]

另一种收藏方式是官方收藏。一部分由云南省民族博物馆和云南民族学会普米族研究会收藏，主要为宁蒗县翠玉、金棉、跑马坪二村及永胜县松坪乡一带农户收藏的若干册谱牒类旧抄本。另一部分由中国历史博物馆收藏。早在20世纪60年代初，中国历史博物馆的宋兆麟先生就曾赴泸沽湖地区，搜集了大量民族文物，其中包括相当一部分韩规古籍。对此，他在《世纪之交的民族文物》一文中还谈道："我去金沙江边托甸乡，搜集到成驮的东巴经、汉规经（普米族巫师）……最后我们雇了四十三头骡子，才把文物运出泸沽湖。"[②] 这里所谓的"汉规经"，即韩规经。

（二）汉文写本

汉文普米义本指借用汉字记音书写而成的普米族语《戎肯》经。普米族《戎肯》经是迄今仍流传于金沙江以南兰坪普米族地区的唯一一部用汉字记音的普米语宗教祭祀经文。"戎肯"（ʐoŋ^{55}ki ɛ̃^{55}）为普米语，直译为"给羊子"。该经主要用于葬礼时颂吟，经文用汉字行书同时夹杂着图号佚名写成，书写年代不详。现根据初步调查并按收藏者的居住地暂分为以下三个版本：

1. 三界版。现由三界村普米释毕杨树德收藏，书稿一共70折，佚名书写。据持有者自述，此版为现存较古老的版本，大概在清末或民国年间所著。相传，由三界村阿匹·富海、箐花村杂木沟雅玛·齐启、古季尔村（现河边白松袁村）识涂·阿昌（和昌明）、大洋村巴让氏族和生辉四人

---

① 奔厦·泽米、胡文明：《普米族韩规古籍的文化内涵及其价值》，《云南师范大学学报》2010年第4期。

② 宋兆麟：《世纪之交的民族文物》，《云南民族学院学报》1995年第5期。

借用藏文拼音书写而成的普米族韩规经片段

共同完成。其书封面为麻布包裹的牛皮纸，无书名，内页为双层棉纸，纸张长 14cm，宽 8cm，字体多为宋体楷书，间杂行书，依汉文书写旧例从上到下、从右到左行文，正文每页 10 行，完整一行字数为 20 字，记述"给羊子"仪式的全部仪程，字数在 10000 字左右。

2. 大羊版。原稿由兰坪大羊人八冉·阿米子（和芳）持有，佚名书

藏文书写的普米族韩规经片段

写，书写年代不详。后转其子和镇殿①收藏。1984 年由兰坪县文化馆组织抄写复本时，原件遗失。现存的删修版即大羊版复本由和镇殿之长子和耀成②释毕收藏，封面牛皮纸，无书名，内页为双层棉纸，纸张长 20 厘米，宽 12 厘米，字体多为宋体楷书，亦依汉文书写旧例从上到下、从右到左行文，正文每页 10 行，完整一行字数为 20 字，字数在 6000 字左右。1984 年的重修本，在原来 72 折的基础上精简为 39 折，记述"给羊子"仪式的全部仪程。

3. 德胜版。据传由兰坪县德胜村和发元、胡智等人删修三界版而成。

---

① 和镇殿，普米族八冉氏族，1925 年生，属猴，第三代释毕，兰坪大羊人。至小师从其父亲和芳（又名阿米子）学习释毕，"文化大革命"时期一度停止"给羊"，党的十一届三中全会后，开始在兰坪境内普米族人中进行给羊仪式。1985 年 5 月 11 日，在兰坪县第三届"民族民间艺人会"上被县文化局评选为"民间艺人"。1987 年 3 月 15 日，病逝。

② 和耀成，普米族八冉氏族，1953 年生，为前述和镇殿长子，继父之业学习、从事释毕，自 1988 年以来在兰坪、中甸、维西普米族村及县城举行两百余次的祭祀活动，近期病危。

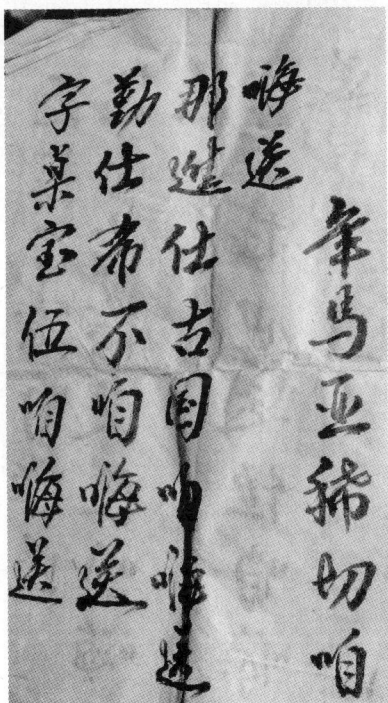

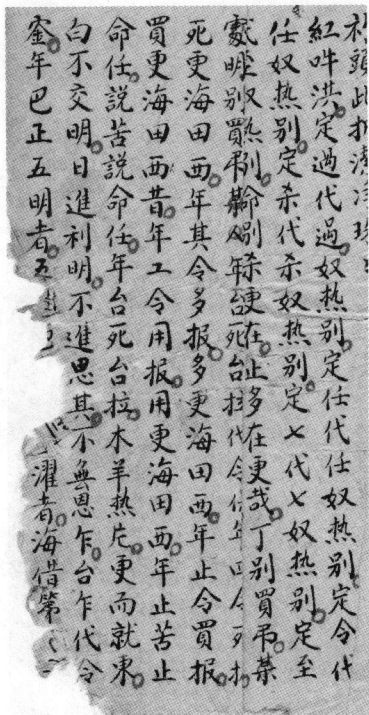

借用汉字记音书写而成的不同版本普米语《戎肯》经片段

现由德胜村和发元收藏，内容与上述两个版本相近。

　　普米人韩规宗教典籍藏文写本、汉字写本的产生，是普米人与汉藏文化密切交往中，借用汉藏文字以记录自己宗教仪式、文化生活的书写工具。普米族人没有成文文字，宗教典籍内容的传承多为口传、家传（传男不传女），金沙江以北地区的普米族人由于受藏文化影响较大，其宗教经典的书写中自然引入了藏文的书写方法，甚至苯教、藏传佛教的内容很自然地被吸收。而金沙江以南兰坪地区的普米族人，由于所处的地理环境，接触汉文化频繁，随着学汉字识汉文的人增多，于是将口诵经《戎肯》（$zoŋ^{55}ki ɛ^{55}$）即俗称的"给羊子"仪式的全部仪程，用汉字记录了下来。

二　普米族宗教经籍的内容分类

　　尽管，早在 20 世纪 60 年代初，宋兆麟等国内学者就有意识地对普米

2005 年笔者在兰坪普米族地区调研时与通甸乡德盛村
著名普米族释毕和发元合影

族的宗教典籍进行收集和保护。在兰坪地区，普米族学者杨照辉、李玉生、熊贵华等亦对境内所流传的汉字记录稿《戎肯》经进行过不同程度的释读和研究。1984 年，兰坪县文化馆还组织人员对大羊人八冉·阿米子所持有的汉字注音《戎肯》经进行过抄写。而在宁蒗地区，较早关注并记录韩规教文化的有杨学政、严汝娴、陈久金、施传刚等学者。早在 1983 年，杨学政先生就撰文对普米族韩规教作了介绍。1985 年，严汝娴、陈久金在《普米族》一书中对韩规教作了进一步的介绍："普米族的巫师过去又称'丁巴'，故他们信奉的原始宗教称为'丁巴教'。但后来不用'丁巴'这个名称，而改称巫师为'韩规'或'师毕'。丁巴教也称之为'韩规教'。名称虽异，内容仍同。"① 1987 年，美国斯坦福大学人类学博士研究生施传刚先生在永宁普米族、摩梭地区进行田野调查时，亦对普米

① 严汝娴、陈久金：《普米族》，民族出版社 1986 年版，第 69 页。

族的哈巴教（韩规教）作了记录。并且，在 2008 年出版的《永宁摩梭人》一书中说道，哈巴教（Hobbism）是普米族的原始宗教，它基本上是一种萨满教，主要特点是信仰世间万物皆有灵魂（spirits），有的灵魂善良，有的邪恶。人们所有的好运都是神或善灵（good spirits）所赐，厄运是因鬼或恶灵（evil spirits）作祟。所有这些灵魂都只对萨满有响应。萨满被普米族称为韩规。①

　　然而，由于珍藏有大量韩规经籍的川、滇交界普米聚居区交通闭塞。韩规们的汉文水平普遍较低，甚至根本不识汉字，用汉语表达极为困难。对于诸多经典，特别是借助汉字、藏文拼写的普米语宗教经籍，目前唯有少数几位韩规和释毕能释读。加之，大多数经籍多系旧抄本，书写在自制的构皮纸上，由于使用频繁，自然老化在所难免，致使许多经籍残损情况非常严重，有的经卷已破损，成为残篇，有的局部字迹泯灭，无法辨认。此外，除祭司外，一般人又不得轻易翻动经书，如此等等，不得不使许多励志于普米文化研究的学者望而却步。因此，很长一段时间内，未见有关机构及人员对这些经籍进行细致的普查和记录。

　　作为一个庞大的宗教典籍系统，上述韩规古籍从内容到形式，都具有超越一个民族文化的突出的社会、文化或精神价值。普米族韩规经籍无疑是一份底蕴深厚、内涵深邃的民族文化遗产，从某种意义上讲，它不仅全面展示了普米族古籍文献的风貌，而且还为我们了解川、滇、藏交界区域民族文化取向以及各民族之间的文化交流有着重要参考价值。基于此，近年来，普米族宗教文化，尤其对于珍藏在普米韩规手中的各种典籍，备受各级政府及关爱普米族文化的族内外人士的关注，一些学者亦开始从事韩规古籍的收集整理和研究。

　　如前所述，2000 年年初在宁蒗县新营盘乡牛窝子村创办的普米族韩规文化传习班，自开班以来，不仅编纂教材培训了三期学员，其间，还收集、复印了三百册左右的韩规经。2004 年后，云南民族学会普米族研究委员会及宁蒗县普米文化传习协会相继成立，两会顾问普米族人胡镜明等又收集（购）、复制近五百册。2006 年，普米族学者胡文明先生参与了由云南民族大学李国文教授主持的国家社会科学基金项目《云南少数民族古籍文献调查与研究》的调查工作，首次对川滇普米族民间收藏的韩规经进行了编目。

―――――――――

　　①　施传刚：《永宁摩梭人》，云南大学出版社 2008 年版，第 123 页。

2008 年，笔者接受云南普米族研究会的任务，在昆明与普米著名韩规迪吉偏初、韩规熊瓜祖、普米文化人胡镜明、胡忠文、胡文明、曹新富及云南师范大学语言学专家涂良军博士、李洁博士、杨俊伟硕士等一起对之前由宁蒗县普米文化传习协会收集的普米族韩规教经籍进行初步的注音、编目和分类。

从总体上看，普米族宗教经籍由两个部分构成：一是书面经典，包括普米人用藏文字母书写而成的苯教或佛教典籍及用汉文字注音的《戎肯》经。这一类经典很可能属最原始的苯教经典，它的内容庞大、丰富而多彩，我们若与苯教经书详细对比研究，将会有助于多维度地探讨苯教文化的传播。二是口授经典，即普米韩规和释毕口头咏诵的祭词及咒语。这一类是普米古老原始宗教的典籍，因而，其中蕴藏的文化积淀无限，为我们研究普米族原始文化提供了珍贵的资料。现根据笔者所接触的资料（主要指现藏于云南省民族博物馆、宁蒗县新营盘乡衙门村白玛家及胡镜明、马红升等收集复制经书，宁蒗县新营盘乡牛窝子村创办的普米族韩规文化传习班所复制经书以及近年来由笔者收集的经书和记录的《卡尔莎》口诵经）及现存可见的书目（主要指 20 世纪 70 年代由杨学政先生调查、刘鼎奄整理，载《中国各民族原始宗教资料集成·普米族卷》，杨照辉、殷海涛、熊贵华等普米族学者之前收集的调研稿，我的报告人韩规麦瑟·迪基偏初近年在家乡吉素、达杜、后所、花依、朴助等村寨的夭基扎拉、白玛基嘎、达都折使、南卡多吉、东龙阿巴等人保存的世传韩规家族的经书）对普米族宗教经作如下初步的分类。

（一）神话谱牒类

主要以宗教神话的形式记载普米族关于世界的缘起、人类的起源、民族的渊源、氏族的迁徙、族群的关系、宗教的来历等与普米族历史事件相关的经籍，如：创世纪《惹尼查》（$z\varepsilon^{55} ni^{31} t\int h\tilde{a}^{31}$）、人类起源论《帕米查哩》（$pha^{31} mi^{55} t\underset{.}{s}ha^{31} li^{55}$）、采金光《安哉木泽》（$\gamma\tilde{a}^{55} ts\varepsilon^{53} mu^{31} ts\varepsilon^{31}$）、日月兄妹《布咳木昏》（$bw^{55} x\varepsilon^{55} mu^{31} hu\ \tilde{\varepsilon}^{55}$）、韩规起源史《韩规查》（$han^{31} gui^{53} t\int h\tilde{a}^{35}$）、祭祀的来历《释毕查》（$\int^{55} pi^{31} t\int h\tilde{a}^{31}$）、洪水滔天之说的《直呆木喃》（$t\underset{.}{\int}^{31} t\varepsilon^{55} mu^{55} n\tilde{a}^{31}$）、取火种经《麻肯》（$ma^{31} kh\ \tilde{\varepsilon}^{55}$）、指路经《查子查打》（$t\int ha^{31} ts^{53} t\int h\tilde{a}^{31} ta^{53}$）、献绵羊经《戎肯》（$z\underset{.}{\ }\tilde{o}^{55} kh\ \tilde{\varepsilon}^{55}$）、射鹿人《吉塞哩》（$t\varsigma i^{31} s\varepsilon^{33} li^{31}$）、抉择经《修迪》（$\varsigma u^{55} to^{31}$）等。

（二）占卜类

占卜经，普米族人称"巴老"（$pa^{55} \mathfrak{z}o^{31}$），是用于占卜问课祭仪中查对或者念诵，推算年时好坏、时辰吉凶、人生命运的经书。主要分两类：一是用于星占的"夏泽怎"（ɕiɛn³¹ʐɛ⁵⁵tsɛi³¹），如：测雷鸣与防庄稼灾害之天象经《标占标得尔·拉损》（pro³¹tʃɛ⁵³pro³¹tə⁵⁵la⁵⁵suɛi⁵⁵），测日、月食之凶吉经《尼赠》（niɛ³¹tsɛi³¹）、占盗贼之经《滚玛赠》（khuɛn⁵⁵ma⁵⁵tsɛi³¹）、占财运之经《弄打赠》（lõ⁵⁵ta⁵⁵tsɛi³¹）、占梦经《米隆怎》（mi⁵³lo õ⁵³tsɛi³¹）、测出行时辰的《爪隆怎》（tʃuã²¹lõ⁵⁵tsɛi³¹）、测不祥之兆经《添朵怎》（tuɛn⁵⁵tɔ⁵⁵tsɛi³¹）、占精灵附物经《图兹怎》（tuɛn⁵⁵tsɿ⁵⁵tsɛi³¹）、算剃头日子的《扎壬怎》（tʃa⁵⁵jɤ⁵⁵tsɛi³¹）、算祭龙神日子的《鲁替怎》（lɯ⁵⁵ti⁵⁵tsɛi³¹）、测方位神的《哈千怎》（xa⁵⁵tɕhiɛn⁵⁵tsɛi³¹）、测人体放血日子的《牢喃怎》（la⁵⁵niɛ⁵⁵tsɛi³¹）以及用于卦神灵方位的《懂层巴老》（t õ²¹tsɛi⁵⁵pa⁵⁵ʒɯ³¹）、《左拉鲜》（tso²¹la⁵⁵ɕyɛ⁵⁵）、《间峡赠巴拐》（ɕ ĩ⁵⁵ʒɛn⁵⁵tsɛi³¹pa³¹ʒɯ³¹），等等。

另一类为用于测运的经书，普米族称其为"辞罗莱怎"（tsɛi⁵⁵ʒo⁵⁵ʎa³¹tsɛi³¹），这类经包括：测升迁之运的《哦通赠》（õ⁵⁵th õ⁵⁵tsɛi³¹）、算婚嫁相命的《米瓦古亦怎》（mi⁵⁵ua⁵⁵kɯ⁵³ji³¹tsɛi³¹）、算娶女日子的《宝隆怎》（pa³¹l õ⁵⁵tsɛi³¹）、测婴儿出生之运书《琼怎》（tɕhi õ⁵⁵tsɛi³¹）、占致病之因的《宝孔端宗怎》（pra⁵⁵kh õ⁵⁵tuã²¹z õ⁵⁵tsɛi³¹）、《督卒居尼端宗怎》（tɯ³¹tshɯ⁵⁵ko⁵⁵nɤ⁵⁵tsɛi³¹）、测病愈之期的《拉姆吉嘎尔怎》（la³¹mɯ⁵⁵tɕ ĩ⁵⁵kɕ⁵⁵tsɛi³¹）、测山体崩裂经《左拉怎》、《弄兼塞间怎》（tso²¹la⁵⁵tsɛi³¹n õ⁵⁵tɕ ĩ⁵⁵sa⁵⁵tɕ ĩ⁵⁵tsɛi³¹）、测气候之吉凶的《左拉茨般良督》（tso²¹la⁵⁵tsɛi³¹prɛ⁵³ʎɛ³ɤtɯ⁵³）以及占二十八星宿、十二属相及牵引牲畜之书《夏朵泽夺》，又作《直夏、赞、吾、摆空、打确龙瓦多》（tʃʐ³¹ɕiɛ²¹ʐɛ⁵⁵u³¹pra⁵⁵kh õ⁵³ta⁵⁵tɕhio⁵l õ³¹ua³¹tɔ³¹）、占五行之书《洛艮主苴》（lu³¹kin⁵⁵tʃu³¹tɕy⁵⁵），等等。

（三）祈神降福类

指主要用于祈祷福禄、求神保佑、许愿还愿祭仪中念诵的经书。如：迎请山神"日缯、日达"经《嘎朵》（kɤ⁵⁵tɔ³¹），祭献"督、赞、缯、旨、尔吉"等诸神的《松瓦德佳》（n̥⁵⁵wa³¹ti²¹tɕiɛ⁵³）经，迎请水神"萨达希龙"经《萨隆》（sə³¹l õ⁵³），迎请松玛护法神经《萨修》（sə³¹ɕi õ⁵³），迎请"筌兒"占卜神经《筌兒姆拉》（tso²¹la⁵⁵mɯ³¹la⁵⁵），向"督、赞、缯、旨、尔吉"诸神燃灯经《多穷》（tɔ³¹tɕhi õ⁵³），迎请本尊神降坛经《霄耸卓瓦》（ɕio⁵⁵s õ⁵³tsɯ³¹ua³¹），迎请"蛊肯"神镇妖经《蛊肯》（tʃ õ²¹kh ĩ⁵⁵），向大地诸神煨桑经《宗里松》（ts õ³¹li⁵⁵s õ³¹），祭"日达"神经《日达莱霄》（ji³¹ta⁵³ʒɛn³¹ɕiəu⁵³），祭献年神经《辛洛年达》（ɕĩn⁵⁵ʒo⁵³niɛ⁵⁵ta³¹），小祭龙神经《孔角》（kõ⁵⁵tɕio³¹），消灾经《弄斯尔席瓦千布》（lõ⁵⁵sɚ⁵⁵ɕio⁵⁵ua⁵³tɕhiɛn⁵⁵pu³¹），向日达神放生（公鸡）经《日达岑塔尔》（ji³¹ta⁵³tshɛ⁵⁵thɚ⁵³rə³¹），山羊放生经《崃层特尔》（ra⁵⁵tshɛ⁵³thɚ⁵³rə³¹），牦牛绵羊放生经《丫隆岑塔尔》（ya⁵⁵lo³¹tshɛ⁵³thɚ⁵³rə³¹），鸡放生经《甲亦岑塔尔》（tɕia²¹ji³¹tshɛ⁵⁵thɚ⁵³rə³¹），向龙神放生母鸡经《鲁易岑塔尔》（lu⁵³ji³¹tshɛ⁵⁵thɚ⁵³），祭献龙神经《斯达赠》（sɿ⁵⁵ta⁵⁵tsɛi⁵³），礼祀壹冬、松玛、日赠、鲁易甲布诸神经《公苏冬》（kõ⁵⁵su⁵⁵tõ³¹），祭献增、赞、都诸神经《德甲达甲》（ti²¹tɕiɛ⁵³ta⁵³tɕiɛ⁵³），向赞神放生经《赞岑特尔》（zɿ³¹ŋa⁵⁵tshɛ⁵³thɚ⁵³），祭献怎神经《怎曲》（tsɛn⁵⁵tɕio³¹），向宗巴拉神煨桑经《宗巴拉松冬》（tsõ²¹pa⁵⁵la³¹sõ⁵⁵tõ³¹），长寿经《占朱》（tshɛn³³ʧɯ³¹），祈福经《雍廪宗迪》（jiõ⁵³lĩn⁵³zõ³¹ty³³），祈祷孕妇平安经《隆替嘎布》（nõ⁵⁵thi⁵⁵ky³¹pu³¹），祈祷婴儿平安降生经《吉巴琼鲁》（tɕĩn²¹pa⁵⁵tɕhiõ³¹lɯ³¹），祈求婴孩延寿经《吉巴太雍》（tɕĩn²¹pa⁵⁵tha³¹ju³¹），祭献天龙神经《鲁崩》（lɯ⁵⁵põ⁵³），祭献水龙神经《萨达夏崩》（sãŋ²¹ta⁵⁵ɕiɛ³¹põ³¹），迎请扎神降坛经《森克拉扎》（sɛn⁵⁵khɚ⁵³la³¹tsɿ³³），向扎拉神煨桑经《扎拉松冬》（ʧa²¹la⁵⁵sõ⁵⁵tõ³¹），迎请壹冬歪萨神镇妖经《歪萨》（uɛi⁵⁵sɛ⁵⁵），求子嗣经《塔曾》（tha²¹tsɛi⁵³），祭献韩规神灵经《仁曾賨》（ʒɛi³¹tsɛi⁵⁵tsho⁵³），祈祥求福经《扎史雍里》（ʧa⁵⁵ɕi⁵⁵jõ³¹lĩn³¹）、祭献祖先战神经《扎拉雍尼》（ʧa³¹la⁵⁵jõ³¹ni⁵³）、祭献莲花生大师经《乌佳措》（õ⁵⁵ʧĩn⁵⁵tsho³¹）、祭献战神"曾"经《扎拉孙》（ʧa²¹la⁵⁵tsɛn⁵⁵suɛi⁵³）、向扎拉神放生（公鸡）经《扎拉呈特尔》（ʧa²¹la⁵⁵tshɛn⁵⁵thɚ⁵³）、大祭龙王经《斯达怎》（sɿ⁵⁵ta⁵⁵tsɛ³¹）、祭祖灵经《扎拉热崩》（ʧa²¹la⁵⁵jɚ³¹põ⁵³）、祭献山神经《崃肖品》（ʒɛi³¹ɕio⁵³pi⁵³）、祭龙王经《孔角》（khõ⁵⁵tɕio³¹）、向山神求子嗣经《崃霄塔曾》（ʒɛi³¹ɕio⁵³tha³¹tsɛi⁵³）、小祭增神经《打甲嘎布》（ta³¹tɕiɛ⁵⁵kə³¹pu³¹）、小祭龙王经《鲁松冬》（lɯ⁵⁵sõ⁵⁵tõ³¹）、祭都赠赞米神及祖灵经《达嘉甲布鉴叠》（ta³¹tɕiɛ⁵⁵tɕia³¹pu⁵³ʧĩn⁵⁵tuɛi⁵³）、祭赞、都、增、直、仁、给尼、米、牙阴，摆阴等诸神祇经《德佳》（ta³¹tɕiɛ⁵⁵）以及祭祀战神的《扎拉督诅卡尔沙》、祭房屋神经《金丁雍丁》，等等。

（四）禳鬼消灾类

主要用于被除不详、消灾除秽、驱除妖魔鬼怪等祭祀仪式中所使用的经书，如：用于退口舌是非的经《各呆尔》（kji³¹ tɚ⁵³）、《木开都朵》（mi³¹ thiɛ⁵⁵ tu⁵³ to³¹）、祭魔王经《甲布降叠》（tɕia³¹ pu⁵³ ʧ ĩn⁵⁵ tuɛi³¹）、驱鬼遂魔经《匆角》（tsh õ⁵⁵ tɕyɛ³¹）、祭女水妖经《毕替宗松》（piɛ³¹ thi⁵⁵ tso³¹ s õ³¹）、给患疯病者送鬼经《米敦》（mi³¹ tuɛi³¹）、给病痛者送赞神经《赞敦》（za³¹ tuɛi³¹）、给食不净之物致病者洗礼经《塔笋》（ʧhɣ⁵³ suɛi⁵³）、为病痛者祭祀龙王经《萨达夏崩》（sãŋ⁵³ tɑ⁵³ çiɛ³¹ p õ⁵⁵）、招魂经《拉果》（la⁵³ ku⁵³）、送凶死鬼经《直端》　（ʧə³¹ tuɛi⁵³）、送冲犯经《乔盖》（tɕhiu³¹ kjɛ⁵³）、送小替身经《喃木宗鲁》（niɛ⁵⁵ mɯ³¹ ts õ⁵⁵ lɯ⁵³）、送孤魂野鬼经《迷思尔冬》（m ĩn³¹ sɚ⁵⁵ t õ³¹）、送难产鬼经《木蒸端》（mu³¹ ʧɛn⁵⁵ tuɛi⁵³）、送祭司鬼魂经《更尼贡巴》（kɣ³¹ ni⁵⁵ k õ⁵⁵ pa³¹）、大祭风经《都处甘南查松》（tu³¹ ʧhu⁵³ ka⁵⁵ nɛ⁵⁵ ʧha³¹ s õ³¹）、祭凶死者之魂经《普巴》（prɚ⁵⁵ pa³¹）、诅咒妖魔鬼怪经《扎布甲思尔》（ʧɛ³¹ pu⁵⁵ tɕ ĩn²¹ sɚ⁵⁵）、大放替身经《宝孔米南》（prɚ⁵⁵ kh õ⁵⁵ mi³¹ nɛ⁵³）、小祭风经《扎求》（ʧɛ³¹ tɕhiu⁵³）、驱逐鬼魔经《给块》（kjɛ³¹ khuɛ⁵⁵）、诅咒鬼怪经《德甲叠都》（ti³¹ ʧiɛ⁵⁵ ti⁵³ ʧu⁵³）、镇压凶死鬼经《直叠霄》（ʧʅ³¹ tuɛi⁵⁵ çio⁵³）、小祭龙神经《思都布》（sɯ⁵⁵ tɯ⁵⁵ pɯ³¹）、送瘟神经《班注恰没尔》（prɛ³¹ pu⁵⁵ tɕiɛ³¹ mɚ⁵⁵）、驱瘟疫经《公嘎尔》（k õ⁵⁵ k？ ɚ⁵³），等等。

（五）超度安魂类[①]

主要指用于老人去世时各种祭奠仪式所用的经书。如：为逝者梳妆打扮用的《噢塞恰局》（ɣu⁵⁵ si⁵⁵ tɕa³¹ dzoŋ³¹）经、送逝者生前使用器物经《宗恰》（dzoŋ²¹ tɕhɛ⁵⁵）、帮逝者解梦经《米龙》（m̩i⁵³ loŋ⁵³）经、安魂经《阁瓦肯》（gei³¹ ua³¹ k ɛ̃⁵³）、安睡经《责偌》、清醒经《督诅》（du⁵⁵ tsɯ³⁵）、不让逝者留恋家人的劝解经《米垄》（m̩i³¹ loŋ⁵³）、向诸神通报逝者病故及启程情况的经《乌布衮补》（ɣu⁵⁵ prɚ⁵⁵ guɛn³¹ prə³¹）、指路用的《恰子恰大》（ʧhɛ³¹ tsʅ⁵⁵ ʧhe³¹ ta³¹）、《汝久几几》（rua³¹ tɕu³³ dʒi³¹ dʒi³¹）经、隔断阴阳用的《森希席栋补》经、为逝者献宴马的《衮肯》经、祭祖用的《齐的菩》　（tɕy⁵⁵ də⁵⁵ bɯ³¹）经、敬献饭食经《素齐》　（su³¹ tɕhəi⁵³）、洁净用的《洞容素齐米罗素巴》（toŋ⁵⁵ ʐo⁵⁵ su³¹ tɕhy⁵⁶ əi³¹ zo⁵⁵ sʅ³¹ pa³¹）经、《八多孙帝》（brɛ³¹ do³¹ suɛn³¹ di⁵⁵）经、解除净用的《木佳》

---

①　关于此部分经籍的详情，参见本书第三章《普米族宗教仪式的微观考察》。

（mã?^{55}tɕɛ^{55}）经、用于捡骨头的《拉督》（la^{55}du^{31}）经、引魂附灵牌用的《弄克卡尔沙》经；引魂回家念诵的《勒素》（la^{31}suɯ^{31}）经、除秽用的《朵冲》（to^{31}tʂhoŋ^{55}）经、请求益冬松玛驾持帮助韩规完成葬礼祭祀的《洒匈》（sa^{55}çoŋ^{55}）以及安灵经《给瓦》（kjɛ^{31}ua^{31}）、大超度经《释肯》（çi^{31}kh ĩn^{31}）、寄骨经《鲁久》（ʐɯ^{31}tɕiu^{53}）、小超度经《释帕肯》（çiɛ^{31}pha^{31}khɛn^{55}）、向亡者献插嘛呢经帆经《嘛呢得角》（ma^{31}ni^{55}ta^{31}tɕio^{55}）、向亡者献嘛呢堆经《嘛呢冬布》（ma^{31}ni^{55}t õ^{21}pu^{53}）、向亡者尸体献帛经《木释肯》（mu^{213}çi^{31}khɛn^{55}）、向祖灵献经文经《嘛呢冬古布》（ma^{31}ni^{55}t õ^{21}ku^{55}pu^{53}）、测亡灵之路的书《希隆赠》（çi^{55}l õ^{31}tsɛi^{31}），等等。

除以上分类外，普米族经卷还有用于祭司坐床出师的《层宗》（tshɛn^{31}ts õ^{53}），包括小坐床经（七日坐床诵经）《层普宗》（tshɛn^{31}phr ĩn^{55}ts õ^{53}）、大坐床经（49 日坐床诵经）《层代宗》（tshɛn^{31}tɕi^{55}ts õ^{53}）以及用于半年或一年左右坐床诵经的《层喃宗》（tshɛn^{31}niɛ^{31}ts õ^{53}）。

三 普米族宗教经籍蕴含的文化内涵及价值

原始宗教经籍只有同宗教仪式联系起来考察，才能彰显出其全部价值和意义；只有将其与原始宗教仪式紧密结合起来，把它放到它应该出现的某个仪式阶段来研究，才有宗教意义，才能体现出它的宗教权威性、至上的制约力量和神圣性，才能反映出它的全部文化价值。[①] 关于普米族宗教的发展源流和各种文化因素，迄今仍是一个尚未深入探索过的却很有学术价值的课题。目前，我们虽对以上所珍藏的韩规经籍作出了初步的分类，但其蕴含的文化内涵及价值则难以用简单的篇幅加以概括。仅从所掌握的用藏文和汉文拼写的普米族宗教经籍来看，还不足以对普米族宗教经籍及其蕴含的文化作出全面的评判。因此，以下对普米族宗教经籍的价值判断也只是粗浅的尝试。

（一）反映了普米族丰富的原始宗教文化

通过对分布在云南境内的普米族以及川西南地区的藏族（普米人）的宗教，尤其是对韩规教的进一步探讨，我们认为，普米族的韩规教虽受到藏传佛教、苯教的影响，但它是普米族原始宗教融合于外民族的宗教思想的产物，仍然属于原始宗教范畴，保留有独立的民族传统和独特的宗教文化特色。普米族韩规和释毕所使用的经典，既有大量的反映神怪形象、

---

① 佟德富：《中国少数民族原始宗教经籍汇编》，中央民族大学出版社 2009 年版，第 21 页。

神话传说以及亦真亦幻的地理方志、有待考证的普米族人迁徙史实、语言资料和民族文化风俗习惯的内容，还将经籍内容与原始宗教祭仪紧密相结合，通过以经籍明祭仪之源流、以仪式释经籍之所居，使经籍与仪式相印证。这些都是我们揭示普米族宗教的起源、本质、作用和发展的第一手资料，同时，还为我们在更广泛的范围和更深层次上加强对中国西南少数民族宗教的研究，特别是研究原始宗教后期发展提供了珍贵的资料。

（二）蕴涵了普米族鲜明的哲学思想

世界各古老民族纷繁复杂的原始世界观的内容，几乎都在原始宗教观念中有所保留，原始宗教的各种礼俗、规仪、制度乃至各种成文或口传的经书中得以世代传播。

普米族宗教经籍中所体现的有关普米族原始宗教的教义教理，是普米族原始哲学思想的集中反映。首先，普米族先民关于宇宙演化的世界观体系中包含有化生观、创造观、自生观。这三种观念贯穿在普米族哲学思想的很多方面，因而构成普米族先民借以解释自然、社会、文化等各种自然、生活事象的基本前提。其次，普米族创世纪《帕米查哩》、祭祀经《戎肯》（《给绵羊》）、《吉塞叽》（《射鹿人》）等古歌、史诗、原始宗教神话中广泛流传着人类对自身"起源"的认识，即在神的安排和授意下兄妹或姐弟成婚繁衍人类。再者，普米族宗教非常重视人去世以后生命的归宿问题，并由此形成古朴的、富有本民族特色的生命归宿思想。此外，普米族宗教中还表达有关于人在自然界中地位、人的知识的来源和社会制度的形成和发展的古朴思想。

（三）保存了普米族丰富的文学艺术内容

从目前所了解的情况看，韩规古籍中包含有丰富的文学艺术内容。特别是以宗教内容为主要题材的绘画，形式多样、造型准确、形象生动、色彩艳丽。精巧工艺品面偶和酥油花，种类繁多、构思别致、形态各异、技艺精巧。独具特色的跳神舞蹈，队伍整齐、法器多样、节奏明快、动作连贯。韩规祭祀的音乐，不同的法事有不同的声调，声乐和器乐并用。器乐有打击乐（锣鼓、摇铃和盘铃）和吹奏乐（海螺、小号和牛角号），气势宏伟壮观、场面热闹。此外，韩规古籍保留了历法、封禅等古代遗俗：如在历法方面，《史记》等史籍记载的三种古代历法，普米族都有保留。祭山神时，所念的中国五大名山，都保留了普米语所取的山名；封山仪式时，要念诵不能破坏生态等，因此，普米族居住地生态环境保护完好。

此外，在韩规经、韩规教中包含着古代普米族历史、语言、宗教、哲学、艺术、科学的丰富内容。原始而古老的韩规教、韩规经是我们研究、认识普米族的重要入门，对这些内容的挖掘、整理、阐释，是我们进一步研究韩规文化与普米哲学的重要任务。

（四）韩规古籍文献还具有语言学方面的价值

韩规经形成于何时，因缺乏翔实的资料而无法考证。但从现有韩规经籍写本的形制、制作、装帧等方面来看，其保留了古藏文的主要特征，与敦煌莫高窟所保存的藏文佛经一致。目前，我们所能查看到的最早记录普米族宗教经籍的是天启《滇志》"西番，有缅字经，以叶书之"。① 而据有关专家考证，这种书写方式还可追溯到一千多年前的吐蕃王朝时代，或许早在吐蕃时代普米社会就已流传经书。

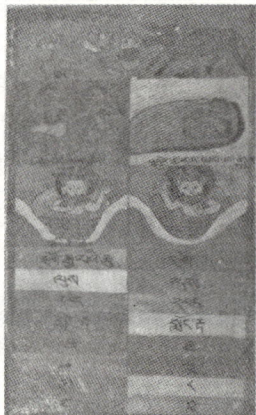

宁蒗县普米族人胡镜明先生收藏的韩规经木牌画

---

① （明）刘文征撰，古永继校点：《滇志》，云南教育出版社 1991 年版，第 999—1000 页。

由于普米语属于汉藏语系藏缅语族羌语支，而普米族又没有自源性的民族传统文字，语音系统的相通之处、语言的接触使得普米族借用藏文记录其本民族的宗教语言成为可能。普米语有特殊的研究价值，它是羌语支各语言中分布地域最靠南的一个语言。用藏文拼音或汉字注音的普米族宗教经典使得普米语在研究语言接触以及多语制对语言的影响方面具有独特的意义。关于普米语的研究，目前已有陆绍尊先生的《普米语简志》和《普米语方言研究》以及和即仁先生的《云南省志·少数民族语言文字志》中普米语部分，但这些著作均未从语言接触和多语制对语言的影响方面进行研究，而且均未利用韩规文献。通过对韩规经卷的音标记音、转写、词义、语法特点的注解，对韩规经的语言本体和相关学科的交叉研究，有助于对普米语有更为深入、广泛的把握与认识。同时，通过用羌语支其他语言和韩规文献中的普米语与今天的普米语进行纵向的历时比较，用普米语和周边的彝语北部方言、藏语康方言、纳西语、傈僳语和汉语西南方言作横向的共时比较，从中探讨出语言接触和多语制对普米语的影响，为今后汉藏语系语言的历史比较研究提供更为可靠的语料及依据，为其他民族语言的相关研究提供一些有价值的参考。

第三章
普米族宗教仪式的微观考察

意大利学者莫尼卡·埃丝波茜托（Monica Esposito）曾说："仪式能够在最深的层次揭示价值之所在……人们在仪式中所表达出来的，是他们最为之感动的东西，而正因为表达是囿于传统和形式的，所以仪式所揭示的实际上是一个群体的价值。"[①] 普米族韩规教有四十余个不同的仪式，每个仪式选择的祭坛以及使用的经籍与法器各不相同，所表达的宗教目的和寓意也不一致。但从总体上考察，四十余个仪式可以概括为三大类：

一是祈神降福类仪式。由于受"万物皆神"（万物有灵）观念的影响，普米族人将一切有利于人类生存和发展之事都归结于神灵，尤其认为，对于与人们的生产生活密切相关的神灵，只有敬畏并且取悦之，才可得到神灵的护佑，降福于人类。因此，除了每日三餐都在堂屋内锅庄石或铁三角上献饭食以敬神灵外，凡出门远行、买卖牛马、外出打猎或遇小孩出生等重大事件时，要举行专门的敬神仪式，念诵祈神经。普米族人还认为，每年农历正月至二月期间，正值万物复苏，鸟儿下蛋繁衍之际，这时一切生命体较为脆弱，亦需要祈神保护。因此，要举行重大的祭"尼"神仪式。[②]

二是禳鬼消灾类仪式。普米族人认为，世间万物既受神灵保护，又受

① ［美］维克多·特纳著，黄剑波、柳博赟译：《仪式过程——结构与反结构》，中国人民大学出版社2006年版，第6页。

② 普米族人的祭"尼"神仪式，又作"尼答子"，旨意为祭祀一切自然神，以保佑自然诸物及人类不受灾害。"尼答子"是一个集地域（全村）性的祭祀泛神（主要是自然神）仪式。每年农历正月至二月期间举行，有固定的祭祀场，祭祀场一般选择在村庄上方森林茂盛、水源较好的地点。仪式通常耗时四天，其间，祭司韩规及全村老少都要寄宿在祭祀点。

鬼魂作祟的危害。生活中之所以有疾病缠身、牲畜瘟疫、谷物灾害以及家运不顺、房屋失火、邻里不和、婴儿夭折等都归因于鬼魔作祟所致。滇西北普米族人的鬼魂观念有两种：一种叫活人鬼魂。活人鬼魂又有两种表现，一是依附在私心较重的活人身上，专门打别人吃食穿作主意的鬼魂；二是指具有语言魔力的人。① 另一种叫死人鬼魂。② 无论是活人鬼魂，还是死人鬼魂，都有恶的成分，因此，在普米族人家中，如果有人管不住自己的口舌（指到处乱传话，挑唆别人），经常恶语伤人或者无故受到别人的恶语之伤，都要请韩规念诵《逗嘎》（to^{55}ga^{31}）经，举行咒鬼"退口舌"仪式。而遇病人久医不愈，牲畜无故死亡，或有亲友暴亡等不吉之死时，则要请韩规念诵《松依》（s õ^{31}ji^{53}）经，以消灾避祸。

三是超度安魂仪式。由于受韩规教灵魂转生观念的影响，普米族人认为，人死后灵魂转生成神即回到祖先故里是最好的归属。能使亡故父母的灵魂回到祖先故里，这是生者报答父母养育之恩的最后一次表达。当然，活着的人也相信，只有让死者的灵魂回到祖居地成神，才能反过来更好地保佑子孙后代兴旺发展。因此，遇有老人亡故，要不惜一切代价举行"释毕戎肯"（ʃi^{55}bɯ^{31}ʐoŋ^{55}khẽ^{55}）葬礼仪式。

普米族"释毕戎肯"葬礼仪式，既有祈神祭祖的内容，亦包含有繁琐的驱鬼镇魔仪式，因此，本章以普米族"释毕戎肯"葬礼场域为考察对象，对普米族宗教仪式及其功能作初步的探讨。

第一节　普米族"释毕戎肯"仪式的来历

"释毕戎肯"（ʃi^{55}bɯ^{31}ʐoŋ^{55}khẽ^{55}）又作"释毕席责"、"释毕央乾"或"席肯戎肯"（çi^{31}k ẽ^{53}ʐoŋ^{55}kh ẽ^{53}）。释毕戎肯是普米族葬礼场域里最隆重的仪式。"释毕"一词，普米族宗教经书韩规经解释为"世间老人"，意即能够阐述宇宙万物的起源、人类社会繁衍以及普米族群的族源、迁徙历史却又不擅识经文的长者。目前，居住在金沙江以南的兰坪、维西等地的普米族，就直接将祭司称为"释毕"。"戎肯"（又作"戎毕"），释为

---

① 杨照辉：《川滇民族巫占与禁忌》，云南省社会科学院民族文学研究所编1997年版，第71页。

② 参见本书第四章第二节《普米族宗教的生命观》相关内容。

"给绵羊"。"释毕戎肯"意即敬羊超度或"作羊会"①。

关于这一仪式的来历，普米族经书和民间传说中，现知有几种说法。

一　经籍记载

韩规经《释毕查》（《释毕的来历》）说，没有古，就没有今；没有"毕"（这里有规矩、古理、依据之意）就不会有祭祀活动。普米人的祖先"拜米吾赤塞"的父亲叫"拜米吾冬主赤得尔"。"拜米吾冬主赤得尔"的寿命较长，（老得）什么都做不了了，连话都说不出口，但长时间又没能死去。拜米吾赤塞家很富有，子孙们看到拜米吾冬主赤得尔如此状况，甚感可怜，却又无可奈何。于是，向"日嗒玛尼蹦拉"（山神名）求助，山神玛尼蹦拉将拜米吾冬主赤得尔驮在自己的坐骑"交年秃衫"（白角犏牛）上，由"铁容"（天神）之子牵着交年秃衫，而玛尼蹦拉神则跟随其后观望。行至一路段时，见路旁有一"任子仁布布"（绿玉石野蜜蜂）蜂窝，蜜蜂穿梭不息，交年秃衫坐骑不敢前行，于是只好绕道而行，刚走几步，又有一只青蛙拦在了路中央。玛尼蹦拉一行正想跨过青蛙时，拜米吾冬主赤得尔却开口告诉他们，不要从青蛙头上跨过，要设法绕过。然而，青蛙蛮横地将头靠在路上方而将其腿搭在路下方，使人无法绕过。玛尼蹦拉好言劝告青蛙不要挡住去路，青蛙却不理会。玛尼蹦拉又告诉青蛙说，如果不让路，将从它的头上跨过，青蛙仍然不肯。玛尼蹦拉再次警告青蛙，你这也不是那也不是，只有将你杀了，青蛙仍然不从。于是，玛尼蹦拉抽出箭，射穿了青蛙的腰间。青蛙临死时"哇哇"叫了五声，嘴里喷出的气变成了火，屁股下淌出的血变成了水，穿过腰间的箭头变成了金，箭尾变成了木，青蛙的身体化作了土。青蛙的叫声惊动了天上的神，天空突然雷雨交加，拜米吾冬主赤得尔被泥石淹没了。

拜米吾冬主赤得尔被埋以后，子孙没有为其举行任何仪式。自那以后，拜米吾赤塞家一下萎靡不振。虽然，房后森林成荫，屋前水流不断，山间堆满金子。然而，家中却凡事不顺，日渐衰败。子孙向韩规求占得知，父亲拜米吾冬主赤得尔亡魂不散，需要找到其尸骨，并且为其举行

---

① 陈宗祥先生将普米族人的"释毕戎肯"仪式称作"作羊会"。参见陈宗祥《敦煌古藏文拼写的〈南语写卷〉首段试译》，载胡文明主编《普米研究文集》，云南民族出版社 2002 年版，第 117 页。

“席肯戎肯”祭祀仪式才能摆脱这一状况。

拜米吾赤塞一家请日嗒山神相助，山神玛尼蹦拉将拜米吾冬主赤得尔塑造成一尊马鹿像，“斯季德西玛打”（sɿ²¹tɕʐ⁵³tɛ³¹ɕi⁵⁵ma⁵⁵ta³¹）、“森般脱克尔”（sɛ̃³¹po⁵³tho³¹khç⁵³）二神则准备为拜米吾冬主赤得尔举行“席肯戎肯”。然而，“巴曲瓦玛”（pa³¹tɕhy⁵⁵wa³³ma³¹）神认为，拜米吾冬主赤得尔被埋之处伴有青蛙尸骨，不干净，必须燃烧杜鹃、冷杉等除秽，而且还必须找来其尸体，再举行“席肯戎肯”。于是，“巴曲瓦玛”与“日打玛尼布尔”一同去寻找拜米吾冬主赤得尔被埋的尸骨。二人行至一水塘旁边，欲烧茶解渴。巴曲瓦玛到水塘里盛水，发现水里有一条金鱼和一条绿玉石鱼正在戏水。巴曲瓦玛用瓢将鱼打出水面，思考片刻，又觉不妥，将鱼又放回了水中。此时，正好有一只“任子仁布布”（绿玉石野蜜蜂）飞来喝水。想到拜米吾冬主赤得尔被埋的尸骨周围有“任子仁布布”蜂巢，于是，巴曲瓦玛捉住蜜蜂，在其肢体上系了一根红线，将蜜蜂放归山间。巴曲瓦玛与日打玛尼布尔则骑着马跟随其后。到达一丛林附近，只见一群白色的绵羊在食草，而任子仁布布蜜蜂却没了踪影。二神在林中四处探寻，很快，玛尼布尔在一棵“干崩kã³¹põ⁵³”（疙瘩香树）树枝上发现了先前系在蜜蜂上的红线。这里可能就是拜米吾冬主赤得尔被埋的位置，于是，他们将马匹拴在一棵小疙瘩香树上，开始寻找尸骨。正当此时，“斯季德西玛打”神变成一只雄性马鹿，跳到羊群中，羊群四处逃散惊吓了巴曲瓦玛的坐骑。坐骑吓得乱蹦乱跳，将所系的疙瘩香树桩亦连根拔起。树桩下现出一些碎骨片，二神继续在树根下寻找，发现了一具人骨，可是人的头颅长成了一棵“鲁崩lu⁵⁵ʂã⁵⁵”（冷杉树）、右肩骨长成了一棵“色崩sɛ̃³¹põ⁵³”（柏香树）、左肩骨长成了一棵“汝崩ʐu³¹põ⁵³”（白桦树）、四肢各长成了一棵小松树，而胸骨部位长成的正是被马匹连根拔出的“干崩”（疙瘩香树）。拜米吾冬主赤得尔被埋的尸骨终于被找到了。

然而，拜米吾冬主赤得尔的尸骨长成了色崩、汝崩、干崩等不同的树种，尸骨不全，无法带回家中。于是，巴曲瓦玛与日打玛尼布尔神只好将所现的几片碎骨捡入一陶罐里，将陶罐埋入一树下。然后，在一木制十字形状的树丫上缠绕五色线，编制成“弄卡”（nõ³¹kha⁵³）灵牌，并施法让拜米吾冬主赤得尔的灵魂依附在“弄卡”灵牌上，将“弄卡”灵牌带回交给了拜米吾冬主赤得尔家人。

拜米吾冬主赤得尔的儿孙们在屋外进行"众辛华 tʂõ³¹çi³³xua³¹"（设置坛场）。① 坛场呈人字形，上方称"众辛"，从左至右插栽白桦树、冷杉树、柏香树各一棵，以象征拜米吾冬主赤得尔的左肩、头部和右肩。下方称"单子仁崩"（tã³¹tsɿ³³ʐɛ³¹põ⁵³），即插栽四棵象征拜米吾冬主赤得尔先祖四肢的小松树。在鲁崩冷杉树正下方插上"弄卡"灵牌。随后，请来韩规，为拜米吾冬主赤得尔举行"席肯戎肯"祭祀仪式。同时，为感谢"玛尼布尔"、"斯季德西玛打"、"巴曲瓦玛"、"森般脱克尔"四神，还要举行为神献祭仪式。

子孙按韩规的嘱托，寻到了父亲的尸骨，为其举行了"席肯戎肯"仪式，于是，家中儿孙满堂。自此以后，普米族人就有了人死后要举行"席肯戎肯"的习俗。②

借用藏文拼音书写的韩规经《释毕查》（《释毕的来历》片段）

二 民间传说

关于"释毕戎肯"习俗之来历，普米族民间尚有不同的说法。胡文明先生所调查的记录稿描述说，不知哪朝哪代，有一户普米族人家，为了寻找弹羊毛用的竹片，父子俩长途跋涉，来到南方热带的某地，发现那里的竹子不仅茂盛，且很粗大，够几人合抱，它昼开夜合，同时发现，那里的骡子不长毛，蚊子斑鸠大。夜晚儿子在竹子合拢之前，钻进了竹筒躲蚊

---

① "众辛"原义指"鲁崩"（冷杉树）、"色崩"（柏香树）、"汝崩"（白桦树）三棵树，现泛指整个坛场。

② 引自笔者国家社科基金项目《普米族韩规古籍译注》之《释毕查》（《释毕的来历》）。

子，父亲却不肯。次日凌晨，当竹筒打开儿子从中伸出头时，只见父亲被蚊子咬得只剩一具骷髅。这位孤儿悲伤之极，掩埋好父亲的尸骨之后，四处漂泊游荡。有一天，他终于到达了西边的天界，碰巧赶上雍仲苯教祖师"登巴辛饶"正在隆重地替人做"祭羊"超度仪式。置身此情此景，他想起落魄于南方的慈父，遂恳请登巴辛饶下凡人间为其父主持"祭羊"超度仪式。仁厚的登巴大师当场允诺，并送其竹、柏等种子，要他好好播种、管护，待这些植物长大成林时来接他。这位孤儿按照登巴大师的吩咐，日夜兼程返回故乡，及时栽种，三年后，竹柏终于成林，便迫不及待地前往西边天界迎请登巴大师，然后从南方驮回父亲的骷骨，举行了三天三夜的祭羊超度仪式，了却心愿。从此，普米族地区就开始兴起了为祖先祭羊超度仪式。[①]

而流传在兰坪地区的民间传说是：兄弟俩从西方取经（一说是打仗）归来，途中在一个竹林过夜。此处竹子很粗，够几人合抱，它白天开裂，夜晚合拢。此处的蚊子，个个都有斑鸠那么大。傍晚，哥哥（一说弟弟）赶在竹子合拢前钻进一根竹子里躲蚊子。另一个不肯躲，夜里被蚊子啃得只剩一具骷髅。哥哥掩埋了弟弟之后，离开了这个令人伤心的地方。他在林中走啊走，可怎么走都会转回到弟弟的坟前，于是他挑着骨头上路。途中他遇见一位牧羊老人，老人送给他一只白绵羊，叫他把尸骨驮在白绵羊身上。哥哥终于回到了故乡。因此，普米人在亲人故去时都要挑选一只与死者性别相应的白绵羊，依靠羊的帮助使亡魂顺利回到祖宗的发祥地。

此外，宁蒗地区普米族还有如下解释：远古的时候，一群羊在山坡上经过，不慎踩落山石砸死了狼崽。这无意的冒犯引发了母狼的怒火，于是它带领狼群复仇，几乎把羊群吃光。喜鹊、乌鸦不但不帮忙，反而助狼作恶，最后羊群只剩了三只。在此危急关头，九个普米族猎手射杀狼群，仅有母狼逃脱。得救的三只羊为表报恩，对猎人许诺，生要供给猎人吃穿，死也要掏出心来奉献，还要为归宗的普米亡魂作伴引路。[②]

上述关于普米族"释毕戎肯"给羊子仪式来历的说法，虽然从内容

---

① 剌明清、胡文明等：《普米族简史》（修订本），民族出版社 2009 年版，第 275 页。

② 熊贵华：《普米族"冗肯"价值的多元性》，《中央民族大学学报》1994 年第 2 期。

到形式都有所差异，但其反映的主题却完全一致。无论是绵羊成群的地方是先祖尸骨埋藏之地，或是讲人于危难中救了羊，羊便以身心作为报答，还是人在困境中得到羊的帮助，避免了儿子重蹈父亲、哥哥重蹈弟弟覆辙的厄运，并使亡者的尸骨安返故乡等，这些表达都指向一个关键的问题，即普米先民生活中和绵羊的密切关系。

在普米先民的神话叙事中，人不是高居于羊群之上，羊也不是令人生畏的神灵，普米人视羊为朋友，羊是普米先民崇拜的图腾。普米作为氐羌民族之后裔，而氐羌民族有牧羊人之称，普米族先民长期从事游牧活动，社会生活中与羊有着密切关系。羊群是普米先民的财富，是其食品和衣物之源。揭去罩在传说故事之上的神秘纱幕，我们不难看到普米人与羊之间密切的依存关系。普米人生活离不开羊，那么人死了，把羊推到葬仪的主角地位，让它作为死者的化身，作为死者引路的伙伴，这是很自然的事情。在同样是氐羌民族的西南彝族中，羊在宗教生活中同样扮演着重要的角色。在彝族超度祖先的"尼姆措毕"（$ni^{31}mo^{55}tsho^{33}pi^{31}$）仪式上，也有以白绵羊为祖灵送终引路的仪式习俗。

普米族的羊图腾

绵羊为祖灵送终引路的仪式习俗

第二节　普米族"释毕戎肯"仪式的程式结构①

普米族的先民曾一度实行火葬，并有二次葬习俗。关于滇西丽江境内

---

① 2008 年 11 月，笔者母亲慈仁拉姆在居住地朵碧村（摩梭村寨）病故，并按当地摩梭人的葬俗举行了葬礼。笔者曾对这一葬礼仪式作了记录，并以《当代滇渠摩梭人丧葬仪式考察》为题撰文发表在《宗教学研究》2010 年第 2 期上。时隔一年，即 2010 年 6 月，笔者姨妈娜吉卓玛亦病故，葬礼却依普米族人的习俗举行，本书关于普米族葬礼仪式的论述，主要源自对该葬礼的实地考察。由于金沙江以北宁滇地区普米族和摩梭人葬俗相近，因此，本书在撰写过程中主要参考了《当代滇渠摩梭人丧葬仪式考察》一文。此外，"席肯戎肯"虽是不同地区普米族人至今仍然保留的共同的"文化符号"，但由于举行此仪式要耗费相当的时间和财物，而过去贫困者较多，一般需要准备三年，甚至更长时间才能举行，因此，许多普米族人将这一仪式的程序作了简化。而金沙江南北地区的普米族人由于受"改土归流"的影响程度不一，因而各地"席肯戎肯"仪式亦表现出差异。为全面展示"释毕戎肯"这一普米族独特而古老的葬礼仪式，本书对仪式的描述还参考了熊胜祥、熊贵华等普米族学者先前所调查的有关普米族葬俗的文章，特此说明。

少数民族火葬的大致情形，元李京在《云南志略》中写道："人死，俗尸束缚令坐，棺如方柜，击铜鼓送丧，以剪发为孝，哭声如歌而不哀。既焚，盛骨而葬。"清雍正改土归流后，一些西南少数民族改行土葬，到清朝中期，云南丽江、维西、兰坪三县的普米族开始实行土葬，而宁蒗、永胜等县的普米族至今仍实行火葬。虽然葬法不同，但在丧葬仪式中，各地普米族都保留了为死者举行"释毕戎肯"葬礼，给死者白绵羊引路北上回归祖宗故地的"敬羊仪式"习俗。

2009 年 6 月 25—30 日，笔者参与了原宁蒗金棉森景甸籍普米族人娜吉卓玛葬礼仪式的全过程。娜吉卓玛，女，卒时 85 岁。受逝者家人的邀请，该地区麦色·品初里、奔厦·瓜祖等七位韩规及毕扎熊长命共同主持了祭祀仪式。仪式在逝者家中举行，整个仪式有一千余人参与。普米族"释毕戎肯"葬礼仪式程式是普米族丧葬仪式中一种形式化的仪式行为表达方式，它表现为规范的行为模式和行为模式的组合形式。仪式程式属于文化传统，是普米族文化形成的稳定的宗教活动的表现风格和表达模式。仪式结构是指为达到具体的宗教需要，对仪式程式进行的具体选择和序列组合。以下是笔者观察的金沙江以北宁蒗地区普米族韩规教葬礼仪式的具体过程。

一 洁身持明

如前所述，由于受韩规教"神形"相分观念的影响，普米族认为，人之所以死去，是因为灵魂依附的特定之躯体受到病魔的严重侵袭，整个形体很不干净，实在无法让灵魂依存，灵魂不得不离开其依附体。然而，灵魂走失之初（在举行安魂之前），由于找不到栖息之所，往往左冲右窜，时而依附在人畜上，时而返回到原有的躯体上，很是不明。而要想使灵魂听从韩规的指引，顺利回归祖先故里成神，必须先对其依附的躯体进行洁净（销毁），而洁身最好的办法是用火焚烧，让其化作山水。然而，对于躯体的处理不可轻易进行，不仅要给走失的灵魂交代清楚，还须遵循一系列的祭祀仪轨。于是，就有了普米族如下之繁琐的洁身过程。

1. "尼米谷日"（$\text{ŋi}^{55}\text{ mə}^{55}\text{ guə}^{31}\text{ zi}^{35}$）。普米语，意为备丧。在普米族社会，一般年长者进入 60 岁以后，家人就为其准备少许银屑及酥油，同时，准备好寿服、"侗"（又称"苟"）。① 遇年迈者动弹不得或者病患者经多方医治无效、病情危重之时，家人及亲友要昼夜轮流看护，远亲近邻也不时携带补品前来探望，倾尽全家之所有，熬制汤汁喂给病人。老人行将断气，家里人先把病者从床上扶坐起来，牵一只白绵羊（男病人牵母羊，女病人牵公羊）到其面前，让病人象征性地拉一拉，并告诉病人说："这只绵羊是给你带去的！"说完割断牵羊绳。一截绳头留在病者怀里，一截留在羊的脖子上。留在病者怀里的绳头，待病者死后，与其尸体一起火化。此时，家人和亲友都要在场，以防止病人难舍而增加痛苦，同时也可以掌握死亡的确切时辰。

2. "尼莫革日"（$\eta i^{55} m \vartheta^{55} g u \vartheta^{31} z i^{35}$）。即整理逝者的尸体。死亡的征兆一旦显现，在场的亲友立即用一张白纸或一块白布将"宗巴拉"（普米族立于火塘正上方的祭祖神坛）覆盖，将火塘里的柴火撤至堂屋下端生火，熄灭主火塘。覆盖"宗巴拉"是因为祖先神未能保佑好逝者生存，表示羞于见子孙，而熄灭主火塘意味生者的悲痛与家族的损失。然后，对逝者进行洗漱。这时，女子和未举行成年礼的男子必须回避，逝者家属停止哭泣，保持安静。

洗漱的水有一定数量的规定，男逝者九碗水，女逝者七碗水。取洗尸水的水源，一般在逝者家族送魂归宗的路线上，或经过"韩规"、"释毕"占卜确定。用水要洁净且必须用"阿嘎汝"（$a^{21} k A^{55} z u^{31}$）香树、"怎迪"（$t s \tilde{e}^{55} d \tilde{i}^{755}$）柏香树、"艮"（$g \tilde{e}^{53}$）疙瘩香树三种树枝在温水浸泡后（普米族人认为上述树种是高洁之树，燃烧其树枝可以洁净空气、消解污秽气息）用麻布条细擦逝者全身。洗漱完成以后，给逝者穿戴寿服，换上全新的衣裤鞋帽。然后将尸体下肢弯曲，两膝、双脚并拢，双手合掌放置于胸前，用一条长麻布，其中段放置逝者的项下，从双肩绕出，至胸前交叉，如此前后捆系，至脚踝打结，男绕九道，女绕七道，将其绑成"处胎姿势"的蹲坐状，以此象征生于这种生活，死后仍面向这种生活。尔后，在嘴里放入一小块碎银屑，如果没有银子，也可以用粟米、茶叶等代替。同时，还要用布条包装少许碎金，放入手中，寓意逝者来生转世或回

---

① "侗"即棺木。普米族人所使用的棺木为形似轿子的木楞房，用香柏树或松树细圆木剁成。但为了制作方便计，现已基本改用木板，长宽均为一尺三寸，高三尺，并有屋檐和屋顶。金沙江以南的普米族人则使用与汉族人相同的棺材。

到祖先居住的地方以后不缺吃穿。眼、耳、鼻、口处则用酥油涂塞，最后在面部覆盖一张用麻布制成"塞崩"（sə³¹boŋ⁵³）。① 收敛尸体完毕，再用棉被包裹后以蹲状安放在堂屋火塘旁，男性逝者安放在火塘的右侧上方，女性逝者放在火塘的左上方，面朝堂屋门方向。

3. "缺布史"（tʃhyɛ⁵buɯ³¹çi）。即报丧。对逝者进行洗漱、穿衣、裹尸完毕后，开始哭丧。哭声刚起，派人在门外吹响海螺号，朝天鸣枪或鸣放火炮，以此向村邻报丧。远处的亲戚则派人兼程前往，逐个通报。通报时，不使用"死"这一字眼，只能说"德夏塞"（dy⁵³çɛ³³sei³¹）。②

消息传出后，本村和附近村寨的每家每户，都要派人带祭品前来参加。而同氏族人不管多远闻讯都要赶来帮助料理丧事，慰问死者家人亲属。按照普米族的传统习俗，如死者为妇女，借故婆家未能保全逝者，娘家人要到婆家"打冤家"。由死者兄弟身披白毡率亲友持刀棍杀奔婆家。男方亲友则赶到村头迎候，双方鸣枪敲锣，喊声震天，有的双方各出十二健男，身着皮甲合跳厮杀舞。此时，娘家人趁乱进寨，到婆家乱砍梁柱，敲锅掷碗，婆家人则屈意奉承，磕头赔礼。经过一番大闹，双方亲友才抱头痛哭，表示和解。然后，共议丧事，盛宴各地前来奔丧的亲友。

4. "韩规篡"（han³¹gui⁵³tsuã³¹）。即迎请祭司韩规。向村邻报丧的同时，还需派直系亲属前往恭请韩规或释毕来主持送魂归宗仪式。受邀主持仪式的韩规、释毕可以根据主人家庭成员的生辰测算，或者遵照主人家的意愿指定，其他参与祭祀的韩规和释毕，则视主祭家人的财力而定，但参与丧葬祭祀的韩规或释毕一般不少于三人。若财力充足，参与祭祀的韩规和释毕可以达数十人。

当韩规、释毕到达时，要举行"席瓦许里"（çy³¹ua³¹çy⁵⁵li³¹），即迎请韩规的仪式。丧主家需在屋外（有的在村口）设置一迎接台，其上摆放盐、酒、茶、猪膘头等，全体孝子则一字并排跪拜在迎接台旁边。同

---

① "塞崩"，普米语，为印有经文的白麻布面罩。当地的普米族人解释，之所以在面部涂上酥油、覆盖面罩，是因为不让死者再听到、看到、闻到家属悲欢离合，让其安心离开故土，即以隔"阴阳"。

② 德夏塞，意为"回家了"或"老了"。

时，指派祭祀活动的"总管"（一般指派"毕扎"）迎请韩规，"总管"与韩规有一长段有趣的对话。

众韩规行至迎请台前驻足，主持韩规（以下称"韩"）用普米语言呵斥："谁挡住我的路？我只是一名出行者。"

主人家（由丧主家指派的祭祀总管或毕扎。以下称"主"）回答："我家老人老了，已无力回乡。经打卦得知，今有神人'松吉丁巴辛饶'（soŋ⁵⁵tɕi³¹dĩ⁷⁵⁵baç ĩ³¹ro³¹）将路过此地，我们前来迎请。"

韩："我不是什么神人，我只是一名乞讨者，我亦无法帮助您的老人回归故里，请让我通行。"

主："此时此刻，佛光高照，您必定是神人，请求一定给予帮助。"

韩："我真无此力，但我的后面有'衮哈阁布'（guɛn⁵⁵ɬa⁵⁵gə³¹bɯ³¹）神人，他带有千军万马，可能帮助你们，请前去迎请吧！"

主："千万不要推辞，只有您才能帮助我们家老人，所有孝子都已经给您跪拜了，希望能相助。"

韩："如果不请衮哈阁布神，其后还有'雍钦萨旨亦松'（jõ³¹tɕ ĩ⁵⁵sɛ⁵⁵tʃi³¹ji³¹soŋ³¹）神，他带有25位护卫，或许他可以帮助你家。"

主："千万不可推辞，您一定是松吉丁巴辛饶神人，只有您才可以帮助。"

韩："如果不请衮哈阁布和雍钦萨旨亦松神，其后还有250名卫兵护着的'衮宗辛纳卫各尔'（guɛn⁵⁵soŋ⁵⁵ç ĩ⁵⁵la⁵⁵uei³¹gç³¹）神，他可以让您的老人回归故里。"

主："还是请您大慈大悲，所有的亲友都给您跪拜了。"（此时，除跪着的孝子外，在场的所有人员齐声附和，并象征性地作揖。）

韩："如果衮宗辛纳卫各尔神也帮助不了，其后还有'撕八森布崩赤'（sç⁵⁵ba⁵³sẽn⁵⁵bɯ³¹boŋ²¹tʂɻ⁵³）神，他带领的250名兵将，英勇无敌，一定为您的老人护驾，请前去迎请吧！"

主："不管还有多少神人可以相助，我们坚决迎请的是'丁巴辛饶'（dĩ⁷⁵⁵ba⁵⁵ç ĩ⁷⁵⁵ro³¹）神。"

韩："如果撕八森布崩赤神还不满意，女神'曲迥甲姆'（tɕhy⁵⁵tɕoŋ⁵⁵tɕɛ³¹mu⁵³）亦伴有25名姐妹经过这里，你们前去迎请便是。"

主人："感激不尽，只有您益西丁巴辛饶才可以为我家的老人助力，千万不要推辞啊！"

韩："曲迥甲姆之后还有'益冬赤嘉宗邛'（ji^{31}doŋ^{55}tʂhen^{31}tɕɛ^{55}tsoŋ^{31}tɕho^{31}）神，他长有9个头和18只手，是镇魔压鬼的高手，你们去请他。"

主："神人虽多，但我们请定的是您，请您答应吧！"

韩："不请益冬赤嘉宗邛，那'达拉米布尔'（ta^{53}la^{55}m ĩ^{31}bɕ^{31}）神也会来的，他不仅可以治邪恶镇鬼怪，而且还可以端口嘴（退口舌是非）。"

主："达拉米布尔神的确法力无边，但我们家老人回家，只有靠您相助。"

韩："不请达拉米布尔神，还有'贡泽普吉佳布'（goŋ^{21}tsei^{55}prɕ^{55}tɕi^{31}tɕa^{31}bu^{55}）神，他可以打卦、占卜、镇妖魔，样样好手，去约请吧。"

主："贡泽普吉佳布神是有高强的本领，但我家的老人还是请您相送。"

韩："不请贡泽普吉佳布神，那试着请'尼瓦般布斯吉谆玛'（ŋi^{55}ua^{55}bẽ^{21}bɯ^{21}sʐ^{55}tɕi^{31}dʐyn^{31}ma^{53}），他是'尼瓦'（ŋiua^{55}）阴间的主管。"

主："尼瓦般布斯吉谆玛也不请了，我们只认定益西丁巴辛饶神。如果您是益西丁巴辛饶，请接受我们的邀请吧！"

韩："不请尼瓦般布斯吉谆玛，那'易打般布菩泉谆玛'（ji^{31}da^{55}be^{j1}bu^{53}prɕ^{55}tɕyɛ^{55}dʐyn^{31}ma^{53}）神定会来。"

主："请不要推辞，只有益西丁巴辛饶神才可以给生者安宁，为逝者安息。我们没有什么财富，只有一点薄酒和粗茶淡饭，请一定帮忙。"

韩："我什么都不会，你们一定挡拦我出行，我只好回去了。"

随即转身离去，主人家迅速上前抓主韩规的手，再三请求，全体孝子再次跪地求拜。

此时，主韩规再次回应："让益西丁巴辛饶从十三层天外的位子上起身（这里有答应邀请之意），出使'竹瓦森斤童今段踏补'（dʐu^{31}uA^{55}sẽ^{55}tɕ ĩ^{55}thoŋ^{31}tɕ ĩduã^{21}tha^{21}bɯ^{53}）从事地界的一切生灵之事，为其准备了什么'毕瓦'（bi^{31}ua^{55}）供物？"

主："为其准备了'尼'（ŋi^{55}）贡物（即各式各样的布匹）。"

韩："益西丁巴辛饶从神界出行到人间，为其准备了什么供物？"

主："'雍安'（uŋ^{55}ŋã^{55}）（即金和银）。"

韩："益西丁巴辛饶到'尼'界时，为其准备了什么供物？"

主："'齐汝若'（tɕhɛ^{31}ʐu^{53}rei^{53}）（即珍珠、玛瑙等泛称）。"

韩："益西丁巴辛饶到'散哒'（sãŋ^{31}ta^{55}）界时，为其准备了什么?"

　　主:"为其准备了'素曲'(su^{31}tçhe^{55})(米粮)。"

　　韩:"益西丁巴辛饶从散哒界到'兑'(due^{53})界,又为其准备了什么?"

　　主:"为其准备了'麻蔗'(ma^{31}tʂɚ^{33})(五谷)。"

　　韩:"从兑界到'鲁'(lɯ^{53})界时,又为其准备了什么供物?"

　　主:"到达鲁界,为其准备了'那尼莱得素布'(ŋi^{55}rei^{55}tu^{55}su^{55}bɯ^{31})(即用红铜大锅盛满的牛奶)。"

　　韩:"为长有'出斤'(tʂhɯ^{55}tç ĩ^{53})(角)、'外斤'(uei^{31}tç ĩ^{53})(牙)、洞斤(dioŋ^{31}tç i^{53})(翅膀)的'益冬松玛'(ji^{31}t õ^{55}s õ^{33}ma^{31})神(益西丁巴辛饶的护法神)准备了什么供物?"

　　主:"益冬松玛的礼物有'木打散大'(mẽŋ^{31}ta^{53}s ã^{31}ta^{53})(枪和弓箭)、'木咀卡恰'(ma^{55}tsui^{31}kha^{55}tçhɛ^{31})(大刀和长矛)。"

　　韩:"益西丁巴辛饶到达'甸吧'(diɛ^{31}ba^{35})地界的供物又是什么?"

　　主:"我们准备了'泽衮'(dzɛ^{31}gyn^{35})(坐骑及用金银制成的鞍子)。益西松吉丁巴辛饶所坐的位子上铺设了'随日'(dui^{31}ɻ^{35})(豹子皮)、'乌日'(ɣo^{31}ɻ^{35})(老虎皮)、'绲日'(gyn^{55}ɻ^{53})(熊皮制成的垫子),桌上放满了金银制成的碗。请益西松吉丁巴辛饶神,能够相助。"

　　至此,韩规无言以答,只好双手接过主人所赐的醅酒,开怀饮之,以示接受邀请。

　　"总管"迎请韩规的这一长段有趣的对话,在普米族宗教仪式中颇具戏剧性。在这场普米仪式的"戏剧"中,总管与韩规分别"扮演"不同的"角色"。双方通过问答的曲折"情节"的戏剧性的表演,展示出普米人虔诚的宗教信仰与对祖灵无限怀念的感情。作为仪式参与者的前来送葬的亲戚乡邻等"观众",在观摩这场近似戏剧的仪式表演中,无形中接受了普米宗教传统的教育熏陶,普米族宗教价值观念也由此得到肯定。"释毕戎肯"仪式过程的巧妙设计,最根本的是要反映普米族宗教信仰的主题,以充分展示普米宗教仪式的深刻文化内涵。"总管"迎请韩规的有趣的"文化表演",无论是角色表演,还是修辞风格语言的运用,或者是参与"释毕戎肯"仪式的观众,都符合英国人类学家维克多·特纳（Victor Turner）指出的仪式与戏剧之间存在的几个共同点。[1]

普米族"席瓦许里"迎请韩规仪式

5. "米苟吾尼阁"（ma^{31}gɛ^{53}u^{53}ji^{55}gə^{31}）。即设灵。韩规或释毕到位后，用面偶赶制代表四方神的"那啊"（na^{21}ya^{33}）、代表送魂路上挡路的鬼怪"灵恰"（li^{31}tɕha^{33}）塑像若干（按照停灵的长短，以每天六碗计数，一次性赶制）。之后，将逝者面部所遮盖的"塞崩"揭开一角，念诵《尼布》[2] 经："尊贵的某某，你的躯体已经很不干净，现在韩规为你驱病，让骨头里的病魔依附到石头上、肉体中的病魔依附到土层里、血液之中的病魔随水流走、气息之中的病魔随风而去、藏在体温里的病魔在火中烧尽；让一切病魔都依附到鸟儿的身上，头疼至你死亡的病流失到鸟的头上，肉疼至你瘫痪的病魔依附到鸟的身上、使你骨质

---

① 英国人类学家维克多·特纳（Victor Turner）认为，仪式与戏剧之间至少存在着五个共同点：一是角色表演，二是修辞风格语言的运用，三是有观众，四是知识和对一组单项规则的接受，五是高潮。［英］维克多·特纳著，刘珩、石毅译：《戏剧、场景及隐喻：人类社会的象征性行为》，民族出版社 2007 年版，第 21—26 页。

② 《尼布》经，1 卷 3 页。"尼布"意为驱病魔。

麻木的病魔钻到鸟骨里，让鸟儿将所有的病魔带回云彩里，带到太阳、月亮、星宿上，带至山外翻开的土堆里，深埋地下，随流水逝走。"诵经结束时，毕扎将一型似鸟儿的面偶及一碗水、一块土饼抛入屋外的沟内。

　　之后，念诵祈神经《洒匋》（sa^{55} çoŋ^{55}）经[1]、《日若》（ʑi^{31} ʐo^{53}）经[2]、《洒笼》（sa^{33} loŋ^{53}）经[3]以及洁身安魂经《噢塞恰局》（ɣu^{55} si^{55} tɕa^{31} dʐoŋ^{31}）经[4]、《宗恰》（dzoŋ^{21} tɕhɛ^{55}）经[5]、《米龙》（m̩i^{53} loŋ^{53}）经[6]及诵安魂经《阁瓦肯》（gei^{31} ua 31 k ɛ̃^{53}）[7]。诵毕安魂经，由韩规或释毕据逝者离世的时辰、家庭成员的生辰进行占卜，确定设灵期，停灵时间从一天至数月不等，如果停灵时间较长，一般在"苟"周围用潮湿的沙子围护，并用一根空心青竹竿将"苟"内气体接向空中。待韩规或释毕开路完毕后即可入殓，但一般选择在夜间举行，由亲属将尸体移入"苟"，棺内铺垫青松或者香柏树枝，并将"苟"放置在堂屋正中靠墙处，面朝堂屋门。"苟"与"宗巴拉"之间则用五色布制成的"谷氏"（gu^{31} d ĩ^{55}）布条屏

---

　　[1]　《洒匋》经，1卷13页。意为请求"益冬松玛"神驾持，帮助韩规完成祭祀。念诵该经时，由毕扎收持三碗醋酒，走出屋外洒向房顶。

　　[2]　《日若》经，1卷14页。意为请求"日怎日达"山神陪伴，以助祭祀。念诵该经之际，由主人家点燃益冬面偶神像前的灯。

　　[3]　《洒笼》经，1卷11页。《洒笼》经是专门用于祭祀龙神的经籍。念诵该经时，由毕扎收持一碗牛奶，将洒笼面偶像带出屋外，放置在水沟或水潭旁边的树上或较高位置上，牛奶则洒向树枝，其用为告知龙神，主人家将要举行祭祀仪式。

　　[4]　《噢塞恰局》经，1卷8页。其内容主要反映的是为逝者梳妆打扮的过程。读此经时，毕扎端一碗水，用左手（意为与活人相反）持一把"库波 khu^{21} pro^{55}"梳子及一枝松叶。象征性地用松枝洒少许水在逝者头部方向，并用梳子在头部比画几下，意为为逝者洗头梳辫。

　　[5]　《宗恰》经，1卷9页。其是让逝者带走生前所使用的器物。读此经时，毕扎将逝者生前使用的主要器物，如男性的刀枪，女性的织补机、针线等放在灵柩前稍许。

　　[6]　《米龙》经，1卷3页。《米龙》为解梦经。韩规教认为，人死之际，经验意识或客体意识即行消失。此时，会有一段所谓的"昏迷"，但此种昏迷仍然保存在作为能知客体的意识之中。人们在尸首之前晃来晃去，逝者都会有感受，并会说："我近来做梦不好……"然而，其所言之语，只有"丁巴辛饶"神的化身韩规才可以听见。于是，韩规为其解梦："你所梦之事，不是噩梦，而是您的子孙正为您举行'席肯戎肯'，你获得较多的供品，因而所梦。"

　　[7]　《阁瓦肯》经，1卷130页。《阁瓦肯》是部安魂经，意为为逝者安魂。普米族认为，人死后原灵魂依赖之躯体已不复存在，灵魂会到处游散。要想将灵魂引向祖居地，首要任务就是把逝者的灵魂稳住，使其安静下来，听从祭祀的召唤。因此，在整个丧葬期间，念诵安魂经不低于六遍。经济允许的家庭，可以请韩规多念诵几遍。

障将两者遮隔。如果逝者为女性，需在"苟"的上面覆盖一床用白绵羊毛制成的披毡。正前方，粘贴由韩规现场作画的"益西丁巴辛饶"神像，神像正上方为云托日月状，左右上角各画一条龙，以代表夫妻双方，左方所画的龙代表男性，右方代表女性，龙头朝背面代表生存，龙头朝前意为亡故，夫妇皆亡，则二龙头均朝正前方。此外，在"苟"的右面画跑马一匹，左面画有绵羊、鹿等，背面正上方画上"宗巴拉"，其下画法螺、花瓶各一对，香炉、灯碗各一只。屋顶则描绘成盖瓦片之状，棺檐从正前开始从左至右方向悬挂一副称"谷氏"的五色布条。按照当地普米族人的解释，马、绵羊意为北方迁徙而来的游牧民族后裔；丁巴辛饶神像及龙身寓意逝者转生成龙跟随丁巴辛饶回归故里；而法螺、花瓶、香炉及鹿身则象征音声和香气，反映一切现象的肉身及视觉。"苟"的背面所画"宗巴拉"，送葬时面仍然朝里，意为家中的福气不跟随逝者走失。

金沙江以北宁蒗地区普米族人的"苟"

入殓毕，主火塘重新生火，在火塘下方进行"泽股洼"（dzə³¹gɯ³¹³uə⁵³）煮枕头饭。选用猪膘肉、三个鸡蛋，用手抓些生米（男逝者抓九把、女逝者七把）反手放入同一个锅内煮熟后放在三个碗里，与"劝库"（tɕhyɛ³¹kho³³）（猪膘头）一个供放在"苟"的右侧，点上一小盏青油灯。在棺前的灵桌山供奉一碗米饭、一碗大头肉、一杯茶、一杯酒、一双筷子，并用植物油点一盏长明灯，此时，"宗巴拉"前的灯则须熄灭。之后，韩规或释毕为逝者念诵《哉偌》（tsʼɛ̃³¹no⁵⁵）经①。

6. "米宗"（mə⁵⁵dzoŋ³¹）。又作"外米日"，即服丧。服丧期间，孝男孝女一律除去头帕帽子，用生麻辫缠头或戴白色孝帕，女性需梳发扎辫，男性则刮净胡须，过去还需要刮净头发。此后，49天不再梳理。梳理后集体守于灵枢之下接受亲友的吊丧。亲友到来时鸣炮示意，孝男孝女听到炮声，立即起身到路上迎接，并跪地磕头以示感谢。同时，有两名身穿盔甲，腰系铜铃，手持长矛作武士状打扮的人，嘴里哼着"喔哄……呕！啊……"之词，跳着"瑞辞"（zəi³¹tsʅ³³）②舞步，将吊唁者直接迎到灵枢旁。亲戚所送祭品中烟、酒、茶、一合粑粑、一斤清油为必备之物，其他祭品如牛羊也很多。上供献灵时，由"毕扎"一一呼告祭奠者家庭成员姓名（先呼告男性成员再呼告女性成员）及所献供品。此时，吊唁者要向灵枢磕头三次。

---

① 《哉偌》，又作《克日库》。《哉偌》经是部安睡经，经卷1卷4页。韩规教认为，人死后，在躯体火化之前，其灵魂仍暂时停留地在原来的躯体上，但这种依附极不稳定，很难安静下来。因此，需要由韩规诵安睡经。经卷的大概内容为："崖补纹布"（天上的龙神）已经睡下了，您也去休息吧；"巴松窘辛蹦夺佳日邛"（天上梭罗树上的大鹏鸟）已经睡去了，您也睡去吧；"贡嘎夺森阁拉库诅汝特属"（贡嘎山雄狮项部的鬃毛已经收拢），您可以安心地睡去吧；"阁呆夺折年多夏"（飞翔于悬崖之间黑身白腰的鹰叼）已经停止了劳作，您也睡去吧；"曲拨朵刮易拉库洞博特树"（冷杉林中的乌鸦早把头伸入了翅膀下），您也睡去吧；"怎比吾特吾尼再特树克日"（怎比吾树林里的老虎早已收拢了身上的花纹），您也睡去吧；"阁呆库载扑今克日"（大山里的白色马鹿睡下了），您也睡去吧；"曲逼吾基楞"（冷杉林里的獐子、麂子都已经睡去），请您"主主宗宗、嘎嘎席席克日库"（安心地、高兴地睡去）。

② "瑞辞"，普米语，意为跳神（迎、送神）。宁蒗县拉伯地区的普米人称"左佳"，而新营盘地区的普米人称"挂巴"（疑为摩梭语变音），川西南木里依吉普米藏族地区则称"汝辞"。普米族人将前来参与吊唁的亲友都视作神，尤其对远道而来的吊唁者，他们认为是神灵相助而至，因此，要特别跳"瑞辞"舞，以示感激。此外，在送灵时，亦跳"瑞辞"舞，意为将逝者引向神方。

普米族释毕戎肯仪式中的"瑞辞"舞者

服丧期间的每日清晨，还要由子女为逝者"哉偌"（意为"洗面"）。用面盆盛少许水和一块毛巾，放在灵柩前。子女跪地呼唤逝者："亲人啊，请您起床吧，让儿女再为您洗一回面……"此时，悲痛之声又起。停灵期间，尤其，在出殡前的几天，每天晚上都要念诵《嘛呢古》①。

7. "米布鲁"（m̥ɯ⁵⁵pro³¹）。即出殡。虽然清雍正改土归流后致使金沙江以南兰坪等地的普米族改行土葬，但金沙江以北地区的普米人至今仍然实行火葬。

出殡前一天，要进行"森季同"（sɛ̃³¹zi̠³³⁵t̠hoŋ³¹）火葬场准备。由逝者之子或者女婿一人随同有经验的男性亲友五人前往，在选定的火葬场用生松树劈柴搭建高约一米五尺，长宽大约一米的空心形似木楞房的四方形架子（普米人叫"森季"），逝者为女性要搭建七层，男性则搭

① 《嘛呢古》经，其意受藏传佛教的影响，原义为为逝者诵"六字箴言"，帮助逝者到达西方极乐世界。这里主要指子女们为逝者生前养育之恩的哀思与倾诉。仪式通常以成家子女家庭为单元，从长到幼依次进行，先排完儿子家庭、再排女儿家庭，念诵《嘛呢古》所需的费用（主要指祭祀当晚韩规的酬劳及帮腔亲友所饮的茶酒费用）由各主持家庭承担。若财力不足，亦可以由几个家庭共同出资组织，但无论财力大小，发丧前一夜，都要举行盛大的"嘛呢古"。诵经文时，全部亲友围坐在灵柩前，子女们在场倾诉逝者生前所为子女怀胎、出世、养育成长之苦。当子女数落逝者之苦至伤心之极，有亲友在灵柩前跳起"瑞辞"舞，在场者则共同帮腔祈祷，寓意让逝者在回归神界的道路上，不受阻拦，转世较好。诵经完毕，主人家还需为到场者设夜宴（每人赠一坨肉和一个面饼），未受宴（遗漏）者被认为当年运气不佳。

建九层，并且柴表层面朝内。作为氐羌民族的普米人的"森季"，与同样为氐羌民族的西南彝人的"瓮车"，其文化内涵有相似之处。清道光《大定府志》卷十四《疆土志四》记载贵州大定府彝族丧葬之"瓮车"说："瓮车者，高四丈，四隅各竖木为柱，覆之以草若亭状，而可异之以行，用布或帛，绘鸟兽花卉于上，悬之瓮车之柱，日祭轴。祭轴广二丈余，长称之。瓮车之中置矮床，而置尸及梯于上。瓮车之次，又有一架，鬼师披虎皮坐其上，作法念咒，谓之'作戛'。"[1]"作戛"是彝族做斋献祭时围绕灵房及斋场的活动，是彝人传统的火葬逝者的仪式。

出殡当天，天还未亮时，指派韩规和毕扎各一名前往大致选定的葬场，若葬场是初次使用或已使用但未举行过"购坟"仪式，则需要念诵"萨久"（sa^{55} tço^{55}）买地经。同一氐族、同一村寨的已婚或年满 60 周岁以上的逝者共用一个葬场，并同一个火塘，非正常逝亡者被视为"不吉之身"，在主葬场附近另选火塘。

出殡前大约三小时，念诵《督诅》（du^{55} tsɯ^{35}）经[2]、《木隆》（m̥i^{31} loŋ^{53}）经[3]、《乌布衮补》（ɣu^{55} prç^{55} guɛn^{31} prə^{31}）[4] 经、《查子查打》

---

① （清）黄宅中修，邹汉勋撰：《大定府志》，道光二十九年（1849 年）刻本。

② 《督诅》经，1 卷 20 页。"督诅"又作"醅夸"，原义为盛满醅酒（普米族人特别酿制而成的酒）的碗。普米族人认为，无论什么人，只要喝下普米族人的醅酒都能耳聪眼明，让人清醒。但是，生者与死者有截然的区别，生死之间有阴阳之隔，因此，敬献逝者的醅酒，不能叫"陪夸"而称"督诅"。念经时，由韩规或毕扎手捧一碗"陪"酒水。用松枝叶洒酒水在"苟"上，洒在头部方向意为心想事成；洒在眼耳部位意为来世耳聪目明；洒向肩头、洒向手心，示意子孙所祭祀的衣物供品，可以携带；洒向口中，意为能够享受到后代子孙所贡的一切祭品。

③ 《米垄》经，1 卷 20 页。《米垄》经是一部送行劝解经，意为让逝者不能留恋家人，不能留恋家牲畜，不要投生到不好的境地。

④ 《乌布衮补》经，1 卷 11 页。《乌布衮补》经是一部求神经，旨意为向东方的"耸瓦容窘"（soŋ^{55} ua^{55} zoŋ^{31} tçoŋ^{31}）森林神、南方"格位单督"（gɛ^{31} ua^{55} duã^{21} tṣu^{31}）火神、西方"吉扎温米"（tçi^{31} tʂɛ^{55} uɛi^{31} mi^{31}）铁神、北方"格拉格琼"（gɛ^{31} la^{55} gɛtçho^{31}）水神及居中的"衮弄恰巴"（guɛn^{55} noŋ^{55} tçha^{31} ba^{31}）土地神通报逝者启程情况。祈求"瓦玛"（引路神）及其他诸战神护驾。

（tʃhɛ³¹tsʅ⁵⁵tʃhɛ³¹ta³¹）经①、《汝久几几》（rua³¹tɕu³⁵dʒi³¹dʒi³¹）经②、《森希席栋补》经③。之后，举行"衮肯"仪式，诵《衮肯》经④。至此，将

---

① 《恰子恰大》经，1卷50页，此外，还配有《卡尔莎》（口授经）1卷16页。"恰"之代数，"子"有缘由之意，"大"为交代。《恰子恰大》主要讲述的是普米族人的来历及举行祭祀的缘由。举行此仪式时，要向逝者交代各代祖先的姓名谱系。2010年2月，笔者记录了另一报告人慈仁扎史（68岁）所述的宁蒗拉柏地区"布尼斯木贡"（传说中的普米族"四岳"之子之一）奔厦氏族的代数：直吾布觉懂→董达→达督→督萨扎→扎冕甘→甘兰嘎→嘎齐布→齐布阁木→阁木贡→贡贡子→贡子奔厦→奔厦年厦→年厦嘎厦→嘎厦邦厦→邦厦昌昆→昌昆色吉→色吉奔季→奔季麦己→麦拉→阁吉→冉吉→冉给→冉占→冉占算佳→算佳尼嘎→尼阁→兰阁→兰扎→布扎→布嘎→布嘎尼冬→帕冬→帕冬各季→各桑→阿桑→阿桑各替→各替毕季→毕季阿占→阿占齐→齐董→齐董果匹→各日→各日项布→党宗项→弥辇布→冉子布→弄卡布→弄尔布→泽吉→般氏→阿扎→佳措→各日慈仁→慈仁扎史→扎史督吉→尔千督吉。以上为慈仁扎史所述的奔厦氏族56代族谱。据叙述者称，其爷爷佳措（1952年去世）所叙述的谱系比这一谱系还多得多。由于都是口传，加之，诵祖先谱系有一定的禁忌，只有在每年"吾昔"节祭祖（日常祭祖只需诵三代祖先），或遇婚丧嫁娶时才可以呼喊祖先名。而呼唤祖先名时还要有遵循严格的祭祀仪式并敬献供品。日常里不可以随便呼告祖先名（笔者调查时，叙述者还有所顾忌，考虑到记录谱系会流传更久，所以才勉强答应）。此外，"文化大革命"期间曾一度禁止祭祖，因此，所记下的代数遗漏较多，有的还可能为同代，待考证。

② 《汝久几几》又作《汝久》或《汝修》，即《指路经》。《汝久几几》是普米族人专门用于指路的经卷。目前，川滇各地普米族人都存有引导逝者灵魂沿祖先迁徙路线回归祖居地的指路经。各地指路经所指示的归宗路线稍有区别，但最终归宿却一致。主要路线为：兰坪→拉巴山→金沙江→宁蒗→日吉朵（永宁温泉村）→瓦居（现四川盐源县前所乡）→木子盖（指木里大寺背后的山，现宁蒗境内部分信仰藏传佛教的普米族人，则将这一站称作木里贡巴朵，即木里寺庙。这可能是明代以后从木里寺传来的格鲁派佛教影响之故）→都鲁（水洛乡）→辛宗朵（铁桥）→嘎汝（嘎米人地区）→贡嘎仁耸贡布（川西贡嘎山）→贡嘎仁耸贡布安吾（安吾：垭口、山梁，这里有翻过贡嘎山之意）→玛牙直者关（"玛牙"为地名；"直者"指野生栗子；"关"有平地之意。"玛牙直者关"可理解为长有野生栗子的草甸。大多数普米族人将"玛牙直者关"作为送魂路线的终点，但这一称谓实际是一个极为模糊的概念。笔者认为，"玛牙直者关"不应该理解为一个具体的位置，它指示的应该是一个广泛的区域，即学界所言的普米族源于甘青之广泛地区）。

③ 《森希席栋补》经，1卷13页。"森"指一切生者（这里主要指活着的人），"希"指代一切死去之物，"席栋补"有隔断之意。念诵该经前，将黑白两段麻线相接在一起，并将黑色一端系在"苟"上，白色一端由孝子（参与祭祀的亲友亦可参与）持着。诵完经，由韩规用刀快速将线割断，寓意隔断阴阳，告诫生者的魂不要跟着逝者走失，逝者的魂亦不能留恋阳间（活着的人和物）。

④ 《衮肯》经，1卷11页。"衮肯"意为"给马"或"献宴马"。普米族认为，灵魂回归故里，犹如人类旅行，要翻越无数的高山，由于路途遥远，担心途中受累，因此，特别要为逝者献"宴马"，意为让逝者骑马前行。"衮肯"中所用的马必须选用自己家的马（如果自己没有，可以由亲戚"给予"），一般以白色为佳。诵《衮肯》经之前，用华丽的马鞍背好马，并将其系在"苟"上。诵完经后，由孝子一人牵着马前行，将送葬队伍引至火葬场。到火葬场后，马鞍必须解下，返回时，马不再被鞍，由孝子将马鞍拎回。马匹可以迁回，有钱人家亦可以将马匹放生野外，但是不能杀害。

逝者生前所用的烟袋、茶壶等器皿以及灵柩前敬献的饭食，装入一用白纸粘糊的箩筐中，并由三名妇女将箩筐送往葬场，其中一人背箩筐（背筐者必须是逝者的女儿或儿媳），两人搀扶。三人前往葬场时，边哭边行，行间不得回头，行至葬场后，绕"森季"行三圈，逝者为男性从左至右绕行，若为女性则从右至左绕行。绕行完毕，将箩筐挂在"森季"上，男逝者挂在左侧，女逝者挂在右侧。躲避少许，待送灵队伍到达时再现。而逝者亲属则将"苟"从堂屋抬出穿过悬挂在堂屋门头上的五色旗至门外。这时，毕扎还要手持"德叠"（$da^{55}\mit{d}\varepsilon^{31}$）法器，吹奏着海螺，在堂屋外举行"容呆瑞呆"（$\mit{z}o\eta^{31}t\varepsilon^{55}rua^{31}t\varepsilon^{53}$）仪式（意为将生者的魂、家庭的福气喊回堂屋）。随即，返回堂屋，将"宗巴拉"上覆盖的白罩揭开，重新点燃"宗巴拉"前的灯。毕扎口诵《齐的菩》（$t\mit{c}y^{55}d\mit{e}^{55}b\mit{u}^{31}$）经[1]。

喊魂仪式程序结束之后，逝者家属按辈分及年龄大小依次跪地"搭桥"，长者在前，成一字形排列。众人抬着"苟"从孝子头上经过。孝子循环跪地，直至葬场。送行队伍有严格的行进秩序，最前头为两名鸣炮人员，其后为两名手持大刀、长矛的武士状之人做引路先锋，他们跳着特殊舞步，即前述的"瑞辞"。当"苟"从孝子头上经过时，参加出殡者都齐声呐喊，引路先锋也要手舞足蹈一番，而随行韩规则沿途敲锣打鼓，吹螺击钵。舞者之后是两名手持火把的男子，紧随火把的是由逝者亲人牵着祭祀的马匹。其后才是众人抬着"苟"和"得缴"（由吊唁亲友送来的画有"六子箴言"的五色旗），随后是祭司韩规，韩规之后为送葬队伍。

送葬队伍到达火葬场之后，要抬着"苟"按顺时针方向绕"森季"行三圈，然后将"苟"放入"森季"内，面朝北方，意为祖先从北方迁徙而来。韩规们则端坐在"苟"的上方，面向"苟"的方向，相继诵《素齐》（$su^{31}t\mit{c}\mit{h}\mit{a}i^{53}$）经[2]、《洞容素齐米罗素巴》（$to\eta^{55}\mit{z}o^{55}su^{31}t\mit{c}hy^{55}\eta i^{31}$

---

① "齐的菩"，即祭锅庄神。平日里，普米族人家有贵客、远友来访，通常都在"宗巴拉"（金沙江以南的普米族则向火塘上的"铁三角"祭献饭食）前燃灯以礼祭诸神之习俗。但有家人病故时，特别是吊唁期间，只能在灵前燃灯。由于担心怠慢了诸神，因此，一出殡即行向"宗巴拉"诸神燃灯献祭，寓意让神留住福气，不能跟随逝者走失。

② 《素齐》经，1 卷 20 页。"素齐"即敬献饭食，其内容反映：子孙已齐聚，为逝者准备好了回归路途需良用及为祖先捎去的粮钱，告劝逝者该吃则吃，不要饿着前行。

zo⁵⁵sʅ⁵⁵pa³¹）经①、《八多孙帝》（brɛ³¹do³¹suɛn³¹di⁵⁵）经②。

　　以上各经念诵时间大约两小时。诵完经，由四名韩规从主持韩规的手中接取火把，绕"森季"行三圈，男逝者按顺时针、女逝者逆时针方向绕行。绕行完毕，分别从"森季"的四方底部点火，引路韩规须从正前方点火。若韩规不足，可由村寨人代替，亲属不能点火，韩规为逝者亲属，则可以参与点火。火燃放后，逝者子女要选择六名有火化经验的寨人并向他们磕头邀请参与火化，受邀者一般都应允。所有参与出殡者则向逝者磕头三次以示告别，磕头毕，众孝子将孝帕、生麻等放入火场一并火化。火葬场只留下韩规及参与火化的人员。一般三小时左右结束火化。

　　送葬人员返回途中，要在路旁用青松及杜鹃枝生火，女性按逆时针方向、男性按顺时针绕行三转以烟熏身，以防鬼魂附体。火葬结束当日下午（待韩规从葬场返回后），主持韩规还要为所有参与送葬的人员举行"夹楚"（洁身）仪式：在主人家屋外架一口装满水的大锅，用"夸"（khuə³⁵）杜鹃枝和"巴库"（pa³¹khu⁵⁵）蒿枝生火烧热。念诵《木佳》（mã̃⁵⁵tɕɛ⁵⁵）经③。诵毕经，由韩规用青松枝将锅内的水分别洒向参加送葬人员的头上，意为洗除不净之物。当晚，韩规还要为主人家举行繁琐的"读多"（duə³¹do⁵⁵）仪式④。

---

　　①《洞容素齐米罗素巴》经，2 卷 11 页。包含《洞容素齐》和《米罗素巴》两卷。《洞容素齐米罗素巴》经为焚烧经，其主要内容为：现在为您洁净，火化只是清洗您的身体，我们用的是牦牛油、绵羊油燃料，这些清洁之油可以让骨肉等不洁之物沉于地下，一身轻松赶赴祖地（反映了普米族韩规教"肉身只是载体，人的灵魂永远不灭"之思想）。

　　②《八多孙帝》经，1 卷 20 页。主要内容：行程中您会遇到各种神灵，碰到任何神都要为其磕头请安，要尊敬四面八方的神灵，如此，您会顺利地到达祖居地，投生也会较好。

　　③《木佳》经，1 卷 25 页。其意为解除不干净之物。

　　④ "读多"，意为"端口嘴"，即祭送口舌是非鬼。韩规教认为，人的鬼魂分活人鬼魂和死人鬼魂两类。无论是活人鬼魂，还是死人鬼魂，都有挑唆别人之本性，其中有 23 种口舌鬼最为活跃，它们常常会依附于人或者家畜的身上，使其管不住自己的口（主要指到处乱传话、爱搬弄是非之人和无故伤害人的家畜）。尤其对于家庭经济条件较好、社会地位较高的家庭，容易引起是非之鬼的忌妒，当家中举办的婚丧嫁娶之事比较顺畅时，纷纷前来侵扰。如果不及时处置（要么给予施食，让其吃饱喝足，而远离主人；要么引至祭坛，给予杀之），留于村寨，邻里不和；留于内亲，相互嫉恨；留于夫妻，反目成仇。因此，要念诵《夺穷》、《逗嘎》、《撒兄》、《日罗》、《嘎朵》、《撒龙》、《辛督》、《阁打尔》、《聪捐》、《宗里宋》、《衮宗》、《镇巴弄客》、《聪翁仁泽》、《窝斥》、《合般讼》、《么肯间氏》、《打拉》、《折公扑》、《德古绢》（《折公扑》和《德古绢》两部经卷，只有在做葬事时才使用，平时端口嘴时不用）、《音般讼》、《帝哀米笼》、《扎西》经。在诵经时，既要叙述每一种灾祸鬼的来历，又要交代如何处置了是非之鬼。

二　超度安魂

火化结束当天，只有少部分远亲离去，而众亲友还要继续参与随后举行的"席肯戎肯"敬羊超度安魂仪式[①]。席肯戎肯仪式分三段进行。

（一）"弄克日"（$\eta o \eta^{31} khε^{55} \eta^{55}$）[②]

"弄克日"（$\eta o \eta^{31} khε^{55} \eta^{55}$）。即引魂。火化次日凌晨，由韩规在逝主家中赶制"弄克"灵牌及祭祀所需"益冬"等面偶神像[③]。"弄克"灵牌制作好后，举行"弄克日"。由逝者之子牵着马匹（前述中的宴马）前往火化场迎接逝者灵魂，儿媳（一般为老人在逝时所居家庭的主媳）怀揣"弄克"跟随马匹，其后为手持"巴补"（$ba^{55} bɯ^{31}$）祖灵神、"尼容"（$nə^{55} z_ə^{55}$）福气神两碗面偶像的毕扎，毕扎之后至少要有两名穿戴"五佛冠"法帽及法衣的韩规跟随。韩规之后为三名敲锣、鸣号、吹唢呐者，再后是端着放有肉、鸡蛋、酒水等祭祀品盘子的孝子及部分亲友。到达火化场后，将"弄克"灵牌放置在火塘斜上方，其前摆放"巴补"和"尼

---

① "席肯戎肯"仪式耗费财物较大。在普米族人中，有这样一种说法，参加敬羊仪式，不仅能告慰逝者亡灵，而且逝者亡魂会将参与仪式的生者情况通报其祖灵，让祖灵继续保佑其后代人丁兴旺。因此，谁家举行"给羊子"仪式，远交近邻亲友纷纷而至。通常参加敬羊仪式的人员成百上千，集体便宴，称吃醋酒，人们对酒当歌，共同告慰亡灵。由于举行敬羊仪式不仅要请韩规或释毕主祀，还要宴请宾客，要花费大量的财物。因此，敬羊仪式的时间无一规定，有的在人死之时进行，有的是夫妻双亡后合并举行或同氏族中辈分相同的老人全部去世后再举行，有的在人死后几年、几十年，甚至要下几代人才有能力操办，这主要由各家庭的经济条件来决定。家境贫寒的丧家往往是当尸体焚烧后，将骨灰罐送到自己家的"神林"中收藏妥当，待有经济条件时再行此礼，少数经济条件根本无望的人家，则待本氏族中有富裕的人家举行此礼时，再将骨灰从自己家的"神林"中取出，随同富裕的丧家一道送进共同存放骨灰的"罐罐山"的山洞中。而如今，由于经济条件普遍较好，这一仪式通常在逝者火化的次日就举行，也有普米族人将"席肯戎肯"仪式直接穿插在火化前的停灵期间举行，因此，各地普米族人的"席肯戎肯"仪式正走向差异。

② "弄克"，意为逝者的灵牌，用五色麻线缠绕十字木架制作而成。一般依逝者子女的户数准备，其中，较大一个称主灵牌，代表逝者；"弄克日"，又称"局日"。意为"唤死魂"，意即将逝者灵魂引至灵牌上。

③ "益冬"，指韩规护法神。"席肯戎肯"仪式中的韩规护法神有"松弯容窨"（$so\eta^{55} ua^{55} z_ə \eta^{31} t\varateta o\eta^{31}$）神、"各拉各邛"神、"积扎稳米"神、"各委丹督"、"牙色宋"、"喂色"、"达拉"、"琼"、"丝钦热日"、"督松丁巴"、"策拉木"、"弄剔塞"、"日打"等十三尊神。此外，仪式中还需制作"嘎朵"（$ka^{55} to^{31}$）山神、"洒龙"（$sa^{55} lo\eta^{55}$）水神、"尼容"（$nə^{55} z_ə^{55}$）福气神、"巴补"（$ba^{55} bɯ^{31}$）祖灵神以及代表鬼灵的"各德尔"（$gi^{31} də^{55} z_\eta^{55}$）面偶像。

容"神像，并供上酒肉等祭品。在"弄克"与火塘之间铺放一床用白色绵羊毛制作的垫毡，其上摆放一个陶罐、十三片杜鹃叶（每片杜鹃叶上放一撮白羊毛、一棵烧炸的小麦粒或爆苞谷花、一点盐巴）。韩规面朝火塘和"弄克"席地而坐，再次念诵《素齐》经。此时，毕扎在火塘下方点燃松枝（松枝放在一个用松明条或者树枝搭建的四方形架子上，男逝者九圈，女逝者七圈），为逝者举行"松冬"（sõ^{33}tõ^{31}）献饭食仪式。此时，由亲人边呼唤逝者名字边在燃烧的松枝上烧祭品，寓意告诉逝者，亲友及韩规已前来迎接其回家。

之后，举行"汝雍"（ʐu^{31}joŋ^{53}），即捡骨仪式。韩规念诵《拉督》（la^{55}du^{31}）经[1]，而家族中的男子则先用一块白净布遮一下焚过尸的火堆，然后用几口"醅"（phrei^{55}）酒喷洒在火堆上，让其灰烬爆飞，现出人的骨来。并用已备好的十三双蒿筷，从颅骨至踝骨分别拈出十三截骨头（一双蒿筷只能拈一次），并依照人的形状从头到脚顺序摆放在披毡上。再从火化塘中拈十三点木炭放在先前备好的十三片杜鹃叶上，与骨并排摆放。剩余的骨头则全部拣尽，装入一白布口袋，埋入葬场火塘中央（有的则将火炭撒在山林里或放入河中），周围用石头简单堆砌覆盖，现代亦

送灵后火化塘简单用石头堆砌

见有普米族人将葬场建成如汉墓的坟堆。随后，又将拣出的十三截骨头从踝骨到颅骨方向放入先前备好的罐子，每放入一截骨头，将相对应排列的

---

[1] 《拉督》经，1 卷 7 页。意为拾骨。

杜鹃叶上的木炭及爆苞谷花等掷向葬场下方。毕扎念诵《弄克卡尔沙》经①、韩规念诵《勒素》（la³¹suɯ³¹）经②。念完经，将两个黑白不同颜色的石子放入先前放在"弄克"前的装有"巴补"、"尼容"神的簸箕内随"弄克"带回家（石子代表逝者的骨头。在普米族社会，除"弓冬"人骨法器外，人的骨头不能带回家中，因此，只能用石子代替）。引魂返家时，由逝者之子怀捧"弄克"骑马返回，"巴补"、"尼容"面偶神像等则由毕扎带回。当迎接"弄克"的队伍返家至门口时，要举行一段称作"久勿雍玲"③的对话，主人家先将主屋门反锁，并以歌对唱（经）的形式与门外接"弄克"的韩规对话。

韩规："我是'巴松迥辛'桫椤树，你家是何人？"

主人："我家是'琼钦阁布'（前述神名），巴松迥辛与琼钦阁布是'开克使麻日'（khɛ̃⁵⁵khɚ³³ɕɛ³³ma³¹zəi³¹）④，您要把一切福气神都带回！"

韩规："我是'果呆'（go³³tɛ̃³¹）大山，你家是何人？"

主人："我家是'布里'（bɯ⁵⁵ɬi³³）太阳和月亮，果呆与布里开克使麻日。"

韩规："我是'大仁'（ta⁵⁵z̩ɛ̃³¹）云彩，你家是何人？"

主人："我家是'仰保温布'（前述的龙神），'仰保温布'与'大

---

①　《弄克卡尔沙》，又作《弄克汝》经，1卷5页。主要内容：最初，益西丁巴在"布子"（原义为坟堆，这里指火葬场）将死去的人焚烧。其骨头化作了石头，肉体化成了泥巴，鲜血化作了水，头发钻入了木头里，气变成了风，思想飘到了空中。无法将其迎接回家。于是编织"弄克"，将逝者灵魂依附在"弄克"灵牌上。韩规或者毕扎口诵道：您看见了，"弄克"已经做好，白色的线是东方的海螺，绿色的线是南方的绿宝石，黑色的线是西方的铁，红色的线是北方的铜，黄色的线是居中的金银玛瑙。今天，我们用"弄克"上白色的部分迎接您的骨头、黑色的部分迎接您的肉、红色的部分迎接您的血、绿色的部分迎接您的气、黄色的部分迎接您的体温，用"弄克"中间的木架子迎接您的头发，您的思想来到了韩规的经书里。我们还用油灯迎接您的"东松"（原义为收入、招待品、贡品，此处指人的躯体），用芯心迎接您的骨头，用缠绕在灯心上的"洞市"（棉花）迎接您的肉，用"玛朵玛朵"火焰迎接您的气，用清油迎接您的鲜血。今天"仁布齐宾用德"即五方都有了，五宝也全了。撒落的几点骨已经给您装好了，不干净之物都抛到了沟边，请您依附到"弄克"上。

②　《勒素》经，1卷8页。是部引魂经，这里的用意为引逝者魂回家。

③　"久勿雍玲"，意即招福。由于逝者火化时，担心福气被带走，因此，传统的普米族人，当"弄克"灵牌接回家时，都要举行该仪式。过去，大多数普米族人、尤其长者都可以唱诵该经。但如今能唱该经的人已寥寥无几，一般只有毕扎或韩规还可以勉强对唱。因而，主人家的角色也只能由韩规或毕扎担任，而有的地区干脆将这一仪式传统取消了。

④　"开克使麻日"，普米语，原义为粘连在一起，这里有相依存或不可分离之意。

仁'是'开克使麻日'。"

韩规："我是'贡嘎仁松衮布'（贡嘎山），你家是何人？"

主人："我家是'森阁'（s $\tilde{\epsilon}^{55}$ kə^{31}）狮子，'森阁'与'贡嘎仁松衮布'是'开克使麻日'。"

韩规："我是'洒日甸巴'（sa^{53} ʑi^{31} t $\tilde{i}^{21}$ pa^{33}）大地，你家是何人？"

主人："我家是'日毕佳布'（ʐ l^{31} pi^{33} tɕa^{55} po^{31}）金青蛙，'洒日甸巴'与'日毕佳布'是'开克使麻日'。"

韩规："我是'太牙窘醋'（tə^{33} ja^{31} tɕh $\tilde{o}^{31}$ tsho^{21}）大海，你家是何人？"

主人："我家是'季尼'（tɕi^{55} ni^{31}）金鱼，'太牙窘醋'与'季尼'是'开克使麻日'。"

韩规："我是'丙呆'（p $\tilde{i}^{53}$ t $\tilde{\epsilon}^{31}$）原始森林，你家是何人？"

主人："我家是'丙呆勿阁儿勒'（p $\tilde{i}^{53}$ t $\tilde{\epsilon}^{31}$ xo^{55} kə^{31} tɕi^{33} lɛ^{31}）野生动物，'丙呆'与'丙呆勿阁儿勒'是'开克使麻日'。"

韩规："东方海螺门已打开、南方绿松树门已打开、西方玛瑙石门已打开、北方红铜石门已打开，居中的金石门亦打开了。请把您家的门打开吧！"

至此，主人家才将门打开。韩规一行将"弄克"带入主屋并在后室"卒乌"①内设灵坛，将"巴补"、"尼容"面偶神像及前述代表逝者骨头的石头放在其前，并祭以供品。骨灰罐不能带入屋内，暂时存放在"席衣"（举行"席衣席肯"的地点）的一棵树下②。

"弄克"灵牌接到家后，在屋前一平地上插栽一棵称"麻尼库鲁崩"（ma^{31} ɲi^{55} khu^{55} lu^{55} boŋ^{31}）的青松树，树高约一丈五，最上端留有一截枝丫，枝丫下横绑一矛形木棒称"帝"，意为箭旗杆。树下摆放一张桌子，

---

① "卒乌"，又作"茬"。是传统的普米人家设在主屋内的一间后室，作为神屋。

② 过去，由于贫穷，火化之后，无能力立即举行"戎肯"仪式，因此，暂时把拾出的骨头与先前摆放在一旁的十三片杜鹃叶、十三撮白羊毛、十三把小麦粒、十三点盐巴一并放入一个备好的陶罐里，送到本家族"寄罐林"里（指暂时存放骨灰的林子），藏在一棵枝叶茂盛的松树下（藏罐前，在罐的底部开一小洞，寓意让灵魂进出），罐顶盖上一块石板。而火化场焚死者的火堆上，则用泥土和石头砌一堆坟，坟底做一道小门，同样寓意让灵魂进出。到此为止，丧葬仪式暂告结束。每年的大年初一，都要去寄罐林中，向死者的骨灰罐进行祭祀。当天东方露出鱼肚白时，人们到寄罐林中，揭开死者骨灰罐顶盖，并把带来的祭品供上，下跪叩头。尸体焚化三年后，待备好了财物，再选择一个吉日，请韩规或释毕为死者举行敬羊仪式。

桌上供放一圈猪膘肉、一只猪脚、一碗醋酒、一饼茶、一碗粥，并点燃三盏油灯和一炉香。坛场布置完毕，韩规要念诵《玛木毕》（ma^{31} mə^{55} bi^{55}）经①、《阁瓦瓜丁》（ge^{31} ua^{35} kua^{55} dĩ^{55}）经、《西泽》（çiĩz̩ ɛ̃^{55} tse^{31}）经②、《辛仁泽》经③、《阁瓦米隆》（ge^{31} ua^{55} m mĩi^{53} loŋ^{31}）经④、《梭瓦答巴》（so^{55} ua^{55} ta^{31} ba^{31}）经⑤。与此同时，由毕扎担任升旗手，众亲友参与，将一外部用白纸缠裹，内装一点燃灯碗的四方形木箱架子升高。

之后，所有亲友按辈分或年龄大小从上到下并排分坐在"麻尼库鲁崩"树两边。进行一段特别的训话：首先，由丧事总管代表主人家向韩规、毕扎、厨师等表示感谢，众亲友则随声附和，以示感谢。接着，主持韩规起立回话，一是告诉主人家"日尼洞补拉，夏曲拿补佳，各一各如，足个取归名"（ʑɛ^{55} ni^{31} t õ^{21} bɯ^{33} la^{31}/çɛ^{55} tɕhy^{31} nə^{31} bɯ^{33} tɕa^{31}/kə^{21} ji^{53} kə^{31} ru^{53}/dzɯ^{31} kə^{53} tɕhy^{53} guɛ0303mi^{31}），意即东方的神灵已知道主人家要举行祭祀的用意，会来保佑祭祀活动之平安，请主人家放心。二是告诫所有参与祭祀的韩规和毕扎祭司，专心做好祭祀活动的每一程序，诵经不能有遗漏，制作面偶神像要认真，心里不能想更不能说吃得不好，照顾得不周全，如此才会得到神灵的保全。三是对着丧事总管说："你是聪明人，非常明事理，所以大家一致推举你为总管，这次是通过摇筷子抽签把你选出的，你好比最优质的蔓菁，今天'益西丁巴'将总管的权力赋予你，你要平等地对待所有远亲和近邻，不要让一部分人吃饱，一部分受饿；三天三夜的'释毕戎肯'祭祀活动，难免有吵闹的时候，你可以教育、甚至可以对惹是生非者进行打骂，不让是非之事发生。"随即，将一条"布夏"（马鞭）递给总管。总管接过马鞭以示感谢后，用鞭子在祭祀坛下方

---

① 《玛木毕》经，1卷5页。意为祭祀在天界的各种神，同时，告之诸天神，逝者所携带的祭祀品均为亲友所祭，已通过祭司审核，可以带走。让诸神不再刁难逝者，给予逝者较好的投生等。

② 《阁瓦瓜丁》经，1卷8页；《瓜丁》经，1卷20页；《辛仁泽》经，1卷25页。这三卷经都有帮助（提醒）逝者在归祖途中一路念好"六字箴言经"，如此，不会迷失方向，将会与神会面，到达神界。

③ 《辛仁责》经，1卷6页。"辛仁责"原意为"观音菩萨"，这里有提醒逝者，迷路之时，就要想一想观音菩萨，并念"六字箴言"，就会顺利抵达。

④ 《阁瓦米隆》经，1卷8页，意为不要投生成畜生，要投生成好人、投生到好地点。

⑤ 《梭瓦答巴》经，1卷4页。其意为告知逝者之魂，在归宗途中，遇到任何神灵都要为其磕头献礼，如此，他们会帮助您，接纳您。

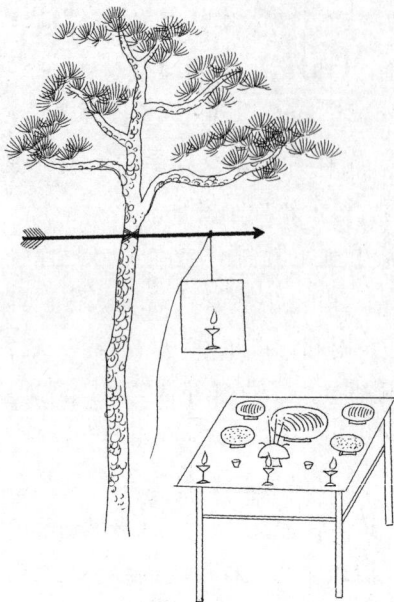

普米族释毕戎肯仪式中的
"麻尼库鲁崩"（王征绘）

的地上抽打三下，嘴里吆喝说："打死惹事者，这里有没有惹事者？"而众亲友则齐声回答："没有惹事者"。至此，总管施号"醅各乖"（可以敬酒了），随即用牦牛角盛满"醅"酒敬向韩规。韩规高举牛角酒杯象征性地喝一口，又将酒杯传至下一人，在场的所有亲人从长至小依次饮醅酒，谁接到酒杯都要大吼一声"丁卑须"（t ĩ⁻³¹ bɛ³¹ çy⁵³），意为平安、发达、心想事成。并将酒杯传递塞向下一人的嘴角。

饮完酒，韩规又面对众亲友说道："古得克折、支得克折，读普扑得尼布、布觜尼布。"（go³³ tɛ³¹ khə³¹ tʂ̩³¹/tʂ̩³¹ tɛ³¹ khə³¹ tʂ̩³¹/tɯ³³ phu³¹ bɯ³³ tə³¹ ny³³ bɯ³¹/bɯ³³ tsɿ³¹ ny³³

bɯ³¹）意即你们是翻过大山、穿过河流来访，是头顶星辰、脚踩冰霜而至，如此之尽心，让逝者感动，让神灵感动，大家都会得到神灵的保佑！

之后，由毕扎手持德叠、吹着海螺号将所有亲友带回家中。当天晚上，韩规还为逝者念诵《克日库》安睡经。傍晚，要举行"甲搓"跳舞，意为喜气办白事，欢歌颂老人。

（二）"众辛华"

"众辛华"。即前述的坛场设置。次日凌晨鸡鸣时刻，韩规要念诵《葱居》（tshoŋ⁵⁵ tçyə³¹）经①及《督诅》经、《米垄》经。与此同时，子女们用面盆盛少许水和一块毛巾放在"弄克"前，再次为逝者举行"哉日"洗面，并为逝者敬献饭食。子女依然跪地再次呼唤逝者："亲人啊，请您起床吧，让儿女们最后再为您洗一回面……"随即，悲痛之声再起。

---

① 《葱居》经，1卷14页。《葱居》为驱魔经，诵该经时，韩规前要摆放一盆四季豆。诵毕经，由韩规抓起四季豆撒向屋内各角落，意为将藏匿在屋里的鬼怪赶出。

诵毕经，韩规从先前摆放在其前的
一盆四季豆内抓出一把撒向屋内各
角落，意为将藏匿在家里的鬼怪赶
出屋。至此，需派韩规、毕扎各一
人带着几名亲友前往拟举行"释毕
戎肯"之地点设置坛场。

　　到达选定的坛场位置，先要念
诵《音空萨審》经①，韩规念经
时，由毕扎用松枝在坛场周围喷洒
牛奶，向诸神献食。并设置坛场。
普米族"席肯戎肯"仪式的坛场分
"众辛华"和"益冬华"两部分。

　　1. "众辛华"坛场。众辛华坛
场是祭祀的主坛场，坛场为三层
坛。其中，上层称"众辛崩"。由
从左至右插栽的"汝崩"白桦树、
"鲁崩"冷杉树和"色崩"柏香树

普米族设在"卒乌"后室内的
"乔克"灵牌

各一棵构成。其中，白桦树与柏香树平行插栽，树高一丈，分别象征普米
族先祖拜米吾冬主赤得尔的左右两肩，而"鲁崩"冷杉树插在居中稍靠
上位置，树高一丈有余（要稍高于左右两棵树），并且留有十三节枝丫，
以象征拜米吾冬主赤得尔的头部。"众辛崩"上悬挂五色布，使其形如
"苟"，其下插上疙瘩香、柏香、荔枝树枝及竹枝，意为拜米吾冬主赤得
尔五脏长成的各种树，其前放有"夏泽"面偶三碗、灯三盏、清水一杯、
醅酒一杯。

　　中层称为"塞库华"。塞库华又作"单子仁崩"。即在"众辛崩"前
方稍靠右处，呈正方形或梯形插栽四棵高约五尺的小松树，以象征拜米吾
冬主赤得尔先祖的四肢。其内放一张四方形小桌，桌上铺放一张称"市
贡甸"（ʂ^{31}koŋ^{31}d$\tilde{i}^{55}$）的白垫毡，其上再铺设一张虎皮（现多由虎皮画
像代替，意为逝者已经坐上了虎皮垫），虎皮上摆放一盛满五谷的"奔"

───────────

①　《音空萨審》经，1卷8页。其用为向山神、水神等诸神借用祭祀坛场。

普米族释毕戎肯葬礼中的"众辛华""塞库华"坛场

（pr ẽn³⁵）①，作为插"弄克"灵牌所用。一般将大"弄克"插入"奔"的正中位置，其周围插上若干（按逝者已成家子女户数）小"弄克"及12种动物图像。

在"弄克"灵牌左方稍高位置放置用以祭祀神灵的六个面塑像称"那安"，其意为让四方神相助；而在"弄克"灵牌右方稍低位置处则摆放六个用于献祭阴间鬼的面塑像称"灵恰"，其用意为不让鬼怪挡道。"那安"前要摆放一碗清水、一碗牛奶，并燃一盏灯碗。而"灵恰"面塑上则洒上少许猪羊血，其前放一坨肉，意为祭祀恶鬼。

下层为"尼瓦"鬼界。"尼瓦"鬼界由"督巴森崩"（to³³pa³³s ɛ̃³¹p õ⁵³）、"督巴盖"（to³³pa³³ge³¹）、"尼瓦勒"（ni³¹wa⁵⁵lə²¹）几部分构成。在单子仁崩下方插栽一颗高四尺的杨柳树称作"督巴森崩"，意为鬼界树；柳树旁边放一个黑色石头称"督巴盖"，意为鬼界崖石，柳树干上栓有一只鸡（男性逝者为公鸡，女性逝者为母鸡。象征被阴间禁锢的逝

---

① "奔"，是普米族人的一种古老分粮器，关于此器物的来历，韩规经书中有专门的论述。现新营盘等地普米族人已改用梯形分粮器。

者魂）。柳树旁边用杜鹃树枝插栽一圆形体，其内装有一张羊皮，上面摆放一碗称作"支齐支喃"的畸形人体面偶①。柳树下方为"尼瓦勒"，即阴间阎王的炊具或刑具。"尼瓦勒"为在"辛督"（s$\tilde{\varepsilon}^{31}$to^{53}）铁三角上架一口锅，锅内装有少量的水，并装入主人家的一副手镯和四碗用面偶制作成的象征鬼界的牛"阿瓦垄股"（γa^{21}wa^{33}l$\tilde{o}^{31}$gμ^{31}）、猪"朵木帕"（to^{33}mμ^{33}pa^{31}）、蛇"希冬卑"（çε^{31}t$\tilde{o}^{53}$pe^{31}）、鸟"答恰夹"（ta^{33}tςha^{53}tςa^{31}）。

单子仁崩与督巴森崩之间则用生柴块制作成若干道称"尼瓦森弓"（ni^{55}wa^{31}s$\tilde{\varepsilon}^{31}$g$\tilde{o}^{53}$）的阴间门（从阴间到阳界的关卡）。如果逝者为男性需建九道门，逝者为女性则建七道，每道门之间相隔一尺。

2. "益冬华"坛场。益冬华坛场为韩规的护法神坛。坛上主要摆放韩规护法神"益冬"神像面偶（面偶塑像一般由留在逝者家中的韩规制作）。位置设在韩规诵经席地之右上方，与"众辛崩"平行。"益冬"神像需放置在一个盛有五谷的簸箕上，分三排摆放。其中，第一排为"督松丁巴"、"策腊木"、"弄剔塞"、"日打"四神的面偶塑像；二排为"牙色宋"（jε^{55}s$\tilde{\varepsilon}^{31}$s$\tilde{o}^{55}$）、"歪色"（w$\tilde{\varepsilon}^{33}$s$\tilde{a}^{33}$）"达拉"

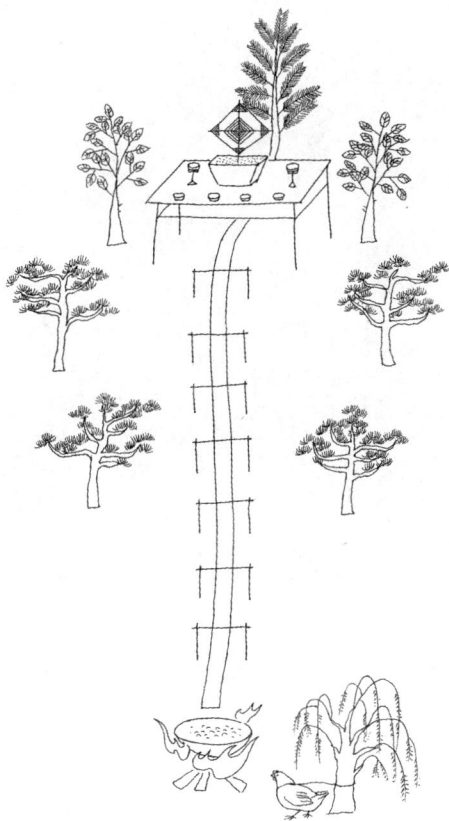

普米族释毕戎肯仪式中的"众辛华"、"塞库华"、"尼瓦"坛场（王征绘）

---

① "支齐支喃"，又作"支祖支米"，原义为非婚而生的子女，这里指不让主人发达的人或事。

（ta^{31}la^{55}）、"琼"（tçh õ^{31}）、"斯钦热日"（s$_l$^{33}tçh ĩ^{33}zɛ^{31}z ĩ^{53}）神像；最后一排为"松弯容窘"（soŋ^{55}ua^{55}z,oŋ^{31}tçoŋ^{31}）、"各拉各邝"（kə^{31}la^{33}kə^{31}tçh õ^{31}）、"积扎稳米"（tçi^{31}t,ʂa^{31}w ɛ̃^{55}m̩ĩ^{31}）、"各委丹督"（kə31w ɛ̃^{33}t ã^{33}duɯ^{31}）神。在盛有"益冬"神像的簸箕前供一碗清水、一碗醅酒，燃一盏油灯。簸箕边缘插有柏香、荔枝、紫釉树枝。之前放一内装少量水和牛奶、插有柏香树枝及若干花草的"蹦巴"（boŋ^{31}ba^{55}）花瓶。

释毕戎肯仪式中的"益冬华"护法神坛

此外，在一块木板上刻出若干个碗状器皿，其内分别装有用于祭献山神的"嘎朵"（ka^{55}to^{3}）、祭献水神的"洒笼"（sa^{55}loŋ^{55}）、祭献鬼神的"阁德尔"（gi^{31}də^{55}z$_l$^{55}）用于烧松烟，以告知天地诸神，今日举行祭祀之意的"松喷"（soŋ^{55}phr ə̃^{55}）、通报韩规护法神将要举行祭祀的"松能"（soŋ^{55}n ẽ^{53}）以及代表祖灵的"巴补"（ba^{55}buɯ^{31}）、代表福神的"尼容"（nə^{55}z,ə^{55}）等七碗面偶塑像。代表丁巴辛饶神的"纳汝奔审"及代表"恰尔杂松"、"搓恰巴"、"莫库"（白汗鸡头状面塑）各一尊；人形状塑像"辛鲁"（s ɛ̃^{31}ɬuɯ^{53}）三尊、人头状"德古鹃"（ti ɛ̃^{33}ko^{33}tçy^{31}）九尊、祭祀战神的"拖克尔"（tho^{31}khɚ^{53}）及祭祀恶魔神的"拖每尔"

（tho^{33}KG－＊5」miə^{31}）各一尊。并将放有面塑的木板摆放在"益冬神像"与"众辛崩"之间。其前供一杯清水、一杯醅酒，燃三盏灯碗。

（三）"亨碧嘎隆"（x ɛ̃^{31}pi^{21}ga^{33}l õ^{31}）

"亨碧嘎隆"（x ɛ̃^{31}pi^{21}ga^{33}l õ^{31}）。又作"汝宗算蒜"（zi^{31}ts õ^{53}sue^{31}sue^{31}），即诵经超度。坛场布置完备，在家的韩规和众亲友前往"席衣"（释毕戒肯祭祀地点）坛场。到达祭祀点后，韩规依水平高低从上至下排成一列席地而坐，将先前制作好的韩规护法神"益冬"神像面偶等摆放在韩规所处位置正上方。

准备就绪，韩规便开始诵经。首先念诵《朵冲》（to^{31}t ʂhoŋ^{55}）经①对坛场除秽。其次，念诵《支齐支喃》经②，主人家在场宣告其家族历史上从没有过不守常规的人或事。此时，由毕扎和主人家能口诵家族史的男性成员，手持一把尖刀，面对祭祀坛，从"觉吾布直董"③ 先祖一直呼唤到逝者这一代，无论呼告到哪一代先祖的名字，都要大声宣告，未曾发生过"支齐支喃"不守常规之人之事。诵完经，由毕扎将代表"支齐支喃"的面偶塑像抛入祭祀场下方。意即将不守常规之事抛弃，期盼逝者保佑后代人亦不发生"支齐支喃"之事。随后，诵消除怨气的经《孔督捐》④。由

---

① 《朵冲》经，1 卷 12 页。《朵冲》经是专门用于除秽的一部经籍，当韩规念诵该经时，毕扎用燃烧的杜鹃枝除秽，以洁净坛场。

② 《支齐支喃》经，1 卷 7 页。"支齐支喃"指不守常规的人或事，意即不让主人家发达的人或事发生。通常，普米族人还将非婚所生之子女亦称作"支祖支米"，将其列入不守常规之列。

③ 各地普米族追溯祖源或背诵谱系时，都从"觉吾布知董"一代说起。关于"觉吾布直董"之意，普米族学者胡文明、胡镜明等按照字面（对整句话加以分解）将其译作"雪水汇聚之所"（参见胡文明主编《普米研究文集》，云南民族出版社 2002 年版，第 2 页；刺明清、胡文明等：《普米族简史》修订本，民族出版社 2009 年版，第 16 页）。而笔者所接触的《韩规经》中有关"觉吾布直董"之记载，似乎更加指向为人名。韩规经《恰子恰达》中说：起初绿蛋里生出了人类之祖撕巴尤米佳布→弄拉嘎（拉鲁替阁）→弄替→达替→尼替→嘎替→牙替→奔替→恰替→卡替→贡替→隆替→希左佳瓦→恰若达恰巍巍（生有四个儿子，名为吾丁公佳、尺第松布、牙拉拨喜、牙拉丁督）→牙拉丁督。牙拉丁督生有九个儿子，名为竹日牙巴、公亏素吾、米机大恰、恰勿撕谷、日喷翁尊、其季末夏、子季苯闱、撕妥佳瓦、雍烁灵布。牙拉丁督向大家教授了学做农耕、养畜、安扣设陷捕猎、养狗涉猎、吃穿住行等。九个弟兄演变成了九种人、九种语言、九朵花发展。经籍进一步描述说，在普米族人形成之前，又历经了撕巴佳勿替阁→德若撕巴→白宗拉崩→佳茶拉硕→败米钨赤泽→败米钨赤责→败米钨赤呆尔→败米钨赤塞→觉吾布直董。觉吾布直董是普米族人的第一代先祖。

④ 《孔督捐》经，1 卷 3 页。意为不让参与祭祀的亲友来客之间有积怨。

毕扎手持一火把，燃烧少许燕麦面，在参与祭祀的亲友中逐一问话："孔啊归"（即是否带有怨气）？待所有参与祭祀的人逐一宣告"孔麻归"（无怨气）后。将火把抛入祭祀场下方的阴沟里。

之后，再念诵前述《洒匈》经、《日若》经、《洒笼》经、《阁德尔》（gi^{31}tə^{55}ɤ^{55}）经①、《蹦巴》（boŋ^{31}ba^{55}）经②、《松喷》（soŋphr ə̃^{55}）经、《松能》（soŋ^{55}nei^{55}）经③、《辛督》（ç ĩ^{55}dʐu^{53}）经④和《拖可尔拖每尔》（thuo^{31}khɚ^{53}miɚ^{53}）经⑤。

念完上述各经，派两名着"仁昂"服饰的韩规、一名毕扎、两名"左佳"舞者及三名敲锣、鸣号、吹唢呐手，返回主人家去接"弄克"灵牌。一行人到家后，韩规需要再次念诵前述《素齐》经、《勒素》经、《森希席栋补》经、《衮肯》经。并用华丽的马鞍背好马，由子孙一人手捧"弄克"灵牌或骑在马上或跟随马后，毕扎手捧"巴补"、"尼容"两碗面偶像跟随其后。一路吹螺击钹将"弄克"灵牌带到"席衣"地点，并将其放在上述"瑟库化"桌子上。"弄克"前为装有骨灰的罐子，其前再摆放供品，点燃不低于三盏油灯。"瑟库化"的四棵树上用五色布覆盖。在"瑟库化"上方再设置一供有供品的神台，从神台处将"塔隆"（神路图）经单子仁崩、"弄克"上方（顶部）垂下，并穿过"尼瓦森弓"（阴间门）至"尼瓦勒"（阎王界的炊具或刑具）。

诵《众辛汝》（tʂõ^{21}çɛ^{31}ʐu^{31}）经⑥，韩规诵经时，毕扎要依照韩规的指示将二十余种司物神像分别悬挂在众辛崩树上。意即请森管神、动物

① 《阁德尔》经，1卷10页。是专门用于退送是非口舌的经，意为祭祀是非鬼，不让祭祀活动受非议。诵经时由毕扎"阁德尔"面塑带出屋外抛入房屋下方的沟内。

② 《蹦巴》经，1卷15页。"蹦巴"原意为花瓶，这里有用花瓶引魂之意。念诵该经前，在韩规前放一装有少许水和牛奶、插有若干柏香树枝及花草的花瓶，诵经时由毕扎手持"德鼎"和海螺号呼唤主人家再世之人的名字，韩规用蹦巴依次在每个孝子头上碰一下，意为将游荡再外的生者之魂唤回。

③ 《松喷》经，1卷50页；《松能》经，1卷8页。两卷经均有向泛神燃烟祭祀之意。诵经时，由毕扎将"松喷"面偶像放置于燃烧的青松枝上，用以告之天神、山神、水神等诸神，此时此地，将要举行祭祀仪式，希望得到诸神的把持。

④ 《辛督》经，1卷35页。《辛督》经为祈神经，诵经时主人家要向益冬松玛护法神磕头，并敬香，意为请求神保佑家人完成"席肯戎肯"祭祀活动。

⑤ 《拖可尔拖每尔》经，2卷19页。该经分两段，一段为《拖可尔》，其用为祭祀战神，请求战神帮助镇压鬼怪；另一段为《拖每尔》，用以祭祀魔神，不让其搅乱祭祀活动。

⑥ 《众辛汝》经，1卷6页。意为让森管神保护好森林。

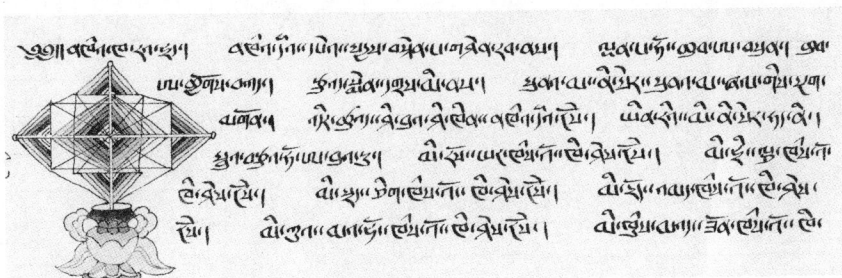

借用藏文拼音书写而成的"弄克"灵牌经片段

普米族释毕戎肯仪式中的"弄克日"迎接灵牌

神等各就其位。

诵前述《弄克汝》经，韩规诵经时，毕扎大声口诵道：

尊贵的某某，请您千万要记住，"弄克"上的"普米"（phə⁵⁵ mi⁵⁵）白颜色是您的"汝"（ʐu³¹）骨头，"年米"（nia³¹mi⁵⁵）黑色部分是您的"史"（ʃ⁵⁵）肉，"尼米"（ni³¹mi⁵³）红颜色是您的

"塞"（s η^{55}）血，"粘米"（nie^{31}mi^{55}）绿色部分是您的"果"（ko^{33}）气，"俺米"（γa^{55}mi^{31}）黄色部分是您的"著"（t$\mathbf{s}$ɯ^{33}）温度。

尊贵的某某，请您千万要记好，您在火化场焚烧的那天，您的骨已经变成了石头，今天"弄克"上的白颜色是您的骨头；您在火化场所焚烧的那天，您的肉变成了土，今天"弄克"上的黑色部分是您的肉；您在火化场所焚烧的那天，您的血液变成了水，今天"弄克"上的红色部分是您的血；您在火化场所焚烧的那天，您的气变成了风，今天"弄克"上的绿色部分是您的气；您在火化场所焚烧的那天，您的热气变成了火，今天"弄克"上的黄色部分是您的温度；您在火化场所焚烧的那天，您的头发变成了森林，今天"弄克"中间的树枝部分是您的头发；您在火化场所焚烧的那天，您的思想飘到了天上，今天韩规为您诵经，请您回到经书里来。

尊贵的某某，今天您要出门远行，要去您该去的地方，要去您想去的地方，那里，您九十九代的爷爷等着您、七十七代的奶奶等着您，您要安心地坐在"弄克"上，听从韩规的引导。

尊贵的某某，今天您所有的子孙、所有的亲友都踏着风霜前来为您送行，他们带来了成千上万的供品，请您安心地坐在"弄克"上，清点所送的祭品。

念诵《塞汝》经①，以帮助逝者之灵魂进一步熟悉周围环境。毕扎口诵说：

尊贵的某某，看清楚了，左下方（树）是东方"易"海螺（树），今天上面栖满了海螺鸟，那可是您的左脚；左上方（树）是南方"惹"绿松石树，今天上面栖满了翡翠鸟，那可是您的左臂；右上方（树）是西方的"欠"玛瑙（树），今天上面栖满了玛瑙鸟，那可是您的右臂；右下方（树）是北方的"齐汝"钻石（树），今

---

① 《塞汝》经，1卷5页。《塞汝》经为交代周围环境的经籍。韩规教认为，灵魂接到"席衣"地点，由于放置"弄克"灵牌的四周载有单子仁崩，环境发生了变化，灵魂不敢贸然依附到"弄克"上，因此要念诵该经。

天上面栖满了钻石鸟，那可是您的右脚；中间"弄克"是您的附魂体，请您安心地依附在"弄克"上。

首先，由祭司毕扎在祭祀场周围插上四条树枝，分别代表东方"嘎塞曾布"神、南方"塞日麻圭"神、西方"弄塞邛容"神、北方"圭塞空巴"神，意为东南西北方四方神把守坛场，不让妖魔鬼怪进入场内。中间插上象征"素吾紫古"神的树枝条，以保佑参与祭祀的人不受鬼怪缠身，不让吵闹等是非之鬼侵扰。坛场设置完毕，韩规开始念诵《曲若汝》经、《塞松宗》经、《益冬贡瓦辛贞》经、《衮宗》经、《拉钦正巴农肯》经、《聪温仁泽》经、《谷汝扁马迵年》经、《扎拉松》经，请求诸神护法、战神护驾，以保证"救灵"仪式的顺利进行。同时，毕扎要向益冬神敬香、燃松枝，念诵《素齐》经、《层季辛贞》经，呼告"恰日雅拉帝著"、"雍钦通安拉木"、"撕巴甲乌田阁"等人类始祖神及逝者前三代祖先神名，向祖先神及逝者亡灵祭献饭食，以迎请祖先神到"甸巴"上，同时通告逗留在"尼瓦"界的亡灵，"甸巴"上有吃有喝，祖先神已到"甸巴"上等待，告劝其不要受"尼瓦"界所惑，积极配合韩规祭司的营救，迅速回到"甸巴"地面上，等等。

之后，韩规继续念诵《益冬委桑阿巴》经、《益冬贡辉》经，请求委桑阿巴、拉圭托巴、宗琼喀窖三大护法神护驾，共同救助质押在"尼瓦"界的亡灵。与此同时，祭祀主持韩规头戴"释扑呆"法帽①，身穿法衣，肩上交叉斜挎"嘎雍工仁"②，手持"佳居"、"萧迪"等法器开始营救亡灵。在做"救灵"仪式时，韩规手持法器跳"纳拉贞"舞（跳神）。之后，举行救灵仪式。由祭司毕扎在祭祀场周围插上四条树枝，分别代表东方"嘎塞曾布"神、南方"塞日麻圭"神、西方"弄塞邛容"神、北方"圭塞空巴"神，意为东南西北方四方神把守坛场，不让妖魔鬼怪进入场内。中间插上象征"素吾紫古"神的树枝条，以保佑参与祭祀的人不受鬼怪缠身，不让吵闹等是非之鬼侵扰。坛场设置完毕，韩规念诵护法神经

---

① "释扑呆"是"释毕戎肯"法事专用的法帽，由三层帽组成，最里层为竹条编织成草帽状，帽顶上用木版刻画一人头骷髅，竹帽外边裹上铁制"弄克热吉"帽，"弄克热吉"两端各插上鹰翅膀及刺猬毛一只，最外层再戴上"甲瓦惹鞍"帽。

② 用数十种法器逢在麻布包裹的皮带上制成的法器，参见本书第二章第四节《祭司的服饰与法器》部分内容。

普米族韩规教中象征"尼瓦"地狱的刑具

《衮宗》（gu $\tilde{\epsilon}^{55}$ ts $\tilde{o}^{31}$）、《拉钦正巴农肯》（ɬa^{55} tɕ $\tilde{i}^{55}$ tʂ $\tilde{e}^{55}$ ba^{31} noŋ^{31} khɛ^{55}）经、《聪温仁泽》（tshŋ^{55}？oɣŋ^{55} ʐ $\tilde{e}^{31}$ tsei^{55}）经、《谷汝扁马迥年》（gu^{31} ʐu^{55} b $\tilde{i}$n^{55} ma^{55} tɕoŋ^{31} ŋɛ^{31}）经①，以迎请衮宗辛拉委阁、拉钦正巴农肯、聪温仁泽、谷汝扁马迥年等四位韩规护法神前来助阵。念诵《曲若汝》

_____

① 《衮宗》经，1卷28页；《拉钦正巴农肯》经，1卷30页；《聪温仁泽》经，1卷23页；《谷汝扁马迥年》经，1卷10页。意为请衮宗（又作衮宗辛拉委阁）、拉钦正巴农肯、聪温仁泽、谷汝扁马迥年等韩规护法神，助阵祭祀活动。

（tɕhy⁵⁵ʐo³¹ʐu³¹）经①、《塞松宗》经②、《益冬贡瓦辛贞》经③及《扎拉松》经④、《恰么尔杂松》经⑤，以请求诸神护法、战神护驾，以保全"救灵"仪式的顺利进行。同时，毕扎要向益冬神敬香、燃松枝，念诵前述《素齐》经及《层季辛贞》经⑥，向祖先神及逝者亡灵祭献饭食，呼告"恰日雅拉帝著"、"雍钦通安拉木"、"撕巴甲乌田阁"等人类始祖神及逝者前三代祖先神名，以迎请祖先神到"甸巴"上，同时通告逗留在"尼瓦"界的亡灵，"甸巴"上有吃有喝，祖先神已到"甸巴"上等待，告劝其不要受"尼瓦"界所惑，积极配合韩规祭司的营救，迅速回到"甸巴"地面上等等。韩规继续念诵《益冬委桑阿巴》经、《益冬贡辉》经⑦，请求委桑阿巴、拉圭托巴、宗琼喀窘三大护法神护驾，共同救助质押在"尼瓦"界的亡灵。与此同时，祭祀主持韩规头戴"释扑呆"法帽，身穿法衣，肩上交叉斜挎"嘎雍工仁"⑧，手持"佳居"、"萧迪"等法器开始营救亡灵。"救灵"时，韩规手持法器跳"纳拉贞"舞（跳神），舞蹈包括五段，其寓意为：

---

① 《曲若汝》经，1卷8页。该经主要用于祭祀"释扑呆"法帽。"释扑呆"为一特制法帽。用竹帽，顶上则用纸版刻画一人头骷髅。其意有用"弄克热吉"帽上的鹰镇住一切想腾飞的鬼怪，将空中飞行的妖魔赶下地；用刺猬毛将躲藏在洞穴里的妖魔赶出。让太阳光带给温暖，让月亮带来光明。让瓦惹鞍神保佑逝者"席肯席隔得沛噶果，戎肯戎给得沛噶果；曲肯曲得沛噶果"，即给予逝者的祭祀品及韩规的祈祷都能够收受。

② 《塞松宗》经，1卷6页。《塞松宗》经为祈神经。念诵该经时，由毕扎在祭祀场周围插上四枝树条，以代表东方"嘎塞曾布"神、南方"塞日麻圭"神、西方"弄塞邛容"神、北方"圭塞空巴"神。寓意让东南西北方位神守住各方妖魔，不让鬼怪进入祭祀场内，以保全祭祀活动的顺利进行。同时，让中间的"素吾紫古"神保佑参与祭祀的所有人员不受病魔缠绕，不让吵闹等是非之事发生。

③ 《益冬贡瓦辛贞》经，1卷29页。意为请所有护法神起来助阵。诵经时，毕扎要向益冬神坛敬香、燃松烟。

④ 《扎拉松》经，1卷28页。意为请求战神护驾，不让病痛折磨等。普米人的韩规经战神共有360种。

⑤ 《恰么尔杂松》经，1卷4页。意为将"祖弱"即强大的鬼怪盖住，以让后世子女财源滚滚，地福五谷，人满房屋。

⑥ 《层季辛贞》经，1卷6页。用以祭祀"恰日雅拉帝著"、"雍钦通安拉木"、"撕巴甲乌田阁"等人类先祖神。

⑦ 《益冬委桑阿巴》经，1卷7页；《益冬贡辉》经，1卷9页。两部经卷主要用于迎请委桑阿巴、拉圭托巴、宗琼喀窘等三大护法神，让诸神对乐恶的妖魔进行镇压、覆盖。

⑧ 用数十种法器逢在麻布包裹的皮带上制成的法器，参见法器。

释毕戎肯仪式中韩规手持法器跳"纳拉贞"舞

第一，迎神附身，即祭司韩规的神化。众韩规念诵《袞拉耸》经①，毕扎则将松能面偶放在燃烧的松枝上，意为向"益西丁巴辛饶"、"帕拉扎拉"、"益冬松玛"等神敬香，请求诸神帮助韩规将逝者魂从"尼瓦"界夺回。与此同时，主持韩规右手持"佳居"法器，左手持"萧迪"法器，从益冬神坛处开始舞至下方所设的象征"尼瓦"界刑具的一口锅边，意为"益西丁巴辛饶"、"袞哈阁布"、"袞宗辛纳卫各尔"、"撕八森布崩赤"、"琼钦阁布"、"益冬赤嘉宗邛"、"达拉米布尔"、"贡泽普吉佳布"及女神"曲迥甲姆"九位神已经依附在了韩规身上。

第二，救灵，即从"尼瓦"界的刑具锅内将逝者魂救出。主持韩规右手持"佳居"法器，左手持"萧迪"法器，嘴里念着仪式经文：我是"贡曲米曲帝督"②神，我已经来到了"尼瓦"界，我要救出逝者的灵

---

① 《袞拉耸》经，1卷11页。意为向"益西松吉丁巴辛饶"、"帕拉扎拉"、"益冬松玛"等诸神敬香。

② "贡曲米曲帝督"是负责从"尼瓦"界锅内将逝者魂救出的神。

魂……主持韩规身后则跟随两名韩规，他们跳着舞绕锅行两圈后用"佳居"法器从锅内将代表逝者的手镯捞出。此时，主持韩规嘴里仍然自言自语："我已经救出了逝者，将要返回人间……"随后将手镯带回放在"弄克"前。

第三，毁牢所。主持韩规左手持"萧迪"法器，右手改持"尔子"（一把较长的尖刀），心里想着"弥责泽吉歪吉责玛古"神，嘴里仍然念着仪式经文："我是弥责泽吉歪吉责玛古神，我可以打破阴间的铁锁链……"随即绕坛场跳神，围绕代表"尼瓦"界牢所的杨柳树跳两圈，并用长刀将杨柳树劈到，割断拴鸡的绳索，将鸡放跑。此时，毕扎手持斧子，将前述放在杨柳树前的石头劈碎。意为劈开"尼瓦"黑界用以禁锢亡魂的牢笼，救出逝者的灵魂。而其他韩规则念诵《达卡崩南》经①。

第四，破刑具，镇鬼神。主持韩规左手持"弓冬"吹奏法器，右手改持"扑布"，心里存想"弥责泽吉歪吉京帝古"神，嘴里念诵：我是弥责泽吉歪吉京帝古神，我可以将"尼瓦"界的刑具打破，我要打破"尼瓦"界的刑具。再绕坛场内所设置的代表"尼瓦"界刑具的锅庄两圈，并将架设的铁三角及架在上面的锅踢翻，用脚踩在锅底。同时，其他韩规则念诵《恰么尔杂松》经，意即将"祖弱"（强大的鬼怪）盖住。

第五，诵"塔隆哩"，即澄清罪孽。韩规教认为，灵魂从"尼瓦"界刑所救出后，男性逝者还要过九道关卡、女性逝者要过七道关卡，方可回到"甸巴"，而每一道关卡都有鬼怪重兵把守，对逝者生前所犯下的恶事进行再审查。因此，韩规还要长时间地与把守关卡的"尼瓦"界鬼怪对峙，逐一对设置（连接）在"尼瓦"与"甸巴"之间的 64 幅"塔隆"图进行解答，以澄清逝者生前没有作孽。

普米族人将生前杀人行凶、为匪为盗、套索上掉、服毒死亡或者生前以毒食设陷或以不干净之物施舍他人；借过他人的钱粮，归还时短斤少两；青年男女聚会时挑拨离间，惹是生非者；女子勾引他人，破坏他人家庭或未婚有孕，吃药堕胎者；男子奸淫女子，使人怀孕者；女子抛弃家庭，扔下孩子与人私奔者；无论男女，自以为是，瞧不起别人者；偏心对待子女者；女人不会穿梭纺线，年猪宰杀之前，没有好好喂养者；男人不

---

① 《达卡崩南》经，1 卷 5 页。意为劈开"尼瓦"黑界用以禁锢逝者灵魂的牢笼，救出逝者魂。

释毕戎肯仪式中韩规毁"尼瓦"地狱刑具场景

好好饲养耕牛，经常用鞭打耕牛，坐骑不喂食粮，却骑马鞭笞者；打死他人看家狗者；破土灰林，扰乱山神、水神者；在山神、水神禁地，捕杀猎物，杀伤熊、狼、鹿、虎豹等野兽及猎杀青蛙、蛇类者；不敬重神灵，不相信神灵的存在，贬低神灵，糟蹋经书者；没有学习韩规知识，却充当祭司人员，招摇撞骗，到处施法者；韩规祭司身披法衣却没有善心或不会敲锣击钹、不会跳神，做过越轨之事者；祭司不守教规，调戏妇女等归为不守常规的人，将其灵魂排除在祖灵之外。因此，在"塔隆哩"仪式中，祭祀要不厌其烦地告诉"尼瓦"界，逝者生前没有做过上述越轨之事。主持韩规在解读每一幅图时，念诵《扑登尔南尔》（逝者为女性时念诵）经、《末登尔南尔》（逝者为男性时念诵）经①，以告之"尼瓦"界，逝者生前没有做过杀生、放火、偷盗、奸淫、作孽等不该做的事，让"尼瓦"界放行逝者的灵魂。在诵经的同时，韩规要大声地呼唤逝者名字，并说："你没有做错事，请跟我走！"其他韩规则配合念诵开杀鬼怪的《搓》经②。韩规诵经时，毕扎则手持尖刀，对此前摆放在韩规面前的用

①《扑登尔南尔》经，1卷8页；《末登尔南尔》经，1卷8页。若逝者为男性时念诵《扑登尔南尔》经，逝者为女性时念诵《末登尔南尔》经。其用为告知"尼瓦"界，逝者生前没有做过杀生、放火、偷盗、奸淫、作孽等不该做的事，意为让逝者得以放行。

②《搓》经，1卷40页。意为开杀鬼怪。

盘盛装并供有猪肝、羊肝的象征鬼怪的人形面偶进行砍杀，并将猪肝、羊肝分配给参与祭祀的人员食用，寓意活着的人不怕魔鬼，敢吃魔肉，从而使"尼瓦"界的鬼怪惧怕人类，尽快放行逝者的灵魂。此后，众韩规还要念诵《游端丙谷》经、《席库尔扑》经①、《益西曲勿居》经②。寓意逝者魂已从"尼瓦"黑界被救回到"甸巴"，要分明阴阳之边界，不让阴界鬼怪光顾阳间。整个跳神舞蹈结束时，主持韩规往往已是满头大汗。

释毕戎肯仪式中韩规举行诵"塔隆哩"仪式
（仪式所用的图片与《四部医典》中的图片极其相似）

（四）献祭

诵完上述经后，念诵献祭经。一是向神灵献祭。在一盘子上放置烟、茶及象征性的礼金供于益冬松玛护法神坛前，念诵《拉丁》（ɬa⁵⁵d ĩ⁵⁵）经③；二是向四方（孤）神和野鬼献祭，念诵《那安灵恰》（na³¹ya³³ɬi⁻³¹

---

① 《游端丙谷》经，1卷6页；《席库尔扑》经，1卷5页。意为将"尼瓦"禁锢的逝者魂喊回。
② 《益西曲勿居》经，1卷2页。用于分明阴阳之边界，不让"尼瓦"阴界鬼怪光顾人间。
③ 《拉丁》经，1卷29页。是用于为神灵敬献供品的经籍。

tçha^{31}）经①。

普米族宗教观念中反映生前过度使用耕牛者死后遭受报应的图景

最后，向逝者及其祖先神献祭。在"弄卡"灵牌前献上饭食，由韩规再次念诵前述安魂经《阁瓦肯》和献食经《素齐》。之后，要念诵《支钦玛》（tʂ^{31}tç ĩ^{55}ma^{31}）经②。念诵该经时，逝者子女跪拜于"弄卡"灵牌前，向逝者倾诉父母的养育之苦，表示即便倾家荡产也该为老人送终。如果逝者为女性，还要加诵《丝别丁卑》经③以感谢十月怀胎之苦。此时，村邻亦纷纷前来祭献财物，所献的财物分两份，用五色布条且以松明替针、用麻代线缝制而成的小袋里装入油、盐、茶、米等，其中，一个布袋祭献逝者，另一个则委托逝者带给祭献者已故祖先。敬献财物时，毕扎要念献祭者及其家人的名字，交代是谁家敬献的，并用夸张的口吻告诫逝

---

① 《那安灵恰》经，1卷10页。"那安"为祭四方神灵，"灵恰"则祭祀野鬼。

② 《支钦玛》经，1卷23页。意为向逝者及祖先敬献财物。在现代普米族人中，此经亦见有在出殡前一夜念诵的。

③ 《丝别丁卑》经，1卷12页。该经是专门用于向女性逝者表达恩情的经籍。普米族人认为，人世间，女性更为受苦，需承受受孕、禁食、让胎儿在母体内苗壮成长、分娩之痛苦，以及产出后的哺乳等艰辛历程。

者，生者已祭献了成千上万之财物，希望已故者能保佑生者平安。献祭者则向"弄卡"磕头，以示告别。

德国哲学家费尔巴哈（Ludwig Andreas Feuerbach）说："宗教的整个本质表现并集中在献祭之中。献祭的根源就是依赖感——恐惧、怀疑、对后果对未来的无把握、对于所犯罪行的良心上的咎责；而献祭的结果，目的则是自我感、自信、满意、对后果的有把握、自由和幸福。"[①] 普米人向神灵献祭的实质，源于宗教神灵崇拜的心理需要。普米人用丰厚的祭品来取悦神灵，目的是求得心灵的安宁与祖灵的护佑。

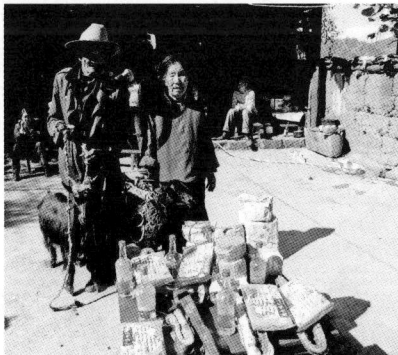

普米族释毕戎肯仪式中的献祭场景

（五）指路

献祭仪式结束，韩规继续诵《牙幼》[②] 向神灵献祭、《迈幼》经[③]向鬼怪献祭，诵《惹珠珍》经[④]，并用少许牛奶滴在骨灰罐内，意为让不干净的骨变干净，让逝者不要再返回阴间。诵《拉森德佳》经、《辛忍》

---

① ［德］费尔巴哈著，荣震华、李金山等译：《费尔巴哈哲学著作选集》，商务印书馆1984年版，下卷，第462页。

② 《牙幼》经，1卷3页。《牙幼》为向神灵献祭经，意为告知神灵将要举行"戎肯"献羊和"恰子恰答"指路仪式，请求保佑。

③ 《迈幼》，1卷3页。《迈幼》是主要用于向鬼怪献祭的经，意为告知鬼怪接受供品后不再给逝者挡道，让逝者与所献的绵羊能够顺利出行。诵该经时，由毕扎将茶罐中"佳嘎"（剩茶渣）及"尼局"（烧煳的苞谷）一同洒向祭祀坛下方。

④ 《惹珠珍》经，1卷18页。用于分明阴阳，让逝者不要再返回阴间。

经①为逝者壮胆。随后，牵一只绵羊到祭祀坛（没有绵羊的地区亦见有用山羊顶替的，但此种情况较少见），若逝者系男性则选取一只母绵羊，女性则选取一只公绵羊，选取之羊以高大壮硕、毛色雪白为最佳。

首先，用垫毡子将祭祀用的白绵羊包裹，在毡子上绘制一"雍仲"符号，将法器"芎"（又作冠嘟）放在其前。韩规念诵《罗米垒》经②，施法让牧羊与逝者成为伴侣。据我的报告人韩规麦瑟·品初里介绍，施法后的绵羊脑海里会现出以下场景：牧羊往右看时，看见一只白牦牛在食草；往左看，见有一只老虎在行走；往下看，是一口黑暗的大锅，而前方呈现的是阳光照射的盛开的鲜花林。此时，逝者魂会惧怕老虎与牦牛，而会往下方走。这时，绵羊会告诉逝者，我俩不能往下方走，那是阴间的刑具。中间大道是由牦牛和老虎为我们守护的回乡之道，是到达神界的道路，也是走向投生较好的道路。于是，绵羊带着逝者穿过牦牛和老虎之间的大道，往阳光照射的盛开的鲜花林走去。

普米族宗教观念中反映杀生邪淫者死后遭受报应的图景

---

① 《拉森德佳》经，1卷8页；《辛忍》经，1卷6页。两部经卷的意思为告诉逝者，已经切断了阴间的道，再强大的鬼怪也奈何不了逝者，让其安心地上路。

② 《罗米垒》经，1卷4页。其意为施法让牧羊梦游，并与逝者成为伴侣。

其次，念诵《箩灯尔》经①。逝者的子孙在"弄克"神案前虔诚跪拜、磕头，拜毕，起身站立于四周。而祭师韩规或释毕将涂有酥油的面偶放在用蒿枝做成的十字架上，插入粮食斗内祭奠，用水或酒清洗羊身，并点燃青松毛、香柏枝，用烟熏羊和祭司的身体，同时清净坛场，以示庄严洁净。

最后，众孝子头系白线，脚穿草鞋，腰系麻皮，跪拜于白绵羊前，喂绵羊以醅酒和炒面，请求白羊引领逝者回归祖居地。羊高兴地吃喝，寓意接受主人之寄托，若不吃不喝，则示不悦，喂养者不能强迫。直至羊吃了炒面、喝了醅酒，全身抖动，家属才向羊磕头辞行。随即，用刀直刺羊胸，迅速取出羊心，进贡于逝者。若羊心颤抖，表示死者接受羊祭。

至此，由六人装扮成"卓帝嘎含"大雁、"萧昌产"野鸡、"古布"布谷鸟、"霞夏"喜鹊、"丝布嘎查查"②、"金容年扑罗"③状（亦有装扮成动物的），模仿着众鸟的叫声，在祭祀场内绕行一圈，并行至韩规跟前。其中，排在第一位的卓帝嘎含大雁头顶一牦牛角，先行与韩规对话。

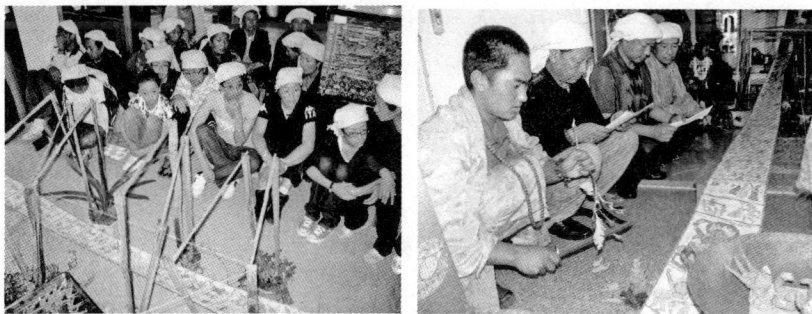

2009 年 6 月 25 至 30 日，宁蒗金棉森景甸籍普米族人娜吉卓玛的指路仪式

---

① 《箩灯尔》经，1 卷 6 页。"箩灯尔"又作"戎肯"或者"次丹肯"（tshɿ⁵⁵ di³¹ k ẽ³⁵），即献羊。

② "丝布嘎查查"，又称"索子古责"，是一种体态娇小的花鸟。此鸟可以发出两种声音。普米族人常根据其叫声，以判定时辰。当发声为"卡叉查"时，认为是在笑，蕴涵当日时辰较好；当发出"子子眷"的声音时，认作在哭泣，意为当日有不快之事。

③ "金容年扑罗"，指经常生活在房屋周围的一种体态娇小的黑色小鸟。由于这种鸟常年生活在屋前屋后，普米人将其视作屋主人之一，并习惯将常年待在家中的老弱病残者形容为"金容年布罗"。

韩规："卓帝嘎含大雁，你'宗勿'（ts $\tilde{o}^{55}$ xu^{33}）冬天往南飞，'京勿'（tɕ $\tilde{i}^{55}$ xu^{33}）夏天又得飞回北方，成天在天上飞来飞去，今天来这里干什么？"大雁："我在飞行途中碰到了逝者（唤出逝者名字），才知道你们敬孝为其举行'释毕戎肯'道场，我将其领来了这里"。韩规："感谢了，祝您飞行平安！"

萧昌产又行至韩规前，半跪在地上。韩规又向其问道："你成天在林子里，今天在这山上'萧昌产'（声音）明天在那山上'萧昌产'，今天来此何故？"萧昌产："我待在阴山一天、阳山一天，碰到您家的逝者（唤出逝者名字），听说，你们要为其进行特别的祭祀，以孝敬长者，我将其带到了这里。"韩规："辛苦了，你将我走失的长者带回，非常感谢！"

布谷鸟又至前。韩规："年松年日拨杂土德牙，杂松杂日崩床克帝，宗松宗日年尼米布。（niε^{31} s $\tilde{o}^{33}$ niε^{31} ʑi^{53} ba^{31} tsa^{55} tho^{33} tiε^{31} ja^{31}/tsa^{55} s $\tilde{o}^{33}$ tsa^{55} ʑi^{53} p $\tilde{o}^{53}$ tʂhuã^{31} khə^{31} ti^{53}/ts $\tilde{o}^{55}$ s $\tilde{o}^{33}$ ts $\tilde{o}^{55}$ ʑi^{31} niε^{31} ni^{33}m̩i^{55} buɯ^{31}）春天三月，你传来了温暖将至的消息；到了秋天三月，你又留下寒冷的信息，飞行而去。而冬天三月、夏天三月，你却无影无踪，今天你来这里，带来的是什么信息？"布谷鸟："我在行路途中，恰好碰到你们家的老人（唤出逝者名字），得知你们要为其举行'释毕戎肯'祭祀活动，不知真假，于是带着他（她）来打探个究竟，看有没有什么消息需要传递。"韩规又向其致谢！

布谷鸟离去，"霞夏"又行至韩规跟前，韩规问道："你一会儿在地上发出'喳喳'声，一会又上到树上'喳喳喳'。你来这里揍什么热闹？"霞夏喜鹊："你们如此孝道，这么寒冷的天还为失去的长者举行'释毕戎肯'仪式，我是特意来帮点忙，报告一下亲友到场的情况。"韩规："如此，亦是感谢！"

丝布嘎查查来到时，韩规又问道："你一会儿'嘎查查'，一会儿又是'子子眷'，今天来这里意为何干？"丝布嘎查查："如此多的亲友团聚，共同为长者送行，实在让我感动，高兴之余我禁不住叫出了'嘎查查'声。然而，又想想，如此熟悉的背影，曾经还不时给我些谷粒，今天远离我而去，我实在难过，于是情不自禁地发出了'子子眷'！"

最后来到韩规跟前的是"金容年布罗"。韩规："你鬼鬼祟祟，时而现在屋前，时而又躲在屋后，今天不待在家中，跑到祭祀场来干什么了?"金容年布罗："今天你们要送走我家的老人，想想这多年陪伴的长者就要离我而去，他走后，我能不能在此待下去亦不知，我虽远行不便，但还是强赶而来为我的老人送行……"至此，装扮成金容年布罗的人，嚎声痛哭，在场的亲人亦跟随哭泣。韩规只好用好言相劝："你可怜至极，每天上上下下守着家，还力所能及地帮家人做点活，今天强拖着身子来祭祀场为老人送行，感谢啊！"

对话完毕，毕扎对着"弄克"大声地呼喊逝者的名字，并说："您看到了，金容年布罗（这里指老弱病残行动不便者）都来为您送行了，您还有什么可留恋的，您要好好听从韩规的引导，去找您的先祖！"

图日·慈仁扎西为家母举行的释毕戎肯仪式中韩规与众鸟对话仪式场景

之后，韩规或释毕给逝者念诵用于向逝者交代各代祖先名谓的《恰子恰大》（tɕha³¹ tsi³³ tɕha³¹ ta⁵³）经和《汝久几几》（ʐu⁵⁵ tɕu³³ tɕi⁵⁵ tɕi³¹）经，向逝者指路，以帮助其顺利回归祖先发祥地。所指示的归宗路线，各地稍有区别，但是最终归宿一致。诵《衮肯》经，再次为逝者献冥马。诵毕经，由一至两名韩规带队，将逝者的骨灰罐送至"入久甸朵"（普米族人放置骨灰的山）。若逝者为男性，要备九匹马，随队人员为九人，而女性逝者要备七匹马，随队成员为七人，送行队伍中必须有一位为逝者的

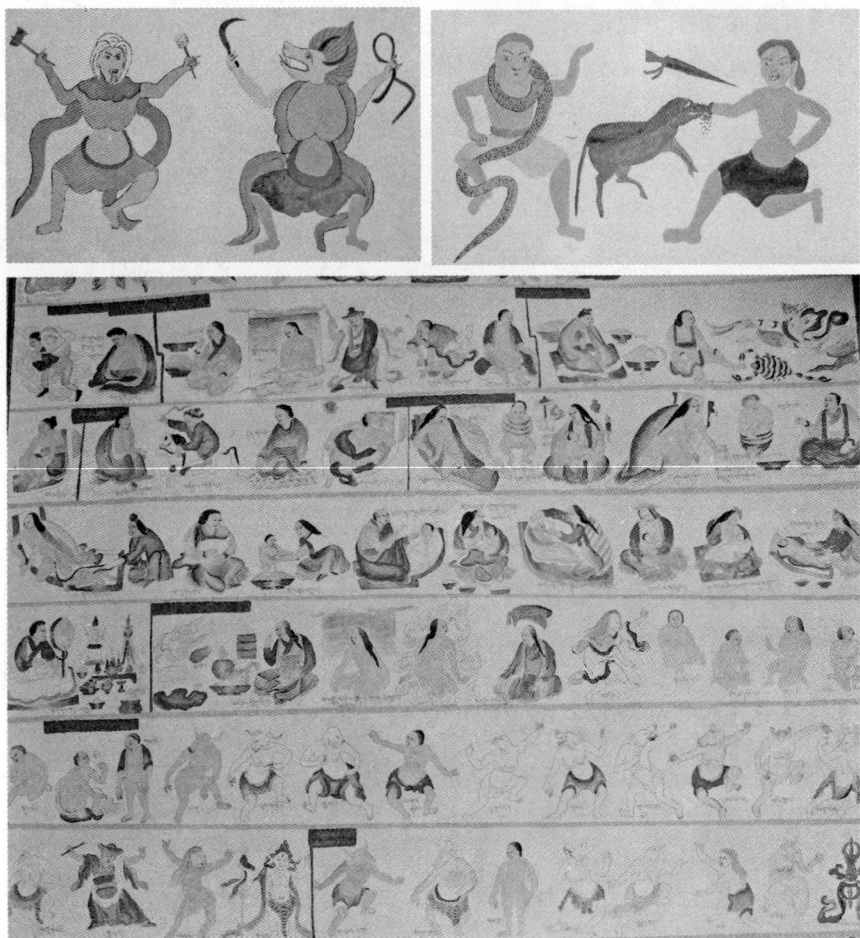

普米族韩规经《塔隆哩》（救灵图）片段

子孙，并由其背着骨灰罐，骨灰罐则用所垫的绵羊披毡包裹，并用绵羊毛制造的妇女的腰带缠绕。送行者均骑马而行，出行时，全村妇女集队向每位送行者赐予醋酒。送行队伍到达"入久甸朵"罐罐山后，将绵羊披毡铺开在地上，由韩规用炒面在披毡的上端绘制一"雍忠"符号，下端绘一"哉扑及 tsai^{33}bɯ^{31}tɕi^{31}"（雄性马鹿）图像，并将骨灰罐置于马鹿图像前。韩规还要念诵《朵冲》（to^{31}tɕh õ^{53}）经、《洒笼》（sa^{31}l õ^{55}）经、《阁德尔》（gə^{33}tə^{31}）经、《松喷》（s õ^{55}p ɛ̃^{31}）经、《素齐》（sɯ^{33}tɕi^{31}）

经及《雍忠得达若巴》①（jõ³³tʂõ³³tə³³ta³¹zo³¹pa³³）经，告诉逝者不要再返回。之后，将骨灰寄存。骨灰罐存放方式有所不同，或放置在树下，或埋在地下，或放在崖洞里；有的则将骨灰倒在绵羊披毡上，然后由韩规和毕扎各持一端将骨灰撒向上方，随后将空骨灰罐垂直落下摔碎，并按照碎片的大小及飞溅的飞向占卜主人家未来一年之凶吉。

（六）清场

留在"席益"坛场的韩规诵《迷米弄卑丁窘》（m̩i⁵³mi³¹nɔ³¹pɛ̃³³tĩ³¹tɕho³¹）经②。与此同时，由毕扎用火镰在石片上取火，点燃松明火把后放在"弄克"前。韩规则继续诵《策衣米达》③（tɕha³¹tsi³³tɕha³¹ta⁵³）经。此时，主持韩规则再次戴上"释扑呆"法帽，穿上法衣，肩上交叉斜挎"嘎雍工仁"（ka³¹jõ⁵³gõ³³z̩ɛ̃³¹）法器，左手持一系有牛喉结的麻绳，右手持一系有柏香树钩的麻线。麻绳和麻线均长约两丈，麻绳由众孝子（在场的男性亲友均可参加）从上至下站立持着，麻绳最下端系上一把锁。而麻线则是由多股麻缠绕而成的线条，中段由参与祭祀的所有女性依次持着，末尾处则由女儿所嫁方的氏族成员（女性）分开把持。念完经，有韩规将系有牛喉结的麻绳及系有柏香树枝钩的麻线一同掷向"众辛崩"三棵树上。若喉结与柏香树钩挂在树上视为吉利。随后，韩规将麻绳下端的锁打开，由孝子将绳子从下至上依次传递卷起收回。然后，妇女一方的麻线同样从下至上卷起，将其扎在"德叠"顶上，视为吉物。

再念诵前述《督诅》经。首先，由毕扎将先前贡奉在"众辛"坛场前的蜂蜜、牛奶、醅酒洒向树尖。意为向天神"哈葱巴阁布"、"拉益温布尖京"、"拉督松松机"，天与地之间的神"帝喜丁巴辛饶"、"懂松衮拉阁布"，地神"拉甲瓦仁昂"，从天而降、由地而升的神"艮日怎夺日打"（居在阴阳山的雌雄神）敬献；向来自东方主柴的"夏席孔佳布"神、南方主火的"曼孔佳布"神、西方铁神"辛孔佳布"、北方水神"支

---

① 《雍忠得达若巴》经，1卷7页。意为告知逝者，送行仪式已结束，让其不要再怀念家人。

② 《迷米弄卑丁窘》经，1卷6页。为逝者献火、献披毡。诵该经时，由毕扎口诵卡尔莎经《麻肯》与《须自须里》。《麻肯》经，主要讲述普米族人有关火的使用、外甥用白石片打草取火救舅舅的故事以及人死后焚尸习俗的来历；《须自须里》经则讲述人的尸体在焚烧之时难以火化的原因以及普米族人死后要送白绵羊披毡习俗的来历。

③ 《策衣米达》经，1卷8页。意为将可能被鬼怪吸引的活人（参与祭祀者）魂拉回。

孔佳布"（tʂʅ³¹khõ⁵³tɕa³¹buɯ⁵³）、中间的土神"家孔佳布"（tɕa³¹khõ⁵³tɕa³¹buɯ⁵³）敬献；向旅游佳布（龙神）"宗南仁钦"、东方"森阁泽木"（狮子神）、南方"沿布温布"（骑在龙上的战神）、西方"勿泽米"（骑在老虎上的战神）、北方"奔乃仁久泽米"（骑在蟒蛇上的战神），天上的"琼再木扎拉"（大鹏神雕战神）、地上的"安若毕甲布泽米扎拉"（能驾起地球的青蛙神）、"布泽米扎拉"（骑在太阳上的战神）、"里泽米扎拉"（骑在月亮上的战神）、"夏直泽米扎拉"（骑在星宿上的战神）、"德仁泽米扎拉"（腾云驾雾的战神）、"目夸泽米扎拉"（骑在彩虹上的战神）、"吾库果能泽米扎拉"（骑在十二属相上的战神）敬献。向天神33尊、地神44尊献祭后，毕扎又将蜂蜜、牛奶、醅酒视为圣水，分派给大家品尝，意为让后人平安。

普米族韩规经《塔隆哩》（救灵图）片段

诵《恰木尔谱》经[①]，以测运。韩规将"弄克"下所垫的老虎画用剪子尖碎，与先前供在"弄克"前的炒面共同撒向空中。众人纷纷拾起碎片，交由韩规占看。如果拣到的是老虎舌的部位，意味当年有口嘴，言行要注意；拣到老虎的手掌，要招大财；拣到老虎的耳部，会听到喜事；

160

① 《恰木尔谱》经，1卷4页。意为测运。

拣到老虎的眼部，会见到喜事；拣到老虎的尾部，视为不吉；拣到老虎的身体，当年喜怒平平；拣到老虎的脚掌，当年无病痛……

诵《康尊》经、《牙嘎》①经，以招福。由韩规分批次将"众辛"三棵树上的五色布摘下，并挂至逝者的子孙。摘下左右两棵树的枝条并与小"弄克"分给氏族成员，居住较近的氏族家庭将分得的小"弄克"立即带回，将其放在"宗巴拉"上，从树上摘下的枝条则烧在火塘里，进行"且的菩"。意为让"容里瓦里"（财神）将福气带回家，使家庭更为发达。

诵《弄克古齐》经②，在"弄克"前用树枝搭建"素齐当"献饭塔，男子九层，女性七层。韩规手持尖刀将大"弄克"的麻线割断，将十字架砍开，左边砍两刀，寓意让左边的女子富裕；右边砍两刀让居右的男子发达。随后将"弄克"在献饭塔处烧毁，或将其带回家屋放在"宗巴拉"上。

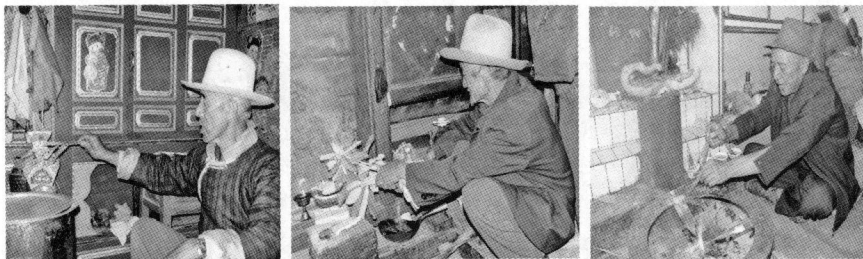

普米族"且的菩"向铁三角献祭仪式

诵《中辛大哒》经、《中辛居》经③，以祝愿。按从右方的柏香树、左方的白桦树、中间的冷杉树分别将"众辛"树拦腰砍倒。砍柏香树时，毕扎口诵《卡尔莎》经，以祝右方的九个儿子健康成长；砍倒左方的白桦树，祝愿左方的七个女儿都美丽漂亮；砍倒中间的冷杉树，寓意老人门下的子孙都能茁壮成长，一代胜过一代。随后，将冷杉树上段带回主屋插在屋顶上，称其为"脱松"，寓意让诸神看到此物，招来福气之神；将白

---

① 《康尊》经，1卷4页；《牙嘎》经，1卷10页。两部经均有招福之意。

② 《弄克古齐》经，1卷10页。意即销毁灵魂依附体。

③ 《众辛大哒》经，1卷4页；《众辛居》经，1卷3页。两卷经均有祝愿之意。

桦树、柏香树上段插栽在祭祀生态神灵的"松塔"（烧香坛）上方。而留在土里的树根，将其拔出后抛入下方，称作"噶八肯"。意即用柏香树根祭祀不让男子成长的孤魂、用白桦树根祭祀不让女子成长的孤魂、冷杉树根祭祀不让老人门下的子孙茁壮成长的孤魂。让所有无人看管（没有后人）的孤魂野鬼不再作祟缠绕人间。

诵《萧巴念菩》①，以结束法事。至此，韩规脱下法服，将"萧帝"法器劈成三截。首先，劈下最下端一截，并将其抛入下方以祭祀野鬼，意为不让鬼怪拦路；劈下中间一段，并在"弄克"前用于献食的火堆里燃烧掉，寓言子孙如火焰，永不熄灭；最上段插在先前摆放在"弄克"前形如白汗鸡头的"末库"面偶之上，待仪式结束时，用"众辛"三棵树内的垫毡包裹，并由韩规与释毕各持一端将其抛洒向祭祀场上方，意为祭祀场亦被销毁。之后，拔出"色库华"四棵松树抛入祭祀场下方。在祭祀坛下方深挖一个洞，由韩规将先前制作好的九个畸形人头面塑像，埋入其中。念诵《德古绢》经②。意为将欲使人杀人行凶、为匪为盗、套索上

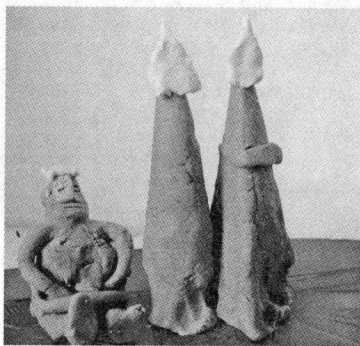

祭司制作面偶

掉、服毒死亡和想让年轻人早逝的鬼怪深埋地下，不让其翻身造孽。最后，诵《帝夏米隆扎西》经③，以祈求神灵原谅仪式之不足；诵《印般松

---

① 《萧巴念菩》经，1卷8页。收坛场经，意即结束法事。

② 《德古绢》经，1卷7页。祭祀不吉之死者。

③ 《帝夏米隆扎西》经，1卷19页。有"歉意"或"忏悔"之意。由于"释毕戎肯"仪式耗时较长，通常需要数天才能完成，尽管在整个仪式过程中，韩规都做了细致的工作，但仍担心在诵经、制作面偶、仪程的把握方面可能存在遗漏、不完善等，因而祈求神灵原谅。

能》经①，欢送各种护法神回乡。将益冬神坛上的各种面塑神像逐一放倒，将其带回主人家并放置在"宗巴拉"上，次日一早又抛向屋顶或放置于烧松塔处。而先前供奉在益冬神坛称"儒"的五谷则赠予韩规和毕扎带回做种子。至此，参与祭祀的所有人员要向韩规磕头，以示感谢，而韩规则赠给每人一支白色的绵羊毛线，寓意接受者来年吉祥安康。

仪式结束后，毕扎手持"戴帝"法器前行，并派几名健男吹着海螺号，将所有的亲友带回丧主家。而先前送骨灰罐到"入久"山的队伍返回时，还要与主人家有一段对话：

韩规（主人代表）："你们到天上的队伍，'牙帝卡阿穷'（ja^{31}ti^{55}kha^{53}ya^{33}tçh õ^{31}）（即是否顺利）？"

上山者："我们很是辛苦，想把骨灰罐放在'尔罗里布'（ə^{31}lo^{33}ɬi^{33}bɯ^{31}）地球的顶端，但'佳日琼'（tça^{31}z ʅ^{33}tçho^{31}）神雕说那是它的蛋，不同意放置；拿到球体的中间，主管天与地之间的'尼'神说那是它的'仁布齐'（z ɛ̃^{31}1bɯ^{33}tçɛ^{31}）宝地；将其放在地球的右方，'散大'神称是自己的地盘，不同意放在那里；我们走到了地球的左方，'兑'神亦说是自己的地盘，也不同意放置。最后，我们来到地球的下端，正好碰到了较为发达的'旅游佳布'水神，我们祈求能够借地存放，它欣然同意了，于是将骨灰罐存了那里。'旅游佳布'家还给予了'戎代鲁呆'（z õ^{33}tɛ^{33}lu^{33}tɛ^{31}）（即能让所有参与祭祀的人员健康发达）。"

随即，用先前带去"入久"山上的一海螺号吹响三声，并递给主人家，意为"旅游佳布"水神赐予的礼物。

至此，由四个男子装扮成两男两女称作"瑟牙阁尔"，在主人家房屋前后现来现去，相互调戏。亲友来客和同村的青年男女纷纷参与到游戏中。寓意后继有人，又不断有青年男女欢快地投入到新生活。当晚还继续举行"甲搓"打跳舞。

第三节　普米族"释毕戎肯"场域的社会关联②

任何社会都有自身特有的社会关联或社会团结机制，只有社会关联机

---

① 《印般松能》经，1卷6页。意即仪式结束，欢送各种护法神回乡。
② 资料主要来源于笔者署名奔厦·泽米与杨俊伟合作的《普米族"释毕戎肯"葬礼场域的社会关联》，《民族艺术研究》2011年第1期。

"戎代鲁呆"寓意男女比翼双飞

制正常发挥作用，社会才能实现良性运行和协调发展，进而维持社会秩序稳定，实现社会和谐①。普米族作为中国西南一个有着悠久历史文化传统的古老民族，也有着自身特有的社会关联或团结机制。其中，"释毕戎肯"丧葬仪式是普米族社会实现社会关联的独特表现，是一种独特的文化场域或葬礼场域。"场域"是法国著名社会学家皮埃尔·布迪厄（Pierre Bourdieu）提出的一个社会学概念。布迪厄认为，社会空间是由人的行动场域所组成的，是由各种不同的场域如政治场域、经济场域、文化场域等组成。场域就是社会高度分化而形成的具有相对独立社会空间的社会小世界。场域的相对独立性表现为不同的场域具有不同的逻辑和必然性，也就是说，每一个场域都具有自身独特的逻辑、规则与常规。其次，场域不是行动者之间的互动或个人之间交互主体性的纽带，而是各种所谓的独立于个人意识和个人意志而存在的客观关系。第三，场域是一个充满矛盾与冲突的空间。第四，场域的边界是经验的，各场域之间的关联是复杂的。场域作为一个社会空间，有着自身的边界②。根据"场域"的概念，结合普米族"释毕戎肯"葬礼的实际情况来看，毫无疑问，"释毕戎肯"丧葬仪式是普米族社会一个独特

---

① 陈劲松：《传统中国社会的社会关联形式及其功能》，《中国人民大学学报》1999 年第 3 期。

② ［法］布迪厄、［美］华康德著，李猛、李康译：《实践与反思——反思社会学导引》，中央编译出版社 1998 年版，第 133—142 页。

普米族人的"瑟牙阁尔"舞

的文化或葬礼场域，这一场域表现出多重文化价值。

一　"释毕戎肯"场域保存了族群迁徙的历史记忆

如前所述，由于没有成文史，普米族历史上是否形成过统一的文字，目前尚无考证，也无定论。因此，其族体形成的地域及年代尚有不同的说法。但金沙江南兰坪地区普米族都保留有"戎肯"的习俗，并且指路经《汝久几几》（包括兰坪地区汉字记音的《戎肯经》、宁蒗地区藏文拼音记写的《汝久经》及口诵经《卡尔莎》）的相通之处为普米族族源、迁徙的研究提供了最为宝贵的资料。

普米族史称"西番"，而历代史家大多将"西番"视作"诸戎"的一支，目前学者们也普遍认同普米族为古羌人后裔之说。普米语称羊为"戎"，思想意识上崇"戎"，以"戎"为图腾之一。而亡魂归宗之路的北向性及其归宗目的地都与"西戎"、"西番"居住地相吻合，这为普米族是古戎羌后裔的论断提供了重要的旁证。普米族人将"玛牙直者关"作为送魂路线的终点，关于"玛牙直者关"之地，目前虽无法确定其具体地址，但从章太炎《序种姓》一文中说："北抵雍、凉则附羌，南抵滇、黑水则附髳。"① 黑水指雅砻江，而普米族所称的"玛牙直者关"指向的正是雅砻江流域的贡嘎岭地区，这说明雅砻江流域是普米族人较早活动的区域。

《指路经》中前 46 代为父子连名制，这种父子连名制实渊源于古羌人。《后汉书》卷一百十七《西羌传》载羌人："其俗氏族无定，或以父名母姓为种号。"② 金沙江以北地区的普米族人至今实行火葬，其火葬之俗可以追溯至《荀子·大略篇》："氐羌之虏也，不忧其系垒也，而忧其不焚也。"③ 由此可见，普米族丧葬文化沿袭了古代氐羌部落的习俗。

而《梦溪笔谈》也记载：西戎"先咒粟以食羊，羊食其粟，则自摇其首。乃杀羊视其五脏，谓之'生跋焦'。其言极有验，委细之事皆能言之。'生跋焦'，土人尤神之"④。此习俗与上述普米族人的"释毕戎肯"葬礼中的"献羊"仪式如出一辙。此外，陈宗祥教授在《西夏语与南语比较研究》一文中，通过对敦煌古藏文拼写的《南语写卷》首卷用羌语支语言释读，结果引用最多的词汇为普米玉姆土话，并且《南语写卷》前十行释译的内容又与普米族"释毕戎肯"敬羊仪式所反映的情形相一致⑤。由此看来，作为普米族社会独特的社会关联机制，"释毕戎肯"有上千年的历史。

二 "释毕戎肯"场域体现了不同宗教文化的交融并存

由于地域和佛教渗透程度的差异，在金沙江北部地区普米族的葬俗中，"释毕戎肯"葬礼的主祀有的请喇嘛，有的则由韩规主持，但无论由喇嘛主持还是由韩规主持的仪式，都由毕扎作为助手，而且仪式中的每个仪节都表现有主次、轻重缓急之分，包含有本民族的原始宗教毕扎教和藏传佛教，这两种宗教文化形成了十分独特的不同宗教之间相互交融、和谐并存的现象。譬如，在诵经方面，有文字的《超度亡灵经》必须由喇嘛或者韩规念诵，而无文字的《卡尔莎》经只能由民间祭司毕扎承担。有

---

① 章太炎：《序种姓》，世界书局 1971 年版，第 9 页。
② （南朝宋）范晔：《后汉书》，中华书局 1965 年版，第 10 册，2869 页。
③ 梁启雄：《荀子间释》，中华书局 1983 年版，第 374 页。
④ （宋）沈括撰，侯真平校点：《梦溪笔谈》，岳麓书社 2002 年版，第 132 页。
⑤ 胡文明主编：《普米研究文集》，云南民族出版社 2002 年版，第 134 页。

普米族释毕戎肯仪式中所献的绵羊以白色为佳

喇嘛参与的丧葬仪式，焚化尸体由喇嘛主持，毕扎不能参与；焚化第二日的拣骨仪式，则只能由毕扎指引死者亲属进行。喇嘛或者韩规诵经时，神情肃穆，在场者须小声以待，而毕扎诵经交代祖谱，叙述普米族人迁徙历史过程，动情之时声泪俱下，在场亲友往往在毕扎悠扬凄凉的叙述曲调引导中一片哭泣，其景况既凄惨伤感，又优美动情。出殡时辰由喇嘛或者韩规确定，但将停放在堂屋的"苟"抬出屋后，毕扎还要在屋外举行唤生者魂仪式，将跟随逝者的活人喊回堂屋，其时可长可短，全凭毕扎决定。出殡时，需牵一头小猪或一只羊前行带路，此猪羊到达火化场后留喇嘛及火化人员食用（佛教本不杀生，此举反映佛教与原始宗教的结合）。

　　尤其，普米族人在"救灵"过程中所使用的《塔隆哩》图经，虽然目前还未能对其所展示的 64 幅图进行详细的解读，但就笔者初步掌握的情况来看，其形式、内容都与纳西族的"亨日皮"（heiq-ri-piq）《神路图》①、西番人多续人（藏族）的《开路图经》（tso po zu ku）②、西番人纳木依人（藏族）的《错布露骨图经》③ 相仿。而图经中所述罪孽又与佛教《法骨次弟初门》卷所述的杀生、偷盗、邪淫、妄语（亦称"虚诳语"）、两舌（亦译"离间语"）、恶口（亦译"粗恶语"）、绮语（亦译

---

① 参见杨福泉《纳西族与藏族历史关系研究》，民族出版社 2005 年版，第 266 页。
② 参见陈宗祥《冕宁藏族长幅连环〈开路图经〉释读》，《西藏研究》1992 年第 3 期。
③ 参见宋兆麟《泸沽湖畔的普米人》，云南教育出版社 2009 年版，第 510—523 页。

"杂秽语")、贪欲、嗔恚、邪见等"十恶"论有共同之处①。由此可以看出，普米族人的"释毕戎肯"丧葬礼仪不仅蕴涵着本民族的原始宗教内容，而且还表现出"藏彝走廊"民族宗教文化的共融，正因为各种宗教相互补充、相互融合，才构成了普米族人独特的宗教文化。

在金沙江以南的兰坪、维西等普米族地区，虽然清雍正元年（1723）"改土归流"而被强令推行土葬，致使传统的"释毕戎肯"场域有所流变，但变革中所保留的传统依然可见。如杨照辉先生对兰坪地区普米族葬俗的调查中有这样的记录：

> 棺材抬到坟场上的土坑边后停下，祭司在土坑中央挖个小坑，往里置上一个小土罐，罐中放一点玉石或碎银，上置红黑相间搭成十字形的漆筷一双，五彩棉线一绺，再往坑中撒一点五谷，最后才将棺置于其上。坟头砌好后，将十三截碎羊骨与少许炒面酥油一起，焚化在坟上。另外，在少数丧葬中，一些生活富裕的人家在给死者绵羊时，还附带给一匹倒备有鞍的白骏马，寓意让死者乘骑。此马不宰杀，随死者拉至坟上，祭司拉着它在坟堆周围跑三圈之后拉回家，实行放生，连鞍带马卖给外地人②。

对照前述金沙江北部地区普米族"释毕戎肯"仪式，有许多相似的内容，如火葬后将十三截骨头与少许谷物入罐埋藏、用五色线缠绕十字架制作"弄克"灵牌、专门有为逝者献宴马仪式，等等。如此看来，"改土归流"后的普米族葬俗依然保存了诸多传统的遗迹。

三 "释毕戎肯"场域折射了死亡价值上的伦理精神

如前所述，在普米族社会中，一般年迈者动弹不得或者病患者病情危重之时，家人及亲友轮流看护，远亲近邻也不时携带补品前来探望，倾尽全家之所有，熬制汤汁喂给病人。病人行将断气时，家人和亲友还要在场，以防止病人的痛苦。病人去世后，本村和附近村寨的每家每户，都要

---

① 任继愈主编：《宗教词典》，上海辞书出版社1981年版，第18页。
② 吕大吉、何耀华总编，杨照辉主编：《中国各民族原始宗教资料集成·普米族卷》，中国社会科学出版社1999年版，第634—635页。

派人带祭品前来参加。而同氏族人不管多远闻讯都要赶来帮助料理丧事，慰问死者家人亲属。死者为妇女时，娘家人还借故婆家未能保全逝者，到婆家"打冤家"。娘家人趁乱进寨，到婆家乱砍梁柱、敲锅掷碗，婆家人则屈意奉承、磕头赔礼。经过一番"厮杀后"后，双方亲友抱头痛哭，共议丧事，盛宴各地前来奔丧的亲友。在这一特殊的葬礼场域里，死者兄弟、娘家人、婆家人等亲友通过象征性的矛盾、冲突表演，实现了和解，强化了宗法的、家族的亲情和感情，最终维系了人际和谐与社会团结。而同氏族人、村邻加入葬礼场域，体现了亲情和友情，进一步增进了同氏族之间、村邻之间亲情上、友情上的伦理关爱。

"释毕戎肯"场域的"弄克汝"仪式中则通过人死骨变成石头、血液变成水、气变成风、体温变成火、头发变成森林……从而将自然山水与人紧紧连接在一起。而诵《众辛汝》经时，更有专门向主管森林的司物神祭祀，让森管神保护好森林的仪式。此外，在日常生活中，普米族人还将"年轻人不可在房前屋后劈柴火"① 上升为一种极具宗教禁忌的制约行为，并把居住境内的大小山峦都奉为"山神"倍加尊崇，从而塑模成普米族社会特有的自然伦理道德规范。

此外，在"释毕戎肯"场域中，普米族人还将亡灵回归祖先的路视同人生的路途一样，认为也是不平坦的，灵魂要经过关卡重重、荆棘丛生的旅程才归天与祖先团聚。由于担心死者在北归途中遭受冻饿，怕死者在途中迷路或遇险，因此，在整个仪式中，把亡灵当作一个活生生的人，交代了又交代、叮嘱了又叮嘱。不仅献冥马为逝者骑乘、献绵羊为逝者作伴，而且经文中或直告山川站口名称，或勾勒山川地貌特征，反复再三，唯恐指示不明。对于沿路险情，祭词反复教导死者鼓足勇气，冷静处置，企盼死者能够安然归根。这一切，都是爱心的袒露，都是以人为贵的反映。特别有意思的是，当亡灵经过拉巴山、金沙江、永宁坝、瓦居、木子盖、辛宗朵、嘎汝、贡嘎仁耸贡布等普米族人或曾居住或迁徙经过的重要山川河流时，《指路经》都不断地重复说："你没有欠下别人的账吧，如果你还欠着年米人、夏米人、嘎米人的费，经过这些地时必须归还了再走，否则，祖灵不会接纳你。"普米族人通过这种独特的仪式，用以告诫活着的人应该遵守的社会规则、规约，这种道德训诫能够对个人产生一种

---

① 参见本书第四章第二节《普米族韩规教的自然观》中的相关论述。

制约力量，并由此提供了某种动力，使人们理性地遵从社会伦理道德及行为规范。

四 "释毕戎肯"场域强化了氏族一致的集体意识

中国西南地区普米族的巫术和献祭仪式，常用来肯定和加强那些为维护普米社会一致的感情和认识。法国宗教社会学家涂尔干（Emile Durkheim）认为，集体意识或集体表象是指一般社会成员共同拥有的信仰和情感的总和。集体意识根本不同于个人意识，它具有社会强制性，它是社会全体成员反复感知并作为一种制度固定下来的东西，个体从生命开始就受到它的控制。[①] 普米族人以血缘或者地缘关系构成社会关系的经纬，个人只能在这个秩序中感受生活，并从中创造生命的价值。家族和集体利益往往规范着个人的生理和精神需要。如果某个人把自己的需要置于它们的利益之上，冒犯它们，就会出现严重的感情与社会矛盾，带来各种危机。这种威胁会构成集体性的焦虑和排斥，因此，在"释毕戎肯"仪式的整个过程中，祭司采用或与神对话、或与人对话的方式，用"神意"规范和约束参与祭祀人员的行为。如在"麻尼库鲁"仪式阶段，总管用韩规交给（神赐）的"布夏"鞭在祭祀坛下方抽打，以警示"惹事者"。而在诵《孔督捐》经仪式中，为不让来客亲友之间发生恩怨，毕扎手持火把，在祭祀场训话，待所有参与祭祀的亲友都表态没有怨气后，才将火把抛入祭祀场下方的阴沟里，以维系氏族一致的集体意识。特别表现在亡灵观念上，对各种轻生者则是轻蔑和恐惧。因此，普米族人把为匪为盗、服毒死亡、套索上掉、跌崖摔亡等一类死亡视作"不吉之身"排除在主葬场之外。对其他逝者，则不管老、弱、病、残者都接纳在同一个葬场火化，并将受到同氏族、同村寨的群体祭拜。通过把做过恶事的人和不遵守常规的人，排除在祖灵之外，避免了生活秩序的紊乱。而对大多数氏族成员则消除了世俗财产、地位的差异，使其统一在共同的祖灵之内。他们并没有把身份降低和举止谦卑看作是宗教的终极目标，从而强化了氏族的集体意识，加强了族群认同感和凝聚力，维系了氏族团结一致的力量。

此外，普米族"释毕戎肯"场域还反映出"神性—伦理关联"共生

---

① ［法］埃米尔·涂尔干著，渠东译：《社会分工论》，生活·读书·新知三联书店 2000 年版，第 234 页。

互塑的特殊态势，从而构成了普米族独特的社会关联形式。

　　根据人与人之间所存在的社会关联的形式，社会关联可以分为神性关联或巫术关联、伦理关联和契约关联三种形式。有学者从社会转型的大背景出发，又将社会关联粗略划分为现代型社会关联和传统型社会关联。所谓现代型社会关联，是指在经济社会分化水平较高的地区，以契约为基础建立起来的社会联系；所谓传统型社会关联，主要指以伦理或神性为基础建立起来的社会关联。① 综观普米族的社会历史，其社会的关联或团结主要体现为浓厚的神圣性与伦理性，明文规定的、具有法律效应的规则或契约则在普米族的社会关联上没有起到多少作用。即普米族社会以传统型社会关联为主要形式。具体来说，普米族社会的社会关联表现为"神性—伦理关联"共生互塑的态势，即以韩规宗教文化为代表的神性关联（包括巫术关联）与以亲情、宗法和血缘为背景的伦理关联之间的耦合。正如前述，"释毕戎肯"敬羊仪式必须由普米族中声誉较高的韩规或释毕主持。祭祀之日，韩规头戴羊角冠，身穿缀金边的大襟法衣，从左肩至右腰斜挎一根宽大的黄带，手持法铃，围着白羊左右旋跳，法铃随之击打节拍。韩规跳"纳拉贞"舞，其作用在于为死者的亡灵驱赶阴间途中的妖魔鬼怪，让死者灵魂能够平安地回归其祖源地。跳舞者一般为四人，头戴纸帽，顶插雉尾羽，身披铠甲，肩挂长刀，肘缠藤圈，膝裹革筒，腰系牛尾巴，臀挂一串大响铃，左手持一小白旗，右手挥舞大长刀。舞前，舞者皆面向灵台，右膝跪地，左脚前蹲曲为90度，横刀垂首，作沉痛默哀状。随一声韩规陡然吆唱，舞者全体同时挥刀跃起，响铃在其动作中有节奏地摇动响起，他们按传统的动作，从四面八方击铃舞刀，时而上前几步，时而后退几步，时而原地旋转，挥刀上挑下刺，左劈右砍，其面部都表现出怒目威武状。韩规一边跳，一边念诵经文，韩规前后左右挪腾跳跃之后，至羊左侧站立呈弓步，左手继续摇动法铃，右手将青稞面从羊头顺脊背撒至羊尾，又用酥油从羊尾顺脊背涂抹至羊头。接着摇铃围绕羊碎步转圈，口中念念有词，边舞边念，直至白羊摇头晃脑、踢脚甩尾，浑身颤抖起来。此时的白羊象征逝者或者祖先的魂灵，成为祖先神的化身，白羊一旦摇颤，表示逝者和祖宗欣然接受后人的祭奠，为子孙兴旺发达而高兴了；白羊若

————————

　　① 贺雪峰、仝志辉：《论村庄社会关联——兼论村庄秩序的社会基础》，《中国社会科学》2002年第3期。

不摇颤，便认为逝者和祖先不悦纳其子孙的敬献，这被视为不吉。所以，当白羊一摇颤，整个祭场的情绪一下子热烈欢快起来，参加祭祀的人们模拟喜鹊、黑熊、牦牛等各种动物的种种姿态，围绕白羊尽兴欢歌起舞。

由此可见，韩规（释毕）通过这个特定的场域发挥了应有的作用，并强化了其地位与威望，而死者家属通过祭祀场域，主要是由于韩规的参与带来的神圣效果，人与人之间通过神性的中介实现了社会关联，并且也强化了人神关系，也即实现了普米族社会的神性关联。

我们依据普米族"释毕戎肯"场域作为社会关联形式的基本分析单位和透视角度，从关系的角度进行思考和分析具体的社会关联，认为同一场域里的各种关系之间是相互结合且密不可分的。纵观"释毕戎肯"仪式，其场域里存在着各种错综复杂的社会关系，人与人之间、人与群体、群体与群体之间的社会关联呈交织耦合态势，既有着宗法的、血缘的与亲情的伦理关联，同时且同地，也存在以普米族韩规主持丧葬仪式为标志的神性关联（包括巫术关联），两种关联形式处于同等重要的地位，可以说，神性关联与伦理关联之间的关系是"你中有我，我中有你"。换句话说，神性关联强化了伦理关联，而伦理关联又同时加强了神性关联，两种形式之间相互联系、密不可分。

总之，普米族的"释毕戎肯"场域正是通过以上各种错综复杂的韩规（释毕）巫师与神鬼的关系，韩规与死者家属（仪式主人）的关系、亲朋好友与死者家属的关系互动，产生了共同的情感、道德、信仰或共同的价值观，生发了具有制度性强制力的集体意识，从而使得参与和加入丧葬仪式场域的所有相关人员实现了社会关联或社会团结。

普米族氏族性的葬场火塘

第 四 章

普米族宗教的哲学思想[①]

宗教哲学属于哲学研究的一个门类。英国学者约翰·希克（John Hick）在其《宗教哲学》一书的开场白中有这样一段描述：所谓的宗教哲学并非"教义的喉舌"，它不属于神学，而是如同法哲学、科学哲学、艺术哲学等，属于哲学研究的一个门类。所以，宗教哲学研究根本无须从任何一种宗教立场出发，无神论者、不可知论者都可以对宗教现象进行哲学思考。[②] 本书关于普米族宗教哲学问题的梳理与反思，便是立足于客观地研讨普米族宗教教义和宗教现象来展开的。

第一节　普米族宗教的宇宙观

世界各古老民族纷繁复杂的原始的世界观内容，几乎都在原始宗教观念中有保留，原始宗教的各种礼俗、规仪、制度乃至各种成文或口传的经书中，就蕴涵着丰富的原始哲学观念。

普米族韩规教中的教义教理，是普米族原始哲学思想的集中反映。韩规教在长期的发展过程中，虽然受到苯教、佛教甚至道教的影响，但由于产生于普米族特定的社会经济、政治制度之中，因而具有地域宗教的鲜明特点。

韩规教有特定的信仰和观念体系。韩规教既信仰天神，认为世俗界之

---

① 该部分内容主要引自笔者的硕士论文《普米族原始哲学思想研究》，此处有较大增减，特此说明。

② John H. Hick, *Philosophy of Religion*, NJ: Prentice-Hall, INC., 1973, pp. 1 – 2.

外还存在有天神世界，天神世界有壹冬、松玛、日赠、鲁移甲布等众多的神灵，因此在进行法事活动之前均念颂《公苏冬》（kõ⁵⁵su⁵⁵tõ³¹）经，以礼祀诸天神；又信仰教祖"益西丁巴"。韩规教还信仰山神和各种自然神灵鬼怪。韩规教的山神和各种自然神灵鬼怪很多，在其经书中多有体现，如祭献龙王神的《萨达夏崩》（sã²¹ta⁵⁵ɕie³¹põ³¹）经、祭献山神的《崃消匹》（ʒei³¹ɕio⁵³pi⁵³）经，镇压各种鬼怪的《狃若消》（nju³¹ji²¹ɕio³¹）经等。

韩规教的原始哲学思想中，有关于世界的缘起和宇宙的结构，关于人类的由来，关于灵魂与肉体的离合，关于万物有灵向至高神的上升观念，关于雌雄、善恶、阴阳及关于自然和社会的和谐等。

毋庸讳言，普米族韩规教折射反映出普米先民的万物有灵观念，体现了人类最初的自然观、宇宙观、人生观、认识论，即"原逻辑"状态下对万物的崇拜及其仪式的总和。

一 原始宗教神话有关宇宙起源的认识[①]

（一）普米族的鹿体化生型宇宙观

"化生型"宇宙观，是西南少数民族关于天地起源的哲学思想，西南各族群有着丰富的化生神话。所谓"化生型宇宙观"，是指用某种动物死后的躯体分解变化来解释天地万物的由来。早期人类的化生宇宙观，主要从"化生神话"中反映出来。如古埃及有"奥息里嘶"（Osiris）被巨人撕裂，其尸体分解变成天地万物的神话；古代印度有"自在"死，其头、足、毛、发、眼目、四肢分别变成天、地、日、月以及自然万物；美洲伊鲁葛人有"旭卡菩克"死而尸体变天地的神话，丁泥族则认为天地由一条狗的尸体分解所变成；中国有"盘古"死，其血、肉、筋、骨、皮、毛、眼、发、声、气、四肢五体分别化生天、地、日、月、星、辰、江河、草木；彝族中有老虎死后躯体分解产生天、地、日、月及自然万物的化生说；布依族、侗族、白族还有人类祖先死后身体各器官变万物说；等等。

在西南少数民族"化生型"神话中，普米族的鹿体化生型宇宙观较

---

① 该部分内容已作为笔者的前期研究成果发表，此处有较大增减，特此说明。参见奔厦·泽米《普米族原始宇宙观初探》，《思想战线》2008年第2期。

有特色。普米族先民以马鹿死后的躯体分解变化，去理解天地以及自然万物的来源和存在关系。这种宇宙演化观，主要从世传于普米族韩规教及民间的创世史诗中反映出来，其中以流传于兰坪普米族地区的史诗《吉塞哩》（《射鹿人》）的记录最为详尽。

《吉塞哩》（tçi³¹s$\tilde{\epsilon}$³³ɬi³³）说：

> 远古的时候，在汪洋大海中，在深山密林里，窜出了一只凶残的马鹿。它有追风的本领，它有坚硬的犄角，它给人间带来了灾难。马鹿施威星辰无光，马鹿发怒生灵颤抖，马鹿怒吼大地倾斜，马鹿的犄角划破天角。马鹿踏过的地方呵，寸草不生；马鹿啃过的地方呵，黄叶飘零。马鹿肆意发威，马鹿任意往来。天和地合拢，山和水混沌，天上没有了星辰日月，地上没有了江河山川……是普米族的祖先吉塞诅射死了马鹿，他抽刀砍下鹿头，鹿头变成了蓝天，鹿牙变成了星辰，鹿眼变成了日月。他砍开鹿体，鹿体变成了大地，鹿的心、肝、肺变成了丛谷群山，鹿肠变成了江河道路，鹿骨变成了地脉，鹿胆变成了彩虹，鹿胃变成了皮囊，鹿血变成了龙潭湖海，鹿毛变成了万木千草，鹿皮变成了草坝大川，皮上的斑点变成了畜群，鹿肋变成了仓房，鹿脚变成了房屋支柱，鹿蹄变成了皮靴，鹿尾变成了祭天神的青松树。①

普米族鹿体化生说以象征形式的神话，长期以来在普米族民间流传不衰。它蕴涵的原始哲学思想在于，将自然界万物看成是一个犹如鹿体一样血肉相连的有机整体。这种认识，既源于普米族先民对物质世界多样性的直观印象，又反映出普米族先民以游猎生活经验为基础，去体察甚至洞见各种自然物象之间同源、共体、相互转化的原始思维。这是普米族先民对多样性的自然世界进行整体把握的一种尝试，也是普米族先民的一种原始

---

① "吉塞哩"为普米语，"吉"指马鹿，"塞"意为"射"或"杀"，"哩"为吟诵。《吉塞哩》是流传于云南兰坪县、宁蒗县普米族民间的一部史诗，该史诗主要以古歌对唱的形式出现，2005年4月笔者曾向兰坪通甸德胜村普米族著名毕摩、民间歌手和发元（80岁）采集记录过，和发元老人时讲时唱，近乎是说唱故事。20世纪80年代，王震亚、李玉生等人亦曾做过记录，笔者参考了他们的记录稿（参见熊胜祥《普米族故事集成》，中国民间文艺出版社1990年版，第27—28页）。

素朴的世界观。正如任继愈先生所说，这种直观、朴素的神话传说，是"通过曲折的道路反映了世界的被改变和事物的互相转化"，这种神话"本身"已经"孕育着唯物主义和唯心主义两种思想倾向的萌芽"。①

（二）普米族的创世神话与宇宙观

远古人类认为天地万物的出现和形成并非自然而然，而是出于某种有目的的创造。世界上不少古老民族都有这种传说。如基督教新、旧约全书《创世纪》开篇即称："起初上帝创造天地。地是混沌……上帝说要有光就有了光……"就是典型的神创论宇宙观。

普米族的创世神话，记录较完整的是流传于丽江普米族地区的宗教神话《帕米查哩 pha³¹mi³³tɕa³¹ɬi³³》（《普米创世纪》）以及流传于怒江州兰坪普米族地区的《布咳木昏 bɯ³³xɛ³³mu³¹hu ɛ³³》（《日月兄妹》）。

《帕米查哩》中的《安哉木泽 ɣãⁿ⁵⁵ts ɛ̃³¹mu³³tsə³¹》（《采金光》）是这样说的：

> 遥远的古代，天上没有日月星辰，地上没有鸟语花香和五谷食粮，到处一片漆黑茫茫。不知过了多少年，突然有一天，一道金光在天地间一闪即逝。原来是东方大海上有一棵一万年才开一次花的海螺神树。每当海螺树开花时，天地间金光万丈。瞬间，花谢光灭。离海边很远的地方居住着四个哥哥和一个妹妹。五兄妹看见了这道神奇的光，妹妹决心要采来金光照亮天地，于是四个哥哥中的四哥和妹妹一起向东方艰难地爬去。不知爬了多少年，兄妹俩爬上了一座到处都是悬崖绝壁的山尖，再也无法继续前行。绝望之际，一位白发奶奶出现了，她正在寻找给人类照明的人。得知兄妹俩誓死也要采到金光的决心，奶奶便让哥哥夜晚出来照明，妹妹白天出来照明，因为妹妹光着身子不好意思，奶奶又给了她一包绣花针，说谁要是看她，就用针刺他的眼睛。这样大地就有了日月光明。地上的三兄弟还裸露着身子，怕天上的弟妹看见，便用兽皮遮体，他们看见小鸟在树上搭窝，就用树枝搭起了住房。②

---

① 任继愈：《古代神话传说中唯物主义思想的萌芽》，《文汇报》1961 年 4 月 18 日。
② 严汝娴、王树五：《普米族简史》，云南人民出版社 1987 年版，第 305—310 页。

《布咳木昏》则说：

> 远古时候，天上没有太阳，没有月亮。世上的人死光了，只剩下
> 了俩兄妹。为了传下人种，女天神干衣米叫他们俩结成夫妻。可是，
> 他们兄妹不愿意，说是亲兄妹不能结成夫妻。干衣米只好让他们到高
> 山上去滚磨盘，说如果磨盘滚下山后合拢了就结成夫妻。结果磨盘合
> 拢了，但他们还是不愿意结成夫妻。干衣米又让他们到一座山下分头
> 往两个方向走，说如果走到一起就结成夫妻。结果他们又走到了一
> 起，于是只好结成了夫妻。他们成了夫妻之后，生下了好些孩子，可
> 是他们感到很羞耻，总认为见不得人，前去要求干衣米让他们变成太
> 阳和月亮。干衣米同意了，干衣米让妹妹做月亮，妹妹说她晚上出来
> 害怕。干衣米又让妹妹做太阳，妹妹说她白天出来害羞。干衣米就给
> 她一包火针，要她用针刺向看她的人的眼。这样妹妹就做了太阳，哥
> 哥就做了月亮。①

以上两则神话传说在细节和表述上虽有出入，但其中包含的原始思维
和思想内容则基本一致。即，普米先民的原始思维的创世神话，表现为宇
宙起源化生观与神创观的混合；在思想内容上则力图从宇宙演化推演人类
道德意识（对裸体和近亲婚配的羞耻感）的起源。从中我们可以看出，
普米族同其他民族一样，其原始哲学思想起初都是同自然观念、宗教意
识、道德意识等相混而生、相依存在的。这种混成的思想意识，就是通常
所称的"原始意识"。对普米族关于宇宙演化的原始观念所做的考察，也
从一个侧面证实了"原始意识"是哲学、宗教、艺术、道德、科学等精
神生产方式借以存在并由以分化的最初母体的论断。然而，我们认为，研
究仅止于得出"哲学起源于原始意识"这样的结论，是远远不够的。因
为，说哲学起源于原始意识，就等于说宗教、艺术、道德、科学中的任何
一种起源于原始意识一样，虽然可以据此以怀疑甚至否定长期以来形成的
哲学等精神生产方式同源于"宗教"的成见，但并没有真正解决哲学缘
何、由什么途径、以怎样的方式、在人类思想史的哪段与其他精神生产方
式分化、区别开来这类更具体、更复杂也更实质意义上的哲学的"起源"

---

① 杨照辉：《普米族文学简史》，云南民族出版社 1997 年版，第 29—31 页。

问题。由对普米族原始哲学思想的个案研究可见，对不同民族的原始哲学思想进行比较研究，对于探索哲学起源来说是十分必要的。

（三）普米族的自然生成型宇宙观

前述"化生型宇宙观"、"创造型宇宙观"尚属原始图腾崇拜、祖先崇拜阶段的认识，与原始宗教信仰的关系更为密切，而内容最丰富、最具自然主义思想意味，也较有理性特质的，则是普米族关于天地万物自然生成的古老宇宙观。

韩规经《帕米查哩》中的《惹尼查 $z_{ɿ}\tilde{ɛ}^{55}ni^{31}tça^{31}$》（《创世纪》）对世界原始状况有着这样的描绘：

> 远古的时代，有天也有地，（但）天和地挨在一起，上面看不到日月星辰，下面没有人类和万物，宇宙茫茫一片，只有雾气滚滚翻腾……
>
> 天和地之间的缝隙中，有一团薄雾在漂流。不知过了多少年，有一天，在天地之间的缝隙中突然窜出一条"瓜普佳"（$kua^{53}pu^{31}tça^{31}$）[1]，天地被顶成了两截，天随云飘，愈来愈远……
>
> 大地在狂风裹卷的雾气里翻滚着，更加混沌暗淡，慢慢地，地不动了，地上出现了湿气……形成了无边的水潭，水潭边长出"曲虚"（水晶石）山……[2]

《直呆木喃》（《洪水滔天》）则说：

> 茫茫的"直呆木喃"时代，没有天地万物，也没有生存和死亡，大地空虚混沌，宇宙全是黑压压的洪水；不知哪个时候，水底生出一只大青蛙，一气喝干了洪水，出现了宇宙和大地。为了繁衍世间万物，仁慈的诺提天神向大地撒下一把种子，大地从此生息万物……[3]

---

[1] "瓜普佳"为普米语，"瓜"指黄牛，"普佳"为纯白，即纯白颜色的黄牛。据普米族宗教祭司韩规偏初里解读，这里的"瓜普佳"主要指的是一种形态而非真牛。

[2] 引自笔者国家社科基金项目《普米族韩规古籍译注》之《惹尼查》（《创世纪》）。

[3] 熊胜祥：《普米族故事集成》，中国民间文艺出版社1990年版，第12页。

史诗中仍有万物神创的影子，但"水"、"蛙"的自然作用成了史诗叙说宇宙生成和演化的基本前提。以"水"为世界本源来描绘宇宙的初始状态，是处于大致相同的社会发展阶段的不同民族的共同思想。感性直观的思维方式决定了普米先民把与生活攸关的"水"作为万物之源。因此，在《直呆木喃》中，即使是能"一气喝干了洪水"使宇宙和大地得以生成，具有开天辟地之功的"大青蛙"，也被普米族先民视为水底自然生成之物。值得注意的是，普米族先民明确地把宇宙的质态和状态既区别开来又联系起来：把宇宙的基质归结为水，而把宇宙的原初形态归结为混沌，把整个宇宙视为"洪水茫茫"。这样，宇宙的初态虽然是没有具体形态的混沌，但这个无天无地的混沌并非绝对虚空无物，而是一种有"水"存在着的世界。我们从中可以感受到，普米族先民有着根深蒂固的直接源于现实生产生活经验的自然、朴素的思想意识和观念。

同其他民族原始哲学思想的口承史料一样，对普米族关于宇宙演化的化生说、创造说、自生说三种原始哲学思想的史料，我们还不能对神话形成的确切年代和先后顺序给出令人信服的答案，但从三种思想史料并存于同一史诗或神话的情形，我们可以推断，少数民族的创世史诗和神话很可能既是代代因习，也是代代创造的"层累地构成"的结果。另一方面，我们也有理由怀疑古典人类学家提出，并为现代人普遍接受的原始人只有"万物有灵"的世界观这样一种关于原始人心智方面的"常识"的可靠性。因此，在研究人类先民的原始意识的时候，我们有必要注意英国人类学家马林诺夫斯基的告诫："人类学历来忽视了原始知识，不会加以研究。凡研究蛮野心理学的，都只研究初始宗教、巫术与神话"；事实是，"你若向土人（古典人类学家眼中的'原始民族'——引者按）说治园（种植——引者按）全用巫术，不要工作，他便笑你思想简单。他与你同样知道天然条件天然原因……土人的知识固然有限，然在有限范围以内则颇正确而无神秘色彩"；"因此可见，土人之间是将两种领域划分清楚的：一方面是一套谁都知道的天然条件，生长的自然顺序，一般可用篱障耘芟加以预防的害虫与危险；一方面是意外的幸运与坏运。对付前者是知识与工作，对付后者是巫术"。①

————————

① ［英］马林诺夫斯基著，李安宅译：《巫术、科学、宗教与神话》，上海文艺出版社 1987 年版，第13—18 页。

179

在普米族先民关于宇宙演化的世界观体系中，化生观、创造观、自生观是相辅相成的有机整体。这三种观念贯穿在普米族哲学思想的很多方面，因而构成普米族先民借以解释自然、社会、文化等各种自然、生活事象的基本前提。

二 普米族"天地如屋"的宇宙结构观

如同世界上其他古老民族一样，普米族的宗教神话传说，不仅对宇宙的形成和开辟等问题作出过回答，而且对宇宙的现状、存在的形式及结构有着自己独特的认识。

普米族人通过对天上的日月星辰、地上的山谷河川等人类所能目及的客观物体的观察，进而形成了"天地如屋"的观念，即认为宇宙是有着高低层次以及方位布局的结构。普米族人称宇宙为"日若林布"。"日若林布"（$z\eta^{31} z u^{53} l i^{31} p u u^{31}$）宇宙是由"木 mu^{55}"（天）和"甸巴 $t i^{21} b a^{33}$"（地）两界所构成的形如房屋的统一体。天在上，其用如盖；地在下，是为根基。天和地之间有山柱子支撑着。

（一）天界十三层说

汉族古代有"九重天"或"九野"之说，普米族人原始宇宙观念则将天分为十三层，《韩规经》中有这样的记述：

> 在"拉钦朵米霖格尔"时代，山川、树木、动物均可以言语，人类可以长寿至上百岁。这个时期，大地虽有鬼怪，但不伤害人类，因此，亦没有韩规。拉钦朵米霖格尔时代过去后，大地上的一切鬼怪开始作恶，天界的神仙看到人间的恶魔横行，于是，众神仙聚商，共议镇鬼魔之策。首次商议，未达成共识，此时，地上的鬼怪开始食人肉，喝人血，人世间一片狼藉，不得安宁。获悉人间的求助，众仙再次商议，但无神仙主动请战，于是通过投票，推举"益西松吉丁巴辛罗"前往人间镇压鬼怪。松神带领 360 名天兵天将神从十三层天界起身赶赴人间，先后经过尼、三打、兑、鲁界等十三层天，最后来到了"甸巴"地界，其 360 名兵将分向四方对作恶的鬼怪进行了打击镇压。①

---

① 引自笔者《普米族韩规古籍翻译》之《韩规喳》（《韩规的来历》）。

云南兰坪县通甸乡德胜村普米族中流传的"创世传说",亦有独具特色的十三重天之说:

很古老的时候,天地不分,混沌未开,后来有一个大神,一手撑着地,一手顶着天,使天地分开了。天有了十三重,天上有天公、雷母、太阳、月亮,有多噜最、多噜米大神,星星有三千。太阳、月亮是两姊妹,多噜最、多噜米是造人的大神,他们把造好的人降临到地上。地上有人类,有山神,有龙神。瓜衣最、瓜衣米是地公、地母,希日精是龙神。①

在普米先民的原始思维观念中,不仅认为天有十三重,同样认为地也有十三层。"十三"在普米先民的原始观念中,显然是被赋予了特殊宗教意义的圣数。在普米族葬礼中,每当老年或中年病人去世之前,家里人先把病者从床上扶坐起来,牵一只白绵羊(男病人牵公羊,女病人牵母羊)到其面前,让他象征性地拉一拉,并告诉他说:"这只绵羊是给你带去的!"说完割断牵羊绳,一截留在羊的脖子上。(以上留在病者怀里的绳头,待病者死后,与其尸体一起火化。)焚完尸后的第二天早晨,孝子或家族男子到火化场拣遗骨。到火化场后,先用一块白净布遮一下焚过尸的火堆,然后用几口黄酒喷洒在火堆上,让其灰烬爆飞,现出人的白骨来。再用已备好的十三双蒿筷,分别拈十三截骨头(一双蒿筷只能拈一次)的一片,放在一旁摆好十三片杜鹃叶、十三撮白羊毛、十三把小麦粒、十三点盐巴的木板上,再把这些东西放入一个备好的陶罐里,送到本家族"寄罐林"里,藏在一棵枝叶茂盛的松树下。藏罐前,在罐的底部开一小洞,寓意让灵魂自由进出于十三层天与地之间。每年的大年初一,都要去寄罐林中,向死者的骨灰罐进行祭祀。当天空露出鱼肚白时,人们到寄罐林中,揭开死者骨灰罐顶盖,并把带来的祭品供上,下跪叩头。从以上叙述来看,普米族的空间观念与藏传佛教观念相融合的痕迹特别明显,这应该是藏传佛教在普米社会传播的一种变异。

① 参见怒江州政协编《兰坪普米族社会历史调查专辑》,《怒江文史资料选辑》(第十二辑)。

（二）地分两界多层说

普米族韩规教认为，地分"甸巴"[①] 阳极和"尼瓦"[②] 阴极两界。甸巴上的万物都有平行对应的阴阳两界，如人类的男女之别，山有"日增"（$z\eta^{31} ts \tilde{\varepsilon}^{55}$）、"日打"（$z\eta^{31} ta^{53}$）阴阳之面等。"尼瓦"阴界则分为上下两层，上层为"尼 ni^{31}"（阎王）界，下层为"瓦 wa^{55}"（地狱）界，人死后其灵魂先在"尼"界接受审讯，对于生前作恶不大，其灵魂在"尼"界接受酷刑后有较好改造者，可以走出"尼"界，上升到"甸巴"，并且可以在祭司的引导下回归祖先故里。如果生前作恶多端者，则打入"瓦"界即"地狱"界，永世不得翻身。

普米韩规教所描绘的"地狱"界

---

① "甸巴"普米语，原义为地球。这里主要指地表上能够被视觉所感受的一切生命的迹象或者生命物。

② "尼瓦"普米语，从方位的角度看"尼瓦"主要指的是地表之下的部分即地下层，但其宗教寓意为阴间或理解为汉语中的"阎王界"。在普米族宗教观念中"尼瓦"又分阴、阳两界，阳界从下到上又有九层，阴界从下到上七层。这种阴阳观念有时指地下与地表，有时亦指山的阴阳两面。

地狱的观念在韩规教中的出现，有可能受佛教六道轮回的影响。据《俱舍论》卷八、卷十一与《大乘义章》卷八等经典记载，地狱分八界。即互相残杀后等凉风复活的"等和地狱"；以黑铁绳绞勒罪人的"黑绳地狱"；以众兽、刑具相配合残害罪人的"众合地狱"；因罪人受刑最酷而大声悲号的"大叫地狱"；以铜镬、炭坑煮烧罪人的"炎热地狱"；罪人受煎熬至极的"大热地狱"、"阿鼻地狱"……①

在韩规教观念中，"甸巴"和"尼瓦"之间又分阴、阳两道（界），阳界从下到上分九层，阴界从下到上有七层。这可能是为了与十三层天界作数字性对称的虚数，也有可能是为了体现与佛教的区别，在佛教十八层地狱之基础上增减确立了阳性九层，阴性七层地狱。在韩规教《塔隆哩》（tha^{31} l õ^{55} li^{33}）② 经中，"黑绳地狱"、"炎热地狱"、"大热地狱"等都有生动的反映。

**2008 年 11 月，云南宁蒗托甸村熊正勇为其逝去的
母亲举行"塔隆哩"过七道卡仪式**

────────────

① 任继愈主编：《宗教词典》，上海辞书出版社 1981 年版，第 117 页。

② "塔隆哩"是普米族丧葬仪式中一个固定的"救灵"程式。在这一仪式中，祭司通过对64 幅宗教图像进行解读，以引导逝者亡灵回归祖先故里，其实际用意是对人生前作恶的一种忏悔，教导活着的人弃恶扬善。因此，普米族人解释成"道德图"（亦称"神路图"）或"劝善图"。

（三）天地有支撑说

普米族人认为天之所以不塌下来，是因为天和地之间有山柱子支撑着。"天地是由山柱支撑"的宇宙观，在我国许多少数民族中都有生动的传说。如纳西族认为天地是由"五柱"支撑着[1]，藏族有"宇宙三界由中心柱相连接"[2]，等等。汉文史籍中关于天地之间有柱支撑的记载亦有不少。西汉刘安《淮南子·地形训》称天地之间有九州八柱，这是汉代纬书的普遍说法。《淮南子·天文训》有"昔者共工与颛顼争为帝，怒而触不周之山，天柱折，地维绝"之说。[3]《后汉书·张衡传》李贤注引《河图》说："天有九部八纪，地有九州八柱。"[4] 共工怒触不周山的著名神话是"天地有柱支撑"宇宙观的生动反映。

然而，在普米族先民天地之间由山柱支撑而存在的观念中，支撑天的山柱不是八柱、五柱，而是万柱（山）纵横交错共同支撑着，因此普米族人有万山崇拜、祭祀众山神之习俗。其中，起到"擎天柱"作用的是"贡嘎仁松贡布"[5]。由于贡嘎仁松山能够起到撑天镇地的作用，因而，普米族人将其视为最高的圣山，各地普米族人在祭祀山神时，首先都要呼告贡嘎山。此外，在普米族葬礼习俗中，祭司韩规或释毕要给逝者念诵《指路经》为亡灵指示氏族的迁徙路线，其终点也指向贡嘎岭地区。[6] 依据韩规教的说法，居住在十三层天之外的普米族韩规教的祖师"益西丁

---

[1] 参见李国文《纳西学论集》，民族出版社 2008 年版，第 115—123 页。

[2] 参见南文渊《藏族生态伦理》，民族出版社 2007 年版，第 1—8 页。

[3] （汉）刘安撰，陈一平校注：《淮南子校注译》，广东人民出版社 1994 年版，第 99 页。

[4] （南朝宋）范晔：《后汉书》，中华书局 1965 年版，第 7 册，第 1922 页。

[5] "贡嘎仁松"指位于四川西部的贡嘎山。在普米语中，"贡嘎"为白色之意；"仁松"为三座山峰；"贡布"指高大、耸立。"贡嘎仁松"意为洁白高耸的三座山或三叉山。普米族人将贡嘎仁松视为圣山，这或许与其族群的形成地有关。贡嘎岭两侧，历来为西番（今普米族的另一称谓）居住地。《普米族简史》（修订本）云："普米族的形成，不在遥远的北方，而就在川西北雅砻江和大渡河之间大雪山脉的贡嘎岭地区及与之毗连的川、滇之交泸沽湖周围地区，就是'西番—拍米'形成的历史地域。"参见明清、胡文明等《普米族简史》（修订本），民族出版社 2009 年版，第 18 页。

[6] 在普米族葬礼中，祭司韩规或释毕给逝者念诵《指路经》，为亡灵指示氏族的迁徙路线，帮助其顺利回归祖先发祥地的习俗。所指示的归宗路线，各地稍有区别，但是最终归宿一致。主要路线为：兰坪→拉巴山→金沙江→宁蒗→永宁→木里县乌角犁家嘴→通天河→喇孜大山→沙勒支贡（种麦之地）→木子盖（现木里寺庙背后的山）→琼日→都鲁（水洛乡）→辛宗朵（铁桥）→嘎汝（嘎米人居住的地区）→贡嘎仁松贡布→玛牙直者关（玛牙：地名；直者：野生栗子；关：平地）。

巴"，最早是从"贡嘎仁松"圣山逐阶而下的。益西丁巴在人间传授完镇魔之术后，亦顺着圣山柱返回天上，但途中发生了变故。韩规经《韩规查》（《韩规的来历》）有这样的描述：

为使人间不再受妖魔之怪，天神"益西丁巴辛饶"开始在人间传授镇魔之术。人世间的普米、年米、嘎米、鬼年米人从益西丁巴处习得了镇魔之术，并对妖魔进行了打击。妖魔鬼怪在人间难于再作恶生存，于是"生布玛 s$\tilde{\varepsilon}^{33}$bɯ^{33}ma^{31}"（女妖）化作一美貌女子，头上佩带"齐汝若"（tɕhʐ^{31}ʐu^{53}ʐo^{31}）①，耳上带有"安"金子耳环，身上披有"次若"②，手上戴着"安雍若阁"（ŋ$\tilde{a}^{55}$j$\tilde{o}^{53}$ʐo^{53}kɛ^{31}）金银手镯，来到松吉丁巴辛罗面前，要与松神成为一家（夫妻）。益西丁巴辛饶虽已认出是妖魔"生布玛"，但受妖艳所惑，也想探个究竟，因此，同意与生布玛女妖成为了一家。

之后，益西丁巴继续带着祭司韩规，马不停蹄在人间举行各种祭祀仪式，人世间的一切动物都获得了安宁。

益西丁巴完成了在人间的镇魔使命，带着360个随从返回天上，途径一座大山时，遇见了一只"莫菩"（mo^{33}sa^{53}）③，问道："你如此洁白的身体（羽毛），为何使脚（爪）在如此脏乱的泥土堆里抓来扒去，并且吃的是'度般 to^{31}p$\tilde{a}^{55}$'（毒草根）？"

莫菩回答说："你所言是真。但别人的旬店（缺点）你可以看出，自己的旬店却没能发现。作为一个天神，从十三层天上下来，却与生布玛（妖魔）成为一家，这又算得了什么？"

益西丁巴盛是块居（khuɛ^{31}tɕy^{33}）④，不觉眼里流出了泪水。于是，将自己头上所戴的年菩得（nia^{31}pu^{33}tɕ^{31}）黑色斗笠帽脱下，脱掉脚上的最尼（tso^{31}ni^{33}）⑤赠给了莫菩鸟。从此，莫菩鸟变成了黑头、红脚，全身洁白美丽的样子。而益西丁巴神因没有了靴子，没能再回到天上，其身化成了"太仰迥措克比"（tha^{55}ja^{31}tɕ$\tilde{o}^{55}$tsho^{31}khə^{21}

---

① 普米族女子头饰物，由珍珠、玉石、玛瑙等串成的五色环珠。
② 普米族女子服饰，用海螺壳雕刻成花朵并镶在白羊皮褂上制作而成。
③ 普米族人对生活在高寒山区的一种体形较大白色的鸟的称谓。
④ 普米语，原义为伤感，此处指内疚。
⑤ 普米族人绑在小腿（脚）上的红色绑腿，有时亦指靴子。

pi^{31}）高山湖边的泥土，其色变成了山间湖泊里绿色的藻物，其神游离在天地之间……①

由于传说有宗教先祖从圣山下来，其形体又化在了大山之中的泥土、湖泊中。加之，普米族人南迁路上翻越了包括贡嘎山在内的无数的大山，在他们看来，人死其亡灵回归祖居地要顺着迁徙所经过的每一座山。因此，曾经所居住（接触）过的高山都被赋予特殊的神性。于是，在普米族地区，无论村寨或者氏族都有自己的神山体系，区域性的较大的神山则视为"圣山"，拥有独立的神话系统和宗教寓意。就如意大利藏学家图齐（Giuseppe Tucci）所说："大山在某种意义上变成了该地区的灵魂，它们可以确保其持久性以及保护在山脚下的居民。"②

为了表达"宇宙如屋"相互依存一体的观念，普米族人还将自己的居住屋设计成"板屋"。"普米族的房屋多为两层木结构，俗称'木楞子'。这种长方形的木结构房屋，四角立有大柱，人字形横梁，之间立一方柱，称'擎天柱'，普米语言称'三玛哇'（sã^{31}ma^{33}wa^{31}），被认为是神灵所在之地。四壁全用圆木（柱）垒砌而成，木板或瓦覆顶。它的整个外观形态，同自然山水融为一体，十分协调。"③ 普米族人认为，房屋不只是遮风避雨的栖所，这一有限的空间具有宗教的象征意义。在他们的宗教观念中，房屋便是宇宙的"缩影"。其中，屋顶代表的是十三层天，神圣不可侵犯。为了体现这种观念，修房造屋时所盖的横板、瓦片通常与数字"十三"相联系，如屋顶盖板通常为十三层等。在日常生活中，如果不是修缮房屋，则不能随意爬到屋顶踩踏盖板，不能用石子击打屋顶，严禁将不洁净的物体挂在屋檐上，等等，即使要翻新房屋也要事先请祭司占卜并且做专门的祭祀仪式。

此外，普米族人在修造房屋时，通常在房头上开有一个称作"金可托桑"（tɕĩ^{31}kho^{53}tho^{31}sã^{33}）的通天洞，寓意进入宇宙十三层所必须通过的"天门"。旁边还安插有称"独吉卡扎"（to^{33}tɕi^{31}kha^{33}tʂa^{31}）的一件兵

---

① 引自笔者《普米族韩规古籍译注》之《韩规查》（《韩规的来历》）。

② ［意］图齐、［德］海西希著，耿昇译，王尧校订：《西藏和蒙古族的宗教》，天津古籍出版社 1989 年版，第 273 页。

③ 云南民族学会编：《云南民族》，人民出版社 2009 年版，第 135 页。

普米族的祭房头仪式

器物及一棵称作"甲泽子木"（tça³¹tsə³¹tsʅ³³mu³¹）的青松树（象征宇宙树）。每年还定期为"天门"举行祭祀仪式，俗称祭房头。"普米族人祭房头通常在每年的二月或者八月择日进行，日期一般选用家长的属相日。祭品祭具用黄酒一碗、清酒清茶各一杯、素香、冥钱、香油灯和清水一盆，牺牲则用红公鸡一只。祭祀之日，祭司从凌晨5时就开始活动，先在中柱上插香，然后带着祭品祭具上房头。祭词与祭三角相同，在诵吟祭词的同时，把公鸡头闷入清水中，闷一下念一段词，祭词诵毕，公鸡已闷死。祭司随即把公鸡的右翅骨打断，在骨折处开一小口，让鸡血淋在预设的标杆、旗幡上，然后祭司从小口里吹气，祭司以死鸡口里的呜呜声预卜家运。呜呜声大为大吉兆，呜呜声小为小吉兆。中午，祭司上房献熟，直到晚上送走神灵。"[①]

　　普米族人还认为，上天有门，下地有脐。因此，除了在屋顶上开有"天门"外，每一个家庭的堂屋内都设置有一个称"黄里普"（xuã³¹ɬi³³

---

①　熊贵华：《普米族志》，云南民族出版社2000年版，第119页。

phu³¹）的主火塘①。火塘设在入堂屋左侧方向靠墙头正中，往往与新居同时建造。在盖好新房的同时，主人家初步选择建造主火塘的位置，地点留出后，必须由祭司选择吉日动土修造。"谷冬"（go³¹ t õ⁵⁵）火塘为长方形石砌的火坑，长宽规格无统一规定，一般长在 1.5 米左右，宽在 0.9 米左右为宜。火坑边缘靠"宗巴拉"（dz õ²¹ ba³³ la³¹）方向正中央耸立一高约 0.5 米的长方形石条，这就是称为"抓玛"（tʂua³³ma³¹）的锅庄石。锅庄石正下方（有的在火坑中央土层下）埋一个称为"坤"（kuɛ³⁵）的精致陶罐，表示意为"地脐"，也称为"火胆"。罐口铸有两条盘绕的鱼，瓶颈绘制海螺、莲花、青蛙、大海等图案，罐腰浮雕日、月、星、云图，罐底为白绵羊、白马、白虎（猫）图案。陶罐内由家中的主妇装进金银、玛瑙或彩色小石、松子、"白热叉楚"②（pɛ³¹ro³³tʂua³³tsho³¹）、火石和火镰及洁净的干坨牛粪。

在普米族人看来，人类之所以生生不息，是"地脐"在起着至关重要的作用。祖先无论迁徙至哪里，都能够五谷丰登、六畜兴旺、多子多孙，是因为"地脐"汇集、保存了人类生存所需的万物之种子，并且年复一年地传递了人们。因此，普米族人一日三餐前或有客人来访、遇重大节日时都要在"铁三角"上献饭食以祭祀"地脐"神。③

普米族人的宗教观念还认为，居住屋中央的柱子犹如圣山，具有顶天

---

① "黄里普"是普米族人设在堂屋内的一个火塘，由"抓玛"（锅庄石）、"辛爪"（铁三角）和"谷冬"（火塘坑）构成。传统的普米族人家，通常在主屋内设有上下两个火铺，下火铺由"黄里普"、"宗巴拉"及其两边的"达章"神柜三部分构成，为日常献祭及烧火煮饭等起居所用。上火铺称"扎可"（亦称"我占安占"）代表着阳性，寓意为神之栖所，由火塘、三脚架及单边"达章"神柜组成。通常作为家中古稀老人生活及接待德高望重的宗教祭司或贵客来访时所用。

② 由青稞、大麦、小麦、谷子、苞谷五种谷物组成，而苦荞类、豆类则视为黑物不许装入。

③ 祭"铁三脚"是普米人古老而独特的习俗，这一习俗至今在川滇各地普米人中都有保留。普米族学者熊贵华先生提出，（兰坪地区）普米族人祭铁三角，是对古代火塘边支撑炊具的三颗石头的崇拜。参见熊贵华《普米族志》，云南民族出版社 2000 年版，第 118 页。普米族人杨照辉研究员通过对云南维西县攀天阁普米族宗教仪式的考察，认为该地区祭"铁三角"实际是祭"仓神"。参见杨照辉《维西县攀天阁乡甸姑村普米族的"祭仓神"仪式》，载吕大吉、何耀华主编《中国各民族原始宗教资料集成》，中国社会科学出版社 1999 年版，第 630 页。近年来，笔者通过对川滇各地普米族人宗教与民俗的深入探访，并结合普米族宗教经典的翻译，认为，普米族之所以一日三餐前都要在铁三角上献饭食，是对埋藏在"铁三角"下火坑中央土层下被称作"坤"即寓意为"地脐"（地仓）神的崇拜及献祭。

立地的作用。因此，视中柱为"擎天柱"，对其予以特别的崇拜。宁蒗地区的普米族人在"吾昔"（$\text{yo}^{31}\text{çi}^{55}$）新年节或新房敬火时，都要请祭司韩规举行祭柱求财仪式，念诵《金丁雍丁》经：

> 千年一年，属牛年；千月一月，是二月；今天一天，是初五。天上星宿好，地上时辰好，（今天）正是"金丁雍丁"的好时辰。
>
> 敬神先敬"金吾先丹仁布齐"①　（$\text{t}\int\tilde{\text{e}}^{212}\text{yo}^{31}\text{çe}^{33}\text{t}\,\tilde{\text{e}}^{55}\text{z}\,\tilde{\text{e}}^{31}\text{bw}^{33}$ tçhe^{31}）。我们用糌粑面和酥油求敬（在柱子上方点一下），让"直吾先丹"引来天上太阳之光彩，而不被雷电击中；我们用糌粑面和酥油求敬（用面和酥油点在柱子下端点一下），让"直吾先丹"不受"度巴布谷尼"（$\text{tw}^{31}\text{pa}^{33}\text{bw}^{31}\text{ko}^{33}\text{ni}^{31}$）②的侵袭；我们用糌粑面和酥油求敬（用面和酥油在柱子中端点一下），让"直吾先丹"不被"度巴玛活"③（$\text{tw}^{31}\text{pa}^{33}\text{ma}^{33}\text{xo}^{31}$）吹倒……
>
> 屋内的仓门已经大开。（神来的时候）让夏天三月，酥油成堆；秋天三月，粮食满仓；冬天三月，肉满梁柱；春天三月，钱物装满口袋……④

兰坪地区的普米族人在婚嫁中，当迎亲人员进入新娘家时，首先将一串珠子（赠予新娘的饰物）挂在堂屋的中柱上。随即主人家在火塘上生火并由所邀请的祭祀人员在铁三角上烧酒祭中柱，吟诵《擎天柱歌》（又叫《珠祭歌》）："顶天的是金柱子，立地的是金柱子，赐给家中福气的还是中柱子；普米自古有礼俗，娶妻要送玉珠子，玉珠先挂金柱子。"诵毕，由祭司从中柱上取下串珠，由新娘的母亲转交新娘。⑤

普米族原始宇宙观具有自然崇拜的特质，对宇宙起源和宇宙构造有自

---

① "金吾先丹仁布齐"，普米语，"金吾"指家中，"先丹"为聚财的中柱，"仁布齐"高贵之意，此处意为顶天立地。

② "度巴布谷尼"，普米语，"度巴"指魔鬼，"布谷尼"为红色蚂蚁。

③ "度巴玛活"，普米语，"度巴"指魔鬼，"玛活"为风暴。

④ 引自笔者国家社科基金项目《普米族韩规古籍译注》之《金丁雍丁》。

⑤ 杨照辉：《川滇民族巫占与禁忌》，载云南省社会科学院民族文学研究所编《民族文学研究集刊》，1997年4月，第64—65页。

己的解释，不管是对宇宙起源的解释，还是对宇宙构造的解释，几乎都和某种神圣的动植物有关。"宇宙树"以及"地震鱼"、"地震龟"等观念在普米族中普遍存在。当宇宙处于静止状态的时候，是宇宙树起着决定性的作用，它使宇宙固定在某一个位置、某一个点上不让它运动和移行；而宇宙动物则往往使宇宙发生某种运动和变化。在普米族先民看来，没有生命的事物是不会运动的。因此，在普米族的原始宇宙观中，宇宙的生成和演化与有生命的动物相联系。这是普米族所理解的宇宙运动的基本法则，也是一种合乎逻辑的直观认识。

普米族先民以天地自然万物为对象，把宇宙天地万物看作一个有机联系的整体，并从总体上去探究它生成、演变的规律，这足以表明原始哲学思想在普米族中已经萌芽。正是在普米族先民的这种直观、朴素世界观的指导下，通过世世代代的努力，普米族才创造出了一整套与其生存环境相适应的物质和精神文化体系，并从中细分出文学、艺术、医学等若干具体的文化形态。

第二节　普米族宗教的生命观

普米族韩规教的宇宙观，将自然空间看成是"木"（天）、"甸巴"（地）所构成的形如房屋的统一体，这只是对宇宙空间结构的静态理解。韩规教还认为"日若林布"（$z\mathfrak{l}^{31}z\mathfrak{l}u^{53}\mathfrak{t}\tilde{i}^{31}bw^{31}$）宇宙除了"木"和"甸巴"两界之外，还有"生季段它布"① 在活动。因此，宇宙才有了日出日没、季节更替等变动。而在"木"、"甸巴"和"生季段它布"（$s\tilde{\epsilon}^{55}t\varsigma\tilde{i}^{33}tu\tilde{\epsilon}^{31}tha^{33}bw^{31}$）所构成的三位一体的宇宙世界中，"米 mi^{31}"（人）、"里 $\mathfrak{t}\tilde{i}^{31}$"（神）、"卒 tsw^{31}"（鬼）最为活跃，并且主宰着"生季段它布"宇宙万物中的其他生命体。

一　原始思维下的生命起源观

人类对自身生命起源及其去向即生死现象和规律的认识，是人类哲学起源和发展的一个重要主题，恩格斯说："生命总是和它必然结果即死亡

---

① "生季段它布"，普米语，原义为长有奇蹄和偶蹄的动物，这里强调的是地上的一切生物。

（死亡总是以胚胎形式包含在生命中）相联系起来被思考的。"① 早在原始时代，人类就流传着各种各样的关于自身起源的历史传说。例如，古埃及关于人类从太阳神眼泪中生出来的神话，我国古代天命玄鸟降而生商的神话，古埃及圣神赫努姆用泥土制造人，我国女娲用泥土造人的神话；以及我国历史上伏羲、神农、黄帝、尧、舜、禹等感应而生的神话等。

世界上许多民族对人类自身的起源问题的思考、回答，都是包含在宗教神话、创世传说之中，并且这些五花八门的创世神话几乎都伴随着宗教而广泛流传。普米族韩规教中亦广泛流传着有关人类对自身"起源"认识的宗教神话故事，叙事长歌《帕米查哩》（《普米创世纪》），祭祀经《戎肯》（《给绵羊》）、《吉塞叽》（《射鹿人》）等古歌、史诗、神话传说中既有神意造人说，即在神的安排和授意下兄妹或姐弟成婚繁衍人类，又有类似于女娲造人的"人与粪人相配说"。通过对这些神话的研究，我们发现它们大多都包含着神灵创造天地、神灵创造人类、支配世界的创世传说，同时也包含着在人类生活的早期，因为崇拜的动物、植物等自然物，由此而产生图腾崇拜，并用图腾来解释人类的产生，等等。

（一）神灵创造人类

神造人或最初人类由神创造，是人类探询自身起源的过程中所形成的一种认识。世界上大多数古老民族在探询人类起源问题的初期，都有过这种认识，并用神话传说或是《创世纪》的形式记录下来，人类认识生命和人类最初起源于神灵的创造。中国古代亦有类似的人类起源神话，如《淮南子·说林训》记载："黄帝生阴阳，上骈生耳目，桑林生臂手，此女娲所以七十化也。"② 还有女娲用泥土造人的神话传说。中国少数民族的人类起源神话中，有许多这种类型的神话。例如，白族关于人类起源的神话传说中："观音将两兄妹藏在金鼓里，金鼓漂在大海子里，经过许多艰辛和周折，在老鹰和鸭子等动物的帮助下，才找到金鼓，又在啄木鸟和饿老鼠的帮助下，才打开金鼓，取出两兄妹，生在一起不分开。有在燕子的帮助下将两人分开，神要求兄妹做夫妻，生育后代，兄妹不愿意。于是

---

① ［德］恩格斯著，中共中央马克思恩格斯列宁斯大林著作编译局译：《自然辩证法》，人民出版社 1955 年版，第 250 页。

② （汉）刘安撰，陈一平著：《淮南子校注译》，广东人民出版社 1994 年版，第 841 页。

神出了各种主意最后终于说服兄妹做了夫妻,人类才得以繁衍下来。"①
此外,水族、哈尼族等少数民族也有类似的神话传说。关于人类与神仙成
婚,各民族的说法虽然有一定的差异,但是基本内容是相似的,都是在神
的授意下兄妹或姐弟成婚繁衍人类,或同天上的仙女成婚繁衍人类。

普米族也有类似的传说,在普米族创世古歌《搓直鲁衣和泽里甲姆》
中有这样的描述:

> 远古的时候,普米族的祖先搓直鲁衣,普米族的祖母泽里甲姆,
> 生活在一个山洞里,大地上没有人,日子过得很孤单。搓直鲁衣是哥
> 哥,泽里甲姆是妹妹,哥妹在一起不能成一家,只好去找伴。哥哥朝
> 东走,妹妹朝西走,不知走了多少年,哥妹相遇。哥哥朝南走,妹妹
> 朝北走,不知走了多少日,哥妹又相遇。哥哥与妹妹不想去找了,哥
> 哥、妹妹相互为伴,只有哥妹做一家。哥说与妹成一家,妹妹听了不
> 同意,说哥妹是亲胞,哪能结成夫妻。他们前去问神仙,神仙要他们
> 上山,每人背一扇石磨,到山上后朝下滚着,如果石磨合拢了,他们
> 兄妹就成亲。他们照着神仙的教法,分别把磨背上了山,哥哥滚了上
> 扇,妹妹滚了下扇,结果磨合拢了,妹妹还是不同意。他们又去问神
> 仙,神仙要他们分开放羊,如果羊儿跑拢了,他们兄妹就成亲。兄妹
> 又照神仙的教法,各自赶一群绵羊,分别朝着相反方向,赶到遥远的
> 地方去放牧,结果两群羊跑拢了,妹妹还是不同意。他们又去问神
> 仙,神仙要他们分别上山,各自在山上烧堆篝火,看两股火烟是否相
> 缠,如果两股火烟缠起来,他们兄妹就成亲。兄妹又照着神仙的教
> 法,分别上山烧起篝火,结果两股火烟相缠绕,妹妹只好与哥哥成
> 亲。兄妹成亲后生了许多孩子,然而他们总觉得兄妹结成夫妻见不得
> 人。于是神仙让妹妹泽里甲姆做了太阳,哥哥搓直鲁衣做了月亮。②

西南少数民族有各种生动的兄妹成婚神话,普米族的兄妹成婚神话独
具特色,它是普米族先民探究人类自身起源的原始思维的体现,神话反映
的是人类社会中曾经存在过的血缘婚姻的残余。

---

① 佟德富:《中国少数民族哲学概论》,中央民族大学出版社1997年版,第85页。
② 杨照辉:《普米族文学简史》,云南民族出版社1997年版,第29—31页。

关于人类的起源，普米族还有人与粪人相配的传说：

> 远古时代，有一个老妈妈生了三个儿子，时逢大雨倾盆，滔滔的洪水瞬间即至。正在喂猪的老妈妈，跳入猪食槽中随波逐流而去，她的三个儿子们急爬上一棵通天的大树，大哥在树脚，二哥在树腰，好心的三弟抱着一只公鸡、一只猫爬到树梢。汹涌澎湃的洪水把大哥、二哥先后席卷而去，老三被吓坏了，紧紧抱住那两个小生灵。公鸡叫了一声，水突然降了一截；猫儿叫了一声，水又降了一截。老三索性把猫和鸡往下丢，果然洪水退出谷地，高山、平原也随之显露出来。老三下得地来，忙往高处走，看到妈妈的猪食槽也在高地，母子俩死里逃生，悲喜交集，母亲带着小儿子披荆斩棘，开荒种地。但有一件事却让母亲忧心忡忡，因为天下没有了姑娘，光有儿子不能繁衍后代，老妈妈急白了头发。一天，妈妈灵机一动，想了个办法。它用牛粪做成了一个姑娘，送给儿子说，让她当你的媳妇吧。儿子心想，粪人怎么能当媳妇呢？但是看到妈妈做得精细，不觉用手一摸，那粪人一接触男子就有了气息，竟变成一个美丽的女人，老三与她结为夫妇，生儿育女，繁衍了人类。①

普米先民牛粪造人的神话，是普米族作为"游牧民族"独特生活习俗的曲折反映。这与中华民族古老的神话女娲用泥土造人有许多相似的地方，它通过神话的形式既解答了人类的产生与繁衍问题，又反映了原始时代人类只知其母不知其父的历史情况。

普米族神意创造人的思想，是普米族探询人类自身起源初期的一种神话传说。这种原始思维的根源在于，人类在试图探究自身起源的初期，由于当时生产力水平低下，人的思维和认识的能力还很低下，对于世界本源及许多现象不能理解，由此产生了"神"或"灵"的观念，认为"神"或"灵"有着超越自然的力量，是它支配和控制世界的一切，于是在人类的起源上就只能到神灵那里去找答案，由此产生了神造人的各种神话。但是，现实世界根本就没有"神"，而所谓的"神"是人类按照自己的模样创造出来的。"神"既然是人造的，人造"神"的原形便是人。由

---

① 严汝娴、王树五：《普米族简史》，云南人民出版社1987年版，第35页。

"神"创造出来的人就是现实的人，因此，这些造人的"神"，原本就是自然界中与自然作斗争，在自然界中做出了某种改造自然的创造，而被人们称颂并被神化了的人。由此可知，普米族的神意造人说，把人类的存在和产生归功于某种神灵有目的地创造的结果，这反映了普米族先民的原始宗教观念。

（二）自然演生人类

较之"生"是由神灵创造的创世神话，流传于普米族中对人类由自然而衍生的传说，显得更有的价值。

韩规经《惹尼查》（《创世纪》）中有这样的记载：

> 茫茫的水里，什么也没有，有一天，一阵狂风吹来，水中漂浮出白、绿、黑三个蛋，蛋在水中随风飘荡，驶向"曲虚"山。白蛋先碰在山石上，裂开的缝里诞生了名为"拉钦朵米尔霖阁"（$la^{31} t\varsigma h\ \tilde{i}^{35} to^{31} mi^{53} l\ \tilde{i}^{31} g\vartheta^{31}$）的神；绿蛋接着碰在了山石上，名为"撕巴尤米佳布"（$s\vartheta^{33} ba^{33} ju^{31} mi^{53} t\varsigma a^{31} bw^{31}$）的人类之祖走出了蛋壳子；黑蛋最后撞在山石上，蛋壳里钻出了"震阿米纳补"（$t\int\tilde{e}^{21} \gamma a^{33} \underset{\sim}{m}i^{53} n\ \tilde{a}^{31} bw^{31}$）鬼怪。[1]

《直呆木喃 $t\underset{\sim}{\varsigma}^{31} t\varepsilon^{53} mu^{53} n\tilde{a}^{53}$》（《洪水滔天》）则说：

> "直呆木喃"洪水时代，普米人像动物般野蛮蒙昧，过了许多年以后，掌管动物的诺提天神告诉动物们，喇孜山上有两眼神水，一眼是蒙昧水，喝了这种水会使得聪明的动物变得愚昧；一眼是智慧水，喝了智慧水会变得聪明能干。动物们都争先恐后去找智慧水。人类的祖先也去了，他走到山上时，看见路边有一只受伤的大青蛙，就把它救了起来。为了报答人的恩情，青蛙告诉人说，山顶有棵大香柏树，神水就在树下，其中清的那一眼是蒙昧水，浊的那一眼才是智慧水。并且叮嘱说，只要喝三口浊水就行了。人类祖先到达树下的时候，清水早就被动物们喝完了，只剩下浊水原封不动地摆在那里。这时候人忘记了青蛙的话，一口气喝完了浊水，顿时感觉到，头脑清醒，耳目

---

[1] 引自笔者国家社科基金项目《普米族韩规古籍译注》之《惹尼查》（《创世纪》）。

聪明。从此以后，人类祖先就从动物中分离了出来，而青蛙却因为没有喝到智慧水，变成了愚昧无知的动物了。为了报答青蛙的恩情，普米人称青蛙为"阿舅青蛙"。[①]

普米族还有个传说讲道，最古老的人是由猴子变来的，他们茹毛饮血，生活与禽兽无别。长相也与现在的人大不相同——满身长着细毛，猫着腰，腿也打不直，但却跑得很快，着急时就四肢落地，什么野兽都撵得上。当时，人类不知道取火，是打雷引起野火烧山，人们才尝到了烧肉的可口……之后，人们在山林中拣到一块"铁冗目堆 $\textric{z}he^{31}z_{l}\tilde{o}^{53}mu^{33}t\textric{c}i^{31}$"（雷击后留下的坚硬器物），将其撞在一白石上，碰擦出的火花正好溅在旁边的"毕崩"（$pi^{31}b\tilde{o}^{53}$）火草上，燃出了火。于是，众人纷纷将拾得的"铁冗目堆"撞在白石头上，都能擦出火花，由此获得了火种。后来人们又懂得了钻木取火的方法。那时没有锅，吃肉或是直接在火上烤，或是把肉放在盛满水的木槽里，将烧红的石头投进木槽把肉汤熟。再后来，又把泥巴糊在葫芦的外壳上当锅煮，由于葫芦烧坏留下一个更坚实的外壳而发明了"扎角里"（$t\textric{s}a^{31}t\textric{c}y^{31}\textric{l}i^{33}$）（原始陶器）。[②]

普米先民关于人类产生的神话传说，是典型的原始思维和原型神话。正如恩格斯所说："甚至达尔文学派的最富有唯物主义精神的自然科学家们还弄不清人类是怎样产生的……"普米族关于人类的产生及其演化的认识似乎已经蕴涵着达尔文进化论的影子。在这里普米先民已经意识到了劳动在人类产生过程中的重要作用，神话已反映了人类如何使用火，从而吃上用火加工过的食物的历史过程，强调了劳动和火的使用对人类进化的重大意义，其中包含了关于人类实践与认识的关系以及人的认识来源的朴素唯物主义思想。

普米族关于人类起源的另一种传说为：

> 远古的时代由男人生孩子，女人不会生孩子，女人长得身强力壮，不但没有乳房而且还长胡子，和现在的男人一模一样。她们能耕田种地、开荒盖房、打猎捕鱼。那时候的孩子由男人来生，男人生下

---

① 杨照辉：《普米族文学简史》，云南民族出版社1997年版，第25页。
② 引自笔者国家社科基金项目《普米族韩规古籍译注》之《麻肯》。

来的小孩子像小青蛙，到十多岁才有小兔子那么大，不会犁地、不会开荒、不会盖房子，做得少、吃得也少。这样的小孩子什么也干不了，女人抱怨男人没有本事，竟然生出这样的小孩。女人要求自己生孩子，所以男人的乳房给了女人，女人把胡子给了男人。女人生下的孩子长得很快，13岁就长成了大人，能够耕田种地，能够修房盖屋，能够上山打猎，能够下江捕鱼，人类从此才得以繁衍下来。[①]

从这个有趣的传说中，我们亦可以看到人类发展历史中母系氏族社会向父系氏族社会过渡的某些痕迹。在母系氏族公社时代，生产力水平很低，生产劳动主要以采集为主，所以妇女在社会生产生活中占有重要的地位，男子的社会地位相对较低。所以在各民族的传说中，都有不少关于男人如何无能的故事。

（三）图腾生人说

"图腾生人"即人类是在某种图腾直接或间接的作用下产生，是图腾崇拜的一种表现。马克思根据摩尔根对美洲土著印第安人调查所得的结果说，图腾即是用所承包的对象来"表示民族标识或符号，例如狼是狼氏族的图腾"；又以"图腾组织……来表示氏族组织"。不仅如此，在印第安人部落社会里："摩其人确信灵魂的转移，他们说他们死后将再度变成熊鹿……在许多氏族中和摩其人一样流行着一个传说，根据这个传说，他们的第一个祖先是先转化成为男人或女人动物或无生物，它们就成为了氏族的象征。"[②] 中国西南的许多少数民族都有自己崇拜的图腾，如白族、纳西族、拉祜族、彝族等民族都崇拜虎，并且试图用虎图腾对象和虎图腾意识去解释人类的起源。普米族虽然没有说人类是由崇拜的图腾演变而来，但是其宗教神话中将人寿命的延长归功于狗。流传于兰坪普米族地区的《人狗换寿》比较有代表性：开天辟地后的一天早上，万物都竖起耳朵，男天神干衣布来恩赐寿岁。这时，懒惰的人却睡着了。干衣布天神喊道："谁愿意活万岁？"石头抢着回答说："我！""谁愿意活千岁？"大树抢着回答说："我！""谁愿意活百岁？"狗抢先回答说："我！"当干衣布

---

① 熊胜祥、王震亚等：《普米族歌谣集成》，中国民间文艺出版社1990年版，第11页。

② ［德］马克思著，中国科学院历史研究所翻译组译：《摩尔根〈古代社会〉摘要》，人民出版社1965年版，第134—135、143—144页。

喊到谁愿意活十岁时，人才醒了过来，慌忙答应了。人看到自己的寿命只有十岁，怨恨自己不该睡懒觉，并伤心地哭了。他哭呀哭，把睡在一旁的狗感动了。狗对干衣布天神要求说："阿卜干衣布啊！聪明能干的人只能活到十岁，太短暂了。我没有人聪明能干，活一百岁太长了。我要求您把我和人的寿岁换一下，要人养活我就愿意了。"干衣布天神听了后，想了想说："那好嘛！"于是就把狗的寿岁换给了人。从此人就感谢狗的恩情，不杀狗不吃狗肉。

由于狗长期以来在普米族的社会生活中充当了重要的角色，是普米族原始居民征服自然的重要帮手，在狩猎社会生活中狗帮助人嗅野兽的脚印，追赶猎物。在游牧社会生活中，狗随人放牧牲畜，驱赶猛兽，确保牲畜的安全。于是，普米人把狗当作神灵来崇拜，并把所崇拜的对象看作是自己氏族和部落的原始祖先，从而相信人和动物之间存在着血统联系，并试图用图腾来解释自身的起源。这正是早期人类图腾崇拜的基本特征。

普米族"图腾生人"的原始思维在《韩规经》中亦有反映：

> 滔天的洪水过后，人类只剩下一个年轻的男子。这个唯一幸存的人类也被妖怪吞进了肚子里，青蛙为了把人从妖怪的口中救出来，拒绝给妖怪推磨，妖怪没有办法只好把吞进肚子里的人吐了出来。青蛙从妖怪的口中把人拯救出来后告诉他说："你不要往深山峡谷里走，那是妖怪居住的地方，他们会吃掉你。你要往高山冒烟的地方走，那里才是神仙居住的地方，他们会帮助你。"人很感激青蛙，说世界上最大的莫过舅舅，永远不得罪舅舅。他的后代从此也记住了青蛙的恩情，所以普米人至今还叫青蛙"阿克巴底"（$\gamma a^{33} kh\vartheta^{31} ba^{31} ti^{35}$），见着青蛙要让路，遇着青蛙要把它请到上面。[1]

普米人世代流传的这个洪水神话，反映了普米族先民对人类及其"生"的另一种认识，这是普米族认识人类起源形成的一种观念，从某种意义上说，它是一种原始的动物崇拜，具有原始宗教思维的特点。普米先民朦胧认识到人是从动物群中超脱而来，与动物的不同之处在于人有智

---

[1]　引自笔者《普米族韩规古籍译注》阶段性成果；相关内容参见熊胜祥、王震亚等《普米族歌谣集成》，中国民间文艺出版社 1990 年版，第 20 页。

慧。神话反映的是人类脱离动物界后，逐步进入智人阶段的早期历史。普米族人在原始宗教信仰基础上建构的洪水神话，力图解释和说明世界和人类的起源，反映了早期普米族人认识自然、征服自然的愿望。这是人类历史早期，思维认识发展水平很低的情况下，对自身的起源所作出的原始思考和回答。

二 "人神遇合"① 的生命存在观

针对"神是什么"的本质问题，恩格斯曾说道："神是什么？德国哲学这样回答问题：神就是人"，"应当到虚幻的彼岸，到时间空间以外，到似乎置身于世界的深处或世界对立的什么'神'那里去找真理，而应当到近在咫尺的人的胸腔里去找真理。人所固有的本质比臆想出来的各种各样的'神'的本质，要伟大得多，高尚得多，因为'神'只是人本身的相当模糊和歪曲了的反映"②。

在中国宗教文化中，"神"的内涵历来较为丰富。诸种典籍有所谓神、仙、佛、妖、怪、精、鬼、灵等多样表达，在多元信仰交互影响的文化背景下，神的具体特征更具融汇性和杂糅性，往往难以泾渭分明地加以

---

① "遇合"一词，从汉字词源上讲，为"遇"与"合"二词的组合。早见《吕氏春秋·孝行览·遇合》中有"凡遇，合也。时不合，必待合而后行"的记载。原义为"人的际遇要切合时机"，在当时，所强调的是"君臣相得"的文化内涵。此外，在古书中"遇合"还有"契合"之意。而哲学意义上的"遇合"最先表现为阴阳家的思想。《易·姤》："女壮，勿用取女。"《象传》曰："姤，遇也，柔遇刚也。勿用取女，不可与长也。"这里的"姤"即"遘"，亦即"遇"、"遇合"。除《吕氏春秋》、《易经》所言或涉及之外，中古以前的汉文献中都罕见有"遇合"一词。中唐以后，"遇合"一词的使用逐渐频繁起来，并且作为宗教意义上的"遇合"一词，较早地出现在了有关普米族先民古羌人的记载中。《后汉书·西羌传》有云："羌无弋爰剑者，秦厉公时为秦所拘执，以为奴隶。不知爰剑何戎之别也。后得亡归，而秦人追之，藏于岩穴中得免……与劓女遇合于野，女耻其状，披发覆面，羌人因以为俗，遂俱亡入三河。诸羌见爰剑被焚不死，怪其神，共畏事之，推以为豪……"由于"藏于岩穴中得免"，普米族人至今沿袭有人死后将骨灰罐送至崖洞的丧葬习俗。此外，现今普米族人宗教神话《搓直鲁衣和泽里甲姆》中其祖父搓直鲁衣、祖母泽里甲姆本为两兄妹，最早生活在山洞里，后来结成了夫妻，兄妹结成夫妻总觉得见不得人，于是神仙让妹妹泽里甲姆做了太阳，哥哥搓直鲁衣做了月亮……从这些叙事线索中，我们似乎可以找到普米族宗教中的"人、鬼、神遇合"与《后汉书·西羌传》中的人、神遇合思想的同源性。由此，早期古羌人叙事范式对人神关系的展露，成为了后来普米族宗教神话、歌谣、叙事诗歌中相关神异叙事的文化渊源。

② ［德］恩格斯：《英国状况：评托马斯·卡莱尔的〈过去与现在〉》，载《马克思恩格斯全集》（第1卷），人民出版社1956年版，第652页。

区分。正因为如此，古有"神仙"、"神灵"、"神佛"、"鬼神"、"妖怪"、"灵怪"、"鬼怪"、"精怪"、"妖精"、"精灵"等多种联合式名词。这些联合名词的出现，除了证明"神"具有丰富的文化内涵之外，还足以说明神、仙、佛、妖、怪等虽然各有倾向，但它们在精神实质方面实有相通之处。因此，人们将日月星辰、河海山岳和祖先视为神灵，并对他们进行祭祀和祈祷等崇拜活动，由此逐渐形成了天神、地祇和人鬼的神灵系统。普米族韩规教承袭了这种神鬼思想，并不断将许多神灵纳入韩规教的神灵之中。

如前所述，普米族韩规教认为"日若林布"宇宙包含了"木"天界、"甸巴"地界、"生季段它布"生物三界，并且认为米人、里神、卒鬼是宇宙三界中最为活跃的因素，三者共同主宰着"生季段它布"宇宙万物中的其他生命体。

韩规经《惹尼查》（《创世纪》）中对于人、鬼、神的形成以及三者所占据的空间作了如下的描述：

> 白蛋里生出的"拉钦朵米尔霖阁"神飞向天中，其后留下了层层白云；绿蛋里所生出的人类之祖"撕巴尤米佳布"则占据了甸巴地上，蛋壳化作了绿油油的山川水色。黑蛋里生出的"震阿米纳补"鬼怪只好钻入了土层，只能在黑暗中出没。从此，"里"神居于天上，与云相随，多行白（善）事；"米"人生活在地上，与山水相依，善恶皆行；而"卒"鬼则隐藏在地下，与黑暗为伴，专行恶事。[1]

从这一叙述可知，人、鬼、神虽都生于卵但又生在不同颜色的卵里，出生时段相近但在具体的时间上又有先后之分。由此，三者出生之初就有了同类不同质的表现。"里"神居于高处，主宰天界（包括人类所无法触及之界）；"卒"鬼居于地下，主宰冥界；而"米"人生活在"甸巴"上，主宰地面上的一切生物。本来，三者各有领地耕耘，相安无事，但"宇宙如屋"天地又连接一体，一方行为过分都会殃及其他。由于三者之

---

[1]　引自笔者国家社科基金项目《普米族韩规古籍译注》之《查子查打》，又称《惹尼查》，译作《创世纪》。

间经常相互侵扰，而"人"恰好又处于"里"神和"卒"鬼中间，因此，激怒天界，天神会带来狂风暴雨，激怒冥界，鬼怪作恶致使天崩地裂（地震），瘟疫泛滥，于是万物就有了生老病死。

（一）普米族韩规教的神灵

普米族韩规教中的"神灵"常常表现出两种形态。一种是前宗教性的意识或巫术信仰下的泛神论思想。这种观念的具体表现就是"万物有灵"或"多神崇拜"。普米族宗教神话及传说中有详细描述。韩规教有一个较庞杂的神鬼体系。俗称韩规教有 800 种神，3000 种鬼。其中多数神鬼是记载在韩规教经典中，少数则在民间口头流传。多数神鬼名称和职能比较稳定，少数则变化很大。在全部鬼神中，属于本民族创造的神鬼不超过 1500 个，其他民族创造的神鬼中，以藏族创造的神鬼居多。[①] 恩格斯指出："人的思维最本质和最切近的基础，正是人所引起的自然界的变化，而不单独是自然界本身；人的智力是按照人如何学会改变自然界而发展的。"[②] 由于在"神灵"观念诞生之初，人类尚且处于屈从自然的地位，"泛神"的思维以及由此而致的信仰崇拜构成了普米族人特有的原始宗教神灵信仰。

普米族相信万物皆有神，然而，神为何物，长什么样子……却很难有确切的描述。韩规教中的神鬼绝大多数都未形成具体的形象，故无所谓固定的偶像。这正如人类学家弗雷泽（James George Frazer）所言，原始时代乃至当今的土著居民社会，虽然"树木亦被看作有生命的精灵，它能够行云降雨，能使阳光普照，六畜兴旺，妇女多子"，并且"有些巫医声称在砍伐树木时，听到树木在斧斤下哀号"。但就神（精灵）的具体模样却很难形成有"一致"的说法[③]。

普米族人对"神"的另一种理解是韩规教祖的拟人化。韩规教虽然保有浓厚的原始巫教的残余，但在其经典及神灵系统中，已出现主神观念的端倪。如"木西布斯咕鲁梭"（$mu^{55} \varsigma i^{31} b\mu^{33} s\gamma^{31} ko^{33} lu^{33} so^{31}$）为天界主

---

① 杨学政：《普米族的韩规教》，载胡文明主编《普米研究文集》，云南民族出版社 2002 年版，第 212 页。

② ［德］恩格斯著，中共中央马克思恩格斯列宁斯大林著作编译局译：《自然辩证法》，人民出版社 1971 年版，第 209 页。

③ ［英］弗雷泽著，李安宅译：《金枝：巫术与宗教之研究》，中国民间文艺出版社 1987 年版，第 170—178 页。

神，它司管天神 33 个；"甸西诺恶诺徐"（tiɛ̃²¹çi³¹no³³ɣə³¹no³³çy³¹）为地界主神，它司管地神 28 个；"约遮沙务扎"（jy⁵⁵tʂə³¹ʂa³³u³¹tʂa³¹）为龙潭主神，它司管四方 70 个龙王神；"吕布呷布措娜儿迁"（ɬy³³bɯ³¹ka³³bɯ³¹tsho³¹nɚ³¹tɕɕɛ³¹）为山林主神，它司管四方八面的 90 个山神。另外，还出现了"崩日载 bõ⁵³zʅ³¹ts ɛ̃³¹"（首领神，即氏族酋长或奴隶主神）、"诅日裁 tsɯ³³zʅ³¹ts ɛ̃³¹"（百神）、"拐日裁 guɛ̃zʅ³¹ts ɛ̃³¹"（奴隶神）等。① 韩规教的这种主神思想，为韩规教教祖"益西丁巴"神的出现奠定了基础。

宗教神灵的创造及其诞生并非人们一时意念之物，而是根源于人类主体的某种心理需要。从很大程度上讲，人成就了神，神亦成就了人，"人是神的形体，神是人的功能"，"人神本为一体"②。人与神在本质意义上的相通性，激发普米先民造神的丰富想象力，最终创造出韩规教教祖"益西丁巴"拟人化的形象。

拟人化的"益西丁巴"教祖神像的出现，有别于普米族神话的"原形"。"益西丁巴"，又音译为"益史顿巴"，"丁"指土地，"巴"指"白"。普米族祖师"益史顿巴"，被认为是苯教祖师"丹巴喜绕"的转音，这反映出藏族苯教对普米族宗教的影响。

"益西丁巴"这种既人又神的形象，是"变质神话"、"次神话"，亦即人文化所旁涉的人神之遇，是在"最初神、鬼、怪不分人的观念之后，把受尊重的本领大、有势力的'灵'称作'神'，是拟人化的自然界势力及升华了人间势力（酋长或英雄）在幻想中的反映"③。除了万物皆神的虚幻神及人文化的教祖"益西丁巴"形象外，在普米族韩规经中，有关人类，尤其祭司韩规、释毕通过与神灵紧密沟通甚而成为神性世界的部分的叙事，以及前述普米族人借助巫觋、天梯这些特定的媒介，从中可以看到人神"遇合"的局面在普米族宗教观念中依稀可见。

普米族韩规经书还包含有展示人神关系的神异记载。《惹尼查》、《麻肯》、《查子查打》以及其他经典中的相关材料，往往通过人类对神灵的

① 杨学政：《普米族的韩规教》，载胡文明主编《普米研究文集》，云南民族出版社 2002 年版，第 212 页。

② 李娟：《从中国民间众神看人神关系》，《社会科学》1996 年第 4 期。

③ 毛星：《中国少数民族文学》（上），湖南人民出版社 1983 年版，第 13 页。

普米族韩规教教祖"益西丁巴"神像

祈祭、人与神灵之间的交流以及与此相关的神秘预验、梦验等，从而彰显出普米先民的宗教观念。

　　我们通过上述分析，可以得出普米族宗教中的"人神遇合"（混同）并非人类与神灵在地域意义上的混杂而居，人、鬼、神在出生之初，各自就有了主宰的"领域"。那么，他们之间又怎能"遇合"呢？韩规经《查子查打》接着说：

　　在空荡荡的地上，只留下了撕巴尤米佳布一人，于是，独自面朝天闭目思索（祈祷），祈求右方能现金山和绿玉石、左方能现海螺山和玛瑙石、中间能现宽广的大海和高耸发亮的悬崖……睁开眼时，所思的一切都变成了现实。

　　撕巴尤米佳布坐到位于右方的金山和绿玉石继续思索（施法），金山和绿玉石中出现了男性；撕巴尤米佳布坐在左方海螺山和玛瑙石山上施法，山石之间现出了女性……普米族人男性主右，女性崇左的习俗由此而生。

撕巴尤米佳布（sæ³³ ba³³ ju³¹ mi⁵³ tɕa³¹ bɯ³¹）与"日窘恰玛"（ʐɿ³¹ tɕhõ³³ tɕa³³ ma³¹）成为了一家（结为夫妻），生出了名为"弄拉嘎"（nõ⁵⁵ la⁵⁵ ka³¹）的三个儿子，变成了天、地、人神。

地上的神与"直曲玛木"（tʂɿ³¹ tɕhy⁵³ ma⁵³ mu³¹）结为夫妻，生出了名为"拉鲁填阁"（ła³¹ lu³³ thĩ³¹ kæ³¹）的儿子。"拉鲁填阁"与天神的女儿"弄吉拉木"（nõ³³ tɕi³¹ la³¹ mu³¹）结为夫妻，生出了名为"弄替"（nõ³¹ thi³⁵）的儿子，他们是普米族人的九代祖先神。[①]

韩规经还说，普米族九代祖先神之后，人类又繁殖了十余代，到"恰日牙拉丁督"（tɕ³¹ ʐi³⁵ ja³¹ la³³ tĩ⁵⁵ dɯ³¹）一代时，由于与地下的赌巴（妖怪）"勿洒麻米"（ɣu³¹ sa³³ ma³¹ mi⁵³）非婚生了"本纳牙布"（pɛ̃³³ na³¹ ja³³ bɯ³¹）、"托几米美尔"（tho³³ tɕi³¹ m̥i⁵³ m ɛ̃³³）、"撕昆田容"（sæ³³ khu ɛ̃³³ thiɛ³¹ ʐo õ⁵³）、"闵生谷仁"（mĩ³¹ s ɛ̃³³ ko³¹ ʐ ɛ̃³¹）、"恰夏通"（tɕha³¹ ɕɛ³³ t õ³¹）、"之曲夏芎"（tʂɿ³¹ tɕhy⁵³ ɕɛ³³ g õ³¹）、"那巴古闰"（nã²¹ ba³³ ko³³ ʐ ɛ̃³³）、"恰积米尔"（tɕha³¹ tɕi³³ m̥i³¹）等九个儿子。这九个非婚子，经常侵扰人类，勒索财物，扰乱人类的一切，使人类不得安宁。因此，普米（人类）不得不往下方（地下）泼水饭以祭祀地下鬼怪。

在"神灵"观念诞生之初，由于人类尚且处于屈从自然的地位，"泛神"的思维以及由此而致的宗教祭祀，成为了人类必然的历史选择，但人们对神灵的认识又含混、模糊，因此，只好通过"人神杂糅"的神异叙事以及人类借助"天梯"与神灵进行沟通的记载，使人神之间交流变得亲近可行。韩规经中的种种神异记载，展露出宗教信仰与现实生活并重的叙事范式，表现出普米族先民对早期生活的认知和总结，曲折反映出远古时代普米社会的生活状况和文明程度。

（二）普米族韩规教的鬼灵

韩规经在描绘鬼（怪物）及神祇时，习惯于把不同种类的生物形貌结合在一块，通过人兽整合抑或兽兽整合的模式，创造出杂糅或拼凑性的视觉效果。

[①]　引自笔者国家社科基金项目《普米族韩规古籍译注》之《查子查打》，又称《惹尼查》（《创世纪》）。

《修迪》经记载：

> 居住在西南方的名为"帕诺达佳吉衮布"（pha⁵³no³¹ta⁵³tɕa³¹tɕi³¹
> gu ɛ̃⁵³bɯ³¹）的男子与居住在西北方的名为"斯打松格阁木"（sə³³
> ta⁵³s õ³³kə³³kɛ³¹mu³¹）的女子结为了夫妻。不久，斯打松格阁木便怀
> 上了胎，然而，九年九月过去了，仍然未见胎儿降生。一天，帕诺达
> 佳吉衮布与斯打松格阁木前往"琶巴迥毕牙"（pha³³ba³³tɕ õ³¹pi⁵³
> ja³¹）神处求占。琶巴迥毕牙神占卦后赠予了该夫妇神线和圣水，并
> 叮嘱夫妻俩在早晨太阳光刚现时，喝下圣水，将神线挂在项部。二人
> 返家后的次日早晨，当看到太阳光闪现时，便将神线系在脖子上并且
> 喝下了圣水。时至傍晚，斯打松格阁木生下了一个长有三个头的名叫
> "祖库季"（tsu³³khu³¹tɕi³³）的儿子，右首为虎头、左边为猪头、中
> 间为牛头。

> 儿子的降生让夫妻俩高兴至极，然而，儿子一出生就很能吃饭，
> 第一天可以吃一箩筐，第二天吃了两箩筐，第三天却吃下了三箩
> 筐……没几天，所存的粮食荡然无存。这不知是福是祸？于是，夫妻
> 俩再向琶巴迥毕牙神询问得知，鬼头怪状的相貌，不是什么好兆头，
> 它将是食人肉、害家畜的恶魔，不能让它待在家里了。两人回到家
> 后，带足食物将儿子扔到了九座山梁之外。①

《修迪》经进一步描绘了"祖库季"被送到九重山之外，又如何作恶
人间等。此外，"虎首人身"、"人面鸟身"等"异类整合"和"畸形成
体"②的神异话语，在韩规经书中并不鲜见。

人类对于神性世界的奇思异想，总是在客观上彰显着社会发展的文明
程度。从信仰主体和心态来看，普米族人虽有祈祭或驱赶鬼神的宗教仪
式，但在绝大多数情况下，他们（包括韩规、释毕等宗教祭司）对神性
世界实难做到学理性的界定和析别，更多地以一种直观的方式去把握生活
与神异灵验，关注神灵给予生产、生活带来的护佑。但是在现实生活中，
喜悦、快乐等不可能是永恒的，痛苦甚至灾难往往转瞬即至。普米族人根

---

① 引自笔者国家社科基金项目《普米族韩规古籍译注》之《修迪》（《抉择》）。
② 阳清：《〈山海经〉中神祇的配饰艺术》，《青海民族研究》2008 年第 1 期。

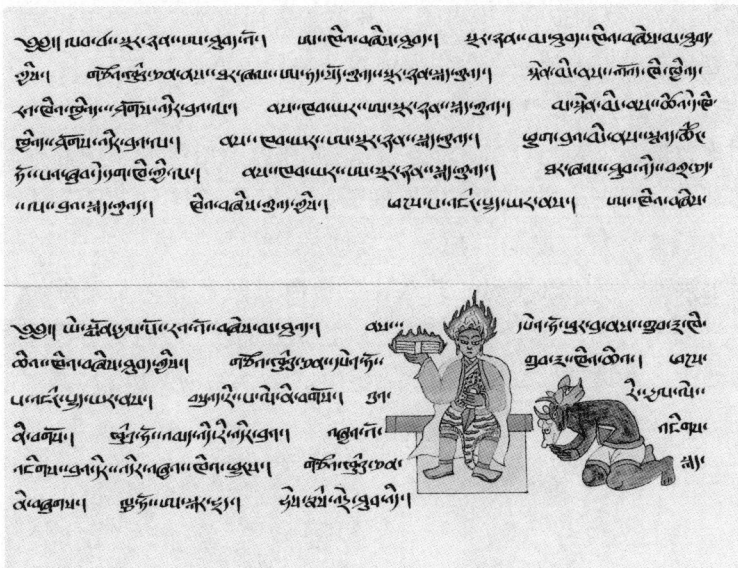

韩规经《修迪》所描绘的"人兽整合"的"祖库季"怪物

据信仰对象的善恶或功过，去考究神、妖、怪等神性客体的差异，由此就有了神灵的观念、神鬼的区别。但是，神、妖、怪等神性客体，在很大程度上具有殊途同归的文化内涵，神灵抑或妖魔的区别，不过是人类主体据其善恶、功过或神力强弱等赋予的当下定位。李亦园先生指出："人类对神灵或超自然存在最基本的态度不外乎认为神是善的或恶的，或者更严格一点说，认为神是能保佑恩惠于人的或者是会惩罚作祟于人的。"[①]　而"在中国古代神话里，往往是神鬼相通，变化莫测。同一形象下的某一神灵，可以尊化为至神，也可以卑化为恶鬼"[②]。普米族《韩规经》大多数神祇存在着与人类甚至野兽"互为混同"的特征，这应视为早期社会原始思维的产物。德国哲学家卡西尔（Ernst Cassirer）指出："对于神话和宗教感情来说，自然成了一个巨大的社会——生命的社会。人在这个社会并没有被赋予突出的地位，他是这个社会的一部分，但他在任何方面都不比任何其他成员更高。生命在其最低级的形式和最高级的形式中都具有同

---

① 李亦园：《宗教与神话》，广西师范大学出版社 2004 年版，第 4 页。
② 王厚宇：《考古资料中的蛇和相关神怪》，《中国典籍与文化》第 37 期。

样的宗教尊严，人与动物，动物与植物全部处在同一层次上。"① 如此，《韩规经》对神灵的记载，特别是对神祇意象的描述，客观上影响了后来的普米族韩规教以人神遇合为主题内容的神异叙事。

（三）人在宇宙三界中具有主导地位

韩规教认为，人类（普米人）在宇宙三界中始终处于中心地位。这主要表现在：首先，从纵向宇宙空间看，人间位于整个"日若林布"宇宙的"木"天界与"尼瓦"地下界之间的"甸巴"界，处于中间位置，上可以求天神，下能镇地鬼。其次，从横向空间来看，人类所处的"甸巴"界，除了"米"人外，还有"生季段它布"。而就"米"人而言，普米又处于"九夷"② 之中，《查子查打》（《人类的来历》）说：

古印度那吉尼·ガンガ河来历部分

普米族韩规教反映的蛇身人面像（左图），这是受印度那伽信仰（右图，转引自白庚胜《东巴神话研究》，社会科学文献出版社 2002 年版，第 352 页）的影响而产生，还是普米族固有的原始信仰体系，目前，暂不能作出明确的解答。

---

① ［德］恩斯特·卡西尔著，范津等译：《国家的神话》，华夏出版社 1999 年版，第 106 页。

② 普米族认为，地球上的人类都是由先祖"牙拉丁督"与"童阿拉木"速生的九个儿子演变而成。

"米"（人类）之上（前）还有"龙替"。"龙替"之子"希左佳瓦"（çi^{53}tso^{53}tça^{31}wa^{31}）与"东色尾模"（t õ^{21}sə^{31}w ɛ̃^{31}mo^{31}）结为夫妻，生出了名为"恰若达恰巍巍"（tça^{31}ʑo^{53}ta^{53}tça^{31}w ɛ̃^{31}w ɛ̃^{33}）的儿子。"恰若达恰巍巍"与"色邛求玛"（sə^{31}g õ^{53}tçhy^{33}ma^{31}）结为夫妻，生出了四个儿子，长子名为"吾丁公佳"（ɣo^{31}t ĩ^{33}g õ^{33}tça^{31}）、次子名为"尺第松布"（t ʂ^{53}ti^{31}s õ^{33}bɯ^{31}）、第三子叫"牙拉拨喜"（ja^{21}la^{33}ba^{31}çi^{33}）、最小的儿子叫"牙拉丁督"（ja^{21}la^{33}t ĩ^{33}dɯ^{31}）。"牙拉丁督"教授人类学做了养畜、农耕、养狗涉猎、安扣设陷捕猎、吃穿住行等。"牙拉丁督"还与"童阿拉木"（t õ^{21}ɣa^{33}la^{33}mu^{31}）成了一家，生了九兄弟，分别取名"竹日牙巴"（t ʂu^{33}ʑ ʅ^{31}ja^{33}ba^{31}）、"公亏素吾"（g õ^{21}khu ɛ̃^{53}sɯ^{31}ɣu^{53}）、"米机大恰"（mə^{31}tçi^{55}ta^{31}tça^{31}）、"恰勿撕谷"（tça^{31}çu^{53}s ʅ^{33}ko^{31}）、"日喷翁尊"（ʑ ʅ^{31}ph ɛ̃^{53}ɣ õ^{33}tsu õ^{33}）、"其季末夏"（tçhi^{31}tçi^{53}mo^{31}ç^{33}）、"子季苯闰"（ja^{21}la^{33}t ĩ^{33}dɯ^{31}）、"撕妥佳瓦"（s ʅ^{33}tho^{31}tça^{31}wa^{53}）、"雍烁灵布"（j õ^{33}ɬy^{33}l ĩ^{33}bɯ^{31}）。九个弟兄各自发展，繁衍成了（出现）普米人（prhç^{33}mi^{33}）、嘎米人（ga^{31}mi^{33}藏族）、楼博米人（p õ^{33}lo^{33}mi^{31}）、梭（措）布米人（so^{33}bo^{31}mi^{31}）、纳米人（nia^{31}mi^{33}）、鬼年米人（gu ɛ̃^{33}niɛ^{31}mi^{31}）、摆夷米人（ba^{21}ʑ i^{35}mi^{31}）及夏米人（çɛ^{33}mi^{31}汉族），语言也演变成了九种。普米人的"肯钦 khə^{21}tçh õ^{55}"（原义为西北方向，这里有上方、高处之意）有嘎米人、"阁龙 khə^{21}l õ^{55}"（东北方）有梭布米人，"昆龙 khu ɛ̃^{55}tçh õ^{55}"（原义为西南方，这里有低处或下方之意）有摆夷米人、楼博米人、纳米人，"算布 su ã^{33}bɯ^{31}"（原义为东南方，这里泛指东北、东南方向）有鬼年米人、夏米人。[①]

与其他民族相比，普米族的中心意识非常强烈。他们认为，自己[②]不仅在宇宙三界中处于正中位置，而从横向生活的空间来看，其东南西北各

———————

①　引自笔者国家社科基金项目《普米族韩规古籍译注》之《查子查打》（《人类的来历》）。

②　这里的自己应该包括"全人类"，当然，由于活动视域的狭小，普米人所称的"全人类"只限于人类祖先牙拉丁督与童阿拉木的九个儿子。

方都居住有他的八个弟兄（民族）。这似乎又将自己置于中心位置。此外，从九个兄弟的排位来看，在上述神话中，普米族人又将自己排在了长兄位置。云南民族学会会长、纳西族著名学者郭大烈先生在论及藏族、纳西族、普米族关系问题时谈道："（我们）纳西族有传说，纳西族、藏族、普米族是一母三兄弟，其中，普米族人是老大、藏族人是老二、纳西族人是老三。"① 笔者以为，普米族这种以自己为中心的心态不是居高自傲，其所表现的正是普米族文化的多元与开放性。由于长期的游牧南迁，在不断迁徙的过程中逐渐与"农耕文化"接触，于是普米族人学会了"见缝生存"，以至于发展成了今天的"大分散、小聚居"。客观的居住环境以及长期在"夹缝"中生存，使得普米族文化中自觉不自觉地摄入了"中心"概念。当然，这种"中心"正如纳西族著名学者、文化人宣科、和赛、白庚胜、郭大烈等在不同场合所言的那样："普米族是一个非常包容的民族，也是一个善于搞团结的民族，普米族人个个都可以讲几种周围其他民族的语言，他们通常都与白族、彝族、纳西族、傈僳族'打亲家'（这里指的是相互间结拜兄弟，即交朋友）。"② 与普米族人相邻的凉山彝族人有谚语"勿祖（邓）阿甘辞扎甘"（勿祖人即普米人，是一个口齿伶俐的民族），纳西人有谚语"博昔古嘎拉"（普米族人的舌头有九叉），摩梭人有谚语"博匝昔玛匝"（再差的普米族人，其口才是不会差的）。因此，它是一个集包容、开放、团结的"中心"，也是一种善于生存的"智慧中心"。

普米族有关人类在宇宙三界中地位的思想，有其宗教性的一面，由于人类处于"日若林布"宇宙三界中的特殊区位，尽管人与神灵之间有着天然的联系，但人类处于神界与鬼界之间，人界不只是人的舞台，常常又成为神灵降临或鬼魔肆虐的场所。因此，人的地位相当不稳定。人类既不能轻易地冒犯神，更不能冒犯恶魔。当然，由于人降生于神，人自然而然地要向神寻求保护，如果有恶魔伤害人，人可以求助于神灵，无论付出怎

---

① 引自笔者记录稿：2011 年 1 月 4 日，在昆明（云安会都）举行的云南民族学会普米族研究委员会第二届会员代表大会暨 2011 年普米"吾昔"节庆祝大会上郭大烈先生的即兴发言稿。

② 引自笔者记录稿：2000 年 12 月，丽江普米族研究会成立大会上，纳西族著名学者宣科、和赛先生的发言；2011 年 1 月 4 日，（昆明）云南民族学会普米族研究委员会暨 2011 年普米"吾昔"节庆祝大会上著名学者白庚胜、郭大烈先生的即兴讲言稿。

样的代价，神都必须战胜其对手。同样，在不代表敌对力量时，神与恶魔之间并没有截然的区别，人与鬼之间亦可以安然相处。如此看来，人天生就有俱生的神与魔的力量，两种力量作用下的行动与其说是受外力的支配，不如说是受内力或自身行为的支配。人类是强大的，但又是虚弱的。这就决定了她能降妖伏魔，同时又必须虔诚敬神，依靠超自然力量的护佑。

普米族经过长期的社会实践和观察，认为在自然界中人与动物是有区别的。正如《直呆木喃》中所说，在很古老的时候，人是很愚昧的，与其他动物没有任何区别。之后，由于人类祖先在天神诺提的指引下喝了喇孜山上的智慧水，因而神智清爽、耳聪目明，并从动物中分离了出来，变成了有智慧的人类。

在这个神话传说中，把人类与其他动物的区别看成是机缘巧合的结果，虽然是神话的原始思维，但通过《创世纪》的神话叙事，可以看到，普米族先民已经认识到人与动物有本质的区别，只是当时的条件所限，他们不可能了解到人与其他动物不同，是因为人类能够认识自然、改造自然。普米先民已认识到人是从动物群中超脱而来，人类与动物不同之处在于人有智慧。

普米族还认为，人之所以高于动物，还在于人能在自然界实践过程中创造并形成自己的语言，为万物所不及。《直呆木喃》中专门叙述了普米族人对语言的起源和发展的思考："'直呆木喃'时代，普米像动物般野蛮蒙昧，普米还没有语言，普米最初的语言是'啊呜呓唔'，普米的语言是从'啊呜呓唔'发展成今天的语言。"普米族的语言是从"啊呜呓唔"起源的。这反映出在蒙昧时代的普米人，以采集野果为生，在劳动中自然会出现诸如受伤时发出悲痛的呼唤声，在狩猎时代被野兽所伤而发出的呻吟声和捕获大型野兽时发出的欢呼声，这种声音可以认为是简单的分节语。后来，随着劳动范围的扩大和加深，才产生出来并逐渐丰富和完美。关于人类语言的产生，我们还可以从普米族歌谣《普米惹恭诅》（《普米四岳之子》）中找到一些线索："传说远古的时代人类只剩下两兄妹，为了繁衍人类，兄妹俩只好成亲，成亲之后生下了四个男孩，但是这几个男孩都不会讲话。为了使孩子能够讲话，兄妹俩求助于神仙，神仙让他们分别登上四座山，然后把马群放在蔓青地里。四个孩子看到马吃蔓青后开始讲话了，都说'马吃蔓青啦'，但是老大说的是藏语，老二说的是普米语，老三说的是摩梭语，老四说的是汉语"①。由此可知，普米族先民已经认识到了人类语言的重要性，并把它作为人类的主要特征，但是对语言是如何产生的还没有办法解释，只能想象是神仙的作用所致。

语言是人类进化的转折点，是帮助人们脱离动物界、结成社会发展自己的思维重要标志。会说话是人类的特殊本领，人不仅在实践中创造出自己的语言，并且形成了自己的思维，成为有智慧的高级动物，更重要的是，人类能够利用这种智慧和思维，能动地认识和改造客观世界。古代普米人创造了自己的语言，并且形成思维，更重要的还在于普米人能用自己的语言、思维和智慧去能动地认识、利用和改造自然界，使客观世界为人所用。

在普米族宗教神话中，还比较系统地总结了普米族先民在生产实践中长期积累的知识，表达了他们对人类知识获得的独特理解。譬如，在《直呆木喃》中就认为，人类最初分昼夜是雄鸡报晓教会的、识别颜色是从白石头和黑石头的不同上学会的，火种是由冬撒介匹雷神赐给的，建造房屋是从斑鸠叼木搭巢中学会的，储藏食物是蜜蜂采花酿蜜教会的，最初耕作土地是钻山鼠抛土翻地教会的，劈竹编篱笆的手艺是丁巴印曲神教会的。

普米族的创世神话，将人类最初使用火归于"撒介匹"雷神，编竹篱笆归功于"顶巴曲印"山神，而将修房造物、辨别颜色等则归于人类模仿禽兽而得来。神话虽没有直击客观事物的本身，但神话本身则包含着人的认识对象是客观存在着，人的认识是对客观事物进行"看"、"听"等感觉才获得的。唯物主义认识论认为，客观事物是不依赖于人类的思维而存在的，人类的意识只不过是人脑对客观事物的反映，这一切表明了人具有思维能力，能够对外界事物做出辨别与判断，并做出相应的反映。这正是人类与其他动物相比的特别之处，亦即人类在自然界中具有主导地位。

三 "天地冥游"的生命去向观

人类对自身起源的认识包含着生命哲学，同样，人类对自身肉体的存

---

① 熊胜祥、王震亚等：《普米族歌谣集成》，中国民间文艺出版社 1990 年版，第 8 页。

在以及与之相关现象的认识，也包含人生哲学的思考。人类无法逃避的"死亡"，成为宗教产生的重要原因之一，因为在"宗教的一切源泉中，要以死亡这一生命的最末关节，无上的转机，为最重要了"①。宗教与死亡有着直接而本质性的关联。德国人类学家卡西尔说："人用以与死亡相对抗的东西就是他对生命的坚固性、生命的不可征服、不可毁灭的统一性的坚定信仰。"② 英国人类学家马林诺夫斯基（Bronislaw Malinowski）亦认为："人类对于生命继续的坚定信念，乃是宗教的无上赐予之一"，"相信生命的继续，相信不死，结果便相信了灵的存在"③。

普米族的灵魂观念极其复杂，在解释病因、梦境，尤其是人死后去向问题上，有自己独特的思想。韩规教认为，生命的去向即"死"是与"生"相对立而存在着的特殊现象。人死，虽意味着生命不存在了，但不意味着灵魂不存在了，只不过它换了一种方式在"天地间冥游"。因此，人一断气，家人立即将碎银屑放入死者口中，合上死者的眼皮，抹拢嘴唇，在场者一人迅速上楼，掀开火塘上方数块房头板，用棍子敲打簸箕，朝天撒麦爆花，意为给山神、祖宗和菩萨报丧；另一人在院子外面吹响号角，朝天鸣枪，以此向村邻报丧；远处的亲戚，则由丧主家每个方向派一个人，兼程前往，逐个通报。通报时不能用"死"这个字眼，只能说病人已经"回家了"或"走了"。此外，"韩规"或"释毕"祭司在有关祭奠、悼念亡人的场合中，都要用追悼亡人、告慰亡人的口吻告诫生人和死人："哄啊，西列列，已故的长辈啊，世上最聪明的是喇嘛，但喇嘛也有死亡的时候，只有你不会死，我们永远记着你。哄啊，西列列，已故的长辈啊，地上的岩石最坚固，但岩石也有炸裂的时候，只有你不会死去，你永远活在故土上。哄啊，西列列，已故的长辈啊，河水最深的是金沙江，金沙江水也有变浅的时候，只有你永远不会干枯，子孙后代会记起你。哄啊，西列列，已故的长辈啊，属虎的'包剥得'，属牛的'包剥玛'，如今你也寿终正寝了，祖父母会来陪伴你。"④

---

① ［英］马林诺夫斯基著，李安宅编译：《巫术、科学、宗教与神话》，中国民间文艺出版社1986年版，第29页。

② ［德］恩斯特·卡西尔著，甘阳译：《人论》，上海译文出版社1985年版，第110页。

③ ［英］马林诺夫斯基著，李安宅编译：《巫术、科学、宗教和神话》，中国民间文艺出版社1986年版，第33页。

④ 熊贵华：《普米族志》，云南民族出版社2000年版，第102页。

普米族认为，凡是死去的人其灵魂首先必须到"尼瓦"界报到。并在"尼瓦"界接受"审讯"后再行出路。"尼瓦"作为与生者对立的时空观念，可以理解为汉文化语境中的"阴间"。然而，普米族韩规教中的"尼瓦"界却包括"尼瓦"上界（阎王界）和"尼瓦"下界（地狱界）两层。"尼瓦"界上层被认为是一切鬼怪生活的区域，人死后的灵魂亦在这里接受审讯。接受审讯后的灵魂有三种走向：上天成神、入地成鬼、转胎投生到其他的人或物上。

韩规教观念中的"尼瓦"界

（一）上天成神

韩规教的上天成神，意旨是回归祖先故里。韩规教认为，人死后的灵魂一旦到"尼瓦"界报到后，就不能再返回到原来的肉体上复活。灵魂在"尼瓦"界报到后都要受到酷刑，就其生前所做的事进行拷问。对于生前在人间多做善事的，其灵魂受审时免于下锅煮熬，并且可以在祭司韩规、释毕的帮助下，重新从"尼瓦"上界脱身回到"甸巴"。回到甸巴上的灵魂经祭司的进一步引导，最终将回归到祖居地，而亡灵回归与祖先团聚被认为是最好的归宿。

韩规教关于地狱的恐怖性，《塔隆》（tha^{31}lõ^{55}）经中的描绘令人毛骨悚然，在"尼瓦"界，众鬼煮有可装99个男人、77个女人的两口滚烫水锅，那里疯鬼、饿鬼、哑鬼齐聚，相互之间充满争斗，污秽不堪。而从"尼瓦"到"甸巴"之间，又分男性和女性道路，男性道上设有九道关卡，女性道上设有七道关卡。各关卡上均有被剪割阴茎的乱伦者、被犁铧翻耕舌头的挑唆者、被淫蛇纠缠的偷情女子、被兽啄虎咬的捕猎者，被倒悬于撑杆上的奸商、冒充祭司韩规等恶鬼把守。

韩规教"尼瓦"界的描述，不难看出佛教地狱学说的影响，而对作恶者的各种惩罚，则反映出普米社会的伦理观念。

据笔者的报告人韩规麦色·品初里介绍，从"尼瓦"界将逝者的灵魂救出"甸巴"的过程非常艰难，因此，需要举行特别的"释毕戎肯"葬礼仪式。[①] 逝者的灵魂从"尼瓦"界救回"甸巴"后，由韩规或释毕经师诵《雍忠洒隆》、《雍忠洒念》、《戎肯》经，为死者"送魂"、"指路"，从而指引亡魂返回祖先最初居住的地方，最终与祖先成员的灵魂团聚。

（二）转胎投生

韩规教认为，从"尼瓦"上升到"甸巴"的灵魂如果有祭司的引导，都可以回归祖居地成神。然而，人死后其灵魂仍然具有欲望之心，而灵魂回归祖先的路又如同人生的路途一样，也是不平坦的，回归途中时而荆棘丛生、寸步难行，时而鲜花遍地、充满诱惑，旅程中有时还有神鬼挡路，关卡重重。有的灵魂或因过于惦记家人、留恋生前所用之物，或因受路途中人物所惑或困难挡道，东躲西藏，不愿听从祭司的规劝，最终还是留在了人间。但是，原来的形体（肉体）又不复存在，于是，只好转生投胎到其他人或者动物上。至于投生何物，要看逝者生前的善恶及逝者亲属对祭祀的重视程度。一般认为，投生变动物，尤其投生成蛇、蛙及家畜视为不吉，而投生成人视为较好。但不管投生成何物，活着的人都要敬重它们。因此，普米族人在举行"释毕戎肯"葬礼时，在所立的象征逝者灵牌的"弄克"（$non^{31}gh\epsilon^{55}$）周围还插上按氏族、子女户数准备的画有"若"（牦牛）、"戎"（绵羊）、"刺"（山羊）、"瓜"（黄牛）、"衮"（熊）、"勒"（狼）、"玻"（柴狗）、"折"（可在空中停留片刻的小鹰）、"古补"（布谷鸟）、"韩"（鹦鹉）、"该格"（一种身显浅绿色，红嘴红脚的鸟）、"库鲁"（斑鸠）12种动物图像的小"弄克"，以示祖先逝者的

---

① 参见本书第三章《普米族宗教仪式的微观考察》中的相关内容。

普米族认为人活着时多行善者其死后在祭司的引导下都可以回归祖居地成神

一部分灵魂转生物，都要共同祭拜。而人死后其灵魂转生成什么物象，亦可以由祭司占卜而知。因此，在"释毕戎肯"葬礼结束之后，韩规、释毕祭司还受邀看《扎夺》经，亦即根据逝者生辰，占卦其灵魂投生到何处成何物？此外，祭司还占卜有没有不吉祥之兆，逝者的子女今后应该注意些什么。通常，韩规、释毕祭司都特别叮嘱活着的人，不要到水源、山岭等做动土毁林等破坏活动。

（三）入地成鬼

经过韩规的特别"营救"，灵魂仍然不能从"尼瓦"界救回"甸巴"，则有两种走向。一种是对于生前作恶不大，经"尼瓦"界酷刑后改造较好者，包括摔死、吊死、患瘟疫死、溺死以及幼童、产妇等死者（这类死亡一般不能火葬，而要土葬，表示埋入地下，其灵魂永世不能转生，以断绝其对生人的危害）。另一种是留在"尼瓦"上界，成为鬼怪者。这一区域的鬼怪由于其生活区域在"甸巴"地下，虽可以出入在"尼瓦"与"甸巴"界之间，但只能与黑暗为伴，通常在夜间或者在山的阴面出没，时而依附在人上，时而依附在植物、动物上作怪。因此，普米族人一般都忌讳在夜间出行，也很少到阴山面逗留，以防被鬼怪侵扰。

对于生前作恶多端，灵魂在尼瓦界接受酷刑仍没有悔改表现的，则被打入"尼瓦"界下层"地狱"界，禁锢在"地狱"中，万剑穿心，相互残杀，永世不得翻身。

通常在西方神话故事的叙事中，死而复生大都与自然界的进程有关，亦即"以神的婚姻、死亡、复活来解释生长与衰朽、繁殖与消灭等现象"①，宗教"神灵"在观念上的"死亡"和"复活"，客观上源于地母周期性孕育的思维比附。我们以普米族韩规经典神话为例证来看，诸种反映原始思维的早期神话叙事，亦在客观上印证了原初之"神"不断死去又不断复生的基本特征。普米族人的"灵魂天地冥游"观不仅表现了"灵魂不死"观念，同时也表明了人死后其灵魂的归宿。其中关于灵魂"转胎投生"的观念，虽然可能受到佛教轮回转世观念的影响，但如同李亦园先生所言，"轮回转世的观念并非佛教所特有，在世界上尚有一打以上不受佛教影响的民族也有各种不同形式的转世再生的信仰"②。

　　笔者认为，普米族人的"灵魂天地冥游"的观念，最初源于对生命现象"死而复生"的认识。普米族先民习惯于把自然界，特别是大地的枯荣、季节周而复始的变异和循环，比附至人类本身的死亡和孕育，人们甚至相信个体生命亦如自然界一般交替变换，"死亡不是生命的终结，而是达到再生的过渡"③。于是，"肉体衰朽而灵魂不死"的原始思维产生了，并且最终导致了"转胎投生"或"死而复生"观念的诞生。

　　普米族认为，人死是自然界的必然规律。祭祀经《戎肯》（《给绵羊》）、神话《子孙不断根》篇中还说：

　　　　九座山的树木哟，会被野火烧光，唯有竹根烧不死；九道箐的花草哟，会被洪水冲走，唯有菖蒲冲不走；九个村的老人哟，总会衰老死亡，唯有子孙不断根……世上没有不会死的人，你生时是干净的，你死时是好日子，你安心地去吧！

　　由此可知，普米族先民对于人类的生与死有自己独特的认识，即认为生命既有生又有死，是生死相依的过程，死亡是生命必然有的对立面，是自然界客观存在的必然规律。他们认为没有不死的树，没有不死的动物，也没有不死的人。年纪大的人会死，刚出生的婴儿会死，男人会死，女人会死，做官的会死，做吏的会死，富人会死，穷人也会死。人生下来就意

①　朱璞：《"死而复生"及其背后的文化内涵》，《陕西教育》（理论版）2006年第12期。
②　李亦园：《宗教与神话》，广西师范大学出版社2004年版，第8页。
③　［英］泰勒著，连树声译：《原始文化》，上海文艺出版社1992年版，第335页。

215

味着死，所以生命总是被和它的必然结果即死亡联系起来思考的。

古往今来，人们对生与死的认识，如人为什么生、为什么死、怎样生、怎样死，生与死究竟是怎么回事，乃至生与死是否有联系、它们是如何联系的，从来就有各种各样的认识。从一般思维来看，作为今生与来世的时间界限，死亡不仅与原始宗教构成了自然渊源，而且关联并内化为普米族韩规教这种人为宗教的重要元素。普米族关于灵魂不死信念的产生，是他们开始探索自身生死问题的标志，这种观念是人类对诸如做梦、生病、死亡等诸多现象的无法理解而产生的。在远古时代，人类由于在梦境中看到日常生活中未见的事物，于是就认为自己的思维和感觉不是身体在活动，而是一种独特的、寓于身体之中而在人死亡时就离开人体的灵魂在活动。幻想人有灵魂，而人死亡时灵魂又离开身体活动，或者由于灵魂离开身体使人生病和死亡。

普米族人的"灵魂天地冥游"观念，实际已包含了人有灵魂，人活则魂存，人死则魂离，灵魂可以单独存在，即精神可以不依赖于形体而独立存在的原始宗教观念。如果说原始宗教对于"死亡"的关注，还处于一种自发性的朦胧认识，畏惧和恐慌是这种认识的基本特征；那么，面对严酷不可抗拒的自然规律，普米族韩规教以死亡作为无上的转机，通过上天成神、入地成鬼、转胎投生的灵魂转生观念，对人死后的灵魂走向作出了独具特色的阐释，从而使人的生命获得无限延长。

灵魂转生转胎投生成司物神形象

作为普米族颇具哲学韵味的宗教信仰，韩规教在很大程度上面临着生命主体"从何处来"和"向何处出"的本质命题。在诞生和死亡构成人类双重困惑的生态环境下，韩规教通过建构过去、今生以及来世等三大生命段落，并以注重今生或者来世作为固有文化理念，最终形成了普米族独特的文化特征。普米族先民通过对自身生死问题的探究，从而形成了他们对生与死的独特理解，表明其思维已经在探求生死现象的普遍规律，这些问题的提出与解决已经具有了哲学层面的意义。

第三节　普米族韩规教的自然观

一　韩规教中的人与自然

普米族韩规教在对待"人与自然"的关系上一直保持着"崇敬"的心态，这种"敬畏与禁忌"渗透在普米人生活的诸多方面，最终形成一种"人地和谐"的自然观念。

首先，在普米族韩规教信仰中，对大自然的崇拜充斥着普米人生活的方方面面。韩规教蕴涵丰富的自然崇拜、祖先崇拜、图腾崇拜内容。其中，自然崇拜居于基础性的地位，渗透到了普米人生活的每一个细节之中。"普米族把各种与自己的生存息息相关的自然物和自然力人格化，在万物有灵的原始思维支配下，把自然物和自然力赋予神性和灵性，对它们顶礼膜拜。在民间有各种反映自然崇拜的祭仪，如祭山林、祭泉水等。"① 至今，在普米族居住地区，都把自己境内的山峦奉为"山神"，每一个家族和村庄必定都有自己的"山神树"，并且在特定时节都要举行"钽怎"、"钽达"祭山神仪式。而"水"在普米族人的宗教生活中，更被赋予了神圣性而受到尊崇。普米族认为，人之所以区别于动物，是因为人类喝到了"喇孜山"上的智慧水。韩规经《查子查达》（《创世纪》）说："古时候人很愚昧，与其他动物没有任何区别。不知道过了多少年，掌管一切动物的天神'诺提'对动物们说'喇孜山'上有两眼泉水，一眼是智慧水，一眼是蒙昧水，所有动物都争相去喝智慧水，人类祖先也去了，在一只大青蛙的帮助下终于喝到了智慧水。人类祖先在喝到了智慧水后立即感觉到'神智清爽、耳聪目明'，从此人类就从动物中分离出来，变成了有智慧的人类了。"② 在普米人这个有趣的创世神话中，把人类与其他动物诞生

---

① 《普米族简史》（修订本）编写组：《普米族简史》，民族出版社2009年版，第268页。
② 杨照辉：《普米族文学简史》，云南民族出版社1997年版，第24页。

的区别，说成是某种机缘的巧合，反映出普米先民关于人类起源的原始思维。我们通过《查子查达》（《创世纪》）中关于普米人饮了智慧水后变成有智慧的人类的起源神话，不难看出在普米人独特的创世神话中，水、大青蛙、喇孜山这些大自然的山水动物，在天神"诺提"的特殊提示下，因缘际会而成为普米人创生的伴随物。

其次，在普米族韩规教的神话传说中，"自然神圣"的观念是民族审美思想的凝结，表现了普米族先民的审美意识观念和审美心理特征。流传于兰坪白族普米族自治县的民间著名史诗《吉塞哩》（《射鹿人》）说："远古的时候，在深山密林里，窜出了一只凶残的马鹿……它给人间带来了灾难……是普米族的祖先吉塞诅射死了马鹿，他抽刀砍下鹿头，鹿头变成了蓝天，鹿牙变成了星辰，鹿眼变成了日月。他砍开鹿体，鹿体变成了

普米族宗教观念中的神在自然

大地，鹿的心、肝、肺变成了丛谷群山……"① 这与云南楚雄彝族创世史诗《梅葛》第一部《创世》有异曲同工之妙，《创世》说造天五兄弟将虎尸解而构成天地万物，虎的头、尾、鼻、耳、眼、须、牙、油、气、心、肚、血、肠、骨、皮、毛等都化生为天地万物。普米族"鹿体化生说"以图腾化身神话方式，在普米族民间广泛流传，该神话隐喻的内在思想在于，普米先民将包括天地在内的自然万物，视为一个犹如鹿体一样血肉相连的有机整体。这种朴素直观的认识，既源于普米族先民对物质世界多样性的直观印象，又反映出普米族先民以游猎生活经验为基础，通过

① 引自笔者国家社科基金项目《普米族韩规古籍译注》之《吉塞哩》。

联想方式去体察、洞见各种自然物象之间同源、共体、相互转化等有机关系的努力。

普米族韩规教还认为，人死后灵魂仍然存在，死后的灵魂都可以在韩规《指路经》的引导下，回归祖居地与祖先团聚成神。然而，有的灵魂或因惦记家人，留恋生前所用之物，或因受路途中各种迷惑，甚至难以逾越的困难挡道，从而犹豫躲藏，不愿听从祭司韩规的指引，最终还是留在了人间。但是，原来的形体（肉体）又不复存在，于是只好转生重新投胎为人，或者托生在动植物之上。因此，在专门用于葬礼仪式的《弄克汝》（《竖灵牌》）经中有这样的记载：

> 火化之时，您的骨变成了石头，您的肉变成了黑土，您的血液变成了水，您的气变成了风，您的热（温度）变成了火，您的头发变成了森林，您的思想飘到了天上……今天，我们专为你竖起了"弄克"灵牌，"弄克"上的白线是您的骨头、黑色的线是您的肉体、红色的线是您的血液、绿色的线是您的气流、黄色的线是您的温度，交叉着的树枝是您的头发。现在，"五行"都有了，它是一切物的原态。韩规正为您诵经，请您回到经书里来，您要依附在"弄克"上。①

以上记载，从不同方面折射反映普米人对人与自然整体关系的形象化、艺术化的思考。他们没有把人独立并凌驾于自然之上，而始终认为人是自然的组成部分之一，并且始终以敬畏的心态来面对自然。这是普米先民力图在思想上对多样性的自然世界进行整体把握的一种尝试，可谓是普米族的一种原始朴素的自然观。

再者，普米族韩规教中人与自然和谐相处的思想，塑模成普米族社会特有的伦理道德规范。由于普米族人始终认为人与自然是整体的关系，因此，对自然怀有敬畏与禁忌并存的心理。在这种整体性的自然认识和对自然敬畏的社会心理的综合影响下，形成了普米族爱护自然的生态伦理道德。普米族韩规经《查子查打》中有这样的记载："出行不要惊动山神、水神。过往森林间，不轻易用砍刀折断树枝；见到小鸟不去捉，要想到蚂

---

① 引自笔者国家社科基金项目《普米族韩规古籍译注》之《弄克汝》。

蚁、蝴蝶都是有生命的，是可怜之物，不随意去伤害它们；从水源上跨过，亦要想到别人还要喝干净的水。"①

而兰坪地区普米族祭神山的经文中，亦处处充满普米人对山的关爱之情："我们用钢刀来驱赶侵扰您的魔鬼，用生命来保护您，杀死人间万恶之徒，以免除对您的伤害，保佑您青山常在、绿水长流。"②

由此看来，构成自然之基础的山水，不仅在普米人心中具有神圣性，而且在普米人的潜意识中，还具有宗教、伦理、审美等多重意义。对普米族"人地和谐"的自然审美观，我们可以进一步展开讨论。

二　韩规教自然审美的特点

普米族人在"万物有灵"的思想基础上，产生了诸多对自然的崇拜与禁忌，在普米族人衣食住行、婚丧嫁娶等民俗生活中，亦反映关于人与自然如何"和谐相处"的内容。普米族以"人地和谐"为基础形成的自然审美观，明显有别于中国西南其他族群的自然审美观。它是建立在普米族人对自然规律的认识和掌握基础上的一种理性的信仰，是普米族基于人的伦理道德的认识，目的在于自我超越，以实现人类生命体验的完善。

首先，自然审美的"无功利性"。这是植根于普米族的生存环境和纯朴的民风民俗。由于世代居住在云贵高原之上，生活在横断山脉的大山密林河谷之中，普米人对自然"物质"的索取，也仅限于"粟食（草）以畜而养（存）人"的游牧者对水草的追逐，与大自然长期处于满足基本的生存需求即可的依存关系。而非现代人所追求的疯狂砍伐树木、挖掘矿产、猎杀野生动物，以换取最大化的物质回报。因此，"无功利性"的自然价值思想，逐渐成为普米族人自然审美价值的基础。普米族人"粟食以畜而存人"的自然观，是基于人、畜、物之间简单的相互依存关系，而建立起来的"人地和谐"自然审美与生存逻辑，是普米族人在特定的生产条件和生活环境下，保障自身生存和持续发展的生活智慧。这种看似简单的自然价值判断，在生产力极低的远古社会历史发展阶段，已经是人类生存与发展的哲学理念。

---

① 引文出自笔者国家社科基金项目《普米族韩规古籍翻译》之韩规经《查子查打》（《创世纪》）。

② 陈晓凤：《谁来拯救普米族和他们的森林》，《中国社会导刊》2006年第20期。

其次，自然审美的整体性。普米族人把自然看成"人"或"人的延伸"的存在，因而视万物如一个个生命体，进而体察到其中内在的"自然的规律"。无论是"鹿体化生说"还是"卵生说"，它们的共同点都在于用宗教性的神话，来表达"人地和谐"的自然观，即认为人和自然万物相互依存在一起，人类是自然的一部分，一切自然物亦与人一样，都同样是生命体的存在，而且自然的一切都是彼此联系，在特定的条件下可以相互转化。因此，人与自然是平等共存的，两者是不可分割的整体。正如安乐哲教授所言："在最基本的层面，各个国家、各种文化的美学是相同的。最基本的事实是，美学不是一般的文化概念，而是一种宇宙观的概念，美学表达的是一种整体论的思想，也就是说美学其实是把所有东西融入经验当中去，英国哲学家怀特海提出的'审美秩序'就表达了这样一种思想。"① 显然，普米族这种物我同一的整体观念及日常生活与宗教活动中体验和践行的自然审美观，正反映出世界各国自然审美的同一性。

普米族人认为自然神亦有善恶之分，善者要敬重，恶者不能得罪，都需要献祭

再者，自然审美的未来性。普米族对"人与自然"更多地着眼于未来的审美或宗教的意义，并不偏颇于眼前或当下。普米人建立在自然基础上的朴素的哲学观已经认识到世界上事物是普遍联系的，而且存在一种因果的关系。这些认识使得普米人在思考人与自然关系时，就会用辩证的发

---

① 吴子桐：《"大美天成"与"诗意地栖居"——走向"精神时代"的东西方美学》，《中华读书报》2010 年 8 月第 289 期。

展的眼光看问题，不只是追逐当前利益而损害自然万物。

在普米族人生活的村寨，不仅有家族和村庄的"山神林"，韩规教经文还把普米人居住地的大小山峦以及远离普米族居住地区，如今已是其他民族聚居区的山都奉为"山神"，赋予其特殊的神圣性而倍加尊崇。普米族"吾昔"（新年节）时，专门用于祭祀山神的《卡尔莎》经文中，既有用以祈祷氏族性的山"阿算日瑠史贡乌 ɣa³¹su ã³³ẓ ʐ³¹ts ɛ̃³³ ʃʅ³¹g õ³³ɣu³¹"（父亲山或者祖先山）的颂词，也要念诵普米族聚居区的"甲布甲雅让果罗 tɕa⁵⁵bɯ³¹tɕa⁵⁵ja³¹ʐ ɛ̃³¹g õ⁵⁵ɣu³¹"（兰坪老君山）、"惹篙莎朵吉 ʐə³¹go⁵³ʃa³¹to³³tɕi³¹"（丽江玉龙雪山）、"贡嘎惹耸 g õ²¹ga⁵³ẓe³¹s õ⁵³"（川西贡嘎山）。同时，还要念诵"罗洛玛戴吉 lo³¹lo⁵³ma³¹te³¹tɕi³¹"（峨眉山）① 等山神名，以此祈求现实居住地周围的山、普米族历史上曾迁徙居住的山不受毁坏。

我们在田野调查中还发现，川滇各地普米人居住区周围的森林普遍保护较好，大多数村寨森林覆盖率达 90% 以上。宁蒗县新营盘朵碧村普米族老人奔厦·扎西慈仁② 就此原因介绍说："（我们）普米人对于田地和林木都有明确的使用范围和严格的使用禁令（权限）。村寨周围的山都各有其主，既有氏族性的'若汝朵季'（坟山）林地、还分本村林地与其他林地（包括本民族其他村寨和异族村寨林地）。普米老人不在（去世）后，（灵魂）经常在房前屋后的树子上待着，如果你碰着（砍伐丫枝）它（树），老人（已故者）会给你肚子痛、脑壳痛（头疼），年轻娃娃压不住，我们年纪大的人，不怕看见他们（已故者），所以，可以砍一点丫枝烧，但是，如果你把树砍倒了，他们也会把你带走。所以，年轻娃娃（年轻时）只能到远处（离村寨较远）的树上砍点丫枝做柴烧，但也不能把树砍倒，如果你砍伤、砍倒了树，山神会让你掰手脚（瘫痪）！"这些话语透露出普米族对自然朴素的认识，反映出对世代栖息相伴的神山的爱护，普米先民懂得敬畏爱护的生存智慧。

由于相信房屋和神庙周围的树木有各种神灵（山神、树神、先人灵

---

① "罗洛玛戴吉"，普米语。"罗洛"指彝族人，"玛戴吉"意思为盛产竹子的大山。普米族人将峨眉山称作"罗洛玛戴吉"，这可能与彝族人"峨眉起祖"说有关。

② 奔厦·扎西慈仁，普米族，原籍宁蒗翠玉人，1982 年迁至现居住地，在我们采访后不久，即 2007 年 10 月病故，是年 78 岁。

魂等）栖息。如果触犯神灵，山神、树神、先人的灵魂就会发怒，从而给自己和家人带来灾难。于是，对于取柴木这种日常起居所需的简单行为，亦用宗教性的禁忌加以约束，而采伐建房等所需木材时，必须举行特别的祭祀仪式。即使在现代法治社会，村民在办理了合法的采伐林木手续后，砍树前仍然要举行专门的祭祀仪式。

　　普米族人对于自然山林的保护，以一种宗教式的观念作出禁令，将"年轻人不可在近处（房前屋后）劈柴火"，上升为一种极具宗教禁忌的制约行为，深深根植于民俗生活中。这样，对于整个普米族村寨来说，森林不致过量被砍伐，树木得到了轮休性保护，有利于树木的成长，保证了村民日常生活柴木的可持续使用，这也就做到了对自然的利用与人的发展的和谐。同时，这种风俗也培养了普米族年轻人辛勤劳动的精神，形成了普米族尊敬老人和敬畏自然神灵的传统，老年人的生活也得到了照顾。从而更多地体现出社会生态伦理方面的审美意义。所以说，普米族人的"人地和谐"的自然审美观念，在维系普米社会的持续性发展方面有重要意义。

三　韩规教自然观的意义

　　普米族人在其独特的社会生态环境和宗教文化背景下，形成的"人地和谐"的宗教伦理观念，促成了普米族人独特的"人地和谐"的自然审美观。无疑，这种自然审美观对现代社会具有有益的启示意义。

　　首先，从"审美现代性"的理论层面来分析。普米族韩规教的"人地和谐"自然审美观蕴涵了自然美的现代意义，为人类重新找回感性的生命存在给出了现实的启示。当前，在人类中心主义和主客二元思维的影响下，人类始终被认为是世界的主宰，在人与自然的关系上，认为人处于统治地位，自然处于附属地位。这种思维主导之下的人类的言行，必然伴随着对自然的征服与开发利用，当这种单向的行为达到顶峰，就预示着生态灾难的到来，进而使人们陷入精神和信仰困境。在这样的背景下，近代西方社会，在批判和反思现代化和现代性的过程中，深层次地思考了人与自然的关系，提出了生态伦理、审美现代性等。"审美现代性"通过深层次地思考人与自然的关系，试图重新为人类找回感性的生命存在的基础，以缓解人类无家可归的精神困惑。我们结合普米族韩规教"人地和谐"的自然审美观来看，普米族的很多村寨把古树称为母亲树、情人树，这是一种原始的图腾认亲现象，体现了普米族对万物生灵的博爱之情，也表达了人与自然的和谐关系。普米族人把人类与自然看做一个庞大的共同体，将山川、草木、神灵和人类看作是共同存在于"天地"之间的相互关联的存在物。这一朴素的自然伦理思想不是在日常状态中对宇宙万物进行品头论足，而是从日常状态进入本原，通过宗教的方式诱导人们回归人与自然本原性的和谐状态，正好契合了生态伦理学、生态美学和新自然美学的理论核心，这必然是我们重新思考我国少数民族审美文化的重要理论节点，也是所有审美经验所追求的目标。

其次，从人类生存发展的生态伦理角度审视，普米族韩规教"人地和谐"的自然审美观在现今社会仍然显示出其独特的价值。人类的文明史是一部人与自然关系的发展史，人类从认识自然到利用自然，然后从人与自然的斗争到人与自然和谐相处的过程，都是人类的自我反思的过程。当前，如何正确对待人与自然、人与环境关系问题，仍然是全人类所面临的一个重要的时代课题，生态恶化的现实要求人类社会努力实现人与自然的和谐共存。普米族韩规教中有关人类与自然（土地）关系的思考，所表达的正是人类生存与发展的重要问题。

由于长期受韩规教"人地和谐"思想观念的影响，在普米族社会中，许多宗教禁忌成为人们日常行为的自觉约束力，特别对于人类赖以生存的自然生态的保护，即使是 20 世纪七八十年代，在"采伐林木支援国家建设"的号召下，普米族仍然进行了一系列旨在保护"自然林地"的"保卫战"，许多普米族居住区的森林得以很好地保存下来。1983 年，兰坪县林业局木材公司在德胜河边建立采伐场，1984 年，怒江州林业局投资在河西乡建立州林业局清水江林场。两个采伐场以南北夹击之势直逼普米族居住区玉狮场。1986 年，当怒江州清水江林场的林区公路修到玉狮场后山集体林，并开始砍伐林木时，被玉狮场人坚决阻止。杨金辉记述了这一过程："怒江州下来的伐木工人要砍树，我们和乡单打官司，没用，就组织了五六十个村民拿刀将伐木工人已经切割好的木板全部砍坏。"因这一事件的发生，林区公路也就没能继续修到村了。① 无独有偶，2008 年，笔者在宁蒗普米族地区调研时，亦听到当地人讲述普米族人因保护山林而与

---

① 朱凌飞：《玉狮场：一个被误解的普米族村庄——关于利益主体话语权的人类学研究》，《民族研究》2009 年第 3 期。

外人（开发商）冲突的事例：1996 年，丽江宁蒗林业局欲开发佳才普米族居住地区的林木时，受到古鲁甸、聪匹甸等村普米族村民的集体抵制。提及这次冲突，村民地基甸都（化名）说：

> 当时对抗很严重，他们（开发商）要伤我们的祖宗（神），我们后人咋个会同意。村子里派会说的（人）到乡、到县里与他们讲理，没用，挖公路的人还是强行进入了林区，我们全村老少包括妇女都上山与他们说理，他们要给我们钱，我们日子过得穷，但是怎么能把老祖宗卖了吃，老人都给他们磕头了（普米人求情的最高礼节），他们不听，因此，我们不得不向他们烧香（这里有诅咒之意）。懂规矩（信神）的几个人扛着锄头回家了，现在都好好地在着（活着）。不懂规矩的倒霉了，开发公司老板没得几天就突然（暴病）死了。之后，天菩萨也出来说话，没有多久，上面通知不能砍树（这里指1998 年国家推行的天然林禁伐政策），他们的钱白白丢在山上，人死财空（投资白费），伤山神的事搞不得。

笔者调研期间，正值村寨不远处的丽江至泸沽湖旅游环线公路施工，当问及为何不制止本次修公路时，我的报告人讲道："这次修公路之前，上面（政府）就来做我们的工作，说这次修公路不是来砍树的，他们测路时也尽量不从林子里过，还要绕开我们的神林地。公路修通后，一方面方便大家出行，另一方面，万一山着火了，国家的消防队还可以来帮忙。因此，我们同意了，但是，公路修到我们地盘时，全村人还是宰牛杀羊，给山神作了交代（意为祭祀山神）。"

普米族对自然生态的保护，既有宗教的思想观念，也有世俗的利益诉求。一方面，由于担心破坏氏族林（墓）地，死后将"无家可归"而捍卫林地。这是基于韩规教"灵魂转生"而形成的"人地和谐"自然观。而从世俗角度（现实生存需要）出发，当看到周边村寨或者媒体关于外地诸多因生态环境被破坏而带来的现实恶果的报道，不能不让普米族人更加警醒。如兰坪地区的普米族人当看到邻近的河西村由于大肆开采铅锌矿，植被被严重损毁，河水变得浑浊不堪，人畜饮水和农田灌溉成了问题。箐口村由于树林被大量砍伐，在祭龙潭时遭遇尴尬，原来水源充沛、清澈的"龙潭"竟枯竭和淤塞，不得不到更远的山中引水。2008 年 6 月，

225

啦井村发生泥石流灾害，造成 14 户农户受灾，道路阻塞，人畜饮水设施受到损坏，直接经济损失计约 15 万元。这些现象使生活在山坡上的普米人更深刻地意识到生态环境与自己生活的直接关系，从而更加关心爱护自己的生存环境。

普米族宗教观念中的自然和谐

关于普米族人保护山林的行动，朱凌飞先生谈道："在长期的意识形态教育过程中，无神论和科学理性的观念正逐渐被普米族人所接受，玉狮场人的祭祀活动已更多地出于一种传统习惯和维系其社会结构的内在需要，而不再是具有神秘色彩的泛神论崇拜。在玉狮场人的生态伦理中，一种更具'实用'价值的现代观念正在取代基于宗教信仰的传统观念，他们已甚少使用'神树'、'龙潭'、'墓地'等说法，更愿意强调'防风林'、'水源林'、'肥源林'等概念，并以此与现代生态观念形成对话。

但是'地方性知识'与'现代性知识'并不对立，而是形成了一种巧妙的转化。"①

笔者以为，朱先生所言的地方性知识与现代性知识，实际指的是"宗教性"与"科学性"在自然保护中的同一。无论是基于宗教还是世俗，普米族人强烈的生态保护意识至今仍然延续着。2003 年，N 县在普米族居住地开发水库，因隧道设计穿过普米族神山，邻近村寨全村老少进行抵制，与开发商发生了严重的冲突。尽管在政府的干预下，事态得到控制，但是，"无奈的伤痛"及"不服气"依然长时间地留在当地普米人心中。2006 年 7 月，有外地客商看中了玉狮场丰富的森林资源，欲与当地政府合作开发松脂，并给予村民每公斤松脂 1.4 元的价格，可观的经济收入几乎唾手可得，不啻为一个巨大的诱惑。但村民们商量后一致决定拒绝这个"项目"。他们认为，"树和人一样，它的生命就是通过这些松脂来养活，你把它的血都抽了，它就会像人一样死去，我们就不同意"。但客商仍不甘心，坚持开采，最后村民们放出"狠话"："如果你要割它的话，我们准备动手，你要割松香就要先割我们大家好了。"在村民的坚决抵制下，客商停留数日后只得选择放弃。由此看来，普米族韩规教的土地伦理，暗含着对每个成员的尊敬，也包括对这个共同体本身的尊敬。正如奥尔多·利奥波德（Aldo Leopold）在《沙郡年鉴》中说："我们蹂躏土地，是因为我们把它看成是一种属于我们的物品。当我们把土地看成是一个我们隶属于它的共同体时，我们可能就会带着热爱与尊敬来使用它。"② 这是一种道德观念的延伸。

再者，普米族韩规教"人地和谐"的自然审美观还具有美学哲学意义。从哲学思维方法来说，普米族先民的思维方法是在其原始的哲学意识基础上形成的，他们是以朴素的超二元对立的整体性的思维方法来看待世界，这就区别于人的理性高扬之后的主客二元对立的思维方法。由于受普米族先民早期朴素的宗教哲学意识的影响，普米族人的思想意识中逐渐形成了人与自然和谐关系的认识，只有敬重自然才能与自然和谐共存，从而

---

① 朱凌飞：《玉狮场：一个被误解的普米族村庄——关于利益主体话语权的人类学研究》，《民族研究》2009 年第 3 期。

② Aldo Leopold. *A Sand County Almanac*, *and Sketches Here and There*, New York：Oxford University Press，1987，pp. 114 – 117。

得到一种富于生机的和谐之美。这种自然审美观以其宇宙观和人地和谐的哲学观为基础，形成具有整体性的"人地和谐"的美学观念。实用主义哲学家、美国哈佛大学普特南教授谈道："各种文化在审美体验上的相通性就植根于对审美经验的追求上。理想的审美体验不是某一种的体验，不能把这种经验和理性的经验、宗教的经验分开。理性经验和审美经验可以是宗教经验，也可以是理性经验，这比较像西方的'宗教感'概念，宗教感与宗教经验都是我们每时每刻要追求的经验的品质，或者说审美的感受，这不只是我们欣赏一个事物时才会获得。"① 显然，普米族韩规教在日常生活中所形成的"宗教感"，也就是我们常说的审美经验和审美意识的集中体现。因为普米人的宗教经验和审美经验大多时候是植根于审美经验，这样的理论观点正是普米族人在日常活动与宗教活动中一直体验和践行的自然审美观。

普米族韩规教教义思想中的大部分内容是关于人与自然是如何"和谐相处"，即人类如何更好地在自然中生存，如何在精神上得到自然的护佑。这种对自然极具宗教韵味的独特理解，构成了他们人地和谐自然审美观念的基础。当然，这种宗教式的理性是建立在他们对自然规律的认识和掌握基础上的。从某种程度上说，普米族人是感性地生活在这块土地上，他们以诗性智慧来对待自然，对待理性的物质欲望，是"诗意地栖居"在横断山脉大地之上。

普米族"人地和谐"自然审美观，充盈着自然生命的动态之美，即一种超越自然与人类之上的人与物混同的动态生命之美，是一种整体性的和谐之美。这一文化尽管产生于复杂多元的宗教文化背景，但它并不是封闭停滞的，而是具有活力与开放性。即使在当下面临文化转型与民族发展的新时代，我们重新认识和发掘普米族的优秀文化遗产也显得尤为重要。费孝通先生曾说过，"各美其美，美人之美，美美与共，天下大同"，这种民族宗教文化的自觉影响到普米族"人地和谐"的自然审美观，也为藏彝走廊其他民族的发展和建设提供有益的启示。

综观普米族《帕米查哩》（《创世纪》）等宗教神话，大多数神话都以天才的猜想和独特的方式，回答了诸如人类的起源、社会生活的物质方

---

① 吴子桐：《"大美天成"与"诗意地栖居"——走向"精神时代"的东西方美学》，《中华读书报》2010 年 8 月第 289 期。

面和精神方面的发展等一系列重要的问题。可以说这是对人类和人类社会发展的一个朴素、辩证的认识，反映了普米族人民的朴素进化史观。当然，这种认识总的说来，仍停留在偶然现象的彼岸，他们看到了社会现象的复杂多样，看到了社会历史在变化发展，但认识不清一切重大历史事变的终极原因和伟大动力，因而没有也根本不可能揭示出社会生活的本质和历史发展的规律性。尽管如此，我们也必须指出，普米族先民在古代生产力那样低下、科学技术很不发达的情况下，能产生朴素进化史观，已属难能可贵了。

总之，若对《创世纪》作总体性考察就可发现，朴素的唯物辩证的观点，像一根红线贯穿在它的自然观和社会历史观中，这绝不是偶然的。这是由普米族的实际生活状况和实践方式决定的。自远古以来，普米人由于一些自然的和社会的实际因素所致，长期过着"随畜迁徙"，"有草则住，无草则移"的游牧生活，从祖国的大西北到大西南，这种状况一直延续到明代中叶。因此，数千年中尊重实际已成为他们的生活准则和社会秩序。他们正是从这种实在生活和实在关系的分析中逐步悟出哲理，并力图对宇宙和人类的存在和发展作出符合认识水平的解释。尽管它对一些深奥玄妙、当时根本无法回答，甚至有些是现代科学也未能圆满回答的问题，勉强去解释而陷入神秘主义的窠臼。但必须指出，《创世纪》作为古代普米人直观、综合认识的产物，可以说是一部包罗万象的典籍，从中"可以找到以后各种观点的胚胎、萌芽"。它的许多思想独到而深刻，对于我们研究普米族以至整个人类的哲学、社会思想以及宗教、艺术的起源等，都很有价值。

第 五 章
多元文化背景下的普米族宗教

任何一种文化都不是孤立、封闭存在的，文化总是在不断地交流融合中传承发展。普米族宗教作为一种文化，在传承发展中不可避免地受到中原儒、道文化、"藏彝走廊"民族文化的浸润及影响。同时，普米族文化还与西夏在自然崇拜、鬼灵崇拜、神灵崇拜、巫术习俗、葬礼习俗方面有诸多相似性。

第一节　中原儒、道文化对普米族宗教的影响

在我国历史上儒、释、道三家并称，共同构成了中国传统文化的三大支柱。但是，由于三家在中华文化中的地位不同，因而对中国各地、各民族文化的影响略有不同。普米族自古以来居住在中国西南地区，其文化具有鲜明的山地民族的特性，然而，由于长期与各民族杂居，普米族民族文化在发展过程中并不是孤立的，不仅受到与之相邻的其他民族文化的影响，而且还与中原文化有着千丝万缕的联系。普米族传统的宗教释毕文化因受佛教（主要是藏传佛教）的影响而次生出具有独特表现的"韩规教"，同样，在普米族宗教文化中，我们还可以窥见受儒、道影响的痕迹。

一　儒家文化对普米族宗教的影响

儒家以"三纲五常"为治国之本，宣扬的是"臣事君以忠"、"天"、"仁"、"天人合一"等思想。目前，在有关普米族文化的研究以及我们对普米族宗教经籍的翻译中，尚未发现像西夏人、藏族人那样对儒家经典进行翻译和传承的相关论著，也未见直接与儒家文化所对应的论述。然而，

由于儒家本身所具有的深厚的历史文化根源，尤其是儒家积极入世的实践精神以及儒家"德治爱民"的政治文化、"孝悌和亲"的伦理文化、"文质彬彬"的礼乐文化、"远神近人"的人本取向等，其价值观念不仅一度成了以"汉族"为代表的中原文化价值观的主流，亦对包括普米族在内的中国其他少数民族文化多有渗透。近年来，我们在对普米族民俗宗教的探访以及韩规教经典的翻译过程中发现，普米族宗教文化不同程度地受到儒家思想辐射的痕迹。其主要表现为：

首先，在君臣父子关系上，普米族韩规经《查子查打 tʃha^{31} tsʅ^{53} tʃha^{31} ta^{53}》（《训世书》）开篇有问训：

> 你是普米的"木卒"（mə^{33} tsu^{31}）吗？[①] 如果是，你就懂得普米人的历史、风俗，还要能够管理本地区的一切事务，让子孙不断发展。
>
> 作为儿子，你要知道自己的爹（亦有祖先之意）是谁，如果不会述及，你不能称为儿子；如果你是臣民，就要懂得三代以上官员的历史，否则，你就不是一个好百姓；你是黄金，就得闪光，如果不能发光，只能算作是黄铜……

韩规经《查子查打》（《训世书》）还记述：

> 先祖排位有三道，中间一道是神路，男性祖先排右方，女性祖先位左方。叙述族谱不颠倒，呼告祖先不漏名。父母在世要善待，死后名字不能忘……

这种排位思想还表现在日常民俗生活中。传统的普米族人家主屋内设有上下两个火塘，在下火塘的左、右、前三面，设有固定的板铺，左右铺皆称"瓜国铺"，虽为日常起居所用，但其座位的主客位次有严格界定，一般主妇只能坐左边，男主人和客人坐右边。男主人和客人的座次必须以辈分或官职大小排列，辈分大、官职高者坐最上方，而青年和小孩只能坐

---

① 木卒：普米语，"木"为天，"卒"指儿子。"木卒"原义为天子，这里意为"有能耐的男儿"。

在火塘下方称"瓜满都"的前埔上。

上述以"知父亲、懂官员"为衡量"普米儿子"的训世以及普米族民俗生活中所表现的父亲、君臣"排位",实际隐含了儒家"纲常"之思想。

其次,儒家"仁爱"思想在普米族宗教及民俗中亦有反映。普米族的"仁爱"思想不仅表现在人与人之间伦理关爱,同时,在人与自然、人与社会的关系问题上亦有独特的表现。关于人与人之间的关系,普米族韩规经《查子查打》(《训世书》)说:

> 人皆有心有肺之物(同类),普米族有哲理(规矩,道理):好心人上百人也不嫌多,坏心者只要有一个也是多余的。
>
> 与人相处,不长两只舌,不能乱传话(挑唆别人);不抢人(抢劫)、不偷盗。父母不在跟前,子女吃一口饭,心里也要装着父母。内亲不能丢,外戚(邻居)不能忘,兄弟姊妹不可相分离,不是一种人(对待异族人)相互不能有歧视,平等对待每个人,心里不能装有不仁之想法。

在人与自然物之间的关系上,韩规经《查子查打》(《训世书》)还中有这样的记载:

> 过往森林间,不轻易用砍刀折断树枝(伤害一草一木);见到小鸟不去捉,要想到蚂蚁、蝴蝶都是有生命的,是可怜(可爱)之物,不随意去伤害它们;从水源上跨过,亦要想到别人还要喝干净的水……

而在人与社会关系的问题上,韩规经《查子查打》(训世书)说:

> 白中参黑,神里有怪,善中有恶,这是什么道理?如果白中不参黑,不能称为白;神不显怪,亦不能称作神;只善无恶,不能称作善。
>
> 人活着都会有摩擦,但恶事千万不能碰,只有带头做好事,才会有好报,现世不回报,投胎转世会有好结果,子孙亦有好报……这就

是普米人的一切道理所在。"嘎连瑟"（ka⁵⁵liɛ³³si³¹）要让年轻人懂得这些道理，铭记在心啊！①

上述韩规经所记述的内容，实际表达了儒家"仁义爱人"的伦理观、"与天地万物相往来"的自然观以及"四海之内皆兄弟"的大同理想。而普米族韩规教所强调的阴阳互补、和谐与永恒变易以及天人合一的宇宙观，则与儒家哲学相一致。

此外，儒家"己所不欲，勿施于人"、"小人喻于利"、"君子喻于义"的道德观，"天地之性，人为贵"的人文追求，"民贵君轻"的政治信念，"无为无不为"的朴素辩证思想以及培养"智、仁、勇"兼备的人格等思想，在普米族日常生活所遵循的行为规范及道德准则②中都有反映。由此看来，儒家思想不仅融合在普米族的生活民俗中，而且还深深影响着普米族哲学、宗教、伦理、文学、艺术、科技、医药以至政治、经济诸多方面，成为普米族的宝贵精神财富。当然，这种影响是双向的。因为，从经典的体系来看，儒家所传承的"六经"，都是孔子以前已经形成的，这些经典是夏、商、周三代文明的精华。而汉族形成于两汉时期，在两汉以前，汉族还未成为中华民族的主体，因此，以"六经"为代表（根基）的中华文化，应是包括古羌后裔普米人在内的各民族长期文化交流、融汇过程中逐渐形成的。

无疑，儒家文化对普米族社会的影响具有积极的意义。但是，我们也要看到，儒家文化所带来的对普米族文化，尤其对普米族宗教文化的冲击

---

① 上述引文出自笔者国家社科基金项目《普米族韩规古籍翻译》之韩规经《查子查打》（《训世书》）。

② 民族学者在对普米族的走访调查过程中，曾收集有大量的反映普米族伦理、道德以及行为的禁忌。参见1988年出版的《普米族简史》（严汝娴、王树武合著），1989年出版的《兰坪普米族社会历史调查专辑》（政协怒江州文史委员会编），1991年出版的《〈白狼歌诗〉研究（一）》（陈宗祥、邓文峰合著），1994年出版的《藏族、纳西族、普米族的藏传佛教》（杨学政著），1996年出版的《普米族文学简史》（杨照辉著）以及丽江地区文教局编的《云南纳西族、普米族民间音乐》，严汝娴、陈久金编著的《普米族》，王震亚编的《普米族民间故事》，熊胜祥主编的《普米族故事集成》和《普米族歌谣集成》，殷海涛辑译的《普米族谚语》、《普米族风俗》，杨照辉译注的《普米族祭祀歌》，熊贵华主编的《普米族》，杨照辉主编的《普米文化大观》，宋兆麟撰写的《女儿国里的普米人》以及胡文明主编的《普米研究文集》，刺明清、胡文明等修订的《普米族简史》等。

233

是不言而喻的。孔孟之学经历数千年的流变，逐渐成为中国传统文化的内核。然而，儒家思想发展到后期，特别是自从宋明理学产生之后，却演变成了维护封建君主专制统治的理论基础。在他们看来，中国是礼仪文教之邦，四夷则是未开化的少数民族。少数民族的很多风俗习惯与儒家所提倡的"仁、义、礼、智、信"、"三纲、四端、五常、五伦、七情六欲、八德"的伦理道德标准相违背。并且夷狄野蛮成性，时常侵扰中国。因此，儒家自孔夫子以来无不重视"攘夷"、"治夷"。进而，"夷夏之辨"成为儒家的重要思想。"夷狄之有君，不如诸夏之亡也"，形成了中国两千年来历代王朝处理文化问题和民族问题的基本原则。由于不能"以夷变夏"，而只能"以夏制夷"。因此，中国封建王朝的统治者常以变异了的儒家伦理道德观来衡量少数民族的习俗，形成了一种"夏尊夷卑"的成见和观念，普遍认为只有以中原汉族为代表的"夏"文化才是文明和高级的，而那些"四夷"的风俗是卑陋低下的。在这样的思想观念支配下，封建统治者便实施"以夏变夷"强制性手段来统治少数民族，以所谓"夏"的文化习俗和道德伦理观念来强制性地改造少数民族的习俗。尤其到了清代，已经形成一套高度缜密的封建伦理体系，以三纲五常为基础的封建礼教思想影响尤深。

1723 年，清朝政府在云南省丽江府实施"改土归流"。清政权强制性地在民族地区实行移风易俗的政策。"改土归流"后，派到丽江的流官按照清政权的"以夏变夷"政策，一改元明时期在少数民族地区所实施"顺俗施政"、"顺俗施化"的政策，以孔教和清代汉族精英阶层的文化价值观看待其他民族的民俗风情。凡不符合孔教礼乐章程、纲常名教者，一概视为"鄙陋"和"狉獉草昧"。汉官张允随在清乾隆《丽江府志略》卷下《风俗》载："丽江僻处极远，历代以来，亦止羁縻勿绝。且向隶土司，狉獉草昧之风未改……今幸得以夏变夷。""边陲荒陋之地，忽化而文明……而其布化也，则必由方面守土之名臣，悉心经理、教训、正俗，而后百世千年之雅化，蔚然闻先焉。"① 不仅在办学上进行封建礼教的教育，同时，清廷流官在丽江进行以儒家道德伦理为基准的风俗改革，婚丧嫁娶乃至服饰都全按内地汉俗强制变革。清廷流官以内地汉族的文化观念看待异民族风俗，把火葬视为野蛮、不开化的习俗；认为丽江府内纳西

① （清）管学宣修，万咸燕纂：乾隆《丽江府志略》，清乾隆八年（1743 年）刻本。

族、普米族等火葬之俗不但不给死者死后的生活用品、殉葬品，而且将自己的父母焚尸毁骨，是不讲仁义和伦常的行为，因此多次严令禁止。清乾隆《丽江府志略》卷下《风俗》说："禁止焚弃骨骸，教以祭葬。"① 清乾隆年间吴大勋在《滇南闻见录》中记曰："再三出示劝谕，禁火葬，禁刀巴，并给官山，听民葬埋。"② 而且，清朝统治者又强制推行思想专制政策，各种书籍凡有"离经叛道"、"颠倒是非"之言的必须加以禁毁，"不得使只字流传，以贻人心风俗之害"。③

清咸丰二年（1852年），流官在丽江立《用夏变夷碑》，碑文曰："为勒石严禁永远遵守事，照得人子事亲，生养死葬，古礼照然，惟闻滇南夷俗，凡遇父母溘游，卜为天、水、火葬。似此甘作不孝，案属有亏伦理。惟查丽江一邑，原无天水俗葬，然用火焚尸，愚夫亦所不免，若不严行禁止，伊无胡底？所以一切天、水、火葬，一并视禁在案，兹据各里乡约等，恳勒石严禁火葬，前来除品批示外，合行勒石严禁，为此示，仰各里民人等知悉，嗣后如遇父母物故，务须择地安埋，即有兄弟子孙男女奴役身死，亦须用棺殓瘗，毋得用火焚尸，亦毋得听信狂言，致效天水葬。倘敢狃于成见，许该乡保人等立时禀府究治，以凭尽法惩处，决不宽贷，各宜凛遵，毋违，须至勒石者。"④

在文化习俗"大一统"的强制推行下，时属丽江府所辖的兰坪、维西、具甸等普米族、纳西族的火葬被废除，藏族的天葬也被视为大逆不道而强令制止。乾隆五十八年（1763年），清朝政府制定了严禁天葬的政令，命令丧家有田庄的，在本庄田内择地安葬，无庄田的贫民，可在新设的义冢公地掩埋，如果仍旧天葬，将死者子孙凌迟处死。普通藏族人遇有人死，或用棺木装敛，或用衣、席卷裹，一概报官埋葬。还将此作为永定规定勒石立碑。⑤ 其结果，造成金沙江南北地区纳西族、普米族人中沿袭了上千年的"氏羌之虏也，不忧其系垒也，而忧其不焚也"⑥ 的古羌人之

---

① （清）管学宣修，万咸燕纂：乾隆《丽江府志略》，清乾隆八年（1743年）刻本。
② （清）吴大勋：《滇南闻见录》，云南大学历史系民族历史研究室油印本，1979年。
③ 同上。
④ 转引自杨福泉《反思与整合：构建当代多民族构成的中华民族道德文明》，丽江社区（www.lijiangclub.cn）。
⑤ 《卫藏通志》，西藏人民出版社1982年版，第496—498页。
⑥ 梁启雄：《荀子间释》，中华书局1983年版，第374页。

俗，被迫南北"分离"。① 这正如著名学者张岱年先生所言："清朝政府推行文化专制政策的结果，大大斫折了中华民族的元气，损害了中华民族的主动创造精神。中国国民性格中原来有的许多优点，因为封建专制的压抑，而逐渐萎缩下去。"②

二 道教对普米族宗教的影响③

道教是中国土生土长的宗教，自东汉中后期正式创立以来，经历了近两千年的发展历史。作为中原封建统治阶级的一种重要的意识形态，随着中原汉族的流徙和中原文化的广泛传播而流入西南地区诸少数民族中。

秦汉以来，中原的封建统治者就不断地在西南地区设置郡县，派遣官吏，大批的汉族人民也不断地移居西南地区，中原文化不断地在西南地区产生影响。有关云南道教的流布情况，清乾隆《云南通志》卷二十五《仙释》记载："夫释老之学，自东周、后汉以还，时有盛衰，而终莫能废"；④ 唐代的《南诏德化碑》对当时云南的南诏政权也有"阐三教，宾四门，阴阳序而日月不衍" 的叙述，其三教即为儒释道三教。而作者郑回，原为汉官，在南诏政权深受当政者重用，其撰写的碑文专门阐述了南诏遵行中原礼乐文化制度的情况。上述文献说明至迟在唐，云南便深受中原文化的浸润，其中必然有道教文化因子。张泽洪教授认为"苍山会盟"（南诏政权时与唐朝之间的一次重大政治历史事件），其会盟仪式的宗教方式，显示出早期五斗米道的影响。⑤ 而道教教理教义的传播又带来了民众的广泛参与，信徒的增加使得大量道观得以兴建。至明代，云南各州府"道观总数近百座"⑥。而这一时期的普米族已经是南诏的属民，至明代，更多的普米族已偶居滇西北，成为云南的主人之一。因此，道教文化势必

---

① 金沙江南北地区的纳西族、普米族先民曾一度实行火葬，清雍正改土归流后，居住在金沙江以南云南丽江、维西、兰坪等地的纳西族、普米族开始实行土葬，而金沙江以北宁蒗、永胜等地的纳西族（摩梭人）、普米族仍实行火葬，并沿袭至今。

② 张岱年、姜广辉：《中国文化传统对话》，中国广播电视出版社 1990 年版，第 139 页。

③ 该部分内容已作为笔者的前期研究成果发表，此处有所增减，特此说明。参见笔者与牛凌燕合作的《道教对普米族韩规教的影响》，《中国道教》2011 年第 4 期。

④ 《文渊阁四库全书》第 570 册，第 246 页。

⑤ 张泽洪：《文化传播与仪式象征——中国西南少数民族宗教与道教祭祀仪式比较研究》，巴蜀书社 2007 年版，第 100 页。

⑥ 同上书，第 158 页。

对其宗教文化造成影响。

前文已述，有关普米族的历史源流，目前学界基本倾向于氐羌民族说。关于道教与古羌人的关系，闻一多先生所撰的《神仙考》一文认为：道教神仙活动兴起于燕齐滨海地域，而齐人"本为西方的羌族"，故道教神仙之说起源于古代西北的氐羌民族之中。[①] 向达先生所撰的《南诏史略论》一文，在考察汉魏两晋南北朝至唐代氐羌民族后裔与道教的关系后也得出"天师道原来是氐族和羌族的本来信仰"之结论。当然，这种信仰是氐羌以及南诏大理的固有宗教信仰，还是受外来影响，亦如向氏所言"尚不能下结论"。[②] 道教对包括普米族在内的中国西部氐羌少数民族宗教的历史影响可见一斑。

从现有普米族宗教仪式要素来看，普米族宗教与道教之间表现出较多的关联。

（一）普米族宗教的坛场科仪染有浓厚的道教色彩

普米族宗教的坛场科仪，包括祭坛的布局、供品、法器、法师等一系列与仪式相关的规制，这些规制都不同程度地染有道教的色彩。"道教斋坛一般分内坛、中坛、外坛，即源于先秦的三层坛。"[③] 普米族人的宗教坛场亦是三层坛布局。譬如传统普米族人家设在主屋内的祭祖坛场"宗巴拉"（tsõ²¹ba³³la³¹），其上层靠墙处为"宗巴拉"、下层为"黄里普"（huẽ³¹ɬi³³phu³¹），宗巴拉与黄里普之间则立"抓玛"（tʂua⁵⁵ma³¹），这一区域在普米人的观念中被认为是历代祖先的化身，相互之间连为一体，不能拆分。[④] 而"席肯戎肯"（çi³¹khɛ̃⁵³zõ⁵⁵khɛ̃⁵⁵）仪式的坛场也是三层。其中，上层称"众辛"（tʂõ³¹çi³¹）、中层为"弄卡"（nõ³¹kha⁵³）、下层为"尼瓦"（ni³¹wa⁵⁵）鬼界。[⑤] 此外，每年农历三月举行的区域性祭"尼达"农神仪式，其坛场亦分"益冬滑"（ji³¹tõ³³xuã³¹）、"雍毕滑"（jõ³¹pi³³xuã³¹）、"季里滑"（tɕi³¹ɬi³³xuã³¹）三层，以祭祀不同的神灵。普米族宗教祭祀的三层坛，汇集了天神地祇各种神灵，祭祀坛场作为神圣境界的

---

① 《闻一多全集》，湖北人民出版社 1993 年版，第 37 页。

② 向达：《南诏史略论》，《历史研究》1954 年第 2 期。

③ 张泽洪：《文化传播与仪式象征——中国西南少数民族宗教与道教祭祀仪式比较研究》，巴蜀书社 2007 年版，第 228 页。

④ 参见本章第二节《从宗教行为看普米与西夏文化的关联》相关内容。

⑤ 参见本书第三章《普米族宗教仪式的微观考察》中的相关内容。

象征，是《国语·楚语下》"绝地天通"观念的形象表达。

道教对普米族宗教的坛场科仪的影响还表现在法器和法服的使用上。普米族韩规使用的"玎零"法器与道教高功法师手里摇的法铃非常相似。道教的法铃，亦称三清铃、帝钟、法钟。《天皇至道太清玉册》卷五说："所谓手把帝钟，掷火万里，流玲八冲是也。"[①]《道法会元》卷一百五十六《元帅帝钟》说："昔皓首仙翁付五岳大神，能趋山镇海，移动宅舍，治岩石之精，以五月五日及九月九日，用铜铸，四面篆文，铸讫，撼振九通。"[②] 相传黄帝会神灵于昆仑之峰，天地授予法铃。关于道教法铃的形制，张泽洪教授有这样的描述："法铃一般高约二十三厘米，口径约九厘米，为黄铜制，法铃配有手柄，柄端称为箭，呈'山'字形，法铃的上端并列三根铜条拧成的结，以象征道教的尊神三清。"[③] 普米族韩规使用的"玎零"法器，除上端所拧有的象征韩规教尊神"松蛙融君、格为颠督、积扎委米、阁拉阁秋"与道教"三清"有所区别外，法铃的用材、形制、大小都与上述道教法铃相一。

而据普米族韩规解释，"玎零"具有降神驱魔的作用，韩规手握法铃摇动，发出丁零丁零的声音，意为震动法铃，神鬼咸钦。这与道教法铃的作用完全一样。

普米族韩规使用的另一法器"丘组拉"（tçho^{31}tsu^{33}la^{31}），[④] 其用材、形制、功能都与道教法尺一致。如前述，"丘组拉"法器其材必须用核桃木，形状呈四棱或者六棱，各个面上刻有不同的神鬼图，其用为驱邪镇魔。而道教亦有专门的法尺。法尺的制作规则，道经中有明确阐释。《道法会元》卷一百五十六《神尺秘旨》说：

> 造尺之法，用福地桃木，或雷震枣木为之。择甲子日造准，惟尺长一尺二寸，厚八分，阔一寸二分。正面三台七星，罡星指下。书元帅有令，赐尺度人，随心所指，山岳摧倾。急急如律令！……右按元应册天蓬法尺，则长一尺二寸，以应一年十二月；阔八分，取八节；

---

① 《道藏》第 36 册，第 406 页。

② 《道藏》第 29 册，第 829 页。

③ 张泽洪：《文化传播与仪式象征——中国西南少数民族宗教与道教祭祀仪式比较研究》，巴蜀书社 2007 年版，第 262 页。

④ 参见本书第二章第四节《祭司的服饰与法器》相关内容。

厚四分，则四时。上罗星斗，正玑衡之政；下取敕字，以受事之凭。[1]

《道法会元》卷一百七十一说：

宁蒗县新营盘徜门村普米族韩规边玛家收藏的"玎零"法器

　　元帅神尺，刻步三光，一尺二寸，摄炁召神，指风顾云，愈灾度厄，命神杀鬼，救治众苦。当取灵虚桃木一尺二寸，厚四分，阔八分，上日下月，中建七元，背刻敕字。上列三台。[2]

　　道教的法尺分木尺和铁尺，长约三十厘米，宽约两厘米，厚约一厘米，木尺多漆成红色，绘有葫芦等吉祥图案，此有刻度的法尺为长形刻度法尺。道教斋醮法坛还有一种天蓬尺，长约三十五厘米，粗约三厘米，形状为四棱棒，六面分别刻有日月、二十八宿、三星、北斗七星、南斗六星等星象图案，并刻有天蓬元帅圣号。宋代道教有酆都北帝派，天蓬神本是北帝下将，本形是北斗第九星，天蓬尺发挥天蓬神的辟邪力量，比长形刻度法尺更有威力。[3] 由此看来，道教法尺与普米族韩规教的"丘组拉"确有异曲同工之妙。

　　除上述法器明显地受道教影响外，普米族祭司韩规的服饰亦深受道教的影响，尤其"惹鞍"（ʐɛ²¹ɣã³⁵）发冠，可能是道教高功法冠的变异。[4]此外，与普米族人相邻的汉族人，还将历史上普米族韩规最多的"阿嘎甸"、"森景甸"等村寨称作道士村，至今仍称普米族韩规为"道士"。

---

①　《道藏》第 29 册，第 830—831 页。

②　《道藏》第 30 册，第 106 页。

③　张泽洪：《文化传播与仪式象征——中国西南少数民族宗教与道教祭祀仪式比较研究》，巴蜀书社 2007 年版，第 274 页。

④　参见本书第二章第四节《祭司的服饰与法器》相关内容。

（二）普米族宗教神灵信仰中的道教因子

普米族信仰山神，其山神体系较为庞杂，既有家族性的神山"入汝多吉"（ʐ ɛ̃³¹ ʐu⁵³ to³³ tɕi³¹），又有村寨性的神山如"面绵支史布"（miɛ⁵⁵ miɛ³¹ tʐ̩³¹ ʃ̩³¹ bɯ³¹）、"脱久嘎娜苴"（tho³³ tɕo³¹ ga³³ ny³¹ tɕhy³¹），还有区域性的神山如"贡嘎仁耸贡布"（g õ²¹ ga⁵³ ʐ ɛ̃³¹ s õ³³ g õ³³ bɯ³¹）等，并且各地普米族人都有祭祀山神的习俗。"祭山神"仪式由每个氏族在村边山林中认定一棵松树或是麻栗树为本家的"山神"。在众多神树中最大一棵则视为本村的"山神树"。农历七月和腊月是各家祭山神的日子；四、五月"封山"和八、九月"开山"日为村祭日。祭祀时要用一头牛或一只羊作为"供献"。而祭祀前被认定为供献的神牛，普米语称为"莫瓜"。祭祀前无论其走到哪里，吃了什么，甚至践踏了庄稼都不得加以伤害。对于供给人畜饮用和浇灌的山泉，普米人称作"龙潭"。每家都有自己的"龙潭"或"灵泉"。新年后二、三月间，各家祭毕后全村集中祭祀：设"尼塔"标杆及面偶五十个，用牛奶、酥油、乳饼、鸡蛋、茶叶、清酒等素食供之。当天各户不能食肉，以示对神灵的虔诚。①

普米族山神信仰体系受道教"老君"的影响。道教的太上老君信仰，在西南少数民族中影响广泛。杨成志《中国西南民族中的罗罗族》统计罗罗文书的第十四类专为李老君类，有请太上老君，酬谢祖师老君等凡三种。② 在云南的白族民间传说中，其祖师白骨真人是太上老君的徒弟。而以老君命名的道观庙宇，云南剑川"西山各村皆建"。③ 地处丽江与剑川、兰坪等县交界处，被史家称为"滇省众山之祖"的老君山是西南境内普米族人较早居住地，也是云南普米族人居住较为集中的地区，目前，百分之六十的普米族人居住在其周围。作为普米族集中聚居地的山峦，老君山在普米族神山信仰体系中有着重要的位置，普米族称其为"甲布甲雅让果罗"（tɕa³¹ bɯ⁵³ tɕ³³ ja³¹ ko³³ lo³³），意为难于超越（路遥）的圣山。川滇各地普米族人在举行重大的祭祀山神仪式时，都呼告到这一山神名。关于"甲布甲雅让果罗"与"老君山"之称谓孰先孰后，已很难考证，目前，

---

① 严汝娴、陈久金：《普米族》，民族出版社1986年版，第76页。

② 杨成志：《杨成志人类学民族学文集》，民族出版社2003年版，第102、103、175、220页。

③ （清）王世贵、张伦纂修：康熙《剑川州志》卷十，载《北京图书馆古籍珍本丛刊》，第44册，第944页。

我们仅能查到较早将这一山峦称作"老君山"的是《徐霞客游记》中的"西南层峰高峙，雪色弥莹者，则老君山也"① 之记载。而清乾隆《丽江府志略》卷上《山川》则说："老君山，在城西南二百五十里。高入云霄，为滇省众山之祖。上多灵泉，人迹罕到。相传老君炼丹于此，故名。"② 老君山还见于河南洛阳、陕西、河北怀来等地，皆因与道教相关事迹传说得名，为各地的道教圣地。如洛阳老君山位于河南省洛阳市栾川县城南三公里处，因传太上老君李耳在此归隐修炼而得名，被唐太宗易名为"老君山"。

据学界考证，普米族至迟在元代就居住在了这一区域，普米族南迁过程中所经过的大小山峦都赋有神名，但是，似乎只有兰坪地区的"甲布甲雅让果罗"才被称作了老君山。兰坪老君山属横断山系云岭主脉，金沙江环其左、澜沧江绕其右，因其岭脊走向围成半环状，恰似一个马蹄形的老君炼丹炉而被称为老君山，推测其得名既有早期五斗米道的影响，也受道教炼丹服食思想的影响。

除"祭山神"外，普米族的主要宗教活动还有"祭天"、"祭龙"、"祭祖"等仪式。普米族对天、山、龙、灶、祖先神等的祭祀中有时合祭，有时分祭。合祭是由家庭中的家长于过年过节的饭前，在火塘铁三脚（代表灶神）上摆放上酒食饭菜，按顺序统一祭祀，以求风调雨顺，五谷丰登，六畜兴旺，无病无痛。分开祭祀多为禳灾驱秽的宗教仪式。遇到天旱或家里人多病，牲畜受豺狼侵害等情况时，将天、山、龙三神分列，由韩规或释毕分别到房头、牧场、龙潭边去进行给予祭祀。

新中国成立前流行于维西、丽江两县普米族地区的"木毕 $mu^{33}pi^{31}$"（祭天）仪式，其程序为：腊月或正月，家中测定家长生日，请巫师前来到房顶上祭天。巫师到家后，在房顶东边竖两棵用刀割了十三道皮（象征十三重天）的小青松树，其上捆竖一条石象征天神，前置一张小蒇桌，上摆酒茶祭品，祭时巫师点燃十支香条，手抓一只公鸡，让两人朝天齐吹海螺号一响后，自己爬上房顶至祭台前，向天神祷告要求保佑人们消灾除

---

① （明）徐宏祖撰，恽波、刘刚强点校：《徐霞客游记》，岳麓书社 1998 年版，第 681 页。

② 高国祥主编：《中国西南文献丛书》第一辑，兰州大学出版社 2003 年版，第 25 册，第 108 页。

难，无病无痛。然后点香敬酒杀鸡敬神。[①]

在中国西南少数民族中，除普米族外的其他民族多有对天、山、水的崇拜仪式，而山神体系在平原地区则演变为地神，这就是道教延续至今的"三官"崇拜。"三官"崇拜其根源在于先民的自然神崇拜，对天地万物神性的礼敬是原始先民的信仰情结。四千多年前的山西襄汾陶寺遗址出土了一种彩陶盘，盘底绘制了一条口衔麦穗的蟠龙。从中可以看出，当时人们已经把龙当成了掌管雨水的水神，向它祈求风调雨顺、五谷丰登。《左传·昭公二十九年》曰："龙，水物也"。"龙"的起源现在学界还未达成共识，但作为水物象征的"龙"更多地出现在汉文化语境中确是不争的事实。在普米族传统宗教中出现"祭龙潭"透露出其与汉文化交融的信息。

此外，普米族人还有祭灶神的传统习俗。普米族正房中央都设有火塘，上置铁质三脚架，火塘后方供奉着历代祖先的神龛，前面放着神柜，壁上竖有"宗巴拉"，汉译为火祖母或始祖母，亦有财神之意，是灶神的象征。《太上灵宝补谢灶王经》宣称："昔登昆仑之山，有一老母独处其中……惟此老母，是名种火之母，能上通天界，下统五行，达于神明，观夫二炁，在天则为天帝，在人间乃为司命。又为北斗七元使者，主人寿命长短，富贵贫贱，掌人职禄。又为五帝灶君，管人住宅，十二时辰，普知人间之事，每月朔日记人造诸善恶，及其功德，录其轻重，夜半奏上天曹，定其簿书，悉是此母也。凡人家灶皆有禁忌，若不忌之，此母能致祸殃，弗可免也。"[②] 普米族灶神形象与道教文献中早期灶神描述相似。"宗巴拉"还有财神之意，而"财神"信仰在道教中历史久远，赵公明始见于《真诰》卷十《协昌期第二》："侯王之冢……以石方圆三尺，题其文曰：天帝告土下冢中王气，五方诸神，赵公明等。"[③]

（三）普米族岁时民俗中的道教影响

民俗节日总能体现该民族传统的宗教仪式活动，世界上很多民族的节日即是历史上宗教仪式的衍变。普米族的节日主要有"大过年"、"大十

---

① 杨照辉：《羌族普米族宗教巫术文化比较》，《云南社会科学》1992 年第 3 期，第 84 页。

② 张继禹：《中华道藏》第 4 册，华夏出版社 2004 年版，第 342 页。

③ 《道藏》第 20 册，第 550 页。

五节"、"转山会"、"清明节"、"端午节"、"尝新节"等。"清明节"是兰坪、维西一带普米族三大节庆之一。节日那天家家户户于房门前插上柳枝，给祖先上坟举行祭祀活动，青年男女到河边野餐。而"转山会"更被兰坪一带普米族称为"中元节"。在七月十五这天，人们要请祭司释毕到家中念经，同时举行隆重的祭祖仪式。同样，宁蒗地区的普米族在这天要举行拜"嘎木"女神及围猎赛马等极具宗教韵味的群众性活动。此外，每年"端午节"这天，普米族有大人小孩都要喝上几口雄黄药酒以驱邪的习俗。[①] 上述普米族人的"转山会"、"清明节"、"端午节"等与道教节日如出一辙。而中元节实际也是道教的说法，"中元"之名起于北魏，根据古书记载："道经以正月十五日为上元，七月十五日为中元，十月十五日为下元"[②]。

道教对普米族民俗的影响，还体现在普米族门神"八卦"图中。宁蒗地区的普米族，大都在主屋门楣上方贴挂"八卦"驱灾镇邪图。"八卦图"一般由太阳、弯月和一组日月纹组合而成。图形主要构架为两条直线交叉而成的"十"形，每条直线两端各有一个垂直短直线，在"十"字形的四个空格处，分别有一个红色圆点。太阳状图案在图中心上方，直径 5 厘米，红色镶黑边。月亮状图案在其下，弯口朝上呈拱日状，左右月牙角间距约 10 厘米，也为红色镶黑边。日月纹呈旋线状，似光线，全为红色，南北指向。

关于普米族"八卦图"及其蕴涵的文化寓意，章虹宇先生曾撰文作了深入的探讨。章氏认为普米族创世神话《天阳老祖和地阴阿斯》所讲述的故事就是此八卦图的神学解释。普米语称太阳为"普乌"（bɯ55），"普"意为爷爷或舅祖，乌是男子的泛称，合称即为男老祖；月牙称为"斯移"，"斯"为老祖母，"移"为母亲或祖母，合称女始祖。先天八卦中的阳有天、尊、大、动、刚、吉、乾等卦象，普米族"八卦"图中将属阳的卦象均以普米语中男性的称谓命名，如木、格等。同样地，阴性的坤等卦象在普米族语中都以女性称谓命名。普米族先民已经对世界万物的

---

① 刺明清、胡文明等：《普米族简史》（修订本），民族出版社 2009 年版，第 262—266 页。

② 虽然学界对道教"中元节"与佛教"盂兰盆"节的相互关系仍有争论。但"中元"此称号为道教固有无疑。

本源有了哲学上的抽象思辨，对阴阳等对立统一的辩证关系也有了初步的体认。普米族"八卦图"还折射了先天八卦中"乾卦"的意象。① 《周易·系辞》有云："天尊地卑，乾坤定矣。"《周易·乾卦·象辞》更云："大哉乾元，万物资始，乃统天。"先天八卦是重阳刚，认为上天是万物主宰。这是父系社会在文化上的体现。众所周知，普米族在新中国成立初民族普查期间还多处于母系社会，其"八卦图"中隐含的"乾，天也"的哲学思想显然为外来的道教文化影响所致。普米族的"八卦图"相较道教中太极八卦图更为形象、生动，深具民族特色，其卦象分析则具有道教神学哲理。普米族的"八卦图"应是其先民对宇宙世界的朴素认识，在其历史衍变中又融入了道教义理，从而有了现在意义上的阐发。当然，这种影响，正如专家所言："道教在产生、创立、发展的各个历史时期，都受到少数民族及其文化的深刻影响。两者之间双向渗透、相互影响。"②

普米族宗教仪式借助民俗节日活动得以保存，这些节日活动，折射出宗教信仰衍变的脉络。中元节、除夕、清明节为道教传统祭祖节日。而在深居大山的普米族村落中，这些祭祖仪式与当地的民族传统水乳交融。其"大过年"和"大十五节"也是传统意义上的辞旧迎新与驱邪禳灾的节日活动。分析普米族传统节日习俗，除应用汉民族历法使其活动时间与汉民族一致以外，其具体的活动内容及节日来源义理都与汉民族惊人得相似。普米族在迁徙及大杂居的居住环境下已与其他民族相互融摄，互相影响。其民族传统宗教上的衍变是深层的文化上的相互交融，交融双方是互动的，你中有我，我中有你。这是普米族宗教多元和谐的根本所在，也是中华民族多元一体格局的体现。在这衍变过程中，中国大地上土生土长的道教，与其关系更是不容忽视。考察普米族传统宗教与道教的相互融摄，可以帮助认识道教与西南少数民族宗教的关系，加深对普米族宗教发展演变的认识。

---

① 章虹宇：《普米族的"八卦图"》，《云南民族学院学报》1995 年第 2 期。
② 张泽洪：《中国南方少数民族与道教关系初探》，《民族研究》1997 年第 6 期。

第二节　从宗教行为看普米族与西夏文化的关联[①]

我国北宋年间（1032—1227 年），在现今宁夏银川地区曾出现过一个由西部少数民族党项族为主体所建立的大夏国，史称西夏。在近两百年间，西夏完善各种制度，创造了具有党项民族特色的西夏文明，直到1227 年为新兴的蒙古所灭。关于西夏政权的主体民族党项族的族源一直是一个颇有争议的问题。较集中的有两种观点，一是"西羌说"，认为创立西夏的拓跋部是党项拓跋部，党项是古代羌族的一个分支，[②] 另一种是"鲜卑说"，认为建立西夏的拓跋部就是建立北魏的鲜卑拓跋部，党项源出鲜卑。[③] 这场笔墨关司打了几十年，不断有人寻找新的材料，撰文支持一方或反对一方，但直到现在还没有一个了断。

近年来，又不断有学者从语言学、民俗学等角度，将"藏彝走廊"某一族群与西夏党项民族直接联系起来。其中，西夏人与普米族人的亲缘关系问题，亦有学者给予关注并作了初步的探讨。1998 年 5 月，在宁夏银川举行的首届西夏学国际学术讨论会上，普米族青年学者胡文明先生作了题为《西夏之树常青》的发言，通过对《番汉合时掌中珠》所提供的西夏语词汇与现今普米语进行对照，发现西夏语与普米语在天干地支、日月年岁、亲属称谓、动物称谓以及人体四肢等基本词语方面非常一致。于是提出："党项人和普米人语言的相近，绝非偶然的巧合，他们有着族源关系，是同源异流的事物。"[④] 日本西南学院大学王孝廉通过对居住在泸沽湖周围的摩梭人和普米族的民俗与西夏人的民俗进行比照，在《从贺兰山到泸沽湖——论摩梭普米族的民族亲缘关系及其文化传承》一文中，认为现今摩梭人与普米族的民俗是对西夏人民俗的直接传承。[⑤] 近年来，

---

① 该部分内容已作为笔者的前期研究成果发表，此处有所增减，特此说明。参见《宗教视域下西夏人与普米族的族属关系》，《宗教学研究》2011 年第 2 期。

② 李范文：《论西夏党项族的来源与变迁》，载《西夏史论文集》，宁夏人民出版社1984 年版，第 129 页。

③ 唐嘉弘：《关于西夏拓跋氏的族属问题》，《四川大学学报》1955 年第 2 期。

④ 胡文明主编：《普米研究文集》，云南民族出版社 2002 年版，第 137 页。

⑤ ［日］王孝廉：《从贺兰山到泸沽湖——论摩梭普米族的民族亲缘关系及其文化传承》，《丝绸之路》2001 年第 S1 期。

笔者在收集有关西南少数民族原始宗教材料中，发现普米族人与西夏人不仅语言相近、民俗相似，在自然神灵崇拜、占卜法术以及丧葬礼仪等方面有很多相似甚至相同之处。本书根据实地调查材料，从宗教人类学的角度对两族关系进行初步的探讨。

一 自然崇拜的相似性

纵观党项人的宗教，其信仰有一个发展、变化的过程。西夏建国前，藏传佛教虽逐渐传入党项族之中，但党项人主要信仰的还是原始宗教。有关党项人的原始宗教信仰，汉文典籍记载很简略，但我们还是可以发现早期党项人对天地、山水、日月、星辰等自然现象的敬畏和顶礼膜拜，并且党项人所形成的自然崇拜、鬼神崇拜和巫术占卜等原始宗教系统与现今普米族的宗教信仰非常相似。

首先，西夏党项人与普米人对天的崇拜即"天祭"具有相似性。党项人认为"天"是万物生命的源泉，天主宰着万物的繁荣和凋谢。祭天是党项人重要的原始宗教仪式，史称"三年一聚会，杀牛羊以祭天"。①党项统治者也时常自诩为"天"的使者和化身，西夏开国之君取名"元昊"，后来改为"曩霄"，意思都和"天"有关；党项官职"谟宁令"，汉译为"天大王"。就连官府收税也要打着按天的意志行事的招牌，党项谚语"不为天敛无威仪，不争量顶斗不满"。②

"三年一聚会，杀牛羊以祭天"的习俗在现今川滇各普米人的宗教信仰中仍有保留。"普米人的祭天，其意包括祭日月、风雨、雷电、雹雾、霜雪等自然诸神。三年举行一次，一般选择在农历十月十五举行。祭祀前，族长让人在村寨附近的草坪上，用余丈长的松木料搭就三层祭台。全氏族或者全村人均筹集牺牲和祭物。按传统，每十户献一头牛、每五户献一头猪、每三户献一只羊、每一户献一只鸡，牺牲之物以白为贵。祭祀当天，全村人齐来，请韩规（祭司）念诵《诺提》（祭天神）经。"③普米族的祭天仪式由来已久，据当地老祭司介绍，新中国成立前祭天仪式耗时

① （唐）魏征、令狐德棻撰：《隋书》卷八十三《党项传》，中华书局 1973 年版，第 6 册，第 1845 页。

② 杨建新：《中国西北少数民族史》，民族出版社 2003 年版，第 464 页。

③ 杨照辉：《川滇民族巫占与禁忌》，载云南省社会科学院民族文学研究所编《民族文学研究集刊》（11），1997 年 4 月。

至少三天，如果连续有较大的天灾，仪式需要持续一个月，而遇到连续灾害的年头则一年举行一次祭天仪式。

其次，西夏人与普米人认为日、月、星辰能够主管人间福祸，对日、月、星辰非常敬畏。西夏人谚语有："金楼玉胶天帝坐，天道云径日月行。""大象一来河泽满，日月一出国土明。""白日红月，明暖相续青春去，黄冬青夏，美丑驰骋为送老。""母美艳如千白日，父智明如万红月。""地祖天婿，力威荣昌；天女民鸽，仪态高扬。"[①] 无独有偶，西夏人谚语中所表达的对日、月的敬畏和赞美之情以及日、月所表征的宗教寓意，却直接反映在了现今普米族人的"宗巴拉"宗教图案文化中。

传统的普米族人家主屋内都设有"宗巴拉"[②]。"宗巴拉"上所绘制的图案有强烈的宗教文化寓意，画的最上端是云彩烘托的太阳和月亮，其中，位于右方的太阳通常为白色状，而左方呈现的是半轮红月。画的正下方是一朵盛开的红色莲花，是普米族传说中人类诞生的母体。而莲花上方是一雏形花蕾，称"帕布尔 pha^{33}b$\rightarrow^{31}$"（或巴布），意为老祖或老人。"帕布尔"上方是九岔的火焰，火焰左方是表示族称的普米象形文字，表示"骨根骨肉"之意。火焰中间偏下段左边刻绘着象征神权的海螺或称"德叠"的五色布条，右边是象征母系氏族的虎（亦有猫、象、鹿等动物）。[③] 关于普米族"宗巴拉"的来历，韩规经《宗巴拉查》（《宗巴拉的来历》）还有这样的描述：

> 天地开初，一切混沌，唯有一块长有翅膀的白色巨石在天地之间翻腾。有一天，石头突然均匀地裂开，裂缝中夹着一头白身的公牦牛和一只黑色的母狼。黑母狼长着一对半圆形犄角，她叫"米弄米"（mi^{53}n õ^{31}mi^{53}）；白公牛为平头，他叫"木巴木"（mo^{31}ba^{31}mo^{31}）。"米弄米"和"木巴木"都拼命地往裂缝外挤，相互撞得头破血流，

---

① 参见罗矛昆先生译的西夏古谚《中国谚语集成》（宁夏卷），中国民间文艺出版社1990年版。

② 宗巴拉，普米语称为"尼吉达补阿伊宗巴拉"，简称"宗巴拉"。即在堂屋下火塘正后方墙壁的神龛中所供的一块高约1米、宽约0.7米，并刻有宗教符号的锥形体白石（亦见有用木材或者黏土替代的）。此白石为火祖母神，亦有始祖神、财产神之意。

③ 相关内容参见章虹宇《普米族的"括鲁"与"仲巴拉"》，《民俗研究》2000年第3期。

却都没能脱身。白公牛对黑母狼说："米弄米啊米弄米，世上只有我俩是活物，要是相互撞死了，活物也就绝种了，我往右上顶，你往左下踹，把石缝顶开，都能生存"。黑母狼说："木巴木啊木巴木，你的主意正合我心，但我个头小，你的力气大，我把犄角先借给你。"公牦牛用黑母狼借给的犄角安在自己的头上并插入石头裂缝中。米弄米和木巴木一起使力，石头被顶成多块。夹着犄角的石头带着木巴木公牦牛一起甩向了右上方，石块变成了太阳，公牦牛变成了天神；黑母狼顶着的石头飞向了左上方成了月亮，而载着米弄米黑母狼的另一半石头则一直往下掉落，最终变成了大地，黑母狼成为了地祖。其他石块飞溅在四周成了众星星，天地日月星辰如此产生了。①

据当地人解释，现今普米族人的"宗巴拉"右上方所绘的太阳之所以为白色圆形状，就是公牦牛用母狼借给的半圆形犄角托着的半边白石而成。而黑母狼因为将犄角借给了公牛，鲜血流在所顶的白石上将石头的半截染红，因此，今天所看到的普米族宗巴拉左方的月亮也就成了半月红色状。

韩规经《宗巴拉查》中还说，天地不动以后，木巴木公牦牛欲将米弄米白母狼的犄角还回，但他们天各一方，于是公牦牛只好从天上下到地上。大地空旷无边，他们生活在地上，感到孤独无聊，于是木巴木和米弄米分别从自己身上拔下一把毛混在一起，按各自意愿编织，先交织在一起的黑毛和白毛随风而去，变成了各种飞禽走兽、花草树木，而最后交织在一起的变成了九只公猴、九只母猴。九对猴在"瓜韩规"处学得了法术，其中的16只猴分别变成了水神、树神、龙神等，而最小的一对猴，由于学习稍慢，在"瓜韩规"那里待的时间很长，因此学会了言语，小公猴取名"达楚韩规"，母猴取名"嘎达米"。后来，达楚韩规与嘎达米结为夫妻，衍生了人类。后代儿孙把木巴木公牦牛和米弄米白母狼在地上相会点称作"鲁木宗巴拉（弄）"（老祖宗出生地），木巴木称作木宗巴拉，米弄米称作米宗巴拉；称达楚韩规为巴拉（弄）茸（巴弄的儿子）、称嘎

---

① 引自笔者国家社科基金项目《普米族韩规古籍译注》之《宗巴拉查》（《宗巴拉的来历》）。

达米为巴拉弄米（巴弄的女儿）。①

上述普米族关于"宗巴拉"的来历以及所绘制的图案所表现的正是"母美艳如千白日，父智明如万红月"、"地祖天婿，力威荣昌；天女民鸽，仪态高扬"的场景②。由此，无论作为谚语还是民俗宗教文化的图案，我们认为二者表现的方式虽然不一，但所共同反映的是生活在高原地带同为古羌人的党项人与普米族人对光明和温暖的渴望以及对日、月的敬畏和赞美，它们之间同源异流，一脉相承。

再者，西夏人与普米人还具有相同的自然山水神崇拜。中国社会科学院民族研究所收藏西夏仁宗乾祐七年（1176 年）所建《甘州黑水建桥碑》拓片，碑文诏告："敕镇夷郡内黑水河上下，所有隐现一切水土之主，山神、龙神、树神、土地神等，咸听朕命……今朕载启精虔，幸冀汝等诸多灵神，廓慈悲之心，恢济渡之德，重加神力，密运威灵，庶几水患永息，桥道久长。"③

如前所述，普米族有专门的祭天仪式。此外，普米族还信仰山神、水神、树神、火神、中柱神和祖先神等自然神灵。对神灵的祭祀，有时合祭、有时分祭。失火后送火神、婚嫁时祭中柱、秋收后祭仓房神等以及天旱或家人多病，牲畜受豺狼侵害时，请祭司分别到房头、牧场、龙潭边祭祀为分祭。合祭的情况则分日常性的祭祀和专门性的祭祀。普米族人每日三餐都必须向火塘铁三角敬献饭食，按天、地、祖诸神的顺序统一祭祀。每三年（有条件的一年举行一次）则要举行专门祭祀居于天上的"刺"（la^{31}）、天地之间的"尼"（ni^{31}）、山顶的"散答"（$s\tilde{a}^{21}ta^{53}$）、山间的"兑"（$tu\tilde{\varepsilon}^{31}$）、山下的"鲁"等五种神的"尼哒子"（$ni^{33}ta^{31}ts\eta^{33}$）仪式。"尼哒子"仪式通常在农历正月至二月间举行，有固定的祭祀场，一般选择在村庄上方森林茂盛、水源较好的地点。仪式期间还要搭建专门用

---

① 相近的故事还有 20 世纪 80 年代章虹宇在云南宁蒗、四川木里、盐源、西昌等地所收集的普米人民间故事，参见王震亚《普米族民间故事选》，上海文艺出版社 1994 年版，第 29—36 页。

② 日本西南学院大学王孝廉先生还认为，贺兰山口岩画神像旁边有象征植物生长的棍状植物，旁边的一行西夏题记，译成汉文是"正法苗昌"。这些神像是西夏党项羌人所崇拜和祭祀的原始母神，象征着丰收、生殖和守护，是西夏人的"宗巴拉"。参见［日］王孝廉《从贺兰山到泸沽湖——论摩梭普米族的民族亲缘关系及其文化传承》，《丝绸之路》2001 年第 S1 期。

③ （清）叶昌炽撰，韩说校注：《语石校注》，今日中国出版社 1995 年版，第 99—100 页。

以祭祀天神 "拉葱巴各布" （lã³¹tsho õ⁵⁵ba⁵³kɣ³¹bo³¹）、"拉一稳布佳吉"（la⁵³ʑi³¹w ɛ̃⁵⁵bo³¹tço³³tçi³¹）、"拉督宋松吉"（la³¹to³³s õ⁵³s õ̃³¹tçi³¹），天和地之间的 "益西丁巴辛饶"、"冬松衮拉阁布"、"贡子菩吉佳布" 神以及地神 "贡嘎仁松衮布"、"帕巴辛仁责"（由男子变的女神名）、"君碧牙"、"千那帝季"、"松吉慈巴米"、"松吉日怎督玛"、"松吉那窨玛" 神的坛场。仪式长达四天，参与祭祀的村民以及祭司韩规都在山上露宿。以祈求天、地、山、水、树神等诸神不让 "拉日尼松" 即冰雹、暴风、锈病、虫灾以及来自天地的 "乃仁能嚓"（人的瘟疫、伤寒）以及 "果布秀尼"（牲畜瘟疫）等侵害人间，使人类能够战胜一切来自人类自身和外部的灾难，保佑人、畜、森林、谷物不断生息繁衍，使之五谷丰登、六畜兴旺。这些和西夏人的以天为主宰，以祖先显灵为佑助，谓之守护；以鬼为恶，谓之损害；神有天神、地神、山水神、财窝神、战争神、守护神、羊神、牛神；鬼有饿鬼、病鬼、孤鬼、厉鬼的观念是一致的。

二 鬼灵崇拜的比较

党项人信奉鬼神，崇尚诅咒。宋沈括《梦溪笔谈》卷十八记载西夏羊卜：

> 其法，兆之上为神明，近脊处为坐位。坐位者，主位也。近旁处为客位。盖西戎之俗，所居正寝，常留中一间以奉鬼神，不敢居之。谓之神明，主人乃坐其旁，以此占主客胜负。①

传统的普米族人家的屋子都建有一间称作 "卒乌"（tsu⁵³ɣu³¹）的后室，由正室入内，长方形，可以点火取暖，但不住人，平时放些零杂物。女子生孩子在此，三天以后才移入正房，人死后亦在此设灵。② 而老人送终后的灵牌象征物 "弄卡" 亦寄存在此处。在 "卒乌" 后室入口处的左或右方通常设一称 "扎可"（亦作 "我占安占"）的火铺③，由火塘、三

---

① （宋）沈括撰，侯真平校点：《梦溪笔谈》，岳麓书社 2002 年版，第 132 页。
② 宋兆麟：《泸沽湖畔的普米人》，云南教育出版社 2009 年版，第 440—441 页。
③ 传统的普米族人家，通常在主屋内设有上下两个火铺，上火铺称 "扎可"（亦称 "我占安占"）代表着阳性，寓意为神之栖所，由火塘、三脚架及单边 "达章" 神柜组成。通常作为家中古稀老人生活及接待德高望重的宗教祭司或贵客来访时所用。下火铺由 "黄里普"、"宗巴拉" 及其两边的 "达章" 神柜三部分构成，为日常献祭及烧火煮饭等起居所用。

脚架及单边称"达章"的神柜组成，代表着阳性，寓意为神灵之栖所。这一场所一般只作为家中古稀老人生活及接待德高望重的宗教祭司或贵客来访时所用。实际上，被称作"卒乌"的后室及紧连的"扎可"火铺就是专门用于祭祀鬼神之地，这与西夏人"常留一间，以奉鬼神"的习俗如出一辙。

此外，普米族人在正房一进门的左侧还设有一个由"宗巴拉"、"黄里普"①、"抓玛"② 三个层次组成的下火塘。其中，最上层靠墙处为"宗巴拉"，最下层为"黄里普"，宗巴拉与黄里普之间立"抓玛"，这一区域在普米人的观念中被认为是历代祖先神灵所在，相互之间连为一体，不能拆分。普米族民间的各种锅庄石以及宗巴拉传说，都与祖先崇拜的习俗有关。相传普米人最早立锅庄石，是普米族先民从昆仑山下的西北大草原迁徙到云南宁蒗之后，将从西北带来的亲人的骨殖和昆仑山崖片的融合体，供在家庭中最显眼的火塘边，以便全家朝夕聚会时祭祀祖先。锅庄石正下方（有的在火坑中央土层下）埋一个称为"块 ku ɛ̃^{55}"（意为火胆）的精致陶罐。陶罐内由家中的主妇装进安雍（金银）、欠（玛瑙或彩色小石）、巴嘎尧（松子）、白热叉楚（青稞、大麦、小麦、谷子、苞谷等五谷，而苦荞类、豆类则视为黑物不允许装入）、谷谱啥木（火石和火镰）及嫘盖（洁净的干牦牛粪）。寄寓着普米族迁徙繁衍、五谷丰登、六畜兴旺、多子多孙、人寿年丰的美好祝愿。陶罐不仅是火祖的心脏，也是展现民族文化的工艺品，罐口是两条盘绕的鱼，项部处是海螺、莲花、大海、青蛙等图案，罐腰浮雕日、月、星、云图，罐底为白绵羊、白马、白虎（猫）图案。普米族崇拜的吉祥物全汇聚罐上，堪称普米族民族文化的结晶。

上述由"宗巴拉"、"抓玛"、"黄里普"所构成的普普通通的方寸之地，确乎是普米人日常生活和精神文化的中心。普米族人除饮水之外，一日三餐饮食之前或者家人外出回归，亲友来访时所带的食物都先置于锅庄石上，食用任何食物，都必先取少许食物置于锅庄石上，以敬献神灵。金沙江以南兰坪、维西等地区的普米族则直接以铁三脚代替宗巴拉，铁三脚

---

① 黄里普，普米族人设在堂屋内的一个火塘，由"辛爪"（铁三角）和"谷冬"（火塘坑）构成。火塘为长方形石砌的火坑，长度无统一规定，一般长在 1.5 米左右，宽在 3 米左右。

② 抓玛，又称刮泽或括鲁，普米族人立在宗巴拉与黄里普之间的一块约长 12 寸、宽 8 寸、厚 4 寸的横截面为长方形或圆形白色条石，即锅庄石。

中有一只脚朝向宗巴拉位置，这只脚下放一块较为平整的宽大的白石片，用一根铁链把这只脚与床头柜脚相连，禁止任何人穿过或跨越。敬献茶饭时每只脚顶上都撒一点，大祭时则必须在铁三脚下的白石板上点燃香柏枝条，祭品要烟酒俱全。在腊月三十过除夕时，要放火炮三响，吹海螺，撒猪膘肉祭锅庄神。① 此外，在下火塘的左、右、前三面，则设有固定的板铺，左右铺皆称"瓜国铺"，虽为日常起居所用，但其座位的主客位次有严格界定，一般主妇只能坐左边，男主人和客人坐右边，而称作"瓜满都"的前铺是青年和小孩的坐处。② 而人死收敛尸体完毕，在祭司到来之前，亦在此设灵，尸体的放置要讲位次，男性逝者安放在火塘的右侧上方，女性逝者安放在火塘的左上方，面朝堂屋门方向。

由上，我们可以很清楚地看到，现今普米族下火塘的设置以及所扮演的日常祭祀的场所，正是西夏党项人"兆之上为神明，近奋处为全位，坐位者，主位也。近旁处位客位"信仰的直接传承。

三 巫术活动的相似性

党项族通常把巫术和占卜作为沟通人神关系的一种技能和渠道。巫在党项人中地位很高，在西夏官阶封号表中居于皇后、诸王、国师、大臣、统军之后的便是"巫位"了。现今普米族人的韩规教所反映的巫术和占卜术的内容与党项族一致。

首先，西夏人与普米族人在巫术分类上相一致。党项人的巫术有"白巫术"和"黑巫术"之分，前者表现为防御性的祝告、禬祀；后者则表现为攻击性的驱逐诅咒。对善神予以尊崇膜拜、供奉祭祀，而对恶鬼则予以诅咒、驱赶。③ 现今普米族韩规教也分"崩韩规"（黑韩规）和"曲韩规"（白韩规）两种。虽然黑、白两种韩规在服饰、经典及祭祀仪式方面都较为相近，但两者具有实质性的区别，主要表现在黑教韩规即崩韩规崇尚咒术，杀牲献祭；白教韩规即曲韩规则放弃杀牲，用象征性的模型实物代替活的生命，重祝告、禬祀。

其次，西夏人与普米族人的巫师称谓及其社会地位相一致。巫师是巫

---

① 熊贵华主编：《普米族志》，云南民族出版社 2000 年版，第 118 页。
② 宋兆麟：《泸沽湖畔的普米人》，云南教育出版社 2009 年版，第 440 页。
③ 杨建新：《中国西北少数民族史》，民族出版社 2003 年版，第 464 页。

术活动的直接操作者，他们是能与鬼神交通的特殊人物。北宋沈括《梦溪笔谈》卷十八《技艺》载党项人的羊卜习俗说："西戎用羊卜，谓之'跋焦'，卜师谓之'厮乩'。以艾灼羊髀骨，视其兆，谓之'死跋焦'。"[1]

党项族的卜师谓之"厮"、"厮乩"。现今居住在金沙江南北地区的普米族人称祭司为"厮毕 ∫ɿ⁵⁵pɿ³¹"（释毕）、"释冀"或"毕乩 pe³¹tʂã⁵⁵"（毕扎）。关于普米族"厮毕"（释毕）的来历，前已述及，其与西夏党项族的卜师称"厮乩"相一致。[2]

前述，巫在党项人中居于很高的地位，如同党项人的"巫位"，普米族祭司韩规在社会生活中亦有很高的地位。韩规是主持韩规教法事的神职人员，也是经史学者，普米族谚语说："普米没有官爷，韩规就是长官。"人们在生活中遇到疑难问题总是请教韩规，无论属于哪一个教派的韩规，对于普米百姓来说都是皈依和依靠的对象，因而受到大家的尊敬和崇拜。

再者，党项族与普米族的占卜术有着许多共同之处。古史上记载党项族中盛行占卜，西夏政权建立后，统治者遇到重要事情，仍然要卜问吉凶。《宋史·夏国传》载党项："笃信機鬼，尚诅祝，每出兵则先卜。卜有四：一、以艾灼羊脾骨以求兆，名'灸勃焦'……"[3]《辽史·西夏传》亦有"病者不用医药，召巫者送鬼，西夏语以巫为斯也。或迁他室，谓之闪病"[4]的"送鬼"之俗。此外，《宋史·夏国传》说党项人："不耻奔遁，败三日，辄复至其处，捉人马射之，号曰'杀鬼招魂'，或缚草人埋于地，众射而还。"[5]而沈括在《梦溪笔谈》卷十八《技艺》记载党项人的占卜术："又有先咒粟以食羊，羊食其粟，则自摇其首。乃杀羊视其五脏，谓之'生跋焦'。其言极有验，委细之事皆能言之。'生跋焦'，土人尤神之。"[6]

西夏人"灸勃焦"的占卜术，即用艾草熏灼羊脾骨，视其灼裂的纹路来判断吉凶的羊卜，这与普米族人的羊卜是一样的。现今滇西北兰坪地区

---

① （宋）沈括撰，侯真平校点：《梦溪笔谈》，岳麓书社 2002 年版，第 132 页。

② 参见本书第二章《普米族宗教的祭司与经籍》中的相关内容。

③ （元）脱脱等：《宋史》，中华书局 1985 年版，第 40 册，第 14029 页。

④ 《辽史·西夏外纪》第 115 卷，《二十五史》，上海古籍出版社 1986 年版，第 6916 页。

⑤ （元）脱脱等：《宋史》，中华书局 1985 年版，第 40 册，第 14029 页。

⑥ （宋）沈括撰，侯真平校点：《梦溪笔谈》，岳麓书社 2002 年版，第 132 页。

的普米族人，每逢祭鬼时祭杀的山羊、绵羊，在食用其肉食时，有肩胛骨必须给巫师食用的规矩。巫师食完肉，将肩胛骨拿到火堆边烧烤，根据其光色及裂纹定凶吉，呈亮视为吉，呈暗视为凶。① 宁蒗地区的普米族韩规在占卜时也往往用羊胛骨预测吉凶祸福。其做法是把羊胛骨煮烧至出现裂纹，从纹理形状判断吉凶，决定祭神驱鬼活动。② 此外，普米族创世史诗《直呆木南》（《创世纪》）中亦说："'直呆木南'洪水时代，韩规没有经书；韩规最初的经书是羊骨头的裂纹……"说明普米族的羊骨卜具有悠久的历史。

党项人以"先咒粟以食羊，羊食其粟，则自摇其首，乃杀羊视其五脏"的"咒羊"与看羊内脏以定吉凶的习俗，这在现今普米族人的"释毕戎肯"葬礼中以活的形态存在。如前所述，现今居住在金沙江南北地区的普米族人葬法虽然不同，③ 但各地普米族在丧葬中，都保留了给死者白绵羊引路北上回归祖宗故地的"给羊仪式"习俗。我们以云南丽江市宁蒗县普米族为例，当老、中年病人去世之前，家人将病人移至堂屋火塘边的床铺上，先把病者从床上扶坐起来，牵一只白绵羊④到其面前，让他象征性地拉着绳头，并告诉他说："这只绵羊是给你带去的！"说完割断牵羊绳，一截留在羊的脖子上。留在病者怀里的绳头，待病者死后将与其尸体一起火化。火化（下葬）次日要举行"席肯戎肯"（çi³¹k ɛ̃⁵³ ʐoŋ⁵⁵k ɛ̃⁵³）敬羊仪式。⑤ 祭祀之时，韩规或释毕用水或酒清洗羊身再用青松毛、香柏枝焚烧的香烟薰羊驱秽，念诵《笭灯尔》咒羊经。在场亲属则头系白线，脚穿草鞋，腰系麻皮，跪拜于白绵羊前，这时用醅（又作"苏里玛"，一种黄酒）和炒面喂绵羊，请求白羊引领逝者回归祖居地。白绵羊若高兴地吃喝，寓意接受主人之寄托，如果羊不吃不喝，则认为表示不悦，

---

① 杨照辉：《川滇民族的巫占与禁忌》，云南省社会科学院民族文学研究所编印，1997 年。

② 胡文明主编：《普米研究文集》，云南民族出版社 2002 年版，第 237 页。

③ 普米族先民曾一度实行火葬，并有二次葬的习俗。清雍正改土归流后，一些西南少数民族改行土葬，清朝中期云南丽江、维西、兰坪的普米族开始实行土葬，而宁蒗、永胜等地的普米族至今仍实行火葬。

④ 对祭祀所用牺牲的绵羊，要视死者性别而定，若系男性则选取一只母绵羊，女性则选取一只公绵羊，选取之羊以高大壮硕、毛色雪白为最佳。

⑤ "席肯戎肯"（çi³¹k ɛ̃⁵³ ʐoŋ⁵⁵k ɛ̃⁵³）敬羊仪式又作"羊作会"，一般耗时三天以上。由于需要花费大量的财物，过去，许多家庭在下葬之时无力及时举行此仪式，因此，传统的普米族人选择了二次葬的习俗，在尸体焚化三年之后，甚至更长时间以准备足够的财物并选择一个吉日来举行此仪式。

喂养者不能强迫。直至羊吃了炒面，喝了醅酒，全身抖动，家属才向羊磕头辞行。随即，用刀直刺羊胸，迅速取出羊心，敬献于逝去的祖先。若羊心呈深红色、少血、颤抖，表示死者接受羊祭，视为吉利；羊心不颤抖、颜色呈暗红色并伴有大量的血液则视为不吉。之后，韩规或释毕给逝者念诵《指路经》，给亡灵指示氏族的迁徙路线，帮助其顺利回归祖先发祥地。

毕扎古布德智正在编制草人

西夏人缚草人杀鬼招魂的习俗在普米族人中亦有保留。20 世纪 60 年代，宋兆麟先生在宁蒗、盐源、木里等西番人（普米）集中居住地区考察时有这样的记录：

> 西番人（普米）对敌人、仇人或有生育不繁等都有扎草人诅咒之术。对敌人、仇人诅咒时，先请祭司扎草人、草羊、草鸡，并准备一盛有少许金银和鸦片的陶罐。入夜之后，祭司击鼓施法，不断念诵敌人、仇人的名字，并将灌口封住，不使其透气。这时，祭司脱掉一只衣袖，半光着膀子，用牲畜血途面和胸部，如魔鬼模样，并在房屋周围绕行三圈，作驱鬼状。以箭射死先前已备好的一只羊，煮羊肉祭祀山神，用羊血撒在草人上，用箭刺杀草人，同时咒骂敌人，并把陶罐及草人抱到村边交叉路口，将陶罐埋在地下，而草人置于

255

路上任人踩踏。如果妇女长期不孕，亦请祭司扎一草人，为其穿上该女子的服饰，让草人背一布袋，内盛荞麦、猪、羊和牛骨头，并在火塘中烧一石块，丢在布袋内。杀牛、羊以祭山神，祭司念诵《米勒不吉季》经，用牛羊血涂抹草人，然后将草人送到山外将其捆在一大树上。①

由此看来，西夏人与普米族人在占卜、驱鬼的巫术功能上又极其一致。

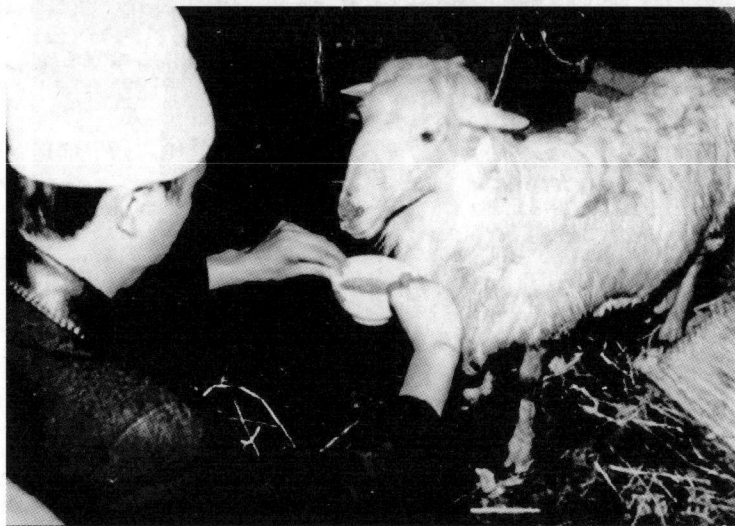

普米族保存了西夏党项人"先咒粟以食羊"的习俗（兰坪和庆珍提供）

四　葬礼习俗的比较

丧葬习俗是民族文化的重要组成部分，也是各民族现实生活状况的反应，西夏人与普米族的丧葬习俗有许多相似之处，通过对两者葬俗的比较，可以更深入了解两族社会生活的具体情况以及二者的民族渊源关系。

据史书记载，党项族在甘、青、川一带居住时，主要实行火葬。至新中国成立之前，大多数贵族已实行土葬，但仍要"凿石为穴"，不起坟

①　宋兆麟：《泸沽湖畔的普米人》，云南教育出版社 2009 年版，第 508 页。

堆，"后人莫知其处"。① 有关西夏人的葬俗，《西夏纪事本末》中有"用彩缯都包其身，外裹之以毡，椎牛设祭，乃以其草密加缠束，然后择峻岭，架木为高丈，呼为女栅，迁尸于上，云于飞升天也，二族于其下击鼓饮酒，尽日而散"。②《旧唐书·党项传》亦载："死则焚尸，名为火葬。"而《文海》"烧尸"条有："火上烧化尸体之谓。"又："丘墓也，烧尸处骨尸所围之谓。"③ 而宋毕仲游《乞理会河东土俗埋葬札子》云："中民以下，亲戚丧亡，即焚其尸，纳之缸中，寄放僧寺与墓户之家，类不举葬。"④ 河东乃党项居地之一。近年，宁夏考古工作者又在贺兰山东麓发现了一批用陶罐盛骨灰的党项平民火葬墓。⑤ 此外，马可·波罗（Marco Polo）在经过西夏故地（唐古特州）时，对西夏遗民的焚尸之俗则有更详细的记录：

> 焚前，死者之亲属在丧柩经过之道中，建一木屋，覆以金锦绸缎。柩过此屋时，屋中人呈献酒肉及其他食物于尸前，盖以死者在彼世享受如同时。珀至焚尸之所，亲属等先行预备纸扎之人、马、骆驼、钱币与尸共焚。据云，死者彼世因此得到奴婢、牲畜、钱财等，若所焚之数。柩行时，鸣一切乐器。其焚尸也，必须请星者选择吉日，未至其日，停尸于家，有时停至六月之久。其停尸也，方法如下。先装一匣，匣壁厚有一掌，接合甚密。施以绘画，置樟脑香料不少于匣子，以避臭气。旋以美丽布帛覆于尸上。停丧之时，每日必陈食于柩前桌上，供死者之魂饮食。陈食之时，与常人食时相等，一其尤怪者，卜人有时谓不宜从门出丧，必须破墙而出，此地一切偶像教徒焚尸之法皆如是也。⑥

---

① （清）吴广成：《西夏书事》卷七，《续修四库全书》，上海古籍出版社 2002 年版，第 334 册，第 349 页。

② （清）张鉴：《西夏纪事本末》卷十，《续修四库全书》，上海古籍出版社 2002 年版，第 387 册，第 575 页。

③ 《文海研究》75·242，13·271，43·262 条。

④ （明）杨士奇等：《历代名臣奏议》卷 116《风俗》，《文渊阁四库全书》，台湾商务印书馆 1986 年版，第 436 册，第 297 页。

⑤ 《宁夏首次发现西夏火葬墓》，转引自《新华文摘》1985 年第 5 期，第 67 页。

⑥ 冯承钧译：《马可波罗行纪》，上海书店出版社 2000 年版，第 1 卷，第 73 页。

而陈炳应在谈及西夏葬俗时有"党项的火葬是先将尸体烧成骨灰，然后进行掩埋，武威发现的两座西夏墓就是以'灵匣'装骨灰进行安葬，葬具是木缘塔"[①]。

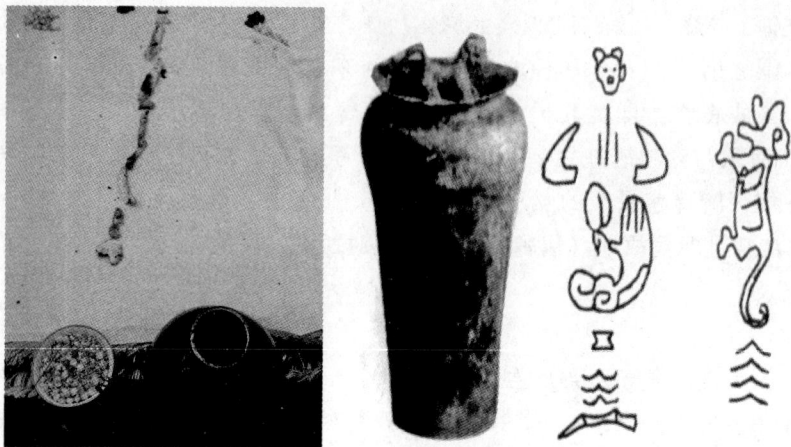

普米族焚完尸后从头至脚拈十三截骨头，按人体形放在一虎皮上（现多用白色垫毡上画一虎像），待祭司念诵完洁净经后，又从脚至头方向依次放入一陶罐里，随后送到氏族神山埋藏（左图）。古"巴"人有一些神秘的图像被考古专家和文化人称作"巴人图语"，至今仍未解其意。其中，有一幅图展示的也是一只陶罐、一尊人形及一只虎像（见右图，转载自（晋）常璩撰，唐春生、何利华、黄博、丁双胜译：《华阳国志白话插图全本》，重庆出版社 2008 年版）。普米族人至今仍被相邻的纳西族（包括云南的纳西族、四川境内的纳木依藏族）等称作"巴"、"巴苴"或者"巴宾"。历史上一直活跃于川西南地区的普米人，曾号称户六百万，他们与古代巴人有着什么样的关系，是一个值得探讨的问题。

上述文献所记载的西夏人火葬仪式，与历史上及今天居住在滇西地区的普米人所保留的丧葬礼仪几乎一致。

普米族人"殁后不用棺椁，以麻布缠裹火化，并无坟冢"之俗早在光绪《续修永北直隶厅志》卷七中有记载。而如前述，至今，金沙江以北宁蒗地区的普米人仍然实行火葬。人死收敛尸体完毕，先用棉被包裹后以蹲状安放在堂屋火塘旁。之后，请韩规或释毕祭司根据逝者离世的时辰、家庭成员的生辰进行占卜，确定设灵期，停灵时间从一天至数月不

---

① 《宁夏首次发现西夏火葬墓》，转引自《新华文摘》1985 年第 5 期，第 67 页。

等，如果停灵时间较长，在后室①内挖一洞穴称"扎豆"（tʂa³¹to⁵⁵），将包裹后的尸体寄存此穴，上盖黄板，涂上泥巴。为防止尸体腐烂发臭，多在封盖上插一根空心青竹竿将气体接向空中，同时，按照普米人的灵魂观，竹竿还作为灵魂出入所用。如果停灵期不长，则将捆绑好的尸体再移入一称作"苟"的棺木匣内。将"苟"放置在堂屋正中的上火铺靠墙处，面朝堂屋门。"苟"与"宗巴拉"之间则用五色布制成的"谷氏"（gu³¹dĩ⁵⁵）的布条屏障将两者遮隔，"苟"的上面覆盖有一床用白绵羊毛制成的披毡，并用五种不同颜色的布条加以装饰。

停丧期间，每日在灵柩前的灵桌上供奉一碗米饭、一碗大头肉、一杯茶、一杯酒、一双筷子，并用植物油点一盏长明灯，而"宗巴拉"前的灯则须熄灭。

火化前一天，要进行"森季同"（sɛ̃³¹ʐĩ⁵⁵thoŋ³¹）即架设火葬场。由逝者之子或者女婿一人随同有经验的男性亲友五人前往，在选定的火葬场用生松树劈柴搭建高约一米五尺，长宽大约一米的形似木楞房的空心四方形架子（普米人叫"森季"），逝者为女性要搭建七层，男性则搭建九层，并且柴表层面朝内。

出殡前数小时，由逝者亲属将"苟"抬出堂屋，并放置在先前在主堂屋外或送葬之路上用青松枝搭建一形似屋子的祭坛内。毕扎要在此处举行"素齐松懂"（给逝者饭食）、"格瓦肯"（死后安顺）、"菊几"（将生者的魂喊回堂屋）。左邻右舍纷纷前来祭献财物，他们用五色布条且以麻代线、用松明替针缝制两个小袋，内装油、盐、茶、米等，其中一个布袋祭献逝者，另一个则委托逝者带给祭献者已故祖先。毕扎用夸张的口吻告诫逝者，生者已祭献了成千上万财物，希望已故者能保佑生者平安。之后，逝者家属按辈分及年龄大小依次跪地"搭桥"，长者在前，成一字形排列。众人抬着"苟"（棺材）从孝子头上经过。其后为两名手持大刀、长矛的武士状之人做引路先锋，他们跳着特殊舞步，当"苟"从孝子头上经过时，参加出殡者都齐声呐喊，引路先锋也要手舞足蹈一番，而随行韩规则沿途敲锣打鼓，吹螺击钵。送葬队伍到达火葬场之后，要抬着"苟"按顺时针方向绕"森季"行三圈，然后将"苟"架在"森季"木

① 传统的普米族人家的屋子都建有一间称作"卒乌"的后室，由正室入内，长方形，可以点火取暖，平时放些另杂物。女子生孩子在此，三天以后才移入正房。人死后亦在此设灵。

架上，面朝北方，意为祖先从北方迁徙而来。韩规则端坐在"苟"的上方，面向"苟"的方向，诵《素齐 su³¹tɕhəi⁵³》经。诵完经由四位韩规分别从"森季"的四方底部点火焚烧尸体。

　　焚完尸后的第二天早晨，孝子或家族男子到火化场拣遗骨。拈十三截骨头放入一陶罐里，送到"入久匈朵 ʐu³¹tɕu⁵³tiɛ²¹to⁵³"（以氏族为单位的寄罐林）。到了寄罐林，用一绵羊披毡铺开在地上，其上用炒面绘制一"雍仲"符号和一只雄性马鹿图像，并将骨灰罐放在马鹿图像前。之后，韩规、毕扎要念诵《雍忠得达若巴》（骨灰安置经）安放骨灰罐。骨灰罐存放方式各地稍有不同，有的放置在崖洞里、有的放在树下用几个石头围砌。而火化场焚死者的火堆上，则用泥土和石头砌一堆坟，坟底做一道小门，寓意让灵魂进出。

滇西北云南宁蒗地区的普米、摩梭等氐羌后裔至今仍保留了
架木焚尸之习俗

　　由此，无论是文献记载还是马可·波罗（Marco Polo）所见到的西夏火葬焚尸之方式，均与现今我们所见的普米族人的丧葬方式相合。

　　此外，在普米族人观念中，人死是自然界的必然规律，他们认为没有不死的树，没有不死的动物，也没有不死的人。年纪大的人会死，刚出生的婴儿会死，男人会死，女人会死，做官的会死，做吏的会死，富人会死，穷人也会死。因此，除了把服毒死亡、套索上掉、跌崖摔亡、为匪为盗及夭折等一类死亡视作"不吉之身"外，将人的死亡，尤其是上了80岁的老年人亡故视为喜事。因此，葬礼结束即骨灰罐安放完毕当晚，主人家要找四个男子装扮成两男两女称作"瑟牙阁尔"，在主人家房屋前后相互调戏。同村的众男女也参与到游戏中。尔后，全村齐聚饮酒作乐，弹奏琵琶，吹奏竹笛，举行"甲措"即跳锅庄舞，意为丧事已结束，老人已送终，青年男女重新欢快地投入新生活。这又与《隋书·党项传》所记载"人年八十以上死者，以为令终，亲戚不哭。少而死者，则云大枉，共悲哭之。有琵琶，横吹，击罐为节"相一致。

通观普米族人与西夏人的自然山水崇拜、鬼灵崇拜、占卜法术以及葬礼仪式，我们可以清楚地看到两个民族在不同时代所呈现的宗教信仰却如此得一致，尤其党项人"所居正寝，常留一间以奉神鬼"以及"咒粟以食羊，羊摇其首，杀羊视其五脏"之习俗，在现今普米族人宗教巫术信仰中更有直接的传承。由此，我们认为，这种相同性不只是文化的巧合，它所折射的是一个民族共同的源流、亲缘及迁徙的痕迹。

第三节　普米族白石崇拜与藏彝走廊
白石图腾的互渗①

白石崇拜是普米族人的宗教信仰，至今仍在普米社会中流行不衰。产生于藏彝走廊特殊地理环境的白石崇拜，反映出普米先民原始宗教信仰的观念，具有普米先民图腾崇拜、自然崇拜、祖先崇拜的多重文化内涵。普米族宗教有原始宗教色彩的释比教，也有受藏传佛教影响的韩规教。在滇西北普米族民间社会，实际存在韩规教、藏传佛教、释比教并存的局面。普米族社会影响最大的韩规教，有丰富系统的宗教经典，祭祀的神灵有八百多种，鬼有三千多种。韩规教的神灵信仰和宗教祭祀，反映出对白石神独特的信仰和崇拜，本节拟对普米族白石崇拜的文化内涵，从比较宗教学的角度进行文化解读。

---

① 该部分内容已作为笔者的前期研究成果发表，此处有所增减，特此说明。参见笔者署名奔厦·泽米的《普米族白石崇拜的文化解读》，载《云南民族大学学报》2011年第3期。

一 普米族民俗生活中的白石崇拜

普米族宗教信仰的白石崇拜，体现在山神祭祀与家庭祭祀两个方面。世代生活在横断山脉的普米族崇拜山神，认为山神给普米人定居和耕种之地，普米族的传统节日转山会，就是山神崇拜形成的民俗节日。在普米族祭祀山神活动中，每户会在住家附近山冈的树下设立祭台，供立一块条形白石代表山神。每年春节过后，各地普米族都要举行祭山神仪式，请韩规或由家长主持祭祀。[①] 此外，普米族在每年 1—3 月逢农耕吉日都要举行氏族或村寨性的"扎拉容音"（$tṣa^{21}la^{33}ʐõ^{31}ʐi^{53}$）祭山神仪式，要在村寨附近坡地的神林举行，一家选一树为山神树，全村或全氏族亦选一树为山神树，由韩规念经祭祀山神。

传统普米族村寨中每户都有火塘，火塘都一定要供奉白石，可以说火塘、白石是普米族家庭生活的特征。以金沙江以北的普米族人家为例，每一个家庭在堂屋内都要设置一个主火塘。较原始的火塘是三块经烟熏火燎的石头，较进化的火塘也不过是一个乌黑的铁三脚，但正是这看上去普普通通的方寸之地，却是普米人日常生活和精神文化的一个中心。火塘是普米族将历史上的游牧与迁徙记忆，保留在其民俗生活中的典型例证。火塘设在入堂屋左侧方向靠墙头正中方。在盖好新房的同时，主人家初步选择建造主火塘的位置，主火塘的地点选定后，必须由"韩规"选择吉日修造。火塘正方立有一块约长 12 寸、宽 8 寸、厚 4 寸的长方形或圆形白色条石，普米语称为"括鲁"（$kho^{31}lu^{55}$），即锅庄石。"括鲁"蕴涵祖先之意，普米人认为它是历代祖先的化身。普米族民间的各种锅庄石传说，都与对祖先的崇拜有关。普米人相传最早立锅庄石的缘由，是普米族先民从昆仑山下的西北大草原迁徙到云南宁蒗之后，将从西北带来的亲人的骨殖和昆仑山崖片的融合体，供在家庭中最显眼的火塘边，以便全家朝夕聚会时祭祀祖先。在"括鲁"锅庄石的正后方神龛中还供一块刻有宗教符号的锥形体白石（亦见有用木材或者黏土替代的）。普米语称为"尼吉达补阿伊宗巴拉"，简称"宗巴拉"。

此白石为火祖母神，亦有始祖神、财产神之意。"宗巴拉"高约 1

---

① 杨照辉主编：《中国各民族原始宗教资料集成·普米族卷》，中国社会科学出版社 1999年版，第 614 页。

普米族用白石雕刻而成，供奉在主堂屋的"尼吉达补
阿伊宗巴拉"（章虹宇摄）

米、宽约 0.7 米，有的上面刻有原始古拙的图案。一般由普米族祭司韩规选择所需材料。无论是石料、木材，还是黏土，必须取自本氏族神山中。若材料选用的是石料，要寻找埋在土层中未见天日的"活石"，一般以选择白色石头最佳，尤其以未经光合作用的"嫩石"最好。选好石料之后，必须在生肖为虎的吉日，才破土取石做粗胚。粗胚打制成型之后，焚烧柏枝香烟熏烤一天，再放进长流水中浸泡九日，通过熏烤、水泡以使之"净灵"。经过祛邪"净灵"后的白石，必须在九天内雕刻、琢磨完工。在生肖属牛的日子，"韩规"将"宗巴拉"图案彩绘，并将其供奉在经堂中，然后韩规焚香诵经，直至请入新屋安放为止。

　　正如前述，"宗巴拉"上雕刻的图案有强烈的宗教内涵，画中盛开的红色莲花代表人类诞生的母体、花蕾意为老祖宗、花蕊象征茂盛、兴旺。画中的九岔火焰，在普米族信仰中视为圣数，突出所绘物体的伟大。火焰上方所绘的云彩烘托的太阳和月亮，表示天体。而画中的海螺和虎则象征神权和母权及"骨根骨肉"之意。金沙江以南兰坪、维西等地区的普米族则直接以铁三脚代替宗巴拉，铁三脚中有一只脚朝向宗巴拉位置，这只脚下放一块较为平整的宽大的白石片，用一根铁链把这只脚与床头柜脚相连，禁止任何人穿过或跨越。敬献茶饭时每只脚顶上都撒一点，大祭时则必须在三脚下的白石板上点燃香柏枝条，祭品要烟酒俱全。在腊月三十过除夕时，要放火炮三响，吹海螺，撒猪膘肉祭锅庄神。①

同西南的氐羌族群一样，普米族的火塘白石在生活中尤为重要。普米族每日三餐前要祭锅庄，由家长进行简单的祭祀，在节庆之日则隆重祭祀，过"吾昔"新年或逢祖先生辰日时要举行特别的"玛尼得焦责"（ma^{31}ni^{33}tɛ^{31}tɕo^{33}tsɛ^{31}）祭祀仪式，这些祭祀的目的旨在祭祖。普米族家人外出回归，亲友来访时所带的食物，都先置于锅庄石上，都必先取少许食物置于锅庄石上，以表示敬献白石神。普米人在收获粮食时，也必须先祭锅庄，表示请祖先神尝新。祭祀要在锅庄石及火塘三脚架上燃烧酒水，念诵《献食经》。如果火塘里的火焰旺盛，火星迸溅，就象征着本家吉祥兴旺，并预兆将有贵客来临，或者将会财富丰裕。反之，若火焰忽明忽暗，火势不旺，则象征晦气不吉利，预兆将有灾难降临，家人定要为此懊恼不已。

此外，白石崇拜在普米族丧葬仪式中也有反映。在宁蒗地区普米族人的丧葬仪式中，当老人死亡的征兆一旦显现，在场的亲友立即用一张白纸或一块白布将"宗巴拉"覆盖，将火塘里的柴火撒至堂屋下端生火，熄灭主火塘。覆盖"宗巴拉"表示祖先神未能保佑好逝者，因此无颜见子孙，而熄灭主火塘则象征生者的悲痛与家族的损失。此后，将逝者放入"苟 go^{31}"（棺材）内，在棺前的灵桌上则摆放一块称作"古达普米"（go^{33}ta^{31}phu^{31}mi^{33}）的白石，其前用植物油点一盏长明灯，此时，"宗巴拉"前的灯则须熄灭。而兰坪地区的普米人则在装有逝者的棺材盖板上放 13 颗白石子。普米族丧葬仪式中的白石，都有助火或引领逝者走向光明之意。作为氐羌族群的普米人，历史上就盛行火葬，认为火葬是火神把

---

① 熊贵华主编：《普米族志》，云南民族出版社 2000 年版，第 118 页。

死者灵魂送入光明境界的过程，故享受火葬者必须是正常死亡的人。在韩规教的宗教观念中，认为只有进入光明境界的灵魂才能转生。总之，无论火塘的"括鲁"还是神龛的"宗巴拉"，白石在普米族精神生活中都有着重要的位置。

普米族火塘的"括鲁"与神龛"宗巴拉"所反映的白石崇拜，究竟起源于近代还是更为久远的历史时期，由于传统的普米族社会缺乏文献记载而难以考察。但普米族世代相传的神话传说，却为白石崇拜的起源提供了一种解说。在普米族创世神话中，与昆仑母山相爱的玉龙天神被天神贬到地上成为玉龙雪山。玉龙神后与昆仑结为夫妇，生出许多大山，最后一胎生下普米族祖先。后来天鬼危害人间，昆仑山飞来压死天鬼，但也毁坏了普米族原来居住的地方。幸存者将亲人尸骨与昆仑山石放入袋中，迁移到宁蒗。后来人们发现先人的尸骨已与昆仑山石合二为一，于是便将石头放在火塘边作为祖先祭祀。普米族的这则创世神话，回忆祖先的尸骨已与昆仑山石合二为一，如此祖先即为白石，白石即为祖先。这则神话为普米人祭祀火塘"括鲁"的习俗，其实质是崇拜白石祖先神提供了很好的解说。

而关于祭祀"宗巴拉"的由来，普米族同样有一则神话传说。相传普米族祖先"昂姑咪"在万物帮助下把宇宙分开，使天、地、山、海、日、月、星、云等出现。后来，"昂姑咪"又得石头的精气怀孕，一胎生下六男六女。这六对男女长大后相互婚配，生儿育女、繁衍了人类。"昂姑咪"为普米人的生存，前往阳赤山向天神讨火种，自己为延续火种、变成了一块带火星的火石——"宗巴拉"，因而受到普米族的崇拜。①

上述普米族有关白石的神话传说，大致可以推测白石崇拜起源于远古时期，确乎是长期影响普米族社会精神生活的文化习俗。普米族韩规经还有白石生火的神话记载，更反映出普米族白石信仰的源远流长。

二　韩规经白石生火神话的解读

在普米族传统宗教韩规教中，韩规在为人消灾祛病、驱鬼逐邪、施行巫术法事时，要借助火神的威力。尤其是在韩规驱逐全村寨性的瘟疫鬼时，必定要手执火把，舞刀，撒碎白石，以示驱逐鬼邪。在现有的六十余

---

① 章虹宇：《普米族的"括鲁"与"仲巴拉"》，《民俗研究》2000 年第 3 期。

部用藏文拼写的普米语韩规文经典中，有专门赞颂火神的经文及口诵经。其中，《麻肯》经①以神话叙事的方式，记载了火的起源与白石的关系。经书中说到，古时某人拾到一片"铁冗目堆"（雷击后留下的坚硬器物），与地上白石碰击后产生火花，引燃一丛干枯的"毕崩"（一种火草），人类从此学会用火。

普米族韩规经《麻肯》对白石功能的叙述，为我们探讨普米族的白石崇拜，提供了有价值的民族志资料。普米族宗教信仰中的白石崇拜与火崇拜相关联，韩规经中"白石生火"的神话叙事，透露出白石崇拜信仰源于远古时期的信息。在普米族韩规经《麻肯》（给逝者火）中有这样的描述：

> 远古时期，人类与其他动物一样吃生，"森季尼塞 s $\tilde{\epsilon}^{33}$ tɕ $\tilde{i}^{33}$ ni^{31} sʅ^{31}"（普米语：意为捕杀到的动物）只能生吃。
>
> 有一天，"铁冗布年 tiɛ^{31} ʐo^{31} bɯ^{31} n $\tilde{\epsilon}^{31}$"（普米语：普米族宗教观念中生活在"日若愣布"顶亦即天上能够造雷的家族），向"日若愣布"（指地球）掷下"目堆 mu^{21} tu $\tilde{\epsilon}^{35}$"（雷器），正好击打在一颗石头上，现出火花，引起森林起火。居住在"日若愣布"上的人纷纷去观看究竟，看到烧焦的动物尸体，拣起食之，味道甚好。
>
> 之后的一天，地球上的又一个人，拣到一片"铁冗目堆"（雷击后留下的坚硬器物），将其撞在石头上，碰擦出了火花，于是叫伙伴观之。众人将其撞在石头上，都能擦出火花。当掷到一块白石上面时，火花正好溅在白石旁边一丛干枯的"毕崩"（一种火草）上，燃起了火。地球上的人从此会用火了。捕杀到动物也可以用火烧着吃了。

韩规经《麻肯》讲述的"白石生火"故事，是普米先民典型的神话叙事。我们对"白石生火"神话叙事的解读，需要找出叙事文本中隐喻的逻辑。正如美国学者萨林斯（Marshall Sahlins）在谈到库克船长在夏威夷被杀这一历史事实时，分析了"历史"与"神话"的认知界线，认为"神话（所表达的内容）或许未必是（夏威夷的）历史事实，但它却不折

---

① 《麻肯》经为韩规经卷之一，意为给逝者火。此经主要用于普米族葬礼中，全经共四函。

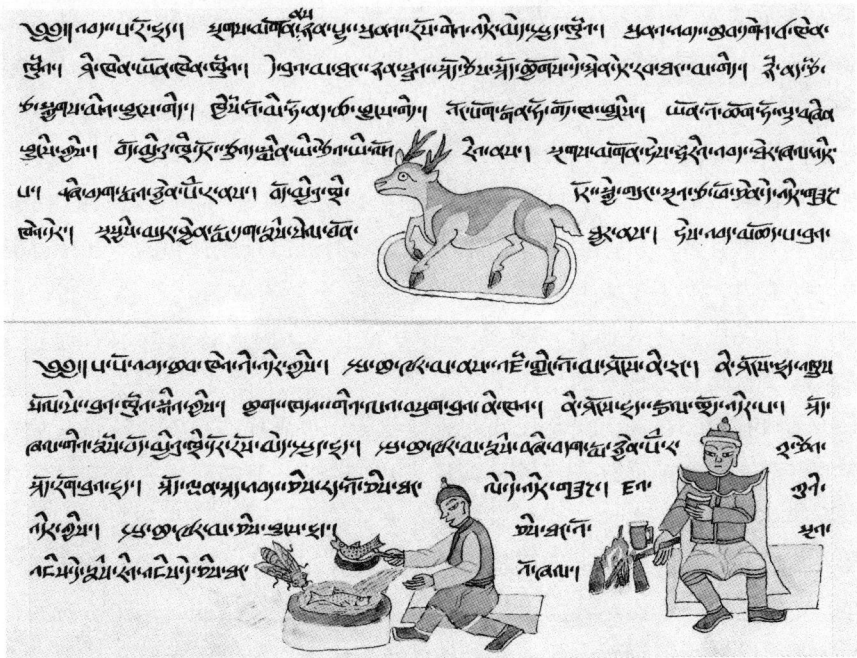

借用藏文拼音写成的普米语韩规经《麻肯》（给逝者火）片段

不扣是它（所存在文化）的真理——它的'诗性逻辑'"。① 神话为人类
社会对各种现象的理解提供了具有自身逻辑的解读，"神话思想中的逻辑
同现代科学中的逻辑一样严密，它们之间的区别不在于思维过程的性质，
而在于思维对象的本质"。② 从韩规经《麻肯》的叙述内容可以看到，火
的出现最初是由于天上居住的"铁冗布年"向地球抛下雷器而产生，这
可视为对普米先民观察到雷击起火这一事实隐喻的表达；而"铁冗目堆"
与石头碰撞产生火花，从而引燃"毕崩"（pi^{31} b õ^{53}）的表述，正好反映
了普米先民击石取火的生活经验，由此普米先民产生了"白石生火"的
观念。

　　韩规经白石生火的神话思维，我们运用列维·斯特劳斯（Claude

----

① Marshall Sahlins, *Historical Metaphors and Mythical Realities*, The University of Michigan
Press, 1995. p. 10.

② ［法］列维·斯特劳斯著，陆晓禾、黄锡光等译：《结构人类学：巫术·宗教·艺术·
神话》，文化艺术出版社 1989 年版，第 69 页。

Lévi-Strauss）在《结构人类学》中的结构分析方法，不难看出存在以下神话单元的对立：无火—火；吃生的—吃熟的；人—动物；"铁冗布年"—"日若愣布"；"铁冗目堆"—"白石"。在普米族白石生火的神话叙事中，居于天上的"铁冗布年"家族是天界神圣的象征，向作为世俗象征的地球投下雷器，由此产生了对普米族生活至关重要的火。火一方面因来自天上而具有神圣的属性，同时它也成为神圣与世俗之间的中介，对普米人的日常生活产生重要作用。普米人通过白石碰撞生火，拥有了使用火的能力，产生了人与动物的分界，"神圣"的火为"世俗"的人所用，白石又成为使人拥有"神圣"能力的工具，因而普通的白石通过这神话叙事就具有了神圣的地位。

无独有偶，在同为氐羌民族的羌族社会，也同样有白石生火的不同文本的神话。羌族神话故事《蒙格西送火》①也有关于白石生火的叙事。古代人神共存于世，大地一片荒凉，没有火种。火神蒙格西与地母神如布西有了私情，送其鲜红仙果。后恶煞神降雪，人间有了冬天。如布西生下一娃，名燃比娃。燃比娃长大后，经过三灾八难见到蒙格西，取得火种，但因恶煞神喝都所阻挠而失败。后燃比娃在蒙格西的帮助下，将火藏在白石中，带回家乡，以石相碰而生火，故此火传于人世。

蒙格西送火的神话故事具有了更多的情节与故事单元。取火的过程更加跌宕起伏。它同样拥有类似的神话单元的对立：神—人；严冬的寒冷—火的温暖；火神的拯救—煞神的阻挠。火的起源不是雷击，而直接出自神灵，白石在叙事中直接成了神火的载体，反映了不同族群神话叙事的社会环境差异。

韩规经《麻肯》（ma³¹kh ɛ³⁵）的神话叙事，还反映出普米族先民亲属关系的结构，白石崇拜在亲属关系中所起的特定作用。

后来，生活在地球上的"恰若达巧外温"与"塞酋秋木"（女子名）成为一家，生育了四个儿子。最小的儿子名为"牙拉帝督"，他向普米人教授了开垦种粮、设陷安扣捕猎的方法。

---

① 汶川县人民政府编：《羌族释比的故事》，汶川县史志办公室，2006年，第72页。关于蒙格西、燃比娃白石与火的故事还有诸多版本，如"燃比娃取火"，"送"与"取"的差异反映了叙事者不同的语境。正如布鲁纳（Bruner）在谈及特定叙事"执行力"时提到，叙事在未经证实而充满变数的条件下，为诠释留下了空间，并促使听众以自身的观点填补故事的空白。

　　一天，牙拉帝督到森林里观察设陷安扣情况，正好碰到下雨，雨三天三夜没有停下来，牙拉帝督全身被雨水淋透，在冷杉树林里，没有把火生出，最后冷得倒在了那里，只剩一点气。几天之后，他的外甥亦去树林里下扣，看见了舅舅在此奄奄一息，于是将其抱到一棵杉树下。杉树下有一颗白石头，外甥用白石头击打火草，摩擦第一下（打下第一次没有撞上）未起火；摩擦第二下，天地之间的"辛布玛"雷电闪现（照亮大地）；第三次打下，生出了火，如太阳、月亮般光明、温暖。外甥将舅舅放在火旁边烤热，舅舅慢慢地苏醒了过来。

　　于是，普米族的先人仿造"目堆"（雷器）打造"砂木"（ʂa⁵⁵mo³³）火镰，出行时常带"砂木"火镰、"砂督"火石、"砂逼"（又称"丁逼次仁"）火草取火；舅舅死亡，外甥都要用白石片打草取火焚烧其尸的习俗出现了。

　　普米族有谚语：火之父是"铁冗目堆"铁器，火之母是地球上的白石头。[①]

　　这个神话叙事表达了"外甥救舅"的主题，白石在其中扮演了关键角色。我们在韩规经中看到了特纳（Victor Turner）"社会剧"（social drama）冲突、危机、改正、解决的范式。只不过在普米族的神话叙事中，戏剧不是以分裂而是以重新整合结束。牙拉帝督前往森林查看捕猎的陷阱，引发了整个故事的冲突。三天三夜的大雨让他陷入昏迷的危机当中。此时作为拯救者的外甥这一角色登场，他利用白石生起火来。在此过程中，外甥三次击打白石，第一次失败，第二次引来天雷，照亮天地。在故事一开始引发火的天雷再次出现，而出现的原因是白石的敲击，这强调了白石的神圣属性。第三次敲击白石便生出火来，而且是"如太阳、月亮般光明、温暖"，诗性的描写融入普米先民对白石的崇拜。最终，"舅舅"得以生还，完成了叙事的解决环节。

　　值得注意的是，神圣白石的使用者由火起源叙事中身份不确定的"一个人"，变成了牙拉帝督的外甥。"舅舅"与"外甥"角色的确立，是普米族对"舅权"（avunculate）的隐喻表达。在母系氏族社会中，舅

---

　　① 上述两部分普米族经文引文出自笔者国家社科基金项目《普米族韩规古籍译注》之《麻肯》（《给逝者火》）。

舅是男性性别角色的最高认可。[①] 而在普米族传统社会中，母亲的兄弟（舅舅）是子辈最尊重的男性亲长，他们对甥儿女负有教育之责，而舅舅则由甥儿女负责养老送终。[②]

在普米神话叙事的表述中，作为"舅舅"的牙拉帝督，成为普米族农耕打猎技术的拥有者和传授者，获得了崇高的社会地位。外甥对舅舅的拯救，象征前者对后者的赡养责任，并通过神话叙事将之确立为应尽的义务；舅舅去世后，外甥用白石片引火焚尸的叙述，再次强调养老送终的责任。而贯穿其中的白石，则自然地成为了神圣的象征，受到普米族的崇拜。

从上述两部分神话叙事来看，白石承担了两个重要的作用。一是将"神圣"之火带入"世俗"，使普米族拥有使用火的能力；二是作为拯救"舅舅"的工具受到尊崇。

普米族神话传说中关于白石的叙述，无论是天雷引火，外甥救舅，都离不开"白石生火"这个主题。普米族白石生火的观念，有力说明白石崇拜与用火有关，这是西南地区羌族、藏族、纳西族白石崇拜中所反映的共同文化现象。按照神话—仪式学派的观点，神话和仪式关系密切，早期神话和仪式是共同存在的，神话表达的信仰通过仪式得到肯定，白石生火神话蕴涵着普米族原始宗教祭祀活动的意义。由此我们就有理由推测，普米族的白石崇拜及其仪式，起源于普米族原始宗教存在的远古时期。

三　藏彝走廊诸族群白石崇拜的互渗

除中国西南的普米族人外，白石崇拜还见于西南其他氐羌族群中，将普米族与羌族、藏族、纳西族的白石崇拜进行比较，有助于加深对普米族白石崇拜文化内涵的认识。岷江上游羌族有信仰白石的习俗，羌寨每座碉楼和屋顶上都放有一块白石，这是羌族人供奉的白石神。白石，羌语称之为"阿渥尔"，是羌人心目中至高无上的圣物，是各种神灵的化身。东晋常璩《华阳国志》卷三《蜀志》记载，汉代巴蜀汉人就将汶山郡的羌人称为"白石子"，此称呼是缘于羌人先民对白石的虔诚信仰。羌人的白石是从人迹罕至的高山请来，将白石供奉在每家屋顶上和村寨的神林中，作

---

① 彭兆荣：《西南舅权论》，云南教育出版社 1997 年版，第 20 页。
② 《普米族简史》编写组编：《普米族简史》，民族出版社 2009 年版，第 45 页。

为天神的象征，神圣不可侵犯。屋顶是羌人家庭私祭白石神的地方，神林是羌族村寨公祭的场所。有的地区的羌族将白石置于屋脊、门窗甚至室内，认为可保佑全家人畜平安。

汶川县雁门乡小寨子羌族，在村寨附近山顶神树林中的石碉上供奉七个白石神，即山神、天神、地神、山神之妻、关圣、龙王和羌语称为"勒波"的神。理县通化乡西山一带羌族，则在屋顶上供奉九个白石神，即开天辟地神、地母神、还愿开路神、山神、建筑房屋之神、指导战争之神、天门神、冬藏神或岁序完成神、传说中代表神意的聪明人"马吉"。四川省理县桃坪乡增头寨羌族白石崇拜习俗，是每家在火塘边竖三块白石，分别代表三个神灵。

四川藏区藏族原始宗教有祭白石的仪式。白石是每户供奉于屋顶东端的三块（或五块、七块）洁白石头，四川藏族称为"木补"，意为石神。四川藏族或遭灾有病，命运多蹇，即行祭祀白石之礼。白石还被四川藏族视为家庭保护神，是藏民经常进行的祭祀活动。任乃强《西康图经·民俗篇》载所见民国时期四川藏民祭家神白石说："家神在屋顶上，为直立之杉木条，上悬经旗，其下有白石，或建有焚香之炉，或代以瓦罐，或并无之。"[1] 四川嘉绒藏族则在屋顶四角都供奉一块白石，白石是嘉绒人信仰的神灵，每逢播种、收获、年节祭祖，嘉绒人都要祭祀白石神。嘉绒藏族供奉于门框上的白石代表雪山，表示对神山的崇敬，嘉绒藏族门顶框装饰的两块长片白石刻有经文，嘉绒藏族相信这白石能祛除鬼神，这是古羌人白石崇拜具有族群特色的象征表现。

川南藏族支系纳木依人和拍木依人[2]也有白石崇拜的习俗，他们从人迹罕至的高山上拣回三至七块白石，将白石神供奉在屋脊上，认为可以保佑人畜安全。在纳木依人和拍木依人的宗教观念中，白石是神圣不可侵犯的。在 20 世纪 20 年代，进入四川藏区考察的美籍传教士埃德加（J. Huston. Edgar）就记录了所见四川藏区的白石崇拜："在四川藏区，人们堆起石英和花岗岩石块来请'天神'和'山神'下凡降临到这上面来。在甘孜，有一个圆锥形的石头，很明显是一块石英，它是一块立在街上的敬拜物。它是一个'藏区的偶像'，被称作'地神'或'土神'……在

---

① 任乃强：《西康图经·民俗篇》，新亚细亚学会，1934 年，第 151 页。
② 被识别为拍木依人的藏族支系，学界认为其实就是普米人。

271

另一个完全不同的地方，我们见证了一个特定的仪式，白石的碎片在其中扮演了一定的角色。"[1]

云南纳西族每年正月初一到十五都举行"美不"祭天，人们在祭天场上栽上若干棵树，每棵树前分别安放一块白色的石头，以象征拯救并帮助过纳西族始祖的善神美利东子和美利色子神，同时，还要在祭天场中间垒一座由三块白石构成的锅庄，每日要向白石祭献饭食。"美不"祭天结束，还要举行谢石仪礼。此外，在一些偏远山区的纳西族人家居前，一左一右总要竖两块上尖下宽，高尺余的白石头，逢年过节要举行特别的"打茨汤"祭献石头仪式，东巴要念祷词："白石亿年岁，东色（神）身托石、声传石、魂附石、事传石，白石永佑人。"

关于纳西族的白石崇拜，纳西族学者周源还认为，如今在丽江北岳庙所立的"三多（朵）"神是纳西先民所幻想虚构出来的民族保护神。其前身是一块巨大的白石。相传，这块白石是块神石，是一纳西先民在玉龙山中发现后背回来的，起初"其轻如纸"，继而却越背越重，背至如今庙址（今丽江白沙北岳村北），落地小憩，遂"重不可移"，乡人神之，便立祠以祭之。如今的"三多（朵）"是一个真人模样的塑像，穿着白盔白甲，骑着白马，手执白矛，一应具白，这不过是白石的一种象征，不过是白石的具体人物形象化。[2]

巧合的是，今丽江北岳庙所在的"白沙"[3] 村，正好是历史传说中发生在普米族人与纳西族人之间"黑白战争"之地。由此，白石将纳西族与普米族的历史联系在了一起。

20 世纪 40 年代，胡鉴民曾赴岷江上游羌族地区考察，后撰写《羌民的经济活动型式》一文，在论及羌族的锅庄文化时说："'鼎锅灶'，土名三脚，现在有铁制之三脚，但其原始形态则为三块石头。此为羌民的固有

---

[1]　J. H. Edgar, *The White Stone*, Journal of West China Border Research Society, 1922 – 1923, pp. 57 – 62.

[2]　周源：《试论纳西族白石崇拜》，《云南师范大学学报》（哲学社会科学版）2001 年第 3 期。

[3]　"白沙"是纳西语，"白"为纳西族人对现今被划作普米族、普米藏族人的民族称谓，"沙"有杀或死之意。"白沙"就是白人被杀（死）之地。著名文化人宣科先生也在《白沙细乐探源》一文中指出："白沙"，名从其主（纳西族语），则应是"崩 be 时 she"，崩者，今普米族之意；时者，死也。

文化。羌民以为每块石头都有一神灵，此物羌语称'格尼'（go³³ni³³），西番亦有此物，称'血米'（çy³¹mi³³）。氐、羌民族的原始经济形态，都是随畜迁徙，鼎锅灶是与此流动生活最相调适的文化要素。"[①]　西番是清代以来汉人对普米人、嘉绒藏族的称呼，胡鉴民此处所论的"西番"，应是操尔苏、贵琼和纳木依等语言的族群。胡鉴民在岷江上游的民族调查中，得出羌人和普米人的鼎锅灶类同的认识。至今仍逐水草而居的四川嘉绒藏族牧区，在帐篷中央还设有用三块石头支起的火塘，嘉绒藏族称之为三锅庄。

我们知道氐羌先民在藏彝走廊迁徙生息，锅庄是赖以取火、煮食、御寒不可或缺的生活工具。民族学界普遍认为氐羌族群锅庄的原始形态为三白石，而关于此白石的来历各族群有着生动的神话传说。在普米族的历史记忆中，白石是昆仑山神保佑祖先的信物。而在羌族《羌戈大战》的神话传说中，羌族祖先用白石战胜了戈基人，白石是天神阿爸木比达的象征。白石崇拜贯穿氐羌族群生命史的全部过程，普米族老人去世要用白石殉葬，而据 20 世纪 30 年代英国传教士陶然士（T. Torrance）对汶山郡羌族习俗的观察，羌族人死后同样也是用白石殉葬。[②]

普米族、羌族、藏族、纳西族的火塘锅庄，作为家庭精神生活的灵性世界，有着内涵相同的宗教禁忌。火塘锅庄是祖先神灵所在，决不能行吐痰、跨越等亵渎之事，火塘作为光明的象征，其锅庄之火要终年不熄。

我们从白石崇拜盛行的普米族、羌族、藏族、纳西族的分布地域，可以清楚看出事实上存在的西南白石崇拜文化圈。西南六江流域所在的岷江、雅砻江、大渡河、金沙江、澜沧江地区，也就是西南白石崇拜文化圈的分布范围。时至今日，我们只要走进这个文化圈的地域之中，到处可见竖立于山头、房顶和门楣之上的白石，作为祖先神、土地神、家宅神的象征，仍然受到各族群的崇拜。走近普米族、羌族、嘉绒藏族、纳西族的民居，更可以深切感受各族群白石信仰的氛围。白石崇拜具有多重文化内涵，作为图腾象征物它具有保护部族成员的功能，西南各族群供奉白石图

---

①　胡鉴明：《羌民的经济活动型式》，载中山文化教育馆研究部民族问题研究室《民族学研究集刊》1944 年第 4 期。

②　T. Torrance，*The Basic Spiritual Conceptions of the Religion of the Ch'iang*，Journal of West China Border Research Society，1926–1929，p. 151.

腾象征物，是期望得到图腾神灵的有效保护。普米族、羌族、藏族、纳西族先民在长达数千年的历史时期中，在藏彝走廊迁徙、征战、交往、融合，作为氐羌族群共有的白石崇拜也经历了长期的文化互渗，以致在藏彝走廊狭长的地域范围内，形成诸族群大同小异的白石崇拜文化圈。诸族群对白石的崇拜不仅是象征祖先神灵，也是古羌集团源远流长的尚白心理的反映。可以说，白石崇拜长期影响着普米族、羌族、藏族、纳西族的精神生活，也是沿袭数千年而至今不衰的文化传统。

普米族韩规教经书有关白石崇拜的神话，为我们提供了研究普米族白石文化的新材料，通过比较普米族与藏彝走廊诸民族的白石崇拜，可以正确解读作为宗教文化符号的白石的文化内涵。本书探讨普米族白石崇拜的民俗活动，并从韩规教经书神话叙事中的隐喻出发，分析白石在普米族宗教中的作用与意义。我们认为白石神话反映了普米先民的集体心理，白石神话是普米族原始宗教观念形态的反映。藏彝走廊诸族群祖先流传下来的崇拜白石神的古老习俗，至少可以追溯至诸族群原始宗教生成的起源时期。我们在讨论普米族白石崇拜的基础上，同时将其与藏彝走廊诸族群的白石信仰相比较，这一跨文化比较的大视野，将有助于揭示西南各族群白石崇拜的文化内涵。

第四节　普米族宗教的人文效应[①]

一　普米族宗教与民俗的关联

研究宗教与民俗的内在关联，有必要借鉴史学视阈的整体观照。如果说"宗教是关于超人间、超自然力量的一种社会意识，以及因此而对之表示信仰和崇拜的行为，是综合这种意识和行为并使之规范化、体制化的社会文化体系"[②]；那么，民俗则是民间风俗，亦即"一个国家或民族中广大民众所创造、享用和传承的生活文化"，具体而言，则是"广大中、下层民众"在"社会生活中世代传承、相沿成习的生活模式，它是一个

---

① 该部分内容已作为笔者的前期研究成果发表，此处有所增减，特此说明。参见《普米族宗教与民间文学关系摭谈》，载《当代文坛》2011 年第 3 期。

② 吕大吉：《宗教学通论新编》，中国社会科学出版社 1998 年版，第 79 页。

社会群体在语言、行为和心理上的集体习惯"①。不难看出，非但一个民族的"文化在实质上是宗教，宗教在表现形式上则为文化"②，而且"各民族的风俗、习惯、信仰和民间文学，都是社会的存在，也都是历史的一部分"③，亦即从事物的同一性来审视宗教和民俗，它们都是以人类为主体的社会生活的客观呈现，其实质都是人类文明。

两种在本质上趋同的人类文明，在社会实践中必然交互影响。事实上，宗教活动当中的某些仪式或现象，其本身是民众生活文化甚而集体习惯，亦即民俗的重要组成部分；民间风俗当中的信仰习惯，譬如原始崇拜、巫术、禁忌等，同样也是宗教学研究的对象。笔者在这里所欲探讨的，是以普米族为典型的民族宗教对民间风俗的作用和影响，也就是普米族宗教的民俗效应。

（一）普米族民俗文化的宗教意蕴

探讨普米族宗教的民俗效应，首先应该把民族宗教与民俗置于一种普遍的思维框架之中，也就是说，在宗教与民俗的交互关系中，考察普米族民俗文化所呈现出来的宗教意蕴。作为特定民族的人民所创造、享用并传承的文化遗产，民间风俗必然包括以下四种内容：其一，渔猎、农业、畜牧业、手工业、建筑、商业等方面的生产习俗；其二，衣、食、住、行、医、用、语言、产育、婚姻、丧葬、寿诞、礼仪、节日等方面的生活习俗；其三，民间口头文学、美术、舞蹈、音乐、游艺、竞技等方面的文化活动习俗；其四，村落、家族、姓氏、社团等方面的组织制度习俗。④ 由此，普米族宗教的民俗效应，首先表现为生产习俗、生活习俗、文化活动习俗、组织制度习俗等民俗学范畴的宗教演绎。

先看普米族的生产民俗。据考察，普米人在盖房造屋之前，往往要卜算、选定宅基和砍伐日期，为使伐树顺利，在动工前要祭三脚架，继而带上祭品往砍伐地祭山神。从居室设置来看，大多数普米人在堂屋进门右侧立有一根中柱，堂屋以平台为火塘并在中央安放铁三脚架，在铁三脚架正对后墙或右墙角处安置神龛，来客或家人不得跨越铁三脚与神龛柜脚之间

---

① 钟敬文：《民俗学概论》，上海文艺出版社 1998 年版，第 1—3 页。

② 白寿彝：《民俗学和历史学》，社会科学文献出版社 2002 年版，第 133 页。

③ ［美］保罗·蒂希利著，陈新权、王平译：《文化神学》，工人出版社 1988 年版，第 8 页。

④ 王文宝：《中国民俗学发展史》，辽宁大学出版社 1987 年版，第 6—7 页。

的铁链。普米族的农业习俗，譬如正月初二的"驾牛节"，此时家家户户都用大红纸将牛角包起来，赶到村头的田里，耕一圈地，人们布置佳肴和黄酒，开怀畅饮，并且给牛喂肉、喂饭、灌酒，用酒肉祭献在牛群前的一块青石板上，鞭炮声响成一片，希望来年五谷丰登、六畜兴旺[1]；又如在庄稼遇到干旱或冰雹等灾害时，举行称作"塞路"的祭天仪式，认为天神可以帮助挡住自然灾害的来路，以保障人畜健康，粮食丰收。[2] 普米族的狩猎习俗，譬如每次进山狩猎时，"都要在山中选一棵'神树'（下立一块条石）举行'勒毕 $lε^{33}pi^{31}$'（祭猎神）活动，请求猎神保佑。祭品为一只大红公鸡、一碗酒、一碗茶、一碗饭、三炷香、一把香柏枝。祭祀的大致过程为：宰鸡，以鸡血涂抹于条石香柏之上，点上香，跪拜祷告，吹响海螺（牛角），以酒茶泼地，煮熟鸡肉，众人就地野餐"[3]。如此种种，可见普米族生产习俗是以游牧、耕作、狩猎等为内容的落后自然经济的文化遗留，其中不乏"万物有灵"思维的客观演绎。

事实上，受民族宗教影响的普米族民俗，除信仰与迷信习俗之外，主要表现在生产和生活这两个方面。普米族宗教对民族生活习俗的作用，一方面表现在衣、食、住、行、医、用、语言、寿诞、礼仪等实际上受到种种崇拜和杂神信仰的浸润；另一方面，较为明显甚而典型的影响，则一般通过婚姻、产育、节日、丧葬等四种习俗呈现出来。

譬如，普米族青年男女的婚姻习俗，要经历提亲、尝新、择日、聚亲、迎亲等多个环节。其中的"提亲"亦即"定亲"环节，男方必须首次祭祀女方锅庄，其顺序是先祭天神、山神、龙神、本地神灵，然后祭祀祖先，最后才祭祀锅庄；其中的"择日"亦即择定订婚期，男方必须问好新娘及家主的生辰八字，以便测定黄道吉日；其中的"迎亲"环节更是礼数重重：首先是"下马杯"时的敬天地；然后是第二次敬新娘家锅庄，"把女儿出嫁这件喜事上报给天地间的神龙诸仙和祖先，祈求他们保佑新郎新娘百年好合，祝愿家里幸福平安、五谷丰登、六畜兴旺、出行大吉"；然后是喜宴开始之前的敬喜神；然后是新娘梳妆和哭嫁时的种种忌

---

① 尹善龙：《普米山寨行》，《中国民族》1985 年第 12 期。

② 杨照辉：《川滇民族巫占与禁》，云南省社会科学院民族文学研究所：《民族文学研究集刊》，1997 年，第 55—56 页。

③ 兰坪县民族事务委员会：《普米族民族志》，云南民族出版社 2000 年版，第 80 页。

讳；然后是"上马杯"时的敬天地；然后是敬新郎家锅庄，"上报给天地日月星辰，风云雨雪闪电，群山群胡之神龙，世世代代的祖先"①。不难看出，普米族婚俗当中的每一个细节，无一不与这个民族的宗教信仰休戚相关。

又如，普米族妇女在患有不孕之症时，往往采取几种与信仰有关的方式来解决：第一，他们认为是死人变成的不孕鬼在作祟，因此往往请韩规前来念经驱鬼；第二，他们骑马或步行到"巴丁喇木"（pa³¹t i⁷⁵⁵la³³mu³¹）女神处去朝拜祭祀，并在祈求女神让他们生儿育女之后，饮用洞内的幽泉；第三，永宁木底箐乡的普米人习惯于崇拜"母毛都吉垮"（mu³³mo³¹do³¹tɕ ĩ³¹kua³³）山洞的"石祖"（ʃ̩³³tʃu³¹）。该"石祖上方有一个凹坑，内存水"，人们"认为这是不见天日的水，最为纯洁，它又是存放在石祖上的，如同精液一样神力无边"，倘若不育女子喝了此水，自然就会生儿育女"，当然，求育者还有若干仪式，除烧香、磕头外，还要在石祖上坐一下，即求育妇女必提起长裙，与石祖接触一下，然后喝石祖上的圣水，方法是以空心竹咂三次，接着在水池内沐浴，这样才清除阻碍生育的秽气，妇女可以怀孕、生育了②。与此相关的还有，普米族妇女在分娩前夕，主人家通常宴请韩规为孕妇祈求平安，举行一种称为"今依"的模拟巫术，亦即"以象征性的小木屋、孕妇代替真正的家屋、产妇，并利用巫师的法事，把各种可能出现的灾难集中于巫术道具——木屋和面偶上，代产妇受罪，然后丢于野外，这样就保护了产妇的安全，可平安分娩"③。事实上，普米族家庭在女人怀孕、分娩、接生以及孩子出生以后的报喜、起名、满月、认干亲、成年礼等多种场合，都要举行相关的仪式和活动，由此折射出这个民族独特的宗教意蕴。

普米族民俗节日包括吾昔、转山、转海、端午、尝新、月半等，其中往往伴随着多种名目的宗教祭祀活动。吾昔亦即春节，大年初一必须"取头水"和"接头客"，忌讳"头客"是人品不好抑或多灾多难之人，整个春节期间有多种宗教禁忌。祭祀神灵、祖先、铁三角、房头等，已成为一种常见的生活习惯；转山节、转海节要分别举行祈祭山神和海岛的活

---

① 杨子英等：《普米族》，中国水利水电出版社 2004 年版，第 41 页。
② 宋兆麟：《泸沽湖畔的普米族人》，云南教育出版社 2009 年版，第 303—304 页。
③ 同上书，第 306 页。

动；端午节亦称为东方情人节，人们用菖蒲缠于腰间、头顶，以求清灾除病，节日期间除了主祭宗巴拉神之外，还为青年男女约会提供了重要条件；在"尝新"这一天，韩规或长者通常主祭"宗巴拉"，并把第一碗米饭让给狗吃，把第一碗米酒奉敬老人们喝；七月半祭祖则意在祭奠祖宗，其主旨是怀念先人，并求护佑，此时必须先祭诸路山川神灵，请自然神让祖先顺利归来享祭，而家中有新丧者的人家，除了接祖、祭祖、送祖之外，还要祭奠亡灵，为迁葬（正葬）者补行"给羊子"仪式。普米族节日习俗不仅因为种种禁忌而生，更可谓民族历史和早期信仰的文化缩影。

通观普米族的葬丧活动①，一般包括以洗尸、捆尸、装尸、停尸等环节的前期阶段，以火葬（包括装骨）与埋罐（送魂）等环节的中续阶段，以及以给羊子（羊祭）等环节的后续阶段。其丧葬活动讲究颇多，譬如前奏阶段：在死者面部、鼻、耳、眼等处抹上酥油；在死者口中放入一块银元；将尸体摆成屈肢坐式，上肢交叉；捆尸以白麻布从上捆到下，意谓将死者还原恢复成出生时的状态，便于再生成人；在死者棺上画上图画，盖上有圆形花纹，前后左右刻画着死者归宗的路线图和生前饲养的牛马家畜图；悬挂死者子女送的名叫"达珠"的开路经，其上标明死者寻找祖先的路线。又如中续阶段的火葬：焚尸日期由巫师选定；事先在火葬场准备好搭成房屋形状的木柴；请喇嘛和韩规到火葬场念经；送葬队伍中一人拿着送魂路线图；烧尸过程以尸体烧得快为吉利；焚尸时注意不使遗骨全化为灰烬，翌日由死者亲人收取十三根焚剩的骨肉；骨灰罐形状是小口凸肚，放进骨灰后，不封罐口，盖上松毛，在罐的底下开一小孔，作为死者灵魂出入的地方。又如后续阶段的"给羊子"，实际上是普米人在死者属相之年举行的异常隆重的杀羊送魂仪式，在韩规祭师的主持下，普米人不仅通过唱古歌、讲故事来追忆祖先，通过集体饮宴来交流人民情感，而且在"给羊子"仪式当中，多次呈现出较为原始形态的模拟巫术以及鬼魂凭灵、神灵附体等法术思维，最终被建构成为"韩规教"最为重要的宗教活动。

从某种意义上说，民族宗教可谓民间风俗的核心要素之一，民俗则不失为民族宗教的外在表现。普米族民俗与汉族民俗中人为宗教的积极参与并不相同，缘于极不发达的生产力、较为落后的民族文化以及"万物有

---

① 严汝娴、陈久金：《普米族》，民族出版社 1986 年版，第 58—62 页。

灵"观念的影响，大多数普米人的原始崇拜和杂鬼神信仰，往往在以生产和生活为重要主题的民间风俗当中杂糅并处且程度不等地表现出来。

（二）普米族宗教对民间习俗的影响

探讨普米族宗教的民俗效应，其次应该把民族宗教与民俗置于一种特殊的思维框架之中。事实上，除了生产、生活、文化活动以及组织制度等相关习俗以外，最能体现其与宗教之本质关联的，当属包括图腾崇拜、神灵信仰、祝咒、禁忌、预兆和占卜等方面的信仰与迷信习俗。这些信仰与迷信习俗，其实质是以原始宗教为内核的民间造神思维的必然结果。原始宗教与民俗的深层契合，往往促成民俗宗教的产生，其中以少数民族为甚。由此，以普米族为典型考察民族宗教对民俗的重要影响，可知特殊的民族文化往往自然孕育出颇具地域文明的民俗宗教。

少数民族文化对民俗宗教的孕育，其原因归结于民族宗教与民俗宗教在本质上的一致性。民族宗教往往针对地方民族的主流信仰，特指"少数民族社会中各种不能为官方宗教分类所包罗或容纳的信仰和崇拜现象"；民俗宗教则可以理解为民众宗教抑或民间信仰，它是以广大中下层民众为社会主体，以服务于生活为总体目的，"包括祖先祭祀、表现为各种庙会形态的民间杂神崇拜、各种形态的民间道教、民间佛教以及基于泛灵论的自然精灵崇拜和鬼神崇拜等在内的民间信仰"①。在这种背景下，考察普米族的历史渊源和文明现状，可见其民族宗教即是典型的民俗宗教。

值得一提的是，通过比较普米族与汉族的宗教信仰，我们同样可以得出上述结论。日本学者渡边欣雄认为："汉族宗教的基础及核心，是不属于任何宗教派阀的'民俗宗教'。所有汉族所共同拥有的唯一的宗教，正是民俗宗教，它既非道教，也不是儒教和佛教；甚至也不是那些以教义、教典、教团为基础所成立宗教的混合。"② 这种观点不无道理：基于宗教信仰的社会主体而言，为官方所推崇的人为宗教对应于统治阶层，民俗宗教则对应于民众阶层；而相比之下，对历史产生特定影响的上层政权，其数量远远不能与对历史产生真正推动作用的广大中下层民众相比。如果说

---

① 周星：《民俗宗教与国家的宗教政策》，《开放时代》2006 年第 4 期。

② ［日］渡边欣雄著，周星译：《汉族的民俗宗教——社会人类学的研究》，天津人民出版社 1998 年版，第 3 页。

汉族宗教的基础及核心是民俗宗教；那么与汉族信仰相比，普米族的信仰有如下特点：其一，普米族所谓原生信仰的重心，通常不是以佛教、道教为代表的人为宗教，而是倾向于以图腾、自然、生殖、祖先等为对象的各种原始崇拜和杂鬼神思维；其二，与普米族各种崇拜直接关联的社会主体，通常不是极少数的官方势力，而是大多数的劳苦大众；其三，大多数情况下，在普米族实践统治阶层之社会功能的少数势力，其本身就是各种原始崇拜和杂鬼神信仰的主持者。故而可以断言，普米族文化必将自然孕育出民俗宗教，因为这个民族中那些所谓多样、杂糅并且边缘化的信仰形态，必将构建成为典型化的民俗宗教。

民族文化催生民俗宗教的动力，根源于普米族自然环境闭塞、经济力量微薄、政治地位弱小、文明程度相对落后等一系列相互关联的因素。普米族在其古代居住区的东部，"岷山、邛崃山、夹金山、大小凉山，横亘在东西方之间，减缓了东西方文化交流的节奏，这里的走廊地位招来了无数兵灾的劫难和经济掠夺。其后严寒，天险迭现，土地贫瘠环境闭塞，交通落后，导致了科技文化的落后和生产力水平的低下"①。纵观汉族社会发展的历史，宗教信仰经历了从最初的灵魂观念，包括自然、图腾、生殖、祖先等在内的各种原始崇拜，到中古时代以来的政治神学，以及以佛教、道教为代表的人为宗教。基于文化传播的作用，汉族典型的人为宗教亦曾对普米族杂鬼神信仰产生过某种程度的影响，但是缘于种种历史的、现实的因素，普米族文明始终处于边缘化状态，在极具地方性和乡土性的大众文明当中，其民族宗教在某种意义上甚至等同民俗宗教。

基于上述分析，普米族宗教的民俗效应，其重心在于以信仰与迷信为内核的、以民俗宗教为特殊形态的直观呈展。据民族学家研究，普米族民俗宗教包括自然崇拜、人造物崇拜、祖先崇拜以及鬼神崇拜等在内的多种信仰，以及与前述信仰密切相关的包括祝咒、禁忌、预兆和占卜等在内的种种法术行为。更为详细地说，其中的自然崇拜可分为天神崇拜、龙潭崇拜、山神崇拜、女神崇拜、白虎崇拜、白石崇拜、生殖崇拜等多种形态；其中的人造物崇拜，分为铁三脚崇拜、房头崇拜、中柱崇拜等；其中的祖先崇拜、鬼神崇拜以及其他种种迷信行为，则往往结合多种祈祭活动来具体进行。譬如，普米族的山神和龙神崇拜非常突出。人们甚至认为大地上

---

① 胡文明主编：《普米研究文集》，云南民族出版社 2002 年版，第 172 页。

凡是凸出来的山梁均为山神，凹进去的海湖为龙王神。旧时居住在丽江地区的普米族人，往往在大年初一聚集到本地的龙潭边，举行向龙神要人、要牲畜、要庄稼的祭祀仪式，以求人畜兴旺，粮食丰收；而每当人们生疮或患皮肤病时，亦归结于附近的龙神作祟，从而请巫师前去举行祭祀龙神的巫术。① 另据学者调查，"在普米族居住的地方，每当走到一个山头，或路遇山梁上的丫口、岔路口，总会见到许多大大小小的用石头或木材堆积的、且挂满各种经幡的'麻尼堆'，普米人称'日增'，指祭献山神的地方或标志。凡路遇这些地方均可祭献，或是择吉日携老带幼，备好食物，专程登上山头举行祭典仪式，以求得出门顺利，地方风调雨顺，家庭兴旺发达"②。如此看来，普米族自然崇拜已演化成为民俗宗教的重要组成部分。

普米族的人造物崇拜、祖先崇拜、鬼神崇拜等，往往与其他较为典型的自然崇拜并行不悖。譬如，普米族先民对中柱十分崇敬，后人更是把中柱祭祀作为其他祭祀活动的一个组成部分，"凡遇祭祖、祭龙、婚嫁等重大场合，都要在中柱上插香，在中柱前行礼。大接祖时用香枝绿藤装饰中柱、祭龙神也要把从祭场带回的树枝绿藤装饰在中柱上。姑娘出嫁时，家主要把新郎送来的一对彩珠悬于中柱，新郎和探亲人员要对中柱行礼，祭师则对中柱吟诵祭歌"③。又如，普米族祖先崇拜主要表现为大年祭和月半祭祖，两种祭祖分别设于年头和年中，且都经过接祖、祭祖和送祖的程序，其中既结合鬼神崇拜，又往往与祭祀铁三脚架同时进行，甚而偶尔关联到这个民族的女神崇拜。相比之下，普米族的鬼神崇拜大多与人们祈求身体健康直接相关。譬如滇西北聚居地的普米人灵魂观念很强，"每当家中有人精神恍惚，晚上心惊胆战不能入睡生起病时，就认为他的灵魂被隔在外头。于是由病者的母亲或亲人，捉一只大红公鸡在其床旁，在晚间后半夜头鸡叫时，起床捉鸡和拿病者的帽子在手，用手拍三下门板，打开门，把右脚踩在门槛上，一边呼唤病人的名字，一边唱《招魂曲》"④。在

---

① 杨照辉：《川滇民族巫占与禁》，《民族文学研究集刊》，云南省社会科学院民族文学研究所编，1997 年，第 58—63 页。

② 郑海、殷海涛：《一个民族的脊梁》，云南教育出版社 1995 年版，第 16 页。

③ 熊贵华主编：《普米族志》，云南民族出版社 2000 年版，第 120 页。

④ 杨照辉：《川滇民族巫占与禁》，《民族文学研究集刊》，云南省社会科学院民族文学研究所编，1997 年，第 73 页。

大多数情况下，普米族鬼神信仰可与前述山神、龙神等自然崇拜和祖先崇拜同时呈现，它们不仅在信仰意义上殊途而同归，而且在文化内涵方面彰显出强烈的民俗氛围。

普米族民俗宗教所呈现的其他巫术行为，譬如用鸡蛋、海贝、刀和石子等卜断病因、断凶吉以及寻找走失的牲畜或物品，在滇西北地区同样比较流行。非但如此，普米人在日常生活中逐渐形成了以禁止性规范形式体现出来的本民族的传统行为规范和道德准则，亦即禁忌。其中譬如"家神'宗巴拉'前不能摆放秽物，不得跨过火塘，不得将脚伸入火塘，不得在火塘边摆（说）脏话，烧火做饭时不得将水溅入火塘"，"在外不得在神灵居住的地方进行破坏活动，如在设有祭山祭坛的神山上放牧、玩耍、搬弄祭坛的物品或砍伐树木。在龙王神居住的龙潭也不得放牧和砍伐树木或糟蹋祭祀设施，否则神灵会让人不得安宁，灾难会随时降临到你的头上"①，等等，都是这个民族必须遵守的避免亵渎神灵的种种规定，亦充分证明了民族宗教对民俗文化的深刻影响。

简而言之，民族宗教不能等同于民俗，却可以在很大程度上与民俗契合无间，从而构成一种民俗宗教的信仰状态。从很大程度上讲，普米人的一生不失为一种信仰人生。他们大都信奉万物有灵，认为"凡人类看得见、摸得着的物体均有灵气，均对人产生作用，认为人身上发生的所有病痛及天地间的灾难都和周围的物体有关"，"其中天之神灵如日月、星辰、白云、彩虹等，而地上的神灵则是山石水土、江河湖泊、花草树木、烟火光亮等"②，客观构成了普米族较为突出的自然崇拜。而与自然崇拜相对应的宗教内容是祖先崇拜、鬼神崇拜以及种种禁忌，它们与形形色色的自然崇拜结合在一起，共同实践着民俗宗教的社会功能和人文价值。

（三）宗教影响下的普米族民俗特征

普米族宗教的民俗效应，一方面表现为生产习俗、生活习俗、文化活动习俗、组织制度习俗等民俗学范畴的综合演绎，另一方面在于以信仰与迷信为内核的，以民俗宗教为特殊形态的直观呈展。缘于此种民族宗教的关联和重要影响，普米族民俗在总体上最终呈现出了某些普遍特征。

第一，因为宗教的内核，普米族民俗综合展示出多种混合抑或杂糅的

---

① 殷海涛：《普米族风俗志》，中央民族大学出版社1993年版，第124页。

② 郑海、殷海涛：《一个民族的脊梁》，云南教育出版社1995年版，第20页。

人文内涵。中国宗教信仰的特色，不仅在于极权主义的政治色彩，所谓政权大于神权，神权依附却无法凌驾于政权之上；而且在于不同时期、不同地域与不同民族相结合的不同信仰形态之间的交汇杂糅，以及由此导致的"民族宗教"的多样性和复杂性。民族宗教的多样性和复杂性，一方面源于这个民族政治、经济、文化等方面的落后所致的原始崇拜占主导地位，另一方面基于这个民族在不同发展阶段对其他文明的吸收程度。普米族种种信仰形态之间虽然交错杂处，但是其神秘色彩的背后，往往隐藏着本真的社会生活和复杂的思想观念，因其根本目的往往在于世俗生活，故而折射出这个民族作为现实的人的心绪、情感以及对社会和人生的感悟，它们在历史传承中积淀成为混合或杂糅的民间风俗，隐喻着人类主体对理想和成功的探寻、对生命和情感的诠释、对道德和价值的认识等丰富多样的人文内涵，促进着民族文明的演进和进一步发展。

第二，因为宗教的沉淀，普米族民俗中原始信仰在民族文化中占据核心地位。在普米族社会生活中，民族宗教虽然呈现出多样性、杂糅性和边缘性的特点，但是从总体上看，其内蕴丰富的宗教崇拜，往往以最为古老的原始信仰为内核，影响着全体民众最为深刻的、最具宗教特征的真实信仰形态，亦即基于泛灵论的自然精灵崇拜和鬼神崇拜。自然精灵崇拜和鬼神崇拜可谓人类信仰的源头，是各个民族在潜意识或集体无意识中所感召到的生命本真意义。正因为如此，普米族民俗虽然折射出这个民族多样化的历史文明和现实生活，而决定其民间风俗和集体精神状态的，既不是汉族所谓儒、释、道"三教合一"的正统思想，也不是政治神学在不同社会阶段的具体演绎，而是一种与民族历史和民族宗教深刻关联的较为复杂的文明积淀。与汉文化相比，普米族文明在神秘氛围中处处展示出古朴之气，它是宗教学、民俗学、人类学的重要研究对象。

第三，因为宗教的参与，普米族民俗明显彰显出其族源以及民族历史的文化价值。笔者以为，以历史为积淀的宗教与民俗，其实质不止暗藏着某一地域文化范围之内的特定民族的社会文明，还在于昭示着这个民族文明的因果、源流抑或嬗变。普米族曾经经历过三次较大规模的迁徙运动：由青海玉树、果洛迁入四川甘孜、阿坝和凉山，是普米族历史上的第一次大迁徙；居住在巴塘、理塘至康定一线及其南北地区的一部分"西番"人，顺应自身追逐水草和吐蕃向东推进的要求，随同吐蕃势力向南推进，到达金沙江南北两岸的宁蒗、永胜和丽江地区，是普米族历史上的第二次大迁徙；居住在甘孜州中部、凉山州南部，滇西北金沙江两岸的部分"西番"人，或因游牧，或因战争，或因避乱，陆续向南迁移，其中行进最远者已到达兰州（今兰坪县）境内，并在此开发定居，繁衍生息①，是普米族历史上的第三次迁徙。普米人的迁徙运动由北向南，多种历史证据并存互现，一方面符合北方民族向南方地区不断拓展的总体规律；另一方面，又在一次次难以预料的挫折和困难面前，铸就并自觉形成了民族身份的认同。由此，体现在普米族农业、狩猎、婚育、葬丧、信仰等多种民俗场景中的意在认祖归宗的"路线图"情结，总是在紧密结合其他具体的杂鬼神信仰的基础上，一次次地唤醒并加深这个民族的历史记忆，从而呈现出非常独特的文化价值。

第四，因为宗教的渗透，普米族民俗客观表现出汉族习俗抑或中原文化遗风的影子。民族与民族之间的文化渗透，虽然是双向作用、互为影响的，但文明较为落后的民族总是在这场软实力的激烈角逐中位处劣势。与历史上强势的边疆民族不同的是，受其宗教影响的普米族民俗，尤其是节日、婚育、葬丧、禁忌等习俗，所表现出来的汉族习俗抑或中原文化遗风的参与，并非是在抗拒与融合中的文化较量，而恰恰是人类共同心理和伦理意识的自然呈现：它既是这个民族自身文明的历史承续所得，又是在较为特殊的历史环境下，特别是在晚近社会以来边缘文化对先进文明的自然吸取。比较之下，汉族那些与信仰状态相关的民间习俗，往往是在被遮蔽或被误解的大多数情况下，呈现出看似与边疆少数民族文化泾渭分明的态势。因为早期宗教的积极作用和影响，普米族和汉族在民俗方面或隐或现地展示出相通之处，这不失为二者共同源出华夏文明的重要证据。由此，对于相关的民族比较和渊源探究，无不是一种积极的启示。

第五，因为宗教的影响，普米族民俗事实上证明了西南少数民族种种文明的一致性。某些学者认为，以宗教、民俗为代表的普米族文化遗产，在很大程度上与其杂居或聚居区的其他少数民族呈现出了共通的一面。譬如，普米族崇拜对象与巫术仪式，基本上是与羌族和川西南藏族所崇拜的神灵对象相同，它同样是古羌宗教文化在普米族原始宗教中的遗留。通过例举和比较研究羌族、普米族原始宗教中的"多神崇拜"、"祖先和动物崇拜"、"鬼灵崇拜"和"各种巫术禁忌"，我们既可证明这两个民族的

---

① 熊贵华主编：《普米族志》，云南民族出版社 2000 年版，第 21—23 页。

"原始宗教文化是出于同一个源头"，又可印证"这两族是古羌人的嫡系遗裔"①。在这种情况下，通过对普米族民俗的考察，特别是研究普米族宗教对民俗的重要影响，既可为其他民族的研究提供智力支持，又可为中华民族文明的整体研究作出重要贡献。客观地讲，因为社会发展规律的普遍性和统一性，西南少数民族在宗教、民俗、文学、艺术等种种人文内涵中，大多隐藏着类似抑或同源的文明背景，普米族亦不例外。由此，民族与民族之间的文化关联、影响甚至交叉研究，不仅需要具体而微地考察某个特定的民族，而且有必要探讨作为整体的西南少数民族的族源、信仰和集体心理，继而在此基础上研究源远流长的华夏文明。

二　普米族宗教与民间文学的关系

宗教与文学之间，尤其是西南少数民族宗教与民间文学之间，一直存在着本质性的关联。作为中国西南特有少小民族的普米族，其口传文学包括神话传说、童话故事、古代歌谣大多存在于所信仰的韩规教和释比教中。普米族宗教和民间文学，不仅各自在内部形态上有机结合，在整体风貌上自成特色，而且两者辉映益彰甚而交互影响，共同实践着民族文明的传承和发展。

（一）普米族宗教与民间文学的亲缘和客观互动

宗教与文学的亲密关联，在于文学作为典型艺术形态的巨大魅力。早在 19 世纪初期，德国哲学家黑格尔（Georg Wilhelm Friedrich Hegel）认为："最接近艺术而比艺术高一级的领域就是宗教"，"艺术只是宗教意识的一个方面"。② 继承黑格尔辩证法精神的马克思主义，尤其是政治经济学原理告诉我们：与经济基础相对应的上层建筑，它包括政治上层建筑和思想上层建筑，后者作为适应经济基础的社会意识形态，又包括政治思想、法律思想、道德、艺术、哲学、美学、宗教、文化传媒，等等。根据上层建筑的这种内部结构，足见艺术、哲学、美学、宗教四者最为亲近，其中的宗教与美学、宗教与哲学、宗教与文学，实际上在任何历史阶段都相互联结、交叉影响，共同构成人类精神文明的重要内容。

更为确切地讲，同为意识形态的宗教与文学，明显具有很多客观存在

---

① 胡文明主编：《普米研究文集》，云南民族出版社 2002 年版，第 223—228 页。
② ［德］黑格尔：《美学》（第一卷），商务印书馆 1979 年版，第 132 页。

的天然联系：它们"都以人的主体性为本原，都以人的情感体验为特征，都以想象作为联系此岸与彼岸、主体与客体的中介"，不仅如此，"文学为宗教的弘传发挥了巨大作用，宗教不但对作家的精神取向、审美趣味产生了直接的影响，而且为文学创作提供了丰富的内容，为文学理论提供了思想资源"①。可以说，事物的对立统一状态所致，历史唯物主义和辩证唯物主义的双重证明，往往让这种论断颠扑不破。

宗教与文学的亲缘尚且如此，普米族宗教与民间文学的关联，事实上更为紧密。这是因为，除却宗教与文学本质性的内在联结之外，除却佛教、道教和晚近以来基督教等外来宗教对普米族文明的日益渗透以外，灵魂观念以及包括自然、图腾、生殖、祖先等在内的各种崇拜及其颇具原始思维特征的信仰，可谓普米族宗教的主流形态。而原始思维及其相关的信仰内涵，往往在经过漫长的历史岁月之后，仍然以神话传说、童话故事、古代歌谣等方式，在普米族的民间文学当中真实地映射出来。另外，一种宗教——包括原始宗教和人为宗教——若要保持旺盛的生命力，必须经由大众走向上层以后重返民间，因为任何广泛的信仰以及传播过程，都无法脱离喜闻乐见的民间艺术形态。譬如关于基督教，俄国文学家高尔基曾经感叹："当我细心地读过教徒们的著作《圣经》的时候，我才明白，教会所讲的奇迹是它从有智慧的古代故事中剽窃过来的。"② 如果说人为宗教有必要吸收民间文学的养料来发展和壮大自己；那么，结合了其他文化元素，而以原始信仰为主体的普米族宗教，其本身就是民间口头文学以某种方式而具体演绎的对象。要之，从本质意义上讲，普米族宗教与民间文学的亲缘是历史发展和民族文明积累的必然结果。

普米族拥有丰富的民间文学，却很少拥有真正意义上的"雅文学"。民间文学看似包括抒情歌谣，实际上却是通过多种叙事形态，"运用口头语言，充分发挥其丰富的表现功能和概括能力，创造各种艺术形象，展示瑰丽的想象，表现高尚的审美趣味和深刻的理性认识"③。从人类历史发展的进程来看，与原始宗教相伴而生的早期口头文学，是整个民族文艺的源头，这种文艺形态除了具有口头性、集体性和人民性以外，还在很大程

---

① 周群：《宗教与文学》，译林出版社 2009 年版，第 3 页。
② 《高尔基选集》，人民文学出版社 1959 年版，第 400 页。
③ 钟敬文：《民俗学概论》，上海文艺出版社 1998 年版，第 240 页。

度上体现出传承性以及某种意义的变异性。换句话说，因为古代政治、军事和民族生活的缘故，普米族拥有从北方中原迁徙南移的经历，他们的经济虽然相对落后，但是原始文明以及民间文学却历久不衰，反映远古思维、迁徙历史以及某些异域文化的通俗故事，往往通过口头传承的形式，代代相传至今。人类学家马林诺夫斯基（Bronislaw Malinowski）认为："民俗故事是不能脱离仪式、社会学、甚或物质文化而独立的，民间故事、传说、与神话，必要抬到平面的纸面生活以上，而放到立体的实地生活以内。"① 事实上，这种颇具民俗学意义的口承叙事，一方面彰显着占据主流地位的原始信仰，另一方面也折射出佛教、道教、基督教等异域文明的痕迹。从总体上看，普米族民间文学所承载的，应该是包括宗教信仰在内的，反映其部族的历史变迁和社会生活。

可见，普米族的民间文学，往往保存了多重宗教元素尤其是原始宗教的文化遗产，通过民间文学作品，我们可以认识原始思维的普遍特征。反过来看，诸种宗教因素的融入，亦使普米族民间文学呈现出某些隐性的深层的文化内蕴。这里值得一提的是，要研究普米族宗教与民间文学的客观互动，必须从两个方面来展开：一是根据宗教与民间文学的基本特征来宏观考察，一是根据宗教特别是民间文学作品来微观印证。

（二）宏观视野下的普米族宗教与民间文学关系

普米族旧称"西番"，又名"巴苴"，是我国西南地区较为古老的族群之一，其族源属于我国西北部的羌戎游牧部落集团。据《后汉书·西羌传》、《新唐书》、《元史》等文献记载，其部分族人曾于战国时期和秦汉时代内迁入青海、甘南、川北、川西南等地区，又在汉末唐初、宋末元初等不同历史阶段，先后几次南迁入滇西北地区。② 这个有语言而无文字的民族，其居住条件仍相对艰苦，生活水平仍相对落后，即使在新中国成立之后，极少数地区还遗留着"刀耕火种"的耕作方法。

在随畜迁徙和地域文明的共同影响下，普米人一方面分化为不同的种群，另一方面信奉着苯教、藏传佛教和道教。尽管这样，缘于不发达的生产力以及"万物有灵"观念，大多数族人"信奉天、山、龙、灶、祖先、

---

① 〔英〕马林诺夫斯基著，李安宅译：《巫术、科学、宗教与神话》，商务印书馆1936年版，第184—185页。

② 《普米族简史》编写组：《普米族简史》，民族出版社2009年版，第8—9页。

中柱、仓房、鬼灵"① 等多神教，并以自然崇拜、图腾崇拜、祖先崇拜等多种形态表现出来。宗教信仰产生的根源不是在天上，而应该是在人间。这正如马克思所说的："对神的存在的证明不外是对人的本质的自我意识存在的证明，对自我意识存在的逻辑说明。"② 普米族宗教信仰的现状，亦当源于普米人历史生活的印迹。

普米族宗教信仰呈现出如下基本特征：其一，本无创教，传承吸收多种文明而成。根据文献证明，普米人没有自己独创的信仰：在远古时代，其族人信奉原始宗教，这种信仰不仅在族群迁徙过程中传承下来，而且融合了地域性的原始宗教的文明因子；在中古以后，迁徙至四川、后来到滇西北地区的普米人，先后受到道教和藏传佛教的双重浸润，并且一直传承至今。其二，自古迄今，宗教主流因时代而嬗变。中古以来，不同历史时期的普米人尽管同时信奉着多种形态的宗教，但是在特定的历史环境和文明背景下，普米族群通常以某种特定的信仰形态为主流，并且体现着多种文化因素的综合影响。其三，形式多样，多教并存甚而杂糅相生。普米人在早期信仰原始宗教，但是在藏彝走廊迁徙的历史阶段，又逐渐接受了多元宗教。普米族多元信仰为族群提供了精神动力，有力促进着民族文明的演进发展。其四，内蕴深沉，不同艺术形态多姿多彩。因为普米族多教并存且杂糅相生，其宗教以及反映宗教文化精神的其他物质外壳，往往表现为思想复杂和主题散现，故事、诗歌、绘画、工艺等不同艺术形态，特别是口头文学形态，一方面可从不同角度来表现之，另一方面，其自身面貌亦呈现出多姿多彩的面貌。值得指出的是，体现普米族原始思维的韩规教，起源于苯教而融合于佛教，又结合原始祭师"释毕"教的口授经和民俗，形成普米族独特的地方宗教，亦最能体现该民族宗教的基本特征。

普米族宗教折射出其族群发展的悠久历史和远古文明，同时预示着其民间文学的深沉内蕴。作为民族文化之重要载体的民间文学，往往根源、发展于宗教文明。宗教信仰不仅联结着节日和民俗，而且紧密关联着民间文学。与宗教隐显互现的普米族口头文学，"散文类有神话、传说、故事

---

① 杨照辉：《普米族文学简史》，云南民族出版社 1996 年版，第 2—4 页。
② 《马克思恩格斯全集》（第 1 卷），人民出版社 1995 年版，第 101 页。

三种；韵文类有各种歌谣"，它实际上是这个民族"活生生的编年史"。①
普米族宗教表现出了民族形成、迁移和发展的某种规律性；其民间文学同
样表现出了与宗教信仰一致的特性。

笔者认为，普米族民间文学亦呈现出多种基本特征：其一，地位特
殊，普米族民间文学是重要的文学遗产。因为历史和现实的缘故，新中国
成立之后的普米族新文学无足轻重，现当代文学不甚发达。比较之下，口
头文学却得到很好的继承，上古及中古文学尤甚。从文学形态上看，颇具
民俗性质和生活原型的故事和歌谣作品，成为普米族现存文学的主体。其
二，口传心授，无文字状态的历史遗留。普米族口头文学即其文学遗产，
无文字的口传心授是文学生产和传播的主要方式。这种方式延续了几千
年，是反映普米人迁徙和族群延续的重要范式。其三，阶段层递，神话歌
谣及其时代移位。自上古到中古、近古，由神话过渡到传说、故事，从古
歌发展为歌谣、民歌乃至诗歌，无论是在文学精神，还是在具体形态上，
普米族文学都体现出某种鲜明的倾向性，它既是神话、歌谣在不同历史阶
段的时代移位，亦是文学移位传统的典型范例。其四，二元形态，叙事与
抒情相得益彰。普米族口头文学大体上包括以神话、传说、故事为代表的
叙事文学，以古歌、歌谣、民歌等为代表的抒情文学。叙事和抒情并不是
对立的，在抒情文学的外壳下，实质上依然是讲故事，因而从某种意义上
说，普米族民间文学就是口头故事文学。其五，主题散现，诸文化背景的
宗教隐含。普米族民间文学隐藏着漫长的族群历史、广阔的文化背景和复
杂的现实生活，其思想内蕴丰富而又深刻，其中的宗教内涵尤其体现为杂
糅互现。

鲁迅先生认为，"诗歌起源于劳动和宗教"，② 故事亦当如此。从民间
文学的基本特征看，普米族故事与诗歌的历史发展和文学移位，实际上都
离不开宗教的重要作用。换一种角度来看，普米族民间故事又通过特殊的
口传方式，促进了宗教文化的顺利流播。诚然，从历史文献和文学作品来
看，普米族宗教内部的结构要素是交互影响的，普米族民间文学的内部结
构同样如此。正因为如此，要分析二者的现实关联，还必须结合其代表作
品和相关艺术形态来进行，尽管它们普遍表现出了各自的基本特征。

---

① 杨照辉：《普米族文学简史》，云南民族出版社 1996 年版，第 2—4 页。
② 鲁迅：《鲁迅全集》（第九卷），人民文学出版社 1982 年版，第 302 页。

（三）普米族宗教与民间文学关系的微观考察

普米族宗教与民间文学的内在关联，可从现存书面文献得到证明。从某种程度上说，普米族宗教典籍即是民间文学的特殊形态。因为宗教典籍与民间文学之间往往呈现出典型的同一性，其具体表现为：宗教典籍中包含着民间文学，民间文学作品中凸显出宗教思维。

譬如，普米族韩规古籍由书面经典和口授经典组成，前者是普米人用藏文字母书写而成的苯教、佛教典籍以及普米族人对苯教、佛教的阐释，后者即普米韩规口头咏诵的祭词及咒语。韩规教典籍诸如《释毕查》、《修迪》、《修子西里》、《查子查打》、《韩规查》、《麻肯卡尔沙》、诸篇，包含有不少神话故事、史诗和歌谣，在表达历史情结、宣扬宗教观念、增强民族凝聚力的同时，成为普米族民间文学的重要内容。结合相关宗教文献，我们还可以发现：普米族宗教经文保存了有关民俗学的宝贵资料；普米族宗教故事不失为民族产生神话、传说、史诗等必不可少的因素之一；普米族的灵魂观念、图腾崇拜以及自然宗教等信仰形态，往往给民间文学的浪漫主义手法以启示；普米族宗教活动实际上是民间文学演唱和传播的催化剂。

又如，在普米族民间文学作品当中，反映万物起源的《杀鹿人》、《日月兄妹》、《人狗换寿》等故事作品，反映占卜和招魂文化的《石卜词》、《咒骂调》、《招魂曲》等诗歌作品，在体现其部族逐渐走向文明进程的同时，凸显出强烈的原始信仰、简单的巫术思维以及幼稚的鬼神观念，折射出这个民族的宗教形态。普米族宗教的叙事形态表现为神话、传说以及故事，其抒情形态则表现为古歌，歌谣以及诗歌。根据熊胜祥《普米族民间故事集成》与《普米族歌谣集成》以及王震亚《普米族民间故事》，我们不难发现宗教与民间文学之间隐显互现的特殊关系。依据文学的四要素，亦即世界、作家、作品和读者，普米族宗教与民间文学的内在关联，还表现为民间文学的创作者特别是传承者，往往在改头换面之后，成为实际宗教活动的组织者和参与者。史波指出："为了适应严峻的生存环境，求得群体的生存与发展，为了缓解心灵的紧张与恐惧，也是为了传承世代沿袭的文化，西南少数民族逐渐形成了各自自成体系的，表达自己宗教信仰与宗教情感，追求现世利益的宗教文化方式，它是以巫师和巫术活动为核心内容的。"①

---

① 史波：《神鬼之祭：西南少数民族传统宗教文化研究》，云南教育出版社 1992 年版，第 131 页。

普米族宗教虽与藏传佛教相融合，但是多属于苯教，且较为鲜明地凸显出了原始思维和巫术信仰。普米族的巫师为人占卜、合婚、治病、安灵、禳灾，主持神判，他们不仅通晓多种经典，而且都是善于辞令和舞蹈，颇具民间文艺素养之人。正因为这样，主持宗教活动的巫师往往是民间文学的生产者和传播者。

不但如此，普米人几乎都有着宗教意识，信徒们在祭司的组织下积极从事日常宗教活动，因而同样成为民间文学和民族文明重要的传承者。此外，普米人对宗教的信奉和热爱，在某种程度上起到保存民间文学的重要作用。而反过来看，对普米族文学作品的整理，虽然离不开民族研究者的积极努力，但实际上都是在田野调查中所记录下来的口承叙事。这些口头故事和歌谣，通常源于文化水平较高、年纪较大的人群，其中包括大多数的韩规和巫师。要之，普米族宗教活动的组织者和参与者，事实上亦即民间文学的创作者和传承者，从整体上构成了前后对应而又相辅相成、交互影响的复杂关系。

普米族宗教影响着民间文学的演进和发展，民间文学成为宗教的客观呈现。早期普米族以原始宗教为单一的信仰形态，反映这种民族生活的神话传说，如《太阳、月亮和星星》、《帕米查列》、《治龙王》等①，往往表现出强烈的"万物有灵"的观念。此后，流传于泸沽湖畔普米族地区的《赤茍汝和介巴群巨》，讲述本族巫师介巴群巨与藏族狩猎青年赤茍汝兄妹的交往，以及介巴口诵佛经准备祥云升天，却被其妻赤茍汝之妹喇木咪所破坏，客观折射出原始宗教与藏传佛教的融汇和冲突，足见宗教斗争对口传文学内容的影响，民间文艺承载着特定的民族信仰和社会生活。流传于川西南冕宁等地的藏族普米人当中的《阿什为什么有经书》，以及流传于丽江、维西、兰坪普米族地区的《给绵羊的来历》，讲述了普米族祖先从藏族取得佛经的故事，后者还为研究普米族族源和迁徙历史提供了重要证据。普米族传说中的取经故事和动物寓言故事，映射出这个民族宗教的多重文化因子，凸显出其口传文学当中的宗教意蕴。

同样，从诗歌形态来看，被誉为普米族最早的口头文学，亦即由

---

① 王震亚主编：《普米族民间故事选》，上海文艺出版社1994年版，第4—19、244—247页。

《远夷乐德歌》、《远夷慕德歌》、《远夷怀德歌》三章组成的历史古歌《白狼歌》①，反映了普米族的祖先"白狼夷"的生活经历以及他们与汉族人的友好关系，是普米族宗教崇尚白色的文化见证。在普米族葬丧歌当中，流传于兰坪县普米族的《戎肯·给绵羊》，其中有反映祭司向死者灵魂指引北上回归祖宗故地的《指路歌》。这首歌谣与在年节当中经常吟唱的《敬祭歌》一样，既反映出普米族先民的族源和游牧经历，又呈现出他们所信仰的自然宗教观念和鬼神意识。

要之，宗教与民间文学往往是交互相生的。这里值得一提的是，"宗教利用民间文学，民间文学利用宗教，宗教与民间文学相互利用，从而形成你中有我、我中有你的文化局面"以及由此而来的"两种文化现象融合后的系列性后果。"②。客观上来讲，普米族宗教与民间文学的亲缘关系与积极作用，一方面促进了民族文明的传承和发展，另一方面也繁荣了中华民族的地方文化。

---

① 杨照辉：《"白狼歌"辨析》，《民族文学研究》1987 年第 1 期。
② 左尚鸿：《宗教与民间文学的互用》，《中南民族大学学报》2007 年第 1 期。

结论：普米族宗教的文化自觉与和谐[①]

如何挖掘、保护、传承和发展本民族的传统（宗教）文化，关系到一个民族的可持续性和科学发展，也是普米族人民必须认真思考的一个重大问题。在 20 世纪 80 年代末，费孝通先生通过实地调查，提出"文化自觉"理论，认为一些少数民族只有从文化转型上求生路，要善于发挥原有文化的特长，求得民族的生存与发展。[②] 本书以此理论为指导，结合普米族宗教文化的实际情况，对中国西南普米族的社会文化生态环境、普米族宗教文化的生存状况、普米族宗教祭司与经籍、普米族宗教价值取向的本土历史文化根基、多元文化的适应与变迁中的普米族宗教文化及其各种宗教实践活动受儒道及"藏彝走廊"民族文化影响的历史演变脉络予以系统的阐述和研究。笔者认为，普米族由于长期生存在民族走廊的"夹缝"中，历史的长途跋涉，加之现今大分散居住的客观实际，使得其宗教呈"千姿百态"之势。只有几万人的普米族既保存有原始的释毕教、也信仰藏传佛教、同时还形成有韩规教，此外，邻近白族地区的普米族人部分信仰"本主崇拜"、邻近纳西族地区的普米族信仰东巴教、与彝族人相邻的普米族人则通常请"毕摩"为其举行占卜、驱鬼等法事。进一步对普米族宗教信仰进行深层考察，可发现其宗教文化的"原生性"依然可见。不同地区的普米族人，其宗教中几乎都保留了较为一致的"日增"（$z\eta^{31} ts\tilde{\epsilon}^{33}$）自然崇拜、"戎肯"（$z_\circ\tilde{o}^{55} kh\tilde{\epsilon}^{55}$）图腾崇拜、"启迪菩"（$t\textctc hy^{55} t\eta^{31} phu^{31}$）祖先崇拜的遗迹。正因为这一"原汁原味"宗教形态的

———————

① 该部分内容已作为笔者的前期研究成果发表，此处有所增减，特此说明。参见笔者与王进合作的《普米族宗教的文化自觉和谐》，载《世界宗教文化》2010 年第 6 期。

② 费孝通：《关于文化自觉的一些自由》，载《论人类学与文化自觉》，华夏出版社 2004 年版，第 194 页。

作用，普米族宗教在与周边民族宗教的长期接触中，并没有脱离对文化主题的固有需求，相反，在多元文化的浸润中求得生路，实现了民族宗教的文化自觉和和谐发展。

一 "各美其美"是宗教和谐的前提条件

要实现宗教和谐，宗教内部的和谐是前提条件，即实现宗教文化自觉的"各美其美"。没有宗教内部的和谐，宗教和谐将无从谈起。

普米族的宗教信仰，既有祖先崇拜，又有自然崇拜、图腾崇拜，还有藏传佛教信仰以及对道教的尊崇，其宗教信仰形态具有多样性和多元化特征，呈现出多元宗教和谐共存的景象，有各自的生存发展空间，各美其美，形成了和谐共存的文化生态。

在云南境内的普米族人中，金沙江以南丽江、怒江、迪庆境内的普米族大多数信仰释毕教，金沙江以北宁蒗北部地区邻近永宁坝子的格尔、木氏箐、拉柏拖甸以及红桥黄腊老等地的部分普米族人信奉藏传佛教格鲁派，而新营盘牛窝子、衙门村等地的普米族过去曾不同程度地信仰藏传佛教萨迦派。此外，还有一种叫"韩规"的宗教实践，"韩规"这一称谓被用来指主持仪式的宗教人士。普米族的巫师过去又称"丁巴"（ $t\,i^{33}$ ba33），故他们信奉的原始宗教被称为"丁巴教"。民称虽异，内容仍同。每个普米家庭都有固定的韩规，每个韩规都有自己的信徒。信徒家要从事宗教活动时，只能请自己的韩规主持。韩规则必须熟悉各家信徒的族谱和送魂路线等情况，以担当有关信徒通神的桥梁。[1] 挪威学者科恩·威仑斯（Koen Wellens）在近十年里通过定期访问和数次长期的田野调查，观察到韩规仪式的稳步复苏或振兴。10 年前，在离木里县很远的深山老林的几个寨子里才能找到零星健在的老韩规，而现在越来越多的年轻人开始学习这些古老的仪式，甚至在一个寨子里就有七个韩规，在宁蒗县城附近还有一所小规模的学校专门培养新的韩规。[2]

此外，普米族也有少数人信仰道教等外来宗教。但是其影响远远小于自然崇拜、祖先崇拜以及藏传佛教。

---

① 严汝娴、陈久金：《普米族》，民族出版社 1986 年版，第 71—72 页。
② ［挪威］科恩·威仑斯著，张宇译，彭文斌校：《中国西南地区的宗教、社区与人类学的真实性》，《西南民族大学学报》2008 年第 8 期。

值得注意的是，在普米族眼中，各个宗教之间是和谐相处、相互融合的。因为在普米人的宇宙观里，除了人类和动物外，还存在着一系列的神、恶鬼和祖先的魂灵。恶鬼往往会致人和动物生病和死亡。在恶鬼体系中，既有民族内部的鬼灵，也有其他民族的鬼怪，其中还有一种鬼灵，虽属于祖先灵魂，但它们因未能得到恰当的供奉而纠缠后世子孙。山神和水神在村民的生活中则起着基本的作用，一方面，他们能够帮助人们驱鬼辟邪；另一方面，如果没有得到妥善的祭祀，它们也能招致疾病和自然灾害，对生活在土地资源贫瘠地区的农民来说，这是一个很关键的问题。于是，本民族的释毕、韩规、喇嘛和其他民族的祭司都成了村民借以控制恶魔影响和妥当祭祀神灵的媒介。

由此可见，在普米族眼中，无论是韩规教、祖先崇拜、自然崇拜、图腾崇拜，还是藏传佛教信仰和道教信仰，各种宗教信仰并存相融、和谐共处，这主要是由于各宗教本身就追求和谐。普米族社会的宗教和谐，体现为各宗教教义思想中的和谐理念的充分弘扬、各宗教教规戒律规范作用的充分发挥、各宗教内部诸要素关系的充分协调，从而使宗教成为了社会中的和谐因素。总之，宗教文化自觉的"各美其美"就是指各宗教教义教理中悲天怜悯的大爱精神得到充分阐扬，教规戒律的规范作用得到充分运用，宗教内部各种关系协调而又和顺。无疑，"各美其美"是宗教和谐的前提条件。

二 "美人之美"是宗教和谐的源泉动力

要实现宗教和谐，首先要实现宗教文化的"美人之美"。不同宗教之间应该彼此尊重、相互包容，不同宗教文化应该平等对话、相互交流，实现各宗教之间多元并存、和合共生的和谐局面。

普米族宗教始终在积极进行对话，相互交流，相互学习，在多样中求同一、在差异中求宽容、在交流中求共识。

韩规是普米族的男性巫师，除了须熟悉本民族原始宗教的经典、祭祀仪式及各种传统文化外，还必须掌握一定的藏文及藏传佛教知识。韩规没有明确的等级区别，只有相对的水平高低之分。韩规通常从 16 岁左右开始学习韩规教，待熟悉韩规教的经典、祭祀仪轨以后，家庭经济条件允许的就离家赴西藏、青海或四川的藏传佛教寺院修习藏传佛教；家庭经济贫困的则拜当地有声誉的藏传佛教僧侣为师，业余学习一些藏文和藏传佛教

兰坪普米族大羊村里的本主神庙

的基本经典、教义和祭祀活动，只有极少数的韩规不懂藏传佛教。此外，韩规还必须熟悉天文、历法、伦理、史诗、传说和神话等本民族的传统文化。[①] 这些韩规不仅娴熟掌握本民族的原始宗教，而且还了解藏传佛教的基本内容，故受到其他民族巫师的推崇和本民族群众的尊敬。

　　普米族的原始宗教释毕教可以分为"多神崇拜"、"祖先和动物崇拜"、"鬼灵崇拜"和各种禁忌等四个大类。由于社会经济与民族杂居环境的不同，随着历史的发展和文化的交融，普米族传统的原始宗教发生了一些变化。例如，兰坪、维西、丽江三县的普米族，在反映其祖先崇拜的丧葬中，从清咸丰以来，一边以绵羊为死者指路，一边看风水，建汉族或者白族式坟冢，树碑立传，由火葬改行土葬制度，后来在兰坪的一些地方，除了祭山神外，还祭白族的"本主神"，吸收了白族的本主教元素。再例如，维西、丽江两县的普米族，在办丧事和祭天的仪式中，不称普米

---

　　① 吕大吉、何耀华总主编，杨照辉编：《中国各民族原始宗教资料集成·普米族卷》，中国社会科学出版社 1999 年版，第 593 页。

族巫师为"师毕"，而借称纳西族巫师的"东巴"一名。甚至在祭神杀鬼的仪式中，普米族巫师"师毕"还使用与纳西族巫师"东巴"相同的五幅冠和皮鼓等，这也说明了普米族原始宗教受到纳西族东巴教的影响。

由上可知，普米族宗教文化自觉的"美人之美"就是指不同宗教之间彼此尊重、互相包容、多元共存、和谐相处。"美人之美"实际上成为普米族各宗教关系实现和谐的源泉动力。

多元文化影响下的现代普米族坟冢

三 "美美与共"是宗教和谐的运作逻辑

实现宗教和谐，各宗教之间的和谐是前提，宗教与社会的和谐是根本，而政教关系的和谐则是关键，也即实现宗教文化自觉的"美美与共"。普米族社会生活中多元宗教传统并存，原因在于宗教文化与其他文化"美美与共"，达成了某种"共识"，实现了宗教与社会关系的和谐以及宗教与国家政治的和谐。

云南宁蒗、永胜和四川木里三县的普米族人在自然崇拜的活动中，祭山神是最重要的三大祭祀仪式之一。由于普米族大分散、小聚居的分布特点，加之在长期与藏族、纳西族（摩梭人）等民族的交往中，受藏传佛教和其他宗教的影响，因此，各地普米族所崇拜的山神形象不尽相同。在云南宁蒗县和四川木里县等地，认定的神树就代表山神，在其认定的神树下供奉石块雕刻的山神像，形状为虎、豹、鹿等野兽；在四川盐源县、盐边县等地，则在神山上修建起山神庙，庙中供奉的山神形状为一男一女两尊泥塑偶像。这是受藏传佛教影响的结果。①

苯教、藏传佛教传入后，相当数量的普米族人出家当喇嘛，对普米族的韩规教产生了一定影响。格鲁派传入川、滇毗邻地区后，在宁蒗普米族中影响日盛，多数普米族人家有经堂，屋顶插有经幡，山口堆有"喇嘛堆"（即嘛呢堆），出家当喇嘛的普米人也增多。②

普米族"韩规教"，是在苯教和藏传佛教的影响下发展形成的，具有苯教、藏传佛教普米化的显著特点：（1）普米族的韩规教是多神崇拜，它有一个较庞杂的神鬼体系，有 800 种神，3000 种鬼，其中属于本民族创造的神鬼不超过 1500 个，其余异族创造的鬼神中，以藏族创造的鬼神居多。（2）普米族巫师称其祖师为"益史顿巴"，这是苯教祖师"丹巴喜绕"的转音。并说韩规教的第一祖师学教于丹巴喜绕的弟子角鲁哈刺沽，传承现今有 42 代，说明韩规教同苯教是一脉相承的。（3）普米族的巫师韩规，使用的法器有大鼓、摇铃、海螺、长刀、弓箭等，与苯教徒的法器相同。韩规的法帽为"五佛冠"，这五佛实际上是苯教的五位护法神。（4）普米族巫师在祭祀活动中多用普米语转读藏文经典，如韩规主持丧葬仪式时，念诵的是苯教的《开路途经》。韩规教的许多仪式实际是苯教的仪式，不论从形式上或内容上看，都与苯教的葬仪相似。（5）苯教巫师有不同的职能，他们以祭礼职能的不同而分为天本波、地本波等，而且韩规教也以从事的活动不同而分为木派韩规（善业法事）、跨巴派韩规（恶业法事）、印曲派韩规（善恶两法事兼行），这是苯教影响韩规教的佐证。（6）普米族的韩规教特别注重祭天仪式，其次是祭山神和祭龙潭神，这也是受苯教的影响。可见，普米族的韩规教与藏族苯教和藏传佛教在仪式、经典、教义、神鬼体系等方面都有密切联系。③ 据调查，20 世纪 50

① 吕大吉、何耀华总主编，杨照辉编：《中国各民族原始宗教资料集成·普米族卷》，中国社会科学出版社 1999 年版，第 615—616 页。

② 赵心愚：《我国西南少数民族地区藏族面具的分布》，《西藏民族学院学报》2009 年第 1 期。

③ 郭大烈、和志武：《纳西族史》，四川民族出版社 1994 年版，第 399 页。

年代，永宁黄教寺里有普米族喇嘛 56 名，白教寺里有普米族喇嘛 32 名。[①] 于是，在普米人的精神世界和世俗生活中，出现多种宗教你中有我、我中有你的混融现象，但没有出现过某种宗教占主导地位的现象。

普米族社会生活中多元宗教传统并存是以"美美与共"为宗教和谐的运作逻辑，来实现宗教与社会关系的和谐以及宗教与国家政治的和谐。

四 "和而不同"是宗教和谐的终极目标

普米族宗教信仰作为一种多样和多元的宗教文化，既有本民族的韩规教，又有以自然崇拜、图腾崇拜和祖先崇拜为主要内容的释毕教，还有藏传佛教信仰以及对道教的尊崇。需要指出的是，宗教作为重要的社会文化现象和价值理念体系，其内外各种关系的和谐对社会整体的和谐不可或缺。普米族的各种不同宗教文化经过自主适应，和其他文化一起，取长补

普米人居住地最大的格鲁巴黄教寺庙噶丹喜珠曲勒朗巴吉瓦林寺

短，共同建立了一个有共同认可的基本秩序和一套各种宗教文化能和谐共处、各展所长、联手发展的共处守则，从而使各宗教文化取得了决定适应

---

① 《宁蒗彝族自治县志》，云南民族出版社 1993 年版，第 237 页。

新环境、新时代文化选择的自主地位。质言之，宗教和谐，就是在承认宗教的多样性、自主性、平等性、和平性的基础上，努力构建宗教内部、宗教之间、宗教与社会其他组成部分之间"和而不同"的和谐状态，达致彼此尊重、和睦相处、美人之美、美美与共的美好境界。在实现宗教和谐的进程中，各层面宗教关系的和谐，核心无疑是以人为本。要通过倡导宗教和谐理念，促进宗教和谐，实现信教与不信教群众、信仰不同宗教群众之间以及宗教与社会之间的和睦相处。

综上所述，宗教文化经过"各美其美，美人之美，美美与共"的自觉历程，将会实现"和而不同"的"天下大同"。实际上，宗教文化自觉的历程就是宗教和谐的实践途径。

参考文献

一 文献

（吴）韦昭注：《国语》，上海古籍出版社 1978 年版。

（汉）司马迁：《史记》，中华书局 1959 年版。

（汉）班固：《汉书》，中华书局 1962 年版。

（汉）许慎撰，（宋）徐铉校订：《说文解字》，中华书局 2006 年版。

（汉）刘安撰，陈一平校注：《淮南子校注译》，广东人民出版社 1994 年版。

（汉）应劭撰，吴树平校释：《风俗通义校释》，天津人民出版社 1980 年版。

（晋）皇甫谧撰，陆吉点校：《帝王世纪》，齐鲁书社 2010 年版。

（晋）常璩撰，刘琳校注：《华阳国志校注》，巴蜀书社 1984 年版。

（晋）常璩撰，任乃强校注：《华阳国志校补图注》，上海古籍出版社 1987 年版。

（南朝宋）范晔：《后汉书》，中华书局 1965 年版。

（梁）萧子显：《南齐书》，中华书局 1972 年版。

（梁）沈约：《宋书》，中华书局 1974 年版。

（北齐）魏收：《魏书》，中华书局 1974 年版。

（晋）陈寿：《三国志》，中华书局 1959 年版。

（唐）房玄龄等：《晋书》，中华书局 1974 年版。

（唐）魏征等：《隋书》，中华书局 1973 年版。

（唐）樊绰撰，向达校注：《蛮书校注》，中华书局 1962 年版。

（唐）樊绰撰，赵吕甫校释：《云南志校释》，中国社会科学出版社 1985 年版。

（宋）欧阳修、宋祁：《新唐书》，中华书局 1975 年版。

（宋）司马光：《资治通鉴》，中华书局 1956 年版。

（宋）乐史：《太平寰宇记》，文海出版社有限公司 1962 年版。

（宋）王象之：《舆地纪胜》，中华书局 1992 年版。

（宋）郑樵：《通志》，中华书局 1987 年版。

（宋）沈括撰，侯真平校点：《梦溪笔谈》，岳麓书社 2002 年版。

（宋）李昉等：《太平御览》，中华书局 1960 年版。

（宋）李昉等：《太平广记》，中华书局 1961 年版。

（宋）刘恕：《资治通鉴外纪》，见（清）永瑢编纂《文渊阁四库全书》，
　　台湾商务印书馆 1986 年版。

（宋）罗泌：《路史》，见（清）永瑢编纂《文渊阁四库全书》，台湾商务
　　印书馆 1986 年版。

（元）脱脱等：《宋史》，中华书局 1985 年版。

（元）张道宗：《纪古滇说集》，方国瑜主编《云南史料丛刊》本。

（元）周致中著，陆峻岭校注：《异域志》，中华书局 1981 年版。

（明）陈文修、李春龙、刘景毛校注：《景泰云南图经志书校注》，云南民
　　族出版社 2002 年版。

（明）宋濂等：《元史》，中华书局 1976 年版。

（明）倪格辑，（清）王裕校理，（清）胡蔚增订，木芹会证：《南诏野史
　　会证》，云南人民出版社 1990 年版。

（明）诸葛元声撰，刘亚朝校点：《滇史》，德宏民族出版社 1994 年版。

（明）徐宏祖撰，挥波、刘刚强点校：《徐霞客游记》，岳麓书社 1998
　　年版。

（明）李元阳：《李中溪全集》，《云南丛书》集部之六，云南图书馆
　　藏版。

（明）刘文征撰，古永继校点：《滇志》，云南教育出版社 1991 年版。

（明）陈文撰：景泰《云南图经志书》，《续四库全书》本。

（明）谢肇淛：《滇略》，《文渊阁四库全书》本。

（明）杨慎：《滇载记》，《文渊阁四库全书》本。

（明）钟添纂次，田秋删定，洪价校正：嘉靖《思南府志》，中国西南文
　　献丛书本。

（清）张廷玉等：《明史》，中华书局 1974 年版。

（清）阮元校刻：《十三经注疏》，中华书局 1980 年版。

（清）永瑢、纪昀等总纂：《文渊阁四库全书》，商务印书馆 1986 年版。

（清）王先谦：《荀子集解》，中华书局 1988 年版。

（清）吴任臣，徐敏霞、周莹点校：《十国春秋》，中华书局 1983 年版。

（清）徐炯：《使滇日记》、《使滇杂记》，上海古籍出版社 1983 年版。

（清）谢圣纶：《滇黔志略》，《中国西南文献丛书》本。

（清）杨琼：《滇中琐记》，《中国西南文献丛书》本。

（清）曹树翘：《滇南杂志》，（清）王锡祺辑：《小方壶舆地丛钞》，光绪
十七年（1891 年），上海著易堂排印本。

（清）冯延：《滇考》，文渊阁四库全书本。

（清）鄂尔泰等监修：《云南通志》，见（清）永瑢编纂《文渊阁四库全
书》第 570 册，台湾商务印书馆 1986 年版。

（清）鄂尔泰等监修：乾隆《云南通志》，文渊阁四库全书本。

（清）黄廷桂等监修：乾隆《四川通志》，文渊阁四库全书本。

（清）黄宅中修，邹汉勋撰：《大定府志》，道光二十九年（1849 年）
刻本。

（清）金拱等监修：乾隆《广西通志》，文渊阁四库全书本。

（清）管学宣修，万咸燕纂：乾隆《丽江府志略》，清乾隆八年（1743
年）刻本。

（清）王世贵、张伦纂修：康熙《剑川州志》，《北京图书馆古籍珍本丛
刊》本。

（清）蒋旭修、陈金压纂：康熙《蒙化府志》，清康熙三十七年（1698
年）刻本。

（清）高奣映撰，侯冲、段晓林点校：《鸡足山志》，中国书籍出版社
2005 年版。

（清）李来章：《连阳八排风土记》，《四库全书存目丛书》本。

（清）屈大均：《广东新语》，中华书局 1985 年版。

（清）刘声木撰，刘笃龄点校：《苌楚斋随笔续笔三笔四笔五笔》，中华书
局 1998 年版。

（清）余庆远：《维西见闻纪》，载方国瑜主编《云南史料丛刊》第十二
卷，云南大学出版社 2001 年版。

（清）季振宜编纂：《全唐诗》，中华书局 1960 年版。

（清）吴大勋：《滇南闻见录》，云南大学历史系民族历史研究室油印本，

1979 年。

（清）叶昌炽撰，韩说校注：《语石校注》，今日中国出版社 1995 年版。

（清）吴广成：《西夏书事》，《续修四库全书》本，上海古籍出版社 2002
　　年版。

（清）张鉴：《西夏纪事本末》，《续修四库全书》，上海古籍出版社 2002
　　年版，第 387 册。

《续修四库全书》，上海古籍出版社 1995 年版。

《四库全书存目丛书》，齐鲁书社 1996 年版。

《中国野史集成》，巴蜀书社 1993 年版。

《卫藏通志》，西藏人民出版社 1982 年版。

王国维校：《水经注校》，上海人民出版社 1984 年版。

周才珠、齐瑞端译注：《墨子全译》，贵州人民出版社 1995 年版。

蒋南华等注译：《荀子全译》，贵州人民出版社 1995 年版。

王强模译注：《列子全译》，贵州人民出版社 1993 年版。

王岩峻、吉云译注：《庄子》，山西古籍出版社 2003 年版。

程俊英：《诗经译注》，上海古籍出版社 2004 年版。

金良年：《孟子译注》，上海古籍出版社 2004 年版。

杨天宇：《礼记译注》，上海古籍出版社 2004 年版。

李梦生：《左传译注》，上海古籍出版社 2004 年版。

吕不韦著，高诱注：《吕氏春秋》，上海古籍出版社 1989 年版。

吴毓江撰，孙启治点校：《墨子校注》，中华书局 1993 年版。

苏晋仁、萧炼子校正：《〈册府元龟〉吐蕃史料校正》，四川民族出版社
　　1981 年版。

汤开建、刘建丽辑校：《宋代吐蕃史料集》，四川民族出版社 1986 年版。

叶玉森：《叶玉森甲骨学论著整理与研究》，线装书局 2008 年版。

姜方炎编：《词人评传》，成都古籍书店复印本，1984 年。

郦道元：《水经注》，商务印书馆 1933 年版。

袁珂：《神话大词典》，四川辞书出版社 1998 年版。

袁珂校著：《山海经校注》，巴蜀书社 1996 年版。

缪文远：《战国策新校注》，巴蜀书社 1987 年版。

周鸣琦、李人凡主编：《中国各民族年节祭会大事典》，陕西人民教育出
　　版社 1995 年版。

吕大吉、何耀华总主编：《中国各民族原始宗教资料集成》，中国社会科学出版社 1996 年版。

丁世良、赵放主编：《中国地方志民俗资料汇编·西北卷》，书目文献出版社 1989 年版。

丁世良、赵放主编：《中国地方志民俗资料汇编·西南卷》，书目文献出版社 1991 年版。

胡孚深主编：《中华道教大辞典》，中国社会科学出版社 1995 年版。

中国道教协会、苏州道教协会：《道教大辞典》，华夏出版社 1994 年版。

《甲骨文献集成》第七册，四川大学出版社 2001 年版。

《古今图书集成》，中华书局、巴蜀书社 1985 年版。

《中国大百科全书》，中国大百科全书出版社 1986 年版。

《辞源》，商务印书馆 1979 年版。

方国瑜主编，徐文德、木芹、郑志惠纂录校订：《云南史料丛刊》，云南大学出版社 2001 年版。

高国祥主编：《中国西南文献丛书》第一辑，兰州大学出版社 2003 年版。

李霖灿：《南诏大理国新资料的综合研究》，中央研究院民族学研究所专刊之九，1967 年。

尤中校注：《僰古通纪浅述校注》，云南人民出版社 1989 年版。

王叔武辑著：《云南古佚书钞》，云南人民出版社 1979 年版。

《思想战线》编辑部编：《西南少数民族风俗志》，中国民间文艺出版社 1981 年版。

《中国地方志民俗资料汇编·西南卷》，北京图书馆出版社 1991 年版。

《二十世纪中国民俗学经典·信仰民俗卷》，社会科学文献出版社 2002 年版。

《二十世纪中国民俗学经典信·神话卷》，社会科学文献出版社 2002 年版。

《中华民族源流集成·信仰卷》，甘肃人民出版社 1994 年版。

文史知识编辑部编：《中国古代民族志》，中华书局 2004 年版。

《文物参考资料》1955 年第 6 期。

《羌族研究》编辑委员会、《四川省志·民族志》编委办公室：《羌族研究》第一辑，1991 年。

中国西南民族研究学会编：《西南民族研究》，四川民族出版社 1983

年版。

西南民族学院民族研究所:《西南民族问题新论》第一集,四川省社会科学院出版社 1988 年版。

四川省民族研究所编:《民族研究论文选》第一辑,1983 年。

四川省大禹研究会:《禹羌文化研讨文集》,2003 年。

中国考古学会编:《中国考古学会第一次年会论文集》,文物出版社 1979 年版。

《雅砻江下游考察报告》,西南民族研究学会编印,1983 年。

曹本冶主编:《中国传统民间仪式音乐研究·西南卷》,云南人民出版社 2003 年版。

云南省编辑组:《云南少数民族社会历史调查资料汇编(三)》,云南民族出版社 1987 年版。

云南省编辑组:《云南少数民族社会历史调查资料汇编(五)》,云南民族出版社 1991 年版。

云南省编辑组:《云南民族民俗和宗教调查》,云南民族出版社 1985 年版。

云南省编辑委员会:《纳西族社会历史调查(一)》,云南民族出版社 1983 年版。

中国社会科学院民族研究所民族学研究室:《南方民族的文化习俗》,云南人民出版社 1991 年版。

《中国民族文学集成》编辑委员会、《中国歌谣集成·云南卷》编辑委员会:《中国歌谣集成·云南卷》下卷,中国 ISBN 中心 2003 年版。

普米族民间文学集成编委会编:《普米族故事集成》,中国民间文艺出版社 1990 年版。

《中国少数民族社会历史调查资料丛刊》修订编辑委员会编:《基诺族普米族社会历史综合调查》,民族出版社 2009 年版。

西南民族大学西南民族研究院编:《川西北藏族羌族社会调查》,民族出版社 2008 年版。

兰坪白族普米族自治县文化局编:《兰坪民间故事集成》,云南民族出版社 1994 年版。

普米族民间文学集成编委会编:《普米族歌谣集成》,中国民间文艺出版社 1990 年版。

兰坪县志编纂委员会：《兰坪白族普米族自治县志》，云南民族出版社
　　2003 年版。

云南省宁蒗彝族自治县志委员会编纂：《宁蒗彝族自治县志》，云南民族
　　出版社 1993 年版。

木里藏族自治县志编纂委员会编：《木里藏族自治县志》，四川人民出版
　　社 1995 年版。

冕宁县地方志编纂委员会：《冕宁县志》，四川人民出版社 1994 年版。

四川省九龙县志编纂委员会：《九龙县志》，四川人民出版社 1997 年版。

怒江州政协编：《兰坪普米族社会历史调查专辑》，《怒江文史资料选辑》
　　（第十二辑）。

云南民族学会编：《云南民族》，人民出版社 2009 年版。

二　著作

［英］弗雷泽著，徐育新登译：《金枝》，大众文艺出版社 1998 年版。

［英］普里查德著，覃俐俐译：《阿赞德人的巫术、神谕和魔法》，商务印
　　书馆 2006 年版。

［英］泰勒著，连树声译：《原始文化：神话、哲学、宗教、语言、艺术
　　和习俗发展之研究》，广西师范大学出版社 2005 年版。

［英］马林诺夫斯基著，李安宅编译：《巫术科学宗教与神话》，上海文艺
　　出版社 1987 年版。

［英］柯林武德著，吴国盛、柯映红译：《自然的观念》，华夏出版社
　　1998 年版。

［英］雷蒙德·弗思著，费孝通译：《人文类型》，商务印书馆 1991 年版。

［英］马凌诺斯基著，费孝通译：《文化论》，华夏出版社 2002 年版。

［英］菲奥纳·鲍伊著，金泽、何其敏译：《宗教人类学导论》，中国人民
　　大学出版社 2004 年版。

［英］爱德华·泰勒著，连树声译：《原始文化》，广西师范大学出版社
　　2005 年版。

［英］维克多·特纳著，刘珩、石毅译：《戏剧、场景及隐喻：人类社会
　　的象征性行为》，民族出版社 2007 年版。

［英］罗素著，何兆武、李约瑟译：《西方哲学史》，商务印书馆 2001
　　年版。

［英］陶然士著，陈斯惠译：《羌族的历史、习俗和宗教——中国西部的
　　土著居民》，成都美国圣经会 1920 年版。

［瑞士］索绪尔：《普通语言学教程》，商务印书馆 2001 年版。

［美］伊利亚德著，晏可佳、姚蓓琴译：《神圣的存在：比较宗教的范
　　型》，广西师范大学出版社 2008 年版。

［美］詹姆斯著，蔡怡佳、刘宏信译：《宗教经验之种种》，广西师范大学
　　出版社 2008 年版。

［美］乔治·桑塔亚纳著，犹家仲译：《宗教中的理性》，北京大学出版社
　　2008 年版。

［美］维克多·特纳著，黄剑波、柳博赟译：《仪式过程——结构与反结
　　构》，中国人民大学出版社 2006 年版。

［美］约瑟夫·洛克著，刘宗岳等译：《中国西南古纳西王国》，云南美术
　　出版社 1999 年版。

［美］露丝·本尼迪克特著，王炜等译：《文化模式》，生活·读书·新知
　　三联书店 1988 年版。

［美］威廉·亚当斯著，黄剑波、李文建译：《人类学的哲学之根》，广西
　　师范大学出版社 2006 年版。

［美］洛克著，白庚胜、杨福泉编译：《纳西人驱逐使人致病之恶鬼的仪
　　式》，载《国际纳西东巴文化研究集粹》，云南人民出版社 1993 年版。

［美］保罗·蒂希利著，陈新权、王平译：《文化神学》，工人出版社
　　1988 年版。

［法］莫斯等著，杨渝东等译：《巫术的一般理论：献祭的性质与功能》，
　　广西师范大学出版社 2007 年版。

［法］杜尔干著，林宗锦、彭守义译：《宗教生活的初级形式》，中央民族
　　大学出版社 1999 年版。

［法］克洛德·列维·斯特劳斯著，陆晓禾、黄锡光等译：《结构人类学：
　　巫术·宗教·艺术·神话》，文化艺术出版社 1989 年版。

［法］埃米尔·涂尔干著，渠东译：《社会分工论》，生活·读书·新知三
　　联书店 2000 年版。

［法］石泰安著，耿昇译：《汉藏走廊的羌族》，《西北民族研究》，
　　1986 年。

［法］石泰安著，耿昇译：《川甘青藏走廊古部族》，四川民族出版社

1992 年版。

〔法〕石泰安著，耿昇译：《西藏的文明》，中国藏学出版社 1992 年版。

〔法〕布迪厄、〔美〕华康德著，李猛、李康译：《实践与反思——反思社会学导引》，中央编译出版社 1998 年版。

〔意〕图齐、〔德〕海西希著，耿升译，王尧校订：《西藏和蒙古族的宗教》，天津古籍出版社 1989 年版。

〔意〕马利亚苏塞·达瓦马尼著，高秉江译：《宗教现象学》，人民出版社 2006 年版。

〔苏〕海通著，何星亮译：《图腾崇拜》，广西师范大学出版社 2004 年版。

〔苏〕约·阿·克雷维列夫著，王先睿、冯加方等译：《宗教史》，中国社会科学出版社 1984 年版。

〔苏〕柯斯文著，张锡彤译：《原始文化史纲》，生活·读书·新知三联书店 1955 年版。

〔苏〕高尔基：《高尔基选集》，人民文学出版社 1959 年版。

〔俄〕捷连吉耶夫·卡坦斯基著，崔红芬、文志勇译：《西夏物质文化》，民族出版社 2006 年版。

〔德〕马克思著，中国科学院历史研究所翻译组译：《摩尔根〈古代社会〉一书摘要》，人民出版社 1978 年版。

〔德〕恩格斯：《英国状况：评托马斯·卡莱尔的〈过去与现在〉》，载《马克思恩格斯全集》（第一卷），人民出版社 1956 年版。

〔德〕马克思、恩格斯：《马克思恩格斯全集》（第一卷），人民出版社 1995 年版。

〔德〕恩格斯：《自然辩证法》，人民出版社 1955 年版。

〔德〕恩格斯：《德国古代的历史和语言》，人民出版社 1957 年版。

〔德〕黑格尔：《美学》（第一卷），商务印书馆 1979 年版。

〔德〕施密特著，萧师毅、陈祥春译：《原始宗教与神话》，上海文艺出版社 1987 年影印本。

〔德〕汉斯·昆瓦尔特·延斯著，李永平译：《诗与宗教》，生活·读书·新知三联书店 2005 年版。

〔德〕卡西尔：《国家的神话》，华夏出版社 1999 年版。

〔德〕卡西尔：《人论》，上海译文出版社 1985 年版。

〔奥〕弗洛伊德著，杨庸一译：《图腾与禁忌》，中国民间文艺出版社

1986 年版。

[日] 白川静著，何乃英译：《中国古代民族》，陕西人民美术出版社
1988 年版。

[日] 渡边欣雄：《汉族的民俗宗教——社会人类学的研究》，天津人民出
版社 1998 年版。

[印度] 阿底峡尊者等，卢亚军译注：《西藏的观世音》，甘肃人民出版社
2001 年版。

[意] 图齐等著，向红笳译：《喜马拉雅的人与神》，青海人民出版社
1999 年版。

《费尔巴哈哲学著作选集》，生活·读书·新知三联书店 1962 年版。

《普列汉诺夫哲学著作选集》，生活·读书·新知三联书店 1974 年版。

阿旺贡噶索南著，陈庆英、高禾福、周润年译注：《萨迦世系史》，西藏
人民出版社 2002 年版。

白庚胜：《东巴神话研究》，社会科学文献出版社 2002 年第二版。

白寿彝：《民俗学和历史学》，社会科学文献出版社 2002 年版。

班钦索南查巴著，黄颢译：《新红史》，西藏人民出版社 2002 年版。

蔡巴·贡噶多吉著，东嘎·洛桑赤列校注，陈庆英、周润年译：《红史》，
西藏人民出版社 2002 年版。

蔡华：《人思之人：文化科学和自然科学的统一性》，云南人民出版社
2008 年版。

岑家梧：《图腾艺术史》，上海学林出版社 1986 年版。

岑家梧译：《中国原始社会史稿》，民族出版社 1984 年版。

陈宗祥、邓文峰：《白狼歌研究（一）》，四川人民出版社 1991 年版。

陈斌、赵云生：《苗族文化论》，云南民族出版社 1999 年版。

陈红光：《普米风情》，云南民族出版社 1996 年版。

陈兴龙：《羌族释比文化研究》，四川民族出版社 2007 年版。

陈春勤：《羌族文化研究》，四川民族出版社 2009 年版。

陈来：《古代宗教与伦理》，生活·读书·新知三联书店 2009 年版。

陈蜀玉主编：《羌族文化》，西南交通大学出版社 2008 年版。

佟德富：《中国少数民族原始宗教经籍汇编》，中央民族大学出版社 2009
年版。

邓少琴：《巴蜀史迹探索》，四川人民出版社 1983 年版。

段丽萍：《中国少数民族宗教》，云南民族出版社 2002 年版。

顿珠拉杰：《西藏本教简史》，西藏人民出版社 2007 年版。

丁一、罗永康、李斌、李家骧：《羌族释比文化探秘》，中国戏剧出版社 2003 年版。

丁文江：《爨文丛刊》，商务印书馆 1936 年版。

段炳昌、赵云芳、董秀团编著：《多彩凝重的交响乐章》，云南教育出版社 2000 年版。

方素梅：《中国少数民族禁忌大观》，广西民族出版社 1996 年版。

裴文：《索绪尔——本真状态及其张力》，商务印书馆 2003 年版。

冯承钧译：《马可波罗行纪》，上海书店出版社 2000 年版。

郭武：《道教与云南文化——道教在云南的传播、演变及影响》，云南大学出版社 2000 年版。

郭一编著：《可触摸的历史——云南民族文物古迹》，云南教育出版社 2000 年版。

尕藏加：《雪域的宗教》，宗教文化出版社 2003 年版。

龚荫编：《明清云南土司通纂》，云南民族出版社 1985 年版。

格桑顿珠、杨照辉主编：《普米族文化大观》，云南民族出版社 1992 年版。

郭大烈、和志武：《纳西族史》，四川民族出版社 1994 年版。

胡文明主编：《普米研究文集》，云南民族出版社 2002 年版。

韩军学：《基督教与云南少数民族》，云南人民出版社 2000 年版。

和士华：《纳西古籍中的星球、历法、黑白大战》，民族出版社 2002 年版。

何耀华：《中国西南历史民族学论集》，云南人民出版社 1988 年版。

何光岳：《氐羌源流史》，江西教育出版社 2000 年版。

何新：《诸神的起源》，生活·读书·新知三联书店 1986 年版。

和龚、张山主编：《中国民族历史与文化》，中央民族学院出版社 1988 年版。

黄懿陆：《壮族文化论》，云南教育出版社 2000 年版。

黄绍文：《诺玛阿美到哀牢山》，云南民族出版社 2007 年版。

黄烈：《中国古代民族史研究》，人民出版社 1987 年版。

黄光学、施联朱：《中国的民族识别：56 个民族的来历》，民族出版社

2005 年版。

何斯强、将彬：《羌族——四川汶川县阿尔村调查》，云南大学出版社
2004 年版。

侯冲：《云南阿吒力经典研究》，中国书籍出版社 2008 年版。

上海民间文艺家协会、上海民俗学会编，姜彬主编：《中国民间文化——
民间文化研究》，学林出版社 1995 年版。

彭兆荣：《西南舅权论》，云南教育出版社 1997 年版。

《鲁迅全集》（第九卷），人民文学出版社 1982 年版。

刘尧汉：《彝族社会历史调查研究文集》，民族出版社 1980 年版。

拉木·嘎吐萨主编：《摩梭达巴文化》，云南民族出版社 1999 年版。

林耀华：《民族学通论》，中央民族大学出版社 1997 年版。

林惠祥：《中国民族史》，商务印书馆 1998 年版。

林幹：《匈奴通史》，人民出版社 1986 年版。

罗竹风主编：《宗教学概论》，华东师范大学出版社 1991 年版。

罗振玉：《增订殷墟书契考释》，艺文印书馆 1969 年版。

刘万庆、吴雅芝编：《中国少数民族风物传说选》，中央民族学院出版社
1986 年版。

吕大吉：《西方宗教学说史》，中国社会科学出版社 1994 年版。

吕大吉：《宗教学通论新编》，中国社会科学出版社 1998 年版。

李亦园：《宗教与神话》，广西师范大学出版社 2004 年版。

李安宅：《藏族宗教史支实地研究》，上海人民出版社 2005 年版。

李绍明：《民族学》，四川民族出版社 1986 年版。

李绍明、程贤敏编：《西南民族研究论文选》，四川大学出版社 1991
年版。

李绍明、刘俊波编：《尔苏藏族研究》，民族出版社 2008 年版。

李绍明、童恩正主编：《雅砻江流域民族考察报告》，民族出版社 2008
年版。

李正清：《大理喜洲文化史考》，云南民族出版社 1998 年版。

李国文：《李国文纳西学论集》，民族出版社 2007 年版。

李国文等编著：《古老的记忆——云南民族古籍》，云南教育出版社 2000
年版。

李国文编著：《通向彼岸的桥梁：云南民族宗教信仰》，云南教育出版社

2000 年版。

李国文、龚友德、杨国才：《智慧的曙光：民族宗教哲学探》，云南人民出版社 1992 年版。

李国文：《云南少数民族古籍文献调查与研究》，民族出版社 2010 年版。

李昆声：《云南艺术史》，云南教育出版社 2001 年版。

李孝定：《甲骨文字集释》，"中研院"历史语言研究所，1965 年。

莲华生、徐进夫译：《西藏度亡经》，宗教文化出版社 1995 年版。

陆少尊：《普米语简志》，民族出版社 1983 年版。

卢亚军译：《西藏的观世音》，甘肃人民出版社 2000 年版。

林冠群：《唐代吐蕃历史与文化论集》，中国藏学出版社 2007 年版。

刺明清、胡文明等：《普米族简史》（修订本），民族出版社 2009 年版。

马长寿：《马长寿民族史研究著作选》，上海人民出版社 2009 年版。

毛星：《中国少数民族文学》（上），湖南人民出版社 1983 年版。

茅盾：《神话研究》，百花文艺出版社 1981 年版。

蒙文通：《周秦少数民族研究》，龙门联合书局 1958 年版。

牟钟鉴主编：《宗教与民族》第一辑，宗教出版社 2002 年版。

南文渊：《藏族生态伦理》，民族出版社 2007 年版。

卿希泰主编：《中国道教史》第一卷，四川人民出版社 1998 年版。

卿希泰：《道教文化与现代社会生活研究》，巴蜀书社 2007 年版。

祁庆富：《西南夷》，吉林教育出版社 1990 年版。

任乃强：《羌族源流探索》，重庆出版社 1984 年版。

任乃强：《西康图经·民俗篇》，新亚细亚学会，1934 年。

任继愈主编：《宗教词典》，上海辞书出版社 1981 年版。

石硕：《青藏高原的历史与文明》，中国藏学出版社 2007 年版。

孙正聿：《孙正聿哲学文集》，吉林人民出版社 2007 年版。

施传刚：《永宁摩梭人》，云南大学出版社 2008 年版。

史波：《神鬼之祭：西南少数民族传统宗教文化研究》，云南教育出版社 1992 年版。

宋兆麟：《泸沽湖畔的普米人》，云南教育出版社 2008 年版。

斯陆益：《傈僳族文化论》，民族出版社 1999 年版。

覃光广、李民胜等：《中国少数民族宗教概览》，中央民族学院出版社 1988 年版。

佟德富：《中国少数民族哲学概论》，中央民族大学出版社 1997 年版。

土观·罗桑却季尼玛著，刘立千译注：《土观宗派源流》，西藏人民出版社 1985 年版。

万建忠：《中国历代葬礼》，北京图书馆出版社 1998 年版。

王国维：《鬼方昆夷猃狁考》，《观堂集林》卷十三。

王家祐：《道教论稿》，巴蜀书社 1987 年版。

王明珂：《羌在汉藏之间——一个华夏边缘的历史人类学研究》，联经出版事业股份有限公司 2003 年版。

王明珂：《华夏边缘——历史记忆与族群认同》，允晨文化实业股份有限公司 2005 年版。

王明珂：《羌在汉藏之间》，中华书局 2008 年 5 月版。

王铭铭：《中间圈："藏彝走廊"与人类学的再构思》，社会科学文献出版社 2008 年版。

王铭铭：《社会人类学与中国研究》，广西师范大学出版社 2005 年版。

王天玺、李国文：《先民的智慧彝族古代哲学》，云南教育出版社 1999 年版。

王明东：《新知与审美：云南少数民族文化管窥》，云南大学出版社 2010 年版。

王尧编：《藏学概论》，山西教育出版社 2004 年版。

王震亚编：《普米族民间故事选》，上海文艺出版社 1994 年版。

王恒杰：《迪庆藏族社会史》，中国藏学出版社 1995 年版。

王文宝：《中国民俗学发展史》，辽宁大学出版社 1987 年版。

《闻一多全集》，湖北人民出版社 1993 年版。

肖万源、伍雄武、阿不都库秀尔：《中国少数民族哲学史》，安徽人民出版社 1992 年版。

夏之乾：《中国少数民族的丧葬》，中国华侨出版公司 1991 年版。

熊胜祥主编：《普米族民间故事集成》，中国民间文艺出版社 1990 年版。

熊贵华：《普米族志》，云南民族出版社 2000 年版。

邢肃芝口述，张健飞、杨念群笔述：《雪域求法记：一个汉人喇嘛的口述史》，生活·读书·新知三联书店 2008 年版。

徐平、徐丹编著：《东方大族之谜》，知识出版社 2001 年版。

徐朝华注：《尔雅今注》，南开大学出版社 1994 年版。

尤中：《中国西南民族地区沿革史（先秦至汉晋时期)》，民族出版社2004年版。

尤中：《云南民族史》，云南大学出版社1994年版。

袁珂校注：《山海经校注》，上海古籍出版社1980年版。

殷海涛：《普米族谚语》，中国民间文艺出版社1989年版。

严汝娴、王树伍：《普米族简史》，云南人民出版社1988年版。

严汝娴、陈久金：《普米族》，民族出版社1986年版。

严汝娴：《中国少数民族婚姻家庭·普米族》，中国妇女出版社1986年版。

杨仲录、张福三、张楠主编：《南诏文化论》，云南人民出版社1991年版。

杨庆堃著，范丽珠译：《中国社会中的宗教：宗教的现代社会功能及其历史因素之研究》，上海人民出版社2006年版。

《杨成志人类学民族学文集》，民族出版社2003年版。

杨志明等：《云南少数民族传统文化研究》，人民出版社2009年版。

杨学政：《藏族纳西族普米族的藏传佛教》，云南人民出版社1994年版。

杨学政：《云南境内的世界三大宗教》，云南人民出版社1993年版。

杨学政、萧霁虹：《心灵的火焰——苯教文化之旅》，四川文艺出版社2003年版。

杨学政：《普米族的韩归教》，云南人民出版社1985年版。

杨学政：《藏族纳西族普米族的藏传佛教》，云南人民出版社1994年版。

杨庆文：《普米族文字》，湖南人民出版社1983年版。

杨照辉：《民族文学研究集刊：川滇民族巫占与禁忌》，云南省社会科学学院民族文学研究所，1997年。

杨照辉：《普米族文学简史》，云南民族出版社1996年版。

杨照辉：《普米族文化大观》，云南民族出版社1999年版。

杨建新：《中国西北少数民族史》，民族出版社2003年版。

杨庆文：《云南少数民族生葬志》，云南民族出版社1988年版。

杨福泉：《纳西族与藏族历史关系研究》，民族出版社2005年版。

杨岭多吉主编：《四川藏学研究》，中国藏学出版社1994年版。

余仕麟等：《儒家伦理思想与藏族传统社会》，民族出版社2007年版。

尹善龙：《滇西有座雪邦山：普米族》，云南人民出版社、云南大学出版社 2003 年版。

玉腊：《百彩千辉：云南民族服饰》，云南教育出版社 2000 年版。

赵心愚：《纳西族与藏族关系史》，四川人民出版社 2004 年版。

章太炎：《序种姓》，世界书局 1971 年版。

张泽洪：《文化传播与仪式象征：中国西南少数民族宗教与道教祭祀仪式
　　比较研究》，巴蜀书社 2007 年版。

张岱年、姜广辉：《中国文化传统对话》，中国广播电视出版社 1990
　　年版。

张继禹主编：《中华道藏》，华夏出版社 2004 年版。

张志刚主编：《宗教研究指要》，北京大学出版社 2005 年版。

张桥贵：《宗教人类学》，四川大学出版社 1993 年版。

张桥贵：《道教与中国少数民族关系研究》，四川大学出版社 1998 年 3
　　月版。

张胜冰：《从远古文明中走来——西南氐羌民族审美观念》，中华书局
　　2007 年版。

张家·仁真降措编著：《象雄文粹》，民族出版社 2002 年版。

张仲仁：《彝族宗教与信仰》，云南民族出版社 2006 年版。

张佐邦：《美学人类学》，民族出版社 2008 年版。

郑德坤：《四川古代文化史》，巴蜀书社 2004 年版。

郑海、殷海涛：《普米族——一个民族的脊梁》，云南教育出版社 1995
　　年版。

钟敬文：《民俗学概论》，上海文艺出版社 1998 年版。

朱天顺：《中国古代宗教初探》，上海人民出版社 1982 年版。

庄学本：《羌戎考察记》，上海良友图书馆印刷公司发行，1937 年，载四
　　川省民族研究所编《四川少数民族》，四川人民出版社 1982 年版。

庄学本：《尘封的历史瞬间》，四川民族出版社 2005 年版。

庄孔韶：《人类学通论》，山西教育出版社 2005 年版。

周群：《宗教与文学》，译林出版社 2009 年版。

得荣泽、仁邓珠：《藏族通史·吉祥宝瓶》，西藏人民出版社 2001 年版。

三　论文

奔夏·泽米（熊永翔）：《普米族原始宇宙观初探》，《思想战线》2008 年

第 2 期。

奔厦·泽米（熊永翔）、谭超、李洁、胡文明：《普米族韩规古籍的文化内涵及其价值》，《云南师范大学学报》2010 年第 4 期。

奔厦·泽米（熊永翔）、杨俊伟：《普米族"释毕戎肯"葬礼场域的社会关联》，《民族艺术研究》2011 年第 1 期。

奔厦·泽米（熊永翔）、阳清：《人神遇合：魏晋六朝道佛争锋的叙事策略》，《云南社会科学》2009 年第 5 期。

奔厦·泽米（熊永翔）：《当代滇蒗摩梭人丧葬仪式考察》，《宗教学研究》2010 年第 2 期。

奔厦·泽米（熊永翔）、王进、谭超：《道教禹步论》，《湖北社会科学》2010 年第 4 期。

马学良：《彝文与彝文经书》，《民族语文》1981 年第 10 期。

曹树基：《学位论文的性质、内容与形式》，《社会科学论坛》2005 年第 10 期。

陈宗祥：《敦煌古藏文拼写的〈南语写卷〉首段试译》，载胡文明主编《普米研究文集》，云南民族出版社 2002 年版。

陈宗祥：《岷江上游石棺葬的族属初探》，《西南民族大学学报》1981 年第 1 期。

陈宗祥：《冕宁藏族长幅连环〈开路图经〉释读》，《西藏研究》1992 年第 3 期。

陈劲松：《传统中国社会的社会关联形式及其功能》，《中国人民大学学报》1999 年第 3 期。

陈茜：《云南对外贸易的历史概述》，《思想战线》1980 年第 3 期。

陈久金、刘尧汉：《汉代"白狼夷"族属新探》，《西南师范大学学报》1985 年第 4 期。

陈晓凤：《谁来拯救普米族和他们的森林》，《中国社会导刊》2006 年第 20 期。

崔云胜：《酒泉、张掖的西夏土主信仰》，《宁夏社会科学》2005 年第 3 期。

戴庆夏、陈卫东：《论普米族的语言观》，《云南民族学院学报》1993 年第 4 期。

邓宏烈：《西方传教士眼中的羌族神灵信仰》，《贵州民族研究》2006 年第 5 期。

邓宏烈：《羌族的宗教信仰与"释比"考》，《贵州民族研究》2005 年第 4 期。

邓廷良：《嘉绒藏族初探》，《西南民族学院学报》1986 年第 1 期。

范文海：《岷江与杂谷河下游两岸——羌区旅行记》，《边疆服务》1948 年第 25 期。

费孝通：《关于我国民族识别问题》，《中国社会科学》1950 年第 1 期。

费孝通：《关于文化自觉的一些自由》，《论人类学与文化自觉》，华夏出版社 2004 年版。

费孝通：《谈深入开展民族调查问题》，《中央民族学院学报》1982 年第 3 期。

方国瑜：《麽些民族考》，载《民族学研究集刊》1944 年第 4 期。

顾颉刚：《从古籍中探索我国的西部民族——羌族》，《社会科学战线》1980 年第 1 期。

格勒：《氐羌南迁于普米族》，载胡文明主编《普米研究文集》，云南民族出版社 2002 年版。

管东贵：《西羌在华夏民族形成过程中的地位》，《燕京学报》2004 年第 16 期。

《冕宁县三块石古墓葬清理发掘简报》，《凉山彝族奴隶制研究》（集刊）1978 年第 2 期。

何耀华：《拍木依源流》，胡文明主编《普米研究文集》，云南民族出版社 2002 年版。

何耀华：《彝族的图腾崇拜》，载《中国少数民族宗教初编》，云南人民出版社 1985 年版。

何耀华：《川西纳木依人和柏木依人的宗教信仰述略》，载宋恩常主编《中国少数民族宗教》，云南人民出版社 1985 年版。

何耀华：《古代羌人与藏区土著居民的融合》，《中国藏学》1988 年第 3 期。

和志武：《炎黄、古羌与纳西东巴文化》，载《东巴文化论》，云南人民出版社 1991 年版。

胡鉴民：《羌民的信仰与习为》，载《边疆研究论丛》，1941 年。

胡鉴民：《羌民的经济活动型式》，载中山文化教育馆研究部民族问题研究室《民族学研究集刊》1944 年第 4 期。

胡文明：《丽江市普米族韩规古籍》，载李国文《云南少数民族古籍文献
　　调查与研究》，民族出版社 2010 年版。

胡昭曦：《论汉晋的氐羌和隋唐以后的羌族》，《历史研究》1963 年第
　　2 期。

贺雪峰，仝志辉：《论村庄社会关联——兼论村庄秩序的社会基础》，《中
　　国社会科学》2002 年第 3 期。

［挪威］科恩·威仑斯著，张宇译、彭文斌校：《中国西南地区的宗教、
　　社区与人类学的真实性》，《西南民族大学学报》2008 年第 8 期。

［韩］李善河：《羌人的神》，《西南民族大学学报》2008 年第 8 期。

李玉成、李玉生：《兰坪普米族的丧俗》，载《怒江文史资料选辑》（第 6
　　辑）。

李范文：《论西夏党项族的来源与变迁》，载《西夏史论文集》，宁夏人民
　　出版社 1984 年版。

陆少尊：《普米语概况》，载胡文明《普米族研究文集》，云南民族出版社
　　2000 年版。

林俊华：《古羌部落：中心与边缘的文化交融》，《西藏旅游》2003 年第
　　1 期。

李媞：《从中国民间众神看人神关系》，《社会科学》1996 年第 4 期。

李绍明：《关于羌族古代历史的几个问题》，《历史研究》1963 年第 5 期。

李绍明：《唐代西山诸羌考略》，《四川大学学报》1980 年第 1 期。

李绍明：《西羌》，《文史知识》1984 年第 6 期。

李绍明：《从石崇拜看禹羌关系》，《阿坝师范高等专科学校学报》2005
　　年第 2 期。

林声：《记彝、羌、纳西族的"羊骨卜"》，《考古》1963 年第 8 期。

蒙默：《东蛮故地与元明清东蛮故地上的西番》，载胡文明主编《普米族
　　研究文集》，云南民族出版社 2000 年版。

马长寿：《四川古代民族历史考证》，《青年中国季刊》第 1 卷第 4 期。

《宁夏首次发现西夏火葬墓》，《新华文摘》1985 年第 5 期。

孟铸群、马庭森：《羌族的祭天、祭山、端公与神灵》，载西南民族学院
　　民族研究所编《西南民族问题新论》，四川省社会科学院出版社 1988
　　年版。

普珍：《道教"壶天"、"洞天"与彝族丧俗》，《湖北民族学院学报》2001 年第 2 期。

钱安靖：《论羌族原始宗教与北方民族萨满教相类》，《宗教学研究》1990 年第 2 期。

祁庆富、李德龙、史晖：《国内外收藏滇夷图册概说》，《思想战线》2008 年第 4 期。

任乃强：《试论〈山海经〉的成书年代与其资料来源》，载《山海经新探》，四川省社会科学院出版社 1986 年版。

任继愈：《古代神话传说中唯物主义思想的萌芽》，《文汇报》1961 年 4 月 18 日。

沈仲常、李复华：《关于"石棺葬文化"的几个问题》，载《中国考古学会第一次年会论文集》，中国社会科学出版社 1979 年版。

沈仲常：《从考古资料看羌族的白石崇拜遗俗》，《考古与文物》1982 年第 2 期。

宋兆麟：《世纪之交的民族文物》，《云南民族学院学报》1995 年第 5 期。

孙宏开：《普米语的支属问题》，载胡文明主编《普米族研究文集》，云南民族出版社 2000 年版。

孙宏开：《试论"邛笼"文化与羌语支语言》，《民族研究》1986 年第 2 期。

孙林、张泽洪：《藏区乡村与民间社会中的巫师》，《世界宗教研究》2009 年第 3 期。

唐嘉弘：《关于西夏拓跋氏的族属问题》，《四川大学学报》1955 年第 2 期。

陶云逵：《么些族之羊骨卜及贝卜》，《人类学集刊》1937 年第 1 期。

［日］王孝廉：《从贺兰山到泸沽湖——论摩梭普米族的民族亲缘关系及其文化传承》，《丝绸之路》2001 年第 S1 期。

王静如：《东汉西南夷白狼慕汉德哥诗本语译证》，《西夏研究》第 1 集，1930 年。

王进、熊永翔：《普米族宗教的文化自觉与和谐》，《世界宗教文化》2010 年第 6 期。

王厚宇：《考古资料中的蛇和相关神怪》，《中国典籍与文化》，第 37 期。

吴子桐：《"大美天成"与"诗意地栖居"——走向"精神时代"的东西

方美学》,《中华读书报》2010 年 8 月第 289 期。

许鸿宝:《丽江普米族婚丧节庆调查》,《民族学调查研究》1985 年 1—2
　　期合刊。

向达:《南诏史略论》,《历史研究》1954 年第 4 期。

熊胜祥:《宁蒗普米族葬俗》,载胡文明主编《普米族研究文集》,云南民
　　族出版社 2002 年版。

熊贵华:《普米族"冗肯"价值的多元性》,《中央民族大学学报》1994
　　年第 2 期。

徐中舒:《中国古代的父系家庭及其亲属称谓》,《四川大学学报》1980
　　年第 1 期。

徐学书:《试论岷江上游"石棺葬"的源流》,《四川文物》1987 年第
　　2 期。

严汝娴:《普米族的刻划符号——兼谈对仰韶文化刻划符号的看法》《考
　　古》1982 年第 3 期。

严汝娴、王树武:《普米族族源初探》,载胡文明主编《普米研究文集》,
　　云南民族出版社 2002 年版。

杨学政:《普米族的汗归教》,《世界宗教研究》1983 年第 2 期。

杨学政:《本教对普米族韩规教的影响》,载胡文明主编《普米研究文
　　集》,云南民族出版社 2002 年版。

杨堃:《图腾主义新探——试论图腾是女性生殖器的象征》,《世界宗教研
　　究》1983 年第 3 期。

杨照辉:《羌族普米族宗教巫术文化的比较》,《云南社会科学》1992 年
　　第 3 期。

杨照辉:《"白狼歌"辨析》,《民族文学研究》1987 年第 1 期。

杨兰:《从摊堂神案看少数民族民间影响》,载贵州民族学院民族研究所
　　《苗岭风谣》总第 14 期,1994 年。

杨健吾:《羌族社会伦理思想简论》,《社会科学研究》2005 年第 4 期。

殷海涛:《普米族音乐》,《云岭歌声》2004 年第 1 期。

殷海涛:《普米族宗教和祭祀》,《民族学调查研究》,1993 年。

余海波:《明代纳西族木氏土司与道教、佛教》,《云南师范大学学报》
　　1995 年第 4 期。

于式玉:《黑水民风》,《康道月刊》1945 年第 5—6 期。

于式玉：《"拉娃"：西藏人的巫师》，《藏事论文选》，西藏人民出版社 1985 年版。

阳清：《〈山海经〉中神祇的配饰艺术》，《青海民族研究》2008 年第 1 期。

张桥贵：《〈太平经〉的"夷狄"论》，《云南民族学院学报》2001 年第 3 期。

张泽洪：《中国南方少数民族与道教关系初探》，《民族研究》1997 年第 6 期。

张泽洪：《魏晋南北朝时期少数民族与道教——以南蛮、氐羌族群为中心》，《中南民族大学学报》2005 年第 6 期。

张泽洪：《中国西南少数民族与道教神仙信仰》，《宗教学研究》2005 年第 4 期。

张泽洪：《中国古代少数民族赋税考略》，《西藏民族学院学报》1994 年第 1 期。

张泽洪：《道教斋醮科仪中的存想》，《中国道教》1999 年第 4 期。

张泽洪：《中国南方少数民族与道教关系初探》，《民族研究》1997 年第 6 期。

张泽洪：《中国西南少数民族宗教的祭坛》，《宗教学研究》2003 年第 4 期。

张泽洪：《魏晋南北朝时期少数民族与道教——以南蛮、氐羌族群为中心》，《中南民族大学学报》2005 年第 6 期。

张泽洪：《杜光庭与云南道教》，《西南民族大学学报》2005 年第 10 期。

张泽洪：《中国西南少数民族与道教关系的考察》，［韩国］大邱广域：《东亚人文学》第八辑，2005 年 12 月 30 日。

张泽洪、熊永翔：《多元文化背景下的大禹崇拜——以岷江上游的羌族为例》，《宗教学研究》2009 年第 4 期。

张泽洪、熊永翔：《佤族宗教的特质及其文化意义》，载那金华主编《中国佤族"司岗里"与传统文化学术研讨会论文集》，云南人民出版社 2009 年版。

周星：《民俗宗教与国家的宗教政策》，《开放时代》2006 年第 4 期。

周海春：《〈道德经〉中的"德"概念与中国形而上学伦理学》，《伦理学研究》2006 年第 5 期。

周锡银、望潮：《藏族原始宗教散论》，《西藏艺术研究》1995 年第 1 期。

周源：《试论纳西族白石崇拜》，《云南师范大学学报》2001 年第 3 期。

左尚鸿：《宗教与民间文学的互用》，《中南民族大学学报》2007 年第 1 期。

章虹宇：《普米族的"八卦图"》，《云南民族学院学报》1995 年第 2 期。

章虹宇：《普米族的"括鲁"与"仲巴拉"》，《民俗研究》2000 年第 3 期。

赵心愚：《我国西南少数民族地区藏族面具的分布》，《西藏民族学院学报》2009 年第 1 期。

朱勇钢、尹钢：《迷失在银河中的尔苏人》，《中国西部》2005 年第 7 期。

朱凌飞：《玉狮场：一个被误解的普米族村庄——关于利益主体话语权的人类学研究》，《民族研究》2009 年第 3 期。

朱璞：《"死而复生"及其背后的文化内涵》，《陕西教育》2006 年第 12 期。

　曾文琼：《岷山上游石棺葬族属试探》，《中央民族大学学报》1984 年第 1 期。

附　录
田野调查手记

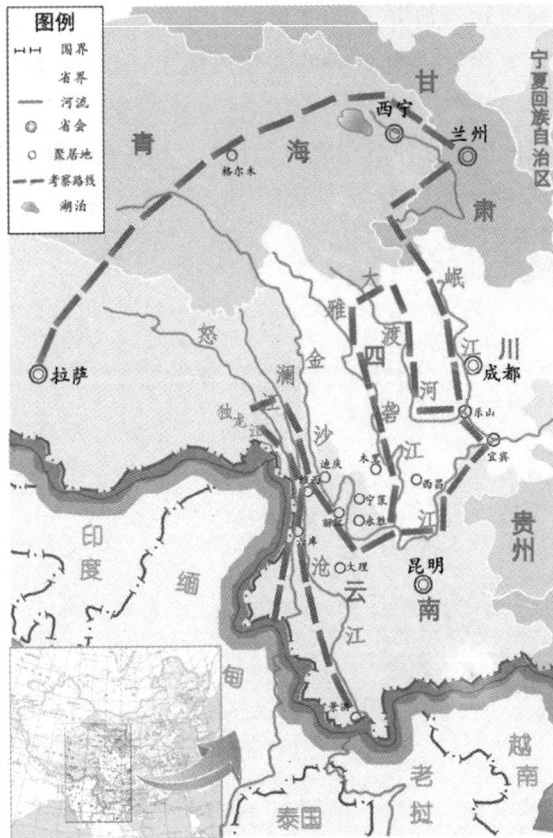

近十年笔者在六江流域考察线路图

笔者与卿希泰先生合影*

---

　　*　笔者（左）攻读博士期间多次拜望道教学泰斗、国家"985"工程四川大学宗教、哲学与社会研究创新基地首席科学家、四川大学文科杰出教授卿希泰先生。说到卿老，心存感激，2008年，进入不惑之年的笔者还是鼓足勇气报考了四川大学宗教所少数民族宗教方向博士入学考试。考博士只想圆个读书梦，笔者出身"地主"家庭，出生前全家已被迁至一个叫老拖脚的彝族村寨接受改造，由于"成分不好"，哥哥姐姐都未能上学。7岁那年，在父亲的再三请求下，村社专门会议并以做伴为由同意我随社长的儿子到10里开外的贡达小学走读。幸运的是，一年后召开的党的十一届三中全会使笔者家脱掉了"地主"的帽子，从此走上了读书之路。12岁时，因生活所迫，举家又投奔摩梭亲戚迁至新营盘朵碧村，在所属的跑马坪中学完成了初中学习。"搬家三年穷"，因家庭困难实在无力支撑上学，初中毕业后只好回乡务农。1985年，参加全县招工考试，以合同工身份被安置在宁利中学当炊事员，工作之初月工资只有24元，坚持每月拿出10元定期存款，两年后即1987年存款到了370元便辞去工作报名参加了当年的中考，进入宁蒗一中高中部。12岁开始学说汉话、初中没念过英语、当炊事员又耽误了三年，来到宁蒗一中读高中时学习已经相当吃力了，高一英语课开篇"Carl Marx was born in Germany..."仅一句学了一周还记不住，无奈只好放弃了高中英语课的学习，数学课上"三角形内角和"也答不上来，而更为可怕的是，父母年迈多病家庭愈加困难。学习吃力加上家庭窘迫，几次产生了弃学的念头，真不敢回想高中三年是怎么坚持下来的。放弃高中英语课也就意味着放弃了高考，少一门课怎能去竞争，于是，只好调整高考目标转向艺术体育类。高一年级始坚持晚间学绘画，早晨练体育。高二分班选择学理科后，有针对性地进行了体育专项训练，1990年顺利考入云南师范大学体育系，成为宁蒗县成立以来第一个考入体育专业本科的学生。就读大学，困难依然，几次差点辍学。1994年毕业后留校转向做共青团工作，物质生活渐好，但精神压力不小，"一句英语都讲不出口，还当什么大学老师"。我时常扪心自问。更重要的是，"拿文凭，晋职称"是高校工作者必需的选择，而这一切无需要有过硬的英语知识。无奈，在1998年，我开始了长达十余年的英语自学。尽管十年如一日地背诵英语，但博士入学考试下来，心里仍然没底，因此，考试一结束便拜访了卿先生，表达了强烈的读书愿望。在卿老和博士导师张泽洪教授等前辈的关心下，笔者不仅如愿以偿地考入了中国名校四川大学，而且随后以博士论文《普米族宗教研究》为基础申报的国家社会科学基金课题受到立项资助，结题获"优秀"等级，实现了普米族人承担国家社会科学基金课题零突破。由此，新中国也培养出了第一位在国内贯通学士、硕士、博士学习的普米族人。

笔者携子于布达拉宫前与僧人合影*

　＊ 2011 年 6 月 24 日，笔者携儿子熊粟赴西藏考察，在布达拉宫前与来自四川甘孜藏族自治州九龙县的僧人留下了这张合影。九龙县境内有多支藏族支系，其中，现居住在雅砻江以东的三岩龙、魁多、八窝龙等地的普米藏人与云南普米人族称归属不同，但实为同一族群。普米族史称"西番族"，1960 年，云南境内的普米人划作了"普米族"，而四川境内普米人划归为"藏族"。儿子熊粟，乳名奔厦·龙部戎布，2000 年 6 月 24 日出生在春城昆明，其母张氏为汉族人。由于生活学习都在都市里，为最大限度地保留"民族身份"，每年寒暑假期争取回丽江宁蒗新营盘躲碧村老家让其接受"民族化"改造。然而，一切努力过后，终究只是"最后的普米人"，作为普米族后裔的他，至今其身上只能通过解释才勉强保留住了几个"民族信号"，那就是：普米人记忆中四大氏族之一的"奔厦"熊氏、摩梭人喇嘛张边玛给予的藏文语义乳名"龙部戎布"（意为海中圣宝），以及取"西番族"与"普米族"各一个字组合成的名字"粟"，寓意既是"西番"又是"普米"。当然，取名"熊粟"，亦有沧海一粟之意，希望他能融入大家。对儿子的教育与关爱不够，为人之父有一些愧疚，熊粟不满两岁时，笔者受组织指派到云南保山市龙陵县镇安村指导村级"三个代表"学习教育活动，一去就是大半年，回家时，他几乎认不得"爸爸"了；三岁半那年，笔者又受组织指派去了更为边远的位于中缅边境的云南贡山独龙族怒族自治县任职县委副书记，几乎没有送过其上幼儿园；上了小学，笔者又连续在外攻读硕士、博士学位。在布达拉宫考察当日，正值儿子熊粟 11 岁生日，很想给他买个大蛋糕，然而跑遍半个拉萨街头，也未能买到一个生日蛋糕，只好请糕点店老板用油条加奶昔盛装在纸杯里当作生日蛋糕，为其唱响了"生日歌"。

各地普米人合影＊

————————————

　　＊ 跨域六江的人口较少民族——普米。这是我在梳理这张照片里的人与事时想到的一句话。在新中国民族识别中，由于各民族识别工作组的"差异掌握"，对一些跨省而居"可分可合"的少数民族人群，有的选择了"分"、有的选择了"合"。于是，20 世纪 50 年代，国家将居住在"六江流域"云南省兰坪、丽江、永胜、宁蒗和四川省盐源、木里、冕宁、九龙等地自称"普米"的人群在四川境内的归入了藏族、云南境内的则定族称为普米族。由此，半个世纪以来，在国家政策的积极干预以及地方政治精英阶层的有意策划和引导下，四川的普米人加速了向藏文化的融合，其节日、服饰、风俗习惯、饮食、宗教甚至语言文字等文化因素逐渐与藏族表现出高度的一致性。而云南境内的普米人则以"单一民族"实体得以凝聚和延续，地方文化和民族传统文化得以整合并不断展示。在此过程中，普米人新的民族成员身份不断得以固化，"民族边界"逐渐清晰，民族认同与国家认同上表现出不同层次的表达。面对普米族、普米藏族不同的称谓，族群之间有着什么样的交流？这张采自 2010 年年初川滇普米人在昆明沙朗乡一农家乐聚会时的照片，前排从左至右分别为：来自云南迪庆藏族自治州维西傈僳族自治县的普米族人和克明（迪庆州生物创新办主任），来自丽江宁蒗彝族自治县的普米族人胡忠文（乳名：仁钦偏聪，时任中共云南省委民族工作队队长、云南省民族事务委员会副巡视员）、熊胜祥（乳名：长宝，时任中共云南省委委员、云南省宗教局局长），来自怒江傈僳族自治州兰坪白族普米族自治县的普米族人杨道群（原云南省冶金集团党委副书记、云南金鼎锌业公司党委书记），来自雅砻江边的普米藏族人藏传佛教东宝·仲巴呼图克图活佛（其父为普米人），来自宁蒗县的普米族人胡镜明（乳名：孔尼·萨打尔赤，原宁蒗县调研员），来自四川木里藏族自治县的普米藏族人康国强（转下页）

与戴庆夏、孙宏开教授合影 *

（接上页）（时任木里县武装部长），来自木里藏族自治县衣吉乡吉素村的普米韩规教（曲韩规，亦即白教韩规）著名祭司麦色·偏初里，来自金沙江边森金甸村（新中国成立前，该村韩规较多，因此被周围的汉族人称作道士）村的娜吉卓玛（笔者的姨妈，云南普米研究会会长胡忠文之母，这张照片采集后不到半年，即 2010 年 6 月，姨妈因病作古，依普米族人的习俗在丽江、宁蒗两地举行了盛大的葬礼仪式，笔者对仪式进行了完整的记录，详见《普米族宗教仪式的微观考察》），来自宁蒗县黄蜡老的普米族人曹新华（著名歌唱家、国家一级演员、原云南省民族歌舞团团长）。

    * 国际著名语言学家、中国民族语言学家戴庆夏（左）、孙宏开（中）两位教授一直关注并致力于普米语的研究。早在 1964 年，孙宏开先生曾在云南兰坪地区对普米语进行实地考察，并提出"普米语应属汉藏语系藏缅语族羌语支"的论断，戴庆夏教授亦有多篇与普米语相关的研究成果。笔者（右）就普米语及其族属问题与两位先生有过多次讨论，二老均表示"在整个藏缅语族语言中，普米语无论是音位系统还是语法特征都较为复杂，涵盖了彝语支、缅语支等诸语支语言在语音、语法上的诸多典型特征，是中国西南非常特殊的一种少数民族语言"。当问及孙宏开先生为何将普米语归为羌语支时，孙老的回答是"普米语与羌语很接近，当然，将普米语作为一个独立的语支也是成立的！"

08 级博士踏青合影

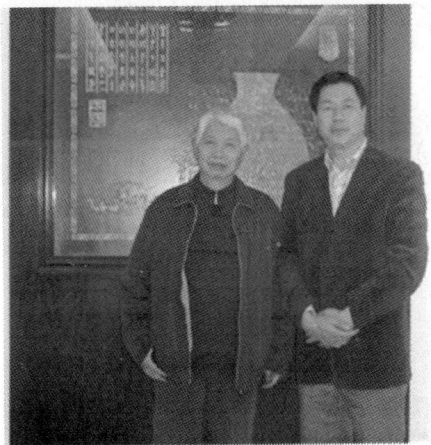

与项楚先生合影

上图　国家"985"工程四川大学宗教、哲学与社会研究创新基地2008级博士研究生在青城山踏青。

下图　笔者拜访著名敦煌学专家、文献学家、四川大学杰出教授项楚先生（左）。20世纪初，英人斯坦因（A. Stein）、法人伯希和（P. Pelliot）从我国敦煌石窟先后劫走大量珍贵历史文献资料，其中有一件长达398行的藏文写本，编号为S. C. 736（定名为"南语"），卷首与卷尾各残缺4行，尚存390行。虽用古藏文拼写而实非藏语，因而作为一种"未知的语言"引起学者们的注意和研究。牛津大学陶玛士（F. W. Thomos）教授，中国学者玉文华、杨元芳、陈宗祥、邓文峰等通过多年的研究，认为"S. C. 736"抄写的年代为7—8世纪，记录内容与宗教有关，其语言与诸羌语西番（普米）语相联系，并提出"白狼语—南语—西夏语—普米语"一脉相承的观点。

博士论文答辩

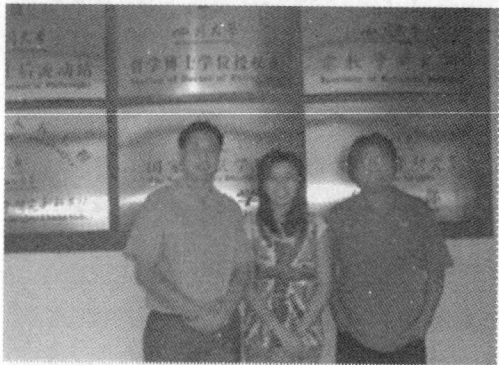

与博士同学合影

上图　2011年5月23日，笔者与博士生同学阿旺加措进行博士论文答辩，同门师弟、来自甘肃合作民族师范学院的藏族人何子君专门为本次答辩会准备了几条哈达，阿旺和我将哈达献给了答辩主席团成员丁陪人教授（前排左一）、陈斌教授（前排左二）、秦和平教授（前排左三）、马锦卫教授（前排右三）、郭武教授（前排右二）和博士导师张泽洪教授（前排右一）。2003年，四川大学宗教所张泽洪教授领衔在全国率先设立了中国少数民族宗教研究方向的博士招生，到2008年，该博士点第一次招收到来自西部边疆少数民族的学生。阿旺和我能如期毕业，多亏张泽洪教授倾注了大量的心血，还有，身后太多的亲情，答辩顺利通过，感慨万千！

下图　笔者（左）与博士生同学新疆籍维吾尔族人热米娜·肖克提（中）、甘肃籍藏族人阿旺加措（右）参加完博士论文答辩会后在四川大学道教与宗教文化研究所标牌前留下了这张合影。热米娜来自南疆和田地区，工作在乌鲁木齐，博士论文选题为《发展视野下的南疆宗教社群特性研究》；阿旺加措来自甘南西番人村寨迪布村，当年红军长征北上时经过该地，其博士论文题目为《白龙江上游流域民间苯教研究》；而我为普米人，来自祖国西南边陲，属人口较少民族，论文研究方向直指本民族的宗教。三个民族、三个不同的选题方向，然而研究目的是一致的，都想为多民族国家大家庭的文化繁荣作出一份自己的贡献。学习期间，先后爆发了"拉萨3·14"、"新疆7·5"暴力事件，心情特别地沉重，真心期盼国家有个和平安宁的环境！

四川甘孜州若尔盖达扎寺

在川北最大的萨迦派寺院曲杰寺

在世界文化遗产云南哈尼梯田

在岷江羌寨（右一为香港吴瑞龙博士）

在西双版纳南传佛教寺院

在青海湖

在道教发源地大邑鹤鸣山　　　　做客普米人家（左一为吴之清博士）

与杨长生、胡智勇和顺周及"土风计划—普米小组"成员合影

上图左　笔者在四川大学攻读博士学位期间与导师张泽洪教授几乎跑遍了六江流域"西番人"居住地。

下图　2008年10月6日—12日笔者（左一）随云南普米文化考察团赴川西南盐源县、木里藏族自治县普米人居住地区进行实地调研，翻越"喇孜山"时与时任四川木里藏族自治县人大常委会副主任普米藏人杨长生（左四）、云南怒江傈僳族自治州人民检察院副院长普米族人胡智勇（后排右三）、云南滇银集团公司总经理普米族人和顺周（后排右二）及"土风计划—普米小组"成员留下的合影。喇孜山位于云南宁蒗、四川盐源、木里三县交界地，是普米族有名的神山，山上有一称"乌角尼可"的山洞，洞里一形似女性的钟乳石，被当地普米族人奉为"巴丁喇木"。"巴丁喇木"是繁衍本民族的女始祖，是一位美丽善良、聪明能干且能保佑普米族妇女繁育及谷物繁殖多产的女神。传说她只饮清泉水和牛、羊奶，因此普米族祭祀巴丁喇木的祭物也只用牛、羊奶、麻布、麻线以及丝绒、珠子、银元等，习惯上不献五谷。每年"吾昔"（春节）时都有成群结队的普米人前往祭拜。

胡竟明与马六斤合影

笔者与表兄、四舅合影

胡竟明、马六斤与普米藏族人合影

　　上图左　《云南日报》曾以"会说八种语言的普米族人"为题，对原宁蒗县民委主任、副县级调研员马六斤（左）进行过专题报道。近二十年来，普米族人胡竟明与马六斤带着普米韩规麦色·偏初几乎走遍了藏彝走廊滇川普米人的栖息地。2010年，年过80的两位老人还到甘、青、藏等地探寻西番普米人的踪迹，并倾家竭产支持"韩规教"复苏工作，令人感动，其所见所闻亦为本书书写工作提供了参考。

　　上图右　2010年10月，笔者与表兄胡忠文（原云南省委民族工作队长、云南普米族研究会会长）专程拜望了四舅何德寿（宁蒗县唯一参加过抗美援朝者）。次年10月，舅舅驾鹤西去，由于正逢表兄和我在昆组织普米研究会年会大型活动，无法动身前往，这张照片也就成了怀念舅舅的告别照。

　　下图　宁蒗籍普米族人胡竟明（前排左二）、马六斤（后排左三）在四川盐源县普米藏族地区调研时与当地普米藏族人合影（前排左一为盐源县原人大副主任马全秀）。

333

2010 年 6 月笔者于
木里县城与友人合影

2010 年 6 月笔者调研于
云南境落水村合影

左图　2010 年 6 月，笔者先后到四川盐源县、木里藏族自治县调研，与两县普米（藏族）同胞就普米人的历史文化进行了广泛深入的探讨，并顺理塘河流域沿路考察了普米人居住地。在木里县桃巴（瓦厂镇）地区还与当地普米同胞进行了座谈，参观了普米人居住地最大的格鲁巴黄教寺庙噶丹喜珠曲勒朗巴吉瓦林寺（木里寺）。之后，途经云南宁蒗、四川盐源、木里三县交界地喇孜山返回云南境内并继续在永宁坝普米族新村（原居住在永宁木底箐，因 2006 年修建电站而迁移至此）、泸沽湖普米族村寨、红桥乡黄腊老吉意普米族韩规文化传承基地进行实地调研。这是采自调研所经之地滇川交界地泸沽湖湖畔云南境落水村的一张合照，照片从左至右分别为时任中共木里藏族自治县县委常委、宣传部部长呷戎翁丁，普米佚名僧人，木里县人大常委会副主任普米藏族人杨长生，笔者及木里县旅游局局长普米藏族人瓜祖。

右图　2010 年 6 月，笔者（右二）在木里县城与普米研究会副会长胡文明（左一）、名誉会长杨道群（左二）、木里县委书记熊正林（左三）、普米研究会会长胡忠文（右二）、丽江多杰房地产公司董事长曹八斤（右一）合影。

2009 年 8 月笔者于雅砻江调研时与普米同胞合影

笔者与孙正聿先生合影

笔者与吉狄玛佳博士、
巴莫曲布嫫博士合影

　　上图　2009 年 8 月，笔者与博士生同学陈勇在雅砻江流域调研时，受到九龙县普米藏族同胞的热情接待。照片从左至右分别为藏族普米人时任九龙县体育局长吕长林、干事白玛、旅游局长伍降秋、退休干部陈泽翁、县人大主任科员李仁千、丁泽仁、杨友云、甘孜军区政委李雪峰大校、龙海大酒店总经理陈忠林。

　　下图左　笔者到吉林大学拜访当代中国杰出哲学社会科学家孙正聿先生（左）。

　　下图右　2010 年 8 月 19 日至 26 日，笔者赴青海西宁参加昆仑文化与西王母神话国际学术论坛暨青海湟源昆仑文化周活动时与时任青海省委常委、省委宣传部长吉狄玛佳博士（中）及中国社会科学院巴莫曲布嫫博士（右）合影。吉狄玛佳、巴莫曲布嫫均为大凉山彝族人，大会开幕式致辞时吉狄玛佳流利的普通话以及学术讨论会上巴莫曲布嫫流畅的英语发言，令人惊叹。笔者自小长在小凉山彝族村寨，在青海高原见到两位博士，真有些"他乡遇故知"之感！

335

与刘魁立教授合影

与伍雄武教授合影

与赵宗福博士合影

与曹新华、陈哲先生合影

上图左　与民俗学家、中国社会科学院刘魁立教授（右）在黄河流域贵德境调研。

上图右　笔者随同国家社科基金重大项目主持人、哲学家伍雄武教授在西双版纳调研。

下图左　2010年8月，笔者与青海省社会科学院院长赵宗福博士（右）在文成公主进藏线上考察。

下图右　笔者与著名歌唱家普米族人曹新华（左）、著名词作家普米土风计划发起者陈哲先生（右）在普米村寨调研。

与雅各布·坦纳教授合影

与蔡华教授合影

与熊术新教授合影

与林继富教授合影

上图左　2010年8月19日至26日，笔者与《历史人类学导论》著者、瑞士苏黎世大学社会和经济史研究所雅各布·坦纳（Jakob Tanner）教授一同在西宁参加由中国民俗学会、青海省社会科学院主办的"昆仑文化与西王母神话国际学术论坛"。

上图右　笔者与北京大学蔡华教授（左）讨论川滇交界泸沽湖地区普米、摩梭人的民俗与文化。

下图左　笔者与熊术新教授（左）讨论少数民族濒危语言及影像民族志相关问题。

下图右　笔者与藏学专家、中央民族大学博士生导师林继富教授（右）在青海调研。

与陈嘉琪、钟宗宪合影

笔者参加世界人类学大学与参会学者合影

2010 年笔者在白龙江源头藏族（西番人）村寨调研

2005 年笔者在云南怒江州贡山县任职县委副书记时所摄的
丙中洛天主教堂及当地怒族居民

上图左　笔者与台湾师范大学陈嘉琪（中）、钟宗宪（右）两位学者一起考察青海日月山。

上图右　笔者与嘎玛降村（左二）、得荣泽仁邓朱（左三）、李国文教授（右一）等参加世界人类学大会。

　　理塘河沿岸居住着两个服饰相近、宗教相同、语言的人群，一个自称"普米"（即云南境内的普米族和四川境内的普米藏族），一个自称"纳"（即他称为"摩梭"的人群，云南境内划入纳西族，四川境内称作蒙古族）。左上图为 2008 年，笔者在滇川交界地调研时的田野报告人——理塘河边的"纳"蒙古族夫妇，右上图采自泸沽湖边诵经的"纳"纳西族摩梭人老阿妈。

笔者在青海湟水河源头
蒙古族人家调研

笔者在互助县与当地
土族人瓦里玛西珺交谈

笔者在汤古木雅藏族村寨

笔者在尔苏藏族村寨

笔者在雅砻江边普米藏族村寨

笔者在澜沧江边普米族村寨

笔者在金沙江边的
普米族村寨

笔者在与妻子张云梅博士
在稻城亚丁

笔者与儿子熊粟登顶峨眉山

笔者在普米木里大寺

笔者与仁亲加参活佛途经
中国工农红军巴西会议
（阿西牙弄紧急会议）会址

笔者在玛曲黄河第一弯

笔者翻越普米族聚居区老君山

笔者与彝族向导翻越大凉山

笔者在四川普米藏族
居住区盐源公母山

笔者在木里县与旺扎多吉（中）、
胡文明（右）交流

笔者在红河陆春哈尼人家

笔者现场采访祭司古部德智
（右）做坛场仪式经过

笔者与阿旺加措博士（左一）、张泽洪博士（左二）、陈勇博士（右一）
在阿坝藏族羌族自治州诺尔盖草原牧区调研

2009 年笔者在藏区调研时与藏族文化人、时任
诺尔盖县人大常委会副主任班玛塔先生交流

2009 年笔者（左一）在甘肃省甘南藏族自治州迭布县达拉乡
岗岭藏族西番人村寨调研时与博士生同学阿旺加措（右一）
及其父民间苯教传承人昂增索南雍州仲（中）合影

后　记

　　不惑之年，却不得不为"文凭"而操劳。本书的完成，总算有了一个交代，然而文稿的烦冗、琐碎、浅显处之多，足以让我在每一次翻检和阅读时如芒在背，心惊汗颜。还好是导师张泽洪教授、合作导师容志毅教授对文稿给予了认真的修正，使我安下了心。书中依然存在的瑕疵，只好归罪于自己才疏学浅，只望能在以后的研究中自纠和深化了。这里只能说声，谢谢导师！

　　中学到大学，一直都担任学生会主席，大学毕业后在高校担任过团委书记，亦到地方任过县委副书记，工作十余年，主要从事的都是思想政治工作，长期的马克思唯物主义的熏陶，根本没有想到，有一天自己的研究视角会转向宗教学这一陌生的领域。学科的转向，是有一些原因的，既有公欲又有私利。2003年，受组织指派曾到滇西北云南境内最边远的贡山独龙族、怒族自治县任职县委副书记。在当地一个名叫"甲生"的村寨里，悬挂着村党支部委员会招牌的办公室的围墙边是一座天主教堂，仅仅相邻几百米的地方又矗立着一座基督教堂和一座藏传佛教寺庙，而村寨里的怒族、藏族、独龙族、傈僳族群众还保留着各自固有的原始宗教活动，真可谓"全民信教"。然而，作为当地意识形态的领导者（任职时主要分管宣传文化教育工作），几次下乡，与群众的交流都几乎是相对无言。面对老百姓倒背如流的《圣经》（用拼音记录的民族语），自己却只能读懂书本最后一页的"商务印书馆"几个字眼；面对老百姓"没吃没穿找支部（政府），有吃有喝进教堂"的顺口溜，作为一名直接面对群众的政治思想工作者，不懂得《圣经》、不懂得释迦牟尼、不懂得老百姓进山拜神的缘由，就无法与老百姓沟通交流。我由衷地感觉到传统的思想教育以及固有的知识体系在这里有多尴尬。怎样用"无神论"来统领"全民信教"

之现实，怎样有效地运用马克思唯物主义教育群众，尤其在多民族多宗教地区工作的无神论者，或许真需要懂点"神"。从私利的角度讲，在高校工作虽有 10 余年，然而离退休还有整整 20 年，坦率地说，想在学校里发展，必须要有博士文凭，而民族宗教这一富足的研究领域机会更多些。当然，选择这一专业领域，还有一个重要的因缘是认识了我随后的导师张泽洪教授。

读博士真难，入学难、发论文难、完成论文更难，还好的是这一路上遇到了许许多多的相助者。从张泽洪教授鼓励我备考，到吴之清博士帮我寻找复习资料；从川大校友曾华教授帮我搭桥，到著名道教学泰斗卿希泰教授为能让我顺利入学而专门上书校方；从师兄张海滨博士后帮我处理考前报名事宜，到师弟王进博士帮我完成毕业相关表格的寄送；从所长李刚教授带全班同学到青城山考察，到导师张泽洪教授带我几乎跑遍六江流域；从表兄胡忠文建议论文研究方向的调整，到本课题研究的最终确定；从导师张泽洪教授对论文提纲的拟设，到国家社科基金的立项；从我的英语老师姜源，一个不惑之年，便劳累而去的老师，以及仍然在母校四川大学任教的所有能叫得上，叫不上名字的老师们，到我所在单位云南师范大学校院领导的关心；从川大同窗 3 年的博士生同学庄勇、阿旺加措、吴润龙、久迈、周波、王京强、申晓虎、廖翔慧、张涛、范召全、许伟、张艳、蓝礼焰、陈勇、热米娜·肖凯提、邢海晶、张晟、孙翀、李海梅、云才让及来自斯里兰卡的乌帕同学的帮助，到同事何颖、牛凌燕、石安银、于敏、黄浩宇、杨俊伟、和吴云、阳清的支持……所有的这一切，使得新中国培养出了第一位在国内贯通学士、硕士、博士学习的普米族人。

本书在研期间，我的田野报告人麦色·品初里、国日·次仁扎史（熊正勇）、控尼·萨打尔车（胡镜明）、奔夏·瓜祖、和耀根、和庆珍等普米族同胞先后陪伴我数月之久，让我收集到了数十万的调研手稿。而每形成一篇初稿，我的导师张泽洪教授都逐字逐句修改，甚至连标点符号使用的错误都予以纠正。本书初稿形成后，兄长熊胜祥、胡忠文、殷海涛、胡文明等还对文稿进行了认真的审阅和指导。

就读博士三年间，苦了妻子张云梅女士，以至于她"以牙还牙"，一气之下亦去攻读了博士；就读博士三年间，误了对儿子熊粟的教导，刚入小学的他，在发出"爸爸妈妈不关心我"的呐喊后，自己料理起了学习和生活；而在本书做得最艰难的时候，我听到了一首叫《见或不见》的诗，如此美妙，是谁推荐的？

　　所有爱我的人和我爱的人都让我心存感激，只有默默地珍藏在心底，直到永远！

熊永翔（奔厦·泽米）